江南烟雨

谢玉岑评传

谢建红 著

上海书画出版社

图书在版编目（CIP）数据

江南烟雨：谢玉岑评传 / 谢建红著. -- 上海：上海书画出版社，2025. 4.

-- ISBN 978-7-5479-3574-3

Ⅰ. K825.6

中国国家版本馆CIP数据核字第20257LZ168号

江南烟雨：谢玉岑评传

谢建红 著

责任编辑　孙　晖　凌云之君
特约审读　吴旭民
审　　读　陈家红
责任校对　朱　慧
封面设计　陈绿竞
技术编辑　包赛明

出版发行　上海世纪出版集团
　　　　　上海书画出版社
地址　上海市闵行区号景路159弄A座4楼
邮政编码　201101
网址　www.shshuhua.com
E-mail　shuhua@shshuhua.com
制版　上海久段文化发展有限公司
印刷　上海展强印刷有限公司
经销　各地新华书店
开本　710×1000　1/16
印张　22.5
版次　2025年5月第1版　2025年5月第1次印刷

书号　ISBN 978-7-5479-3574-3
定价　150.00元

若有印刷、装订质量问题，请与承印厂联系 电话：021-66366565

谨以此书

纪念谢玉岑先生逝世九十周年

上海读书期间的谢玉岑

1931年的谢玉岑

苕岑雅集图

1923年苕岑吟社社馆建成时，核心成员在常州北直街祥源观弄聊园合影。后排右二书记员谢玉岑，右一书记员谢景安，前排左二发起人吴放。

1934年，谢玉岑（后排右一）和海上艺苑名家合影

惠荫园秋禊图

1933年10月1日，谢玉岑在吴门惠荫园参加秋禊。合影人：谢玉岑、张大千、陈石遗、金松岑、曹经沅、蒋庭曜、王蘧常、钱仲联等，共二十八人。

要携青杏单衣，杨花小扇；
来听金荃旧曲，兰畹新声。

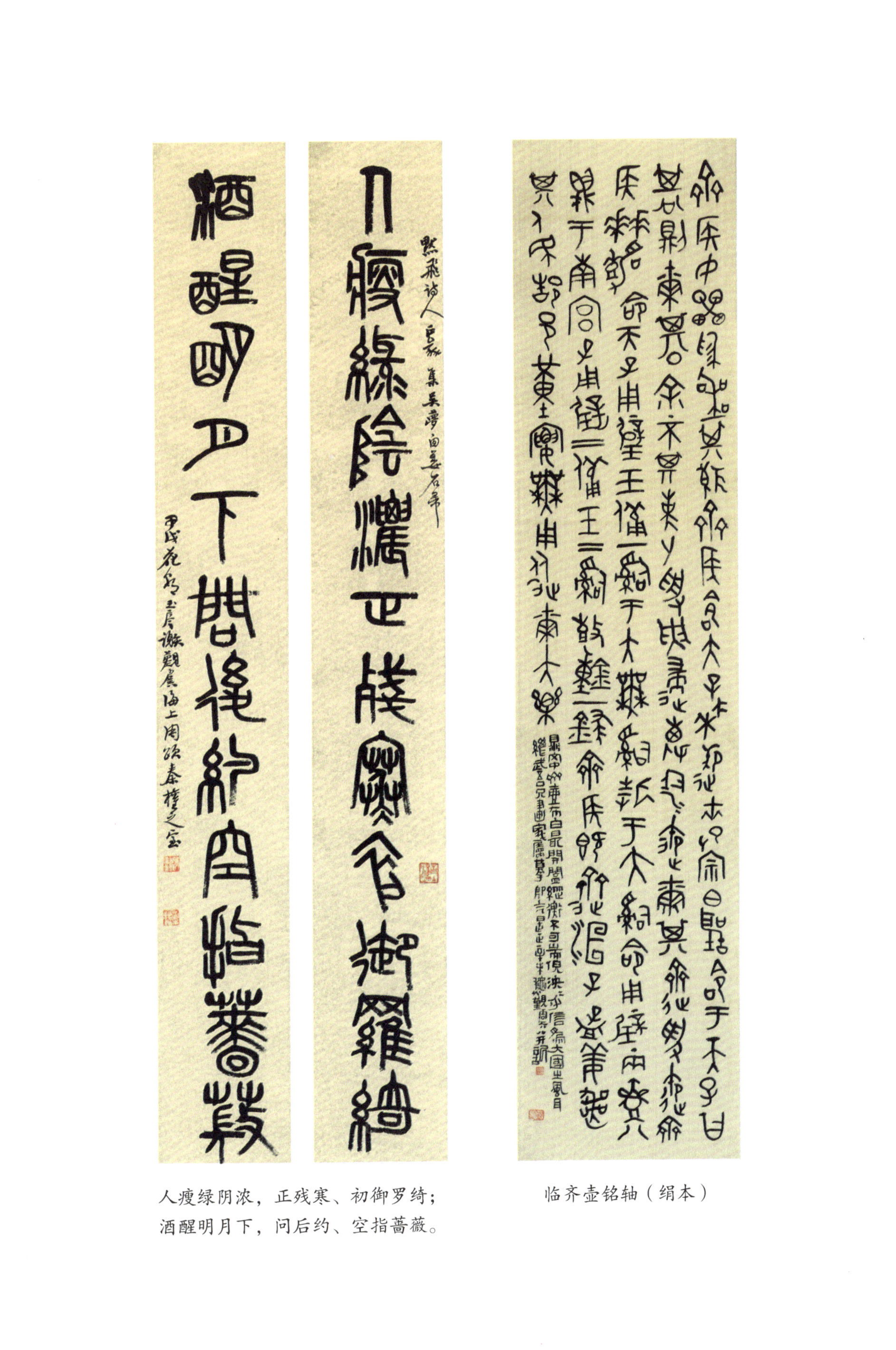

人瘦绿阴浓，正残寒、初御罗绮；
酒醒明月下，问后约、空指蔷薇。

临齐壶铭轴（绢本）

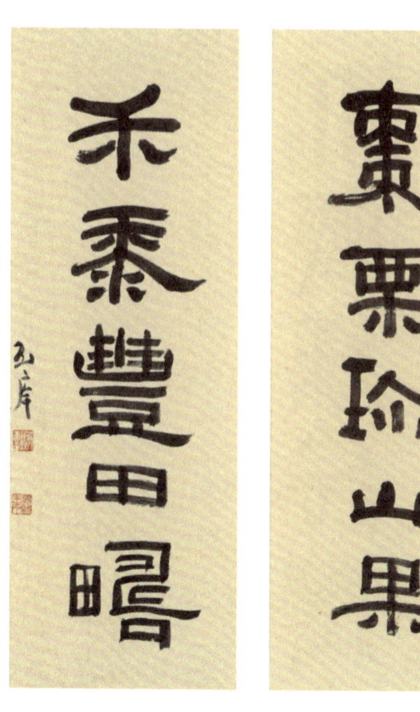

枣栗珍山果，禾黍丰田畴。

名砖珍五凤，古洗宝双鱼。

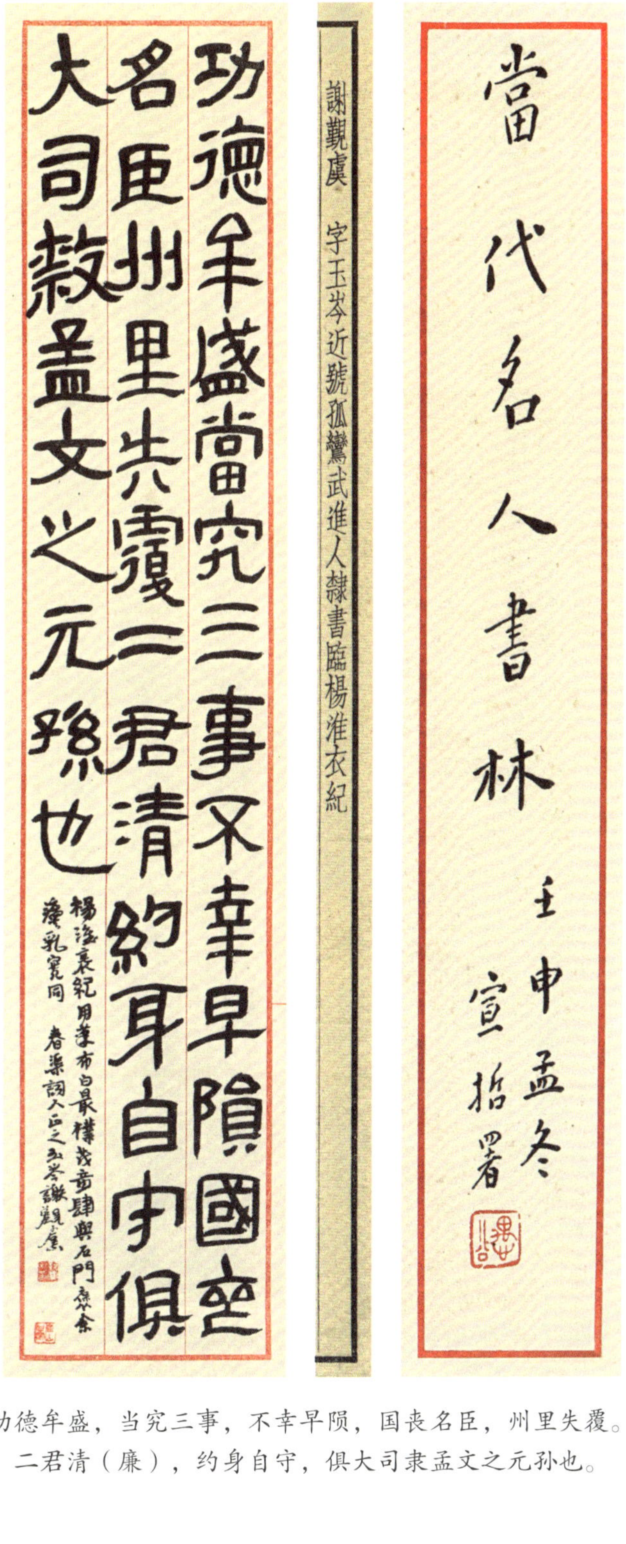

當代名人書林

壬申孟冬 宣哲署

謝觀虞 字玉岑近號孤鸞武進人隸書臨楊淮表紀

功德牟盛當究三事不幸早隕國喪名臣州里失覆二君清約身自守俱大司隸孟文之元孫也

楊淮表紀用筆布白最樸茂奇肆與石門頌余癖乳寬同 春渠詞人正之 玉岑謝觀虞

功德牟盛，当究三事，不幸早陨，国丧名臣，州里失覆。二君清（廉），约身自守，俱大司隶孟文之元孙也。

谢玉岑为周瘦鹃绘《紫罗兰庵图》

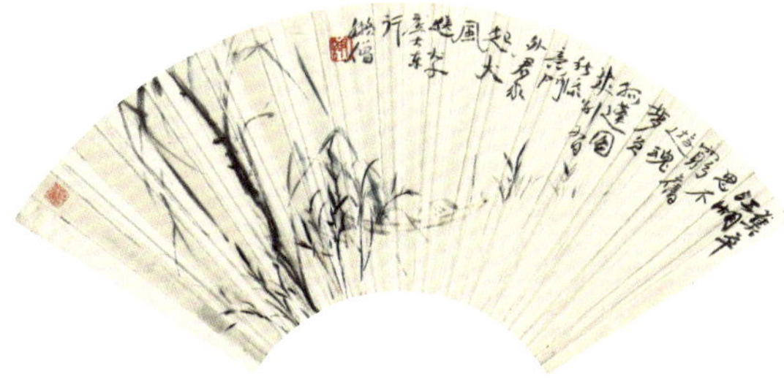

谢玉岑为张大千绘画扇

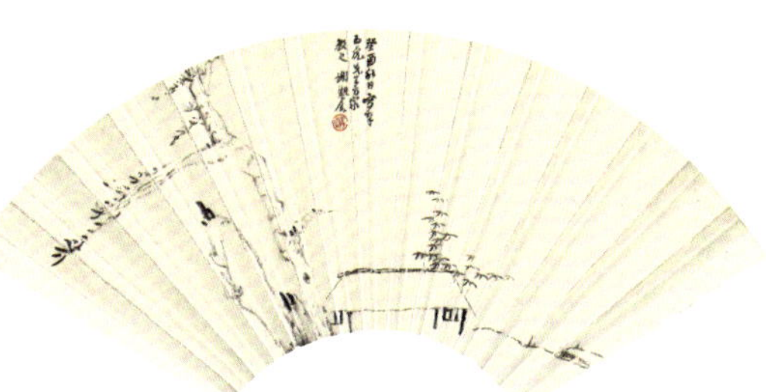

谢玉岑为叶恭绰绘画扇

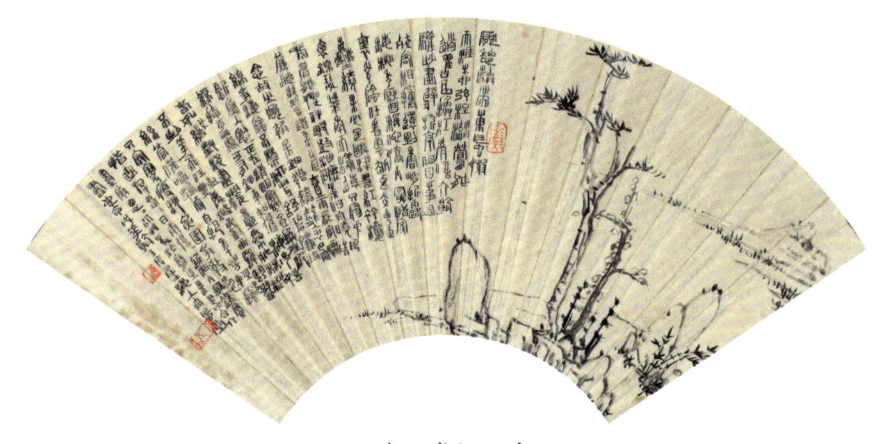

谢玉岑词画扇

谢玉岑画扇，张大千题记

關銅駝觸盖三更衣冠羅刹斷流東海周誰投戲石之豭五馬
吳山恨不鑄胀潮之弩敗(浪)又願扶趙鍵破魑魅之膽僭五方斬
緣〻之頭顱日東西驅出楷礶十萬肅清水陸兇茲靈寶三千
實玄聖人鸛去之兵需在然主有心之象矣至於僕者布衣下國
深愧鉛刀筆少江南敢言刹戮然而雖思斷割同方朔有十五之龍
私羨定鄉笑李帝雄萬夫之膽眼介而倚天寄想磊落則斫
地能誇陳思馳吳會之心主稚勤中宵之舞是以予治急百年
之寄假勤闢石上之杜江湖俳侠骨廿二旬宋寞遍咸陽之道
紅芊黑劫天無獻兵席冒青衫人編研夫盖揶揄壹市笑國
主者笄人盤礴胸中惟龍詩能知象者矣荒譚未已寔感
如何嗟乎熱淚於拜戟兮惆悵引括撥燭無限摩抄休看
曹衰之青虵直是(胸)(中)之赤胆它日靈龍會合重話臺上之風
此時恩怨分明聊吼宵來之雨使神物而有靈以斯〻為息壤
矣
乙未樾日國乃方假真氣兮日迫有宋大夫之悲懷羞阮嗣宗
之痛哭旋劉擊柱即物興懷傀何身世羇已乎三新五錢
賈陸碧峰爲繪龕風說劍圖而自為文〻成載槃之〻詩曰
龕風琴〻封閶京塵曾記燕臺帶月行家家恩仇心上事
酒酣無〻壽負荊卿江関蕭瑟亂風塵何限神物感陸沉
有愧聞雞劉越石部(?)將玉塵負龕心 勝間誤胸中正字下漏之字
景金象叔大人好(余)拙書索書久矣晴窗燒鳳尾重書舊上
即希 兩政〻〻龍(?)雖(?)取古人遠(痛)太息流涕去音羅象 痛者上失
庚申初冬玉岑拜觀雲屋主予玉某(?)寄吟社拜稅(?)

谢玉岑自书《秋风说剑》文

谢玉岑致高吹万手札

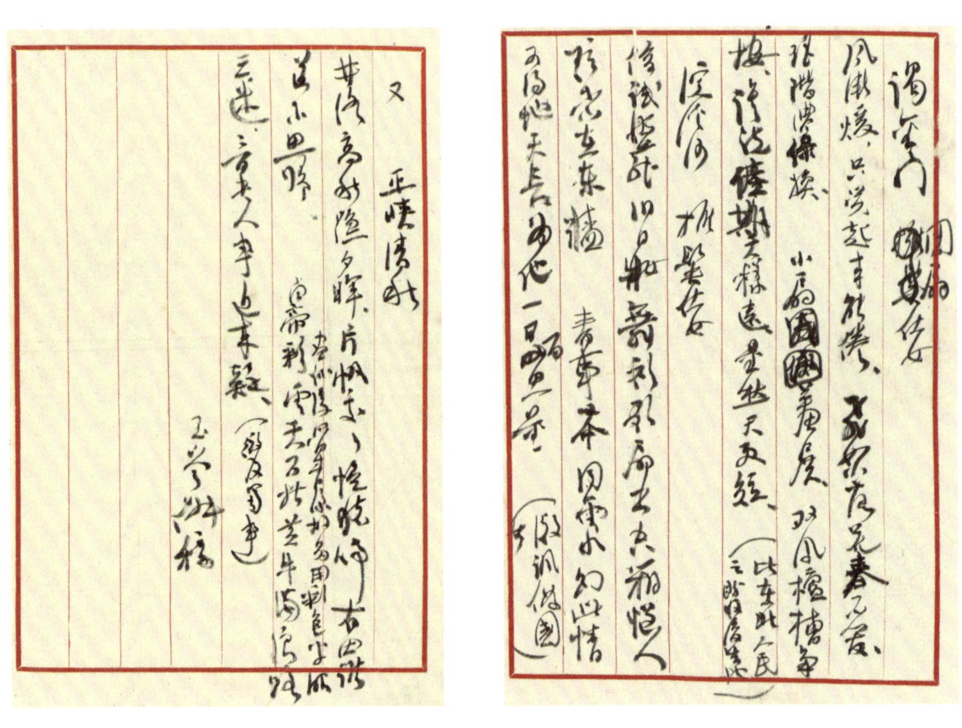

谢玉岑三首词手稿

目 录

引 子

2019年10月15日上午10点15分，常州电视台《都市新闻》报道：

江南词人谢玉岑，江苏常州人，是20世纪30年代文人中的杰出代表。为纪念谢玉岑先生诞辰一百二十周年，10月13、14日，一场以“情文相生，冰朗玉映”为主题的学术研讨会在常州博物馆举行。来自中山大学、上海师范大学、中国词学研究会等高校和研究机构的专家学者们齐聚一堂，共同缅怀常州名士谢玉岑，追思其文人风骨。

江南词人谢玉岑，1899年出生于常州书香望族谢家，十四岁便跟随常州名宿、清代进士钱名山学习经史，成了他的寄园弟子，后又与学者夏承焘、画家张大千交谊甚笃。作为当时公认的文艺天才，谢玉岑尤其在词、书、画领域的成就极高，他和张大千交相辉映的“谢诗张画”，至今令人难以忘怀。

这样一位极具才华的文学大家，年仅三十七岁就离开了人世，也正是因为英年早逝，谢玉岑的很多成就开始慢慢被时光遮蔽，了解他的后人越来越少。为了让这样一位天才文学艺术家再度走进当代的学术与文化界，谢玉岑后人谢建红从2014年开始，启动了谢玉岑研究资料汇编的工作。在此基础上，完成了三本书的编纂。与此同时，他还从全国各地约请了各类专家从诗词、书画等不同领域撰写对谢玉岑研究的专题论文。谢建红和全国各地专家学者用了四年时间共同努力，用文字、图片重新塑造出了更为立体的谢玉岑先生，从多方面勾勒出他的完整形象。

今年正逢谢玉岑先生诞辰一百二十周年，借着这个契机，谢建红组织召开了谢玉岑先生学术研讨会，各界专家汇聚一堂，围绕谢玉岑诗词文，乃至书画、交游与思想、家世与家学等多个方面开展了讨论。

研讨会当天还举办了《谢玉岑集》《谢玉岑词笺注》《谢玉岑研究》新书首发仪式。徜徉在谢玉岑先生优秀的文学作品中，借鉴他为人处世的豁达精神，这位常州才子正在被更多的人认识和了解，通过他也让更多人了解了常州文化。

2019年10月13至14日，由中国词学研究会、上海名家艺术研究协会、常州市文广新局、常州市文学艺术界联合会共同主办的谢玉岑先生诞辰一百二十周年学术研讨会暨《谢玉岑集》《谢玉岑词笺注》《谢玉岑研究》《玉岑遗稿》（新版）首发式在常州博物馆举行。常州博物馆报告厅座无虚席，来自中国词学研究会、中山大学、上海大学、华东师范大学、上海师范大学、南京师范大学等全国各地十余所高校的专家学者和地方文艺界人士共百余人汇聚一堂，畅谈谢玉岑先生的艺术人生，教育部长江学者特聘教授、中山大学中文系主任彭玉平教授和上海师范大学国画系主任邵琦教授在开幕式上分别作主旨演讲《东晋谢氏余脉与常州词派后劲》《诗人与画家——谢玉岑与张大千的结交》。

为期两天的谢玉岑先生学术研讨会虽然结束了，但更深入地研究谢玉岑没有结束，也不应该结束，正如彭玉平主旨演讲中所说：“像谢玉岑这样的天才词人，学术史没有任何理由淡忘他。何况在他的身上体现了那么丰富的文学与艺术生态。从这个角度来说，我们应该感谢谢玉岑，是他用他出众的才华点亮了那个相当灰暗的年代。我认为，谢玉岑就是那个时代一座闪亮的文艺灯塔。”

第一章 | 童年（1899—1911）与家学

稚子聪明喜可知，吟诗识字性娇痴。

——谢仁湛

江南一带，清代至民国文风称盛的城市当推苏州和常州。常州近二百年来有三才人黄仲则、吕绪承、谢玉岑。所奇者，三人才相若、遇相若、早死相若，其可传者亦相若。时乡贤王春渠提议："他日倘得跻承平之世，当于吾乡云溪或菱溪之上，辟地数弓，筑屋数楹，祀此三君者，榜之曰'常州三才人祠'，更以是编刊木而藏焉。"[1]

一、谢家玉树

憔悴京华若个知，忽收古泪又南驰。
重寻剩水残山地，已负橙黄橘绿时。
鼻底尘清知里近，道旁帔薄悔归迟。
风流早识无人重，多事轻吟述德诗。

这首《南下次金陵》引自《玉岑遗稿》卷二（诗）第一首，曾刊载1924年12月17日《新武进报》，有注"丁未（1907）旧作"，是谢玉岑有记载传世的一首童年时期的作品。全诗韵律合拍，整饬谨严，借典述怀，且颇为自负，足以显出这位读书郎诗才内蕴的丰沛。大凡才子均有童年的神迹，比如谢玄的"芝兰玉树"，李白的"梦笔生花"。

烟雨边读书，碧柳下习字。谢玉岑自小即沾染了江南的灵秀之气，随着他一天天的成长，渐渐开始对诗歌吟赋有了特别的钟爱。诗为心声，诗渐渐成了他对生活感悟的最好表达。谢玉岑成年后被誉为"江南才子""江南词人"，诗词成为他"手写吾心"得心应手的抒情载体，看来绝非偶然。

1899年9月1日（光绪二十五年七月二十七日）酉时，谢玉岑生于常州城区东官保巷，名觐虞，字子楠，一字玉岑。

谢玉岑襁褓时克乳，自小失调养，身体羸弱，却有慧根。因伯父谢仁卿

1 《玉岑遗稿·王春渠跋》。

子殇，谢玉岑三岁过继于伯父（嗣父），童年过的是“布衣暖，菜根香，诗书滋味长”的平静生活。他三四岁识字、写字；五六岁读书朗朗上口，过目不忘；八岁父远游，读父信，不讹一字；九岁能作对联、绝句。祖父谢养田对谢玉岑从小督促诗文，期望很高，谢稚柳《先兄玉岑行状》云：“兄早慧，父远游，家书至，先王父养田公必令兄朗诵于侧，不讹一字，时才八岁耳，故甚为王父所爱怜。”谢养田《寄云阁诗钞·卷四》中有多首诗涉及童年的谢玉岑，其中《书怀》有句：“楠孙有夙慧，常得我心喜。他年架上书，庶几付之耳。茅屋三两椽，风雨聊栖止。虽无担石储，贫也原非耻。吾家昔在晋，风雅有前轨。至今千余年，敢云世济美。我年已周甲，我力日已靡。平生意常多，拳拳望后起。”

暖风晓月柳初绿。童年时代的谢玉岑，深得祖父母的厚爱；幼承庭训，从小就由父亲、嗣父课以经史，奠定了扎实的文史根基；家有诗书金石，更有长辈藏古、鉴古、传古的身先垂范。又是长孙长子，所怀者大，所望者深，他自小便乐与书为友，陶陶然乐在其中矣！这种家庭格局对谢玉岑的成长有着相当的影响，与他知识结构的形成有着密切的关系。

春去秋来，时光又过去了几年。1913年岁末，当时国内正处于军阀混战，波及常州。由于战乱兵燹，城区北直街天王堂弄谢家深宅中的后厢房腾起一把大火，火呈燎原之势，谢家上下一筹莫展。烈火很快把养田公毕生营造的一座四进院宅烧成了一片废墟。谢氏自高祖春塘公、曾祖玉阶公、祖父养田公等，数世家藏经史典籍、金石书画顷刻化为灰烬。祖母钱蕙荪、母亲傅琼英、嗣母潘氏婆媳，抢救谢玉岑弟妹于火海之中，举家由天王堂弄迁至城区北门斗巷，谢家由此开始中落。所以后来生活节俭的谢家常常是辗转赁居于常州城内的斗巷、观子巷、青果巷仄促的巷道之间，在那里留下过他们的足迹。但谢氏的三位女性长辈从来都是淡定自如的，世代书香的涵养使她们相信千金散尽还复来的道理，只要现世的子孙安好如初，则人世间的好运可以重来。

二、江南世家

“世家”一词出自《孟子》，产生于春秋战国，而文化世家则来源于六朝，以水光潋滟、山色空蒙的江南为重。

江南独特的社会生态和人文环境造就了文化世家，而文化世家作为基层社会单元，又构成了江南社会生态不可或缺的文化元素，他们的存在形态无疑成了区域社会举足轻重的力量和引人注目的地标。江南文化世家以王、谢家族为代表，历史性地在江南土地上铸成了一次文化能量的集中释放，其出现带来了江南文化的持续繁荣。

《满江红·金陵怀古》有句：“王谢堂前双燕子，乌衣巷口曾相识。”“燕子”已成为南渡谢氏的代名词，以谢安为杰出代表的陈郡（今河南太康）谢氏，从会稽东山迁至建康（今南京）乌衣巷，又有谢氏后裔南渡至毗陵（今常州）。“谢家燕子”飞入常州的原因，即北宋“靖康之变”，虽然时隔七百余年，但《毗陵谢氏宗谱》[2]记载有序。

《毗陵谢氏宗谱》卷十一载：“谢廙，字彦成。贯河南开封府处士达文公之子，宋建炎初扈从高宗南渡，官武进县尉，卜居郡城西北三十里安善乡，地名谢庄，登载郡志。配张氏孺人，生子一轮，父子肇基为毗陵谢氏始祖。”

谢廙（谢安二十六世孙，南渡世系考第一世，1109年举进士）之孙谢穆[3]有四子，长子仲孚，字信卿，在南宋嘉定间（1220年前后）始迁邱庄（今常州罗溪镇邱庄村），开邱庄支派。次子仲舒，字汉卿，居祖地。此二支世称“西谢”。三子德诚，四子德安，因宋末兵乱携家迁居郡城东北乡横山南麓（今常州横山东城湾）。此二支世称“东谢”。

仲舒之子谢维有七子，其仿效远祖谢裒为谢安等六子皆以“石”为字成“六石”之例，即以“民”为字成“七民”，分别为天民、尧民、舜民、周

2 《毗陵谢氏宗谱》，谢承恩纂修，宝树堂1917年版。毗陵，今常州与武进旧称，始称于西汉；而清代常州府又分治武进、阳湖两县。

3 南渡世系考第三世，字深甫。储才毓德而弗售，居兰陵。

民、唐民、师民、义民。从“七民”首字可以看出，谢维对七子期许之热切，岂止谢安等的“六石”。然宋元替代之际，战乱不断，百姓涂炭，“七民”虽有光前裕后之志，却也难展抱负，唯有固守素志。在元兵入侵间，毗陵谢氏无论男女抱节守志，多有慷慨赴死者。时乡民唯恐被掳，尤其是妇女，纷纷议论：“不幸为北兵所掳，将如何？”谢维之长媳邓氏曰：“吾宁自死，义不受辱！”德祐元年（1275）正月初八，元军二十多骑兵闯入村巷，邓氏与数位邻家妇女逃避不及，被掳而去。邓氏行至漕渠（大运河武进奔牛段），乘元兵不防，毅然投河自尽。同年在毗陵谢氏“吾宁自死”者中，以“宝树三谢”之首者的谢唐民最为壮烈。

谢唐民，字文熙，谢廙六世孙。幼读史书，宋景定年间以秀才领乡荐，咸淳三年（1267）举进士，由儒学教授入国子学录。他对远祖谢安等前辈辅国定晋的功勋引以为傲，立志仿效，虽无救国之能，但有殉国之义。德祐元年（1275）三月，“元兵至，阖门三十人自焚死”[4]。谢唐民是宋臣，甘为宋魂，宁死不屈，拒为元用，他在元兵上门劝降时，率全家三十人闭门自焚。此时谢唐民独子谢安芳，又名庭芳，国学生，因远游得以幸免，留下单传一脉，即“青山三谢”谢玉岑、谢稚柳、谢伯子一支的先祖。

“宝树三谢”次者谢绍芳，字子芝，谢周民之子，谢廙七世孙。只事教育，不入官府，以博学闻名于朝野。元顺帝至正二年（1342）举进士，授兖州（今山东济宁市兖州区）郡守。未几则弃官回乡，在武进东乡芳茂山设馆讲学，人称“茂山先生”。明太祖朱元璋坐定江山，访求博学鸿儒，谢绍芳应召入京，为朱元璋讲授治国之道，是为帝师。后年老告归，病逝途中。朱元璋痛悼，命常州府择地为其营丘冢，并为官祭。著作有《清风集》《茂山集》《鹅湖集》等。

“宝树三谢”声望最显者谢应芳（1296—1392），字子兰。谢师民四子，谢廙七世孙，世居常州罗墅湾谢庄。高才博学，性格倔强，疾恶如仇，当达鲁花赤劝其为官时“不就君王辟”，立志终身不为元用。其隐居常州西

4　《毗陵谢氏宗谱》。

南白鹤溪，室名“龟巢”，人称“龟巢先生”，以设塾授学为业。元末避乱吴中，吴中人士争延其为弟子师。明初江南平定，归隐常州东芳茂山，读书乐道，清贫自娱，老而不倦。其一生虽未入官府，但郡县长官仰其高名，皆重其言，年过八旬仍主持编修《毗陵续志》《常州府志》。著作《思贤录》《辩惑编》《龟巢集》皆被收入《钦定四库全书》。

谢应芳九十七岁高龄谢世，享国祀入常州先贤祠，清乾隆皇帝南巡时，御笔“学萃道正”匾额。谢应芳是程朱理学在常州承前启后的里程碑，是谢氏“文化世家”承上启下的中枢，他的《谢氏家训·崇学》一直影响后代。正是这种“读书承世业”的激励，“青山三谢”无一不是在逆境中崛起，在江南谢氏大家族中脱颖而出。

常州青山谢氏前有远祖东晋“前三谢——谢尚、谢奕、谢安”肇基家学，继有六朝“后三谢——谢灵运、谢惠连、谢朓”登峰造极，宋有南渡后“宝树三谢——谢唐民、谢绍芳、谢应芳”承上启下，近现代则有“青山三谢——谢玉岑、谢稚柳、谢伯子”，以及谢玉岑堂弟谢启泰（即章汉夫，中华人民共和国外交部常务副部长）、谢玉岑三妹谢月眉（民国花鸟画圣手）等再铸辉煌，前后跨度一千七百余年。在这漫长的岁月中，“东山”与“青山”之间始终维系着一条轴线，这条轴线既是血脉又是贯穿毗陵谢氏家族文化史的主线，这条文化主线体现在江南常州谢氏家族一代代诗书飘香、传承家学、绵延不绝。

三、青山谢氏

《谢氏家集》载：“常州谢氏家族，一门风雅，工诗善文，历代不坠其家学。”仲舒派十六世谢格，字士正，于崇祯初（1628）迁居常州郡城东门，传至二十三世谢瀫恩（1797—1861，字尹东），已入户北直街青山里。瀫恩有五个儿子，长子谢梦葭（1819—1852），才气俊迈，于诗尤长，以一秀才游京师授经文时，得瘵疾卒，有《剪红轩诗稿》传世。二十五世谢养田在《剪红轩诗稿》跋中云：“盖公幼而颖悟，有神童之目，九岁为文章，曾大父春塘公见之叹曰‘吾家千里驹也！’”梦葭的四个弟弟玉阶（1822—1860）、申嘉（1828—1853）、香谷（1831—1860）、秉钧（1836—1889），或秀才，或佾生，五兄弟“长而以家计困难，兼治商业，终未肯废读，性喜为诗，每有所得，必相与商榷，一门之内，怡怡相唱酬，至乐也”[5]。

谢养田（1850—1907），名以知，字景熹，一字养田，号祖芳。玉阶次子，申嘉嗣子，秀才，少时以诗鸣于乡里。其诗清真宕逸，妙契自然，深博时人好评。养田与同乡举人钱钧次女钱蕙荪（1854—1934，字畹香），结为夫妻，其子谢仁卿、谢仁湛，其女谢静华、谢静薇。一门夫妻、兄弟姊妹以诗唱和，其乐融融。

谢养田入赘常州阳湖钱氏，其长子谢仁卿（1876—1911），名仁，字仁卿，号莼卿；次子谢仁湛（1878—1911），名泳，字仁湛，号柳湖。两子皆生于钱家。后赁居于常州城内，又得长女谢静华（1881—1898），十八岁患瘵疾卒。养田云：“性绝慧，教以字，过目辄了了，人以为道韫复生也。及长爱读书，不喜修饰，奉父母至孝，一日稍离则彷徨如有失。迨予次女静薇生，凡襁褓以至服食语言，教以识字，皆左右之，而静薇亦不可须臾离姊。”[6]次女谢静薇（1888—1893），六岁殇。养田曰：“静薇之生也，余梦手折紫薇花一枝，因以命名。面如满月，而眉睫间若有异彩，或戏以谢自然呼之，蓦然若有所思焉者。性情与姊略同，而聪慧过之。四岁识字，能辨四声，诵诗朗朗可听，有时出一言问人，人弗能答。”[7]

静薇、静华先后早夭，合葬于郡城之北乡。养田痛悼不已，书其碑名“谢氏双仙之墓”，1902年又刻印《双仙小志》[8]，时钱名山有诗《为谢氏

---

5 《谢氏家集》。

6 谢祖芳辑《双仙小志》，1902年刻印，上海图书馆馆藏，登记号码518063。

7 同上。

8 刻本、线装一册，扉页篆字“双仙小志”，内页24厘米×15厘米。正文前有光绪辛丑（1901）孟秋同邑钱访奇序，武进周维翰跋；正文有光绪戊戌（1898）秋八月上浣毗陵谢祖芳养田《亡女事略》、谢泳《亡妹静华静薇合传》《双仙曲》、谢仁《祭静华静薇文》、钱希《祭表妹静华仙子文》、钱振锽《重九归省记》，乩谈一、二、三、四、五，谢梦葭、谢玉阶、谢申嘉的《降乩诗》，谢仁、谢泳、傅成霖、金武祥等悼念亡女诗词，吴英（谢仁前妻）、傅湘纫（谢泳妻）各有悼念亡女诗等；书后有

外孙女静华静薇作》：“难得同胞两谪仙，谢家世德允相传。去年元旦朝天去，曾与相逢第一天。”

崇尚自然的养田，传承“此子宜置丘壑中”的谢氏遗风，一边遨游山林，一边做着小官，过着“朝隐”生活，其早年诗《秋思》，可见一斑：“落叶何萧索，江山入暮秋。黄花沽酒客，红树卖渔舟。幽意输长笛，闲情付野鸥。不胜摇落感，竟日自悠悠。”他中年仕途，奔波于东北黑龙江漠河等地，蕙荪有诗《寄外》：“欲寄心头事数行，几回搁笔费商量。激流勇退君须记，何苦风尘空自忙。”为了安慰丈夫，蕙荪委婉地道出仕途的沉浮险恶，暗示丈夫激流勇退，不参与人心的争斗，而甘于居家自乐的清贫生活。

1894年中日甲午之战，中国北洋舰队惨败，养田有诗《甲午杂感八首》述怀，其一：“甲帐楼船一炬空，扶桑千里海云红。相公自有和戎策，诸将何须论战功。”悲愤之句，跃然纸上，放达而不失爱国的热情。他的妻兄钱向皋有诗赞：“江南谢氏尽诗豪，东晋多才冠六朝。君更放怀臻绝顶，固应笔底走风涛。”甲午后，养田返乡时有诗《自题扶桑濯足图五首》，其一：“水云一片卷成堆，云水光中濯足来。黄叶江南家万里，却从海外望蓬莱。”蕙荪亦有诗《寄外》：“富贵无如贫贱好，菜根滋味胜膏粱。阿侬自爱田家乐，茅屋秋风粳稻香。”

养田在家乡历时三年，在常州城区天王堂弄建起了一座四进院宅。从此，结束了谢家在常州城内赁居的生活，过上了安居乐业的大家庭生活。

1903年2月4日（正月初七），旧称“人日”，谢家选择这一天来庆祝钱蕙荪五十大寿，此日又正逢谢养田生日，全家唱和：

安排春到草堂来，早把纱窗六扇开。
笑祝梅花趁人日，共倾柏叶举深杯。
蔬缘地隙分畦种，衣为家贫亲手裁。

光绪壬寅（1902）季夏中浣谢泳跋。2019年，笔者在上海图书馆找到了《双仙小志》，封面有谢养田书“谢氏珍藏”与谢玉岑书“此书破旧不堪，奉赠阅后掷还”的字样。

有子读书妻执爨，更从何处羡瑶台。
（人日为内子五旬称觞，是日余生辰也。祖芳）

画堂明日送春来，窗外红梅次第开。
举案好排人日宴，当筵同醉百花杯。
家贫自得天伦乐，韵窄劳将诗句裁。
笑看儿孙欢绕膝，一门和气集楼台。
（步外原韵，蕙荪）

梅花枝上报春来，却喜今朝霁色开。
椿树八千刚益算，萱堂五十共衔杯。
传家幸有图书富，律己常将奢惰裁。
椒水承欢分内事，熙熙还觉似春台。
（敬步家大人原韵，仁卿）

小春移到早春来，好趁椿庭宴并开。
萱草阴浓人日节，梅花香满紫霞杯。
敢将多病老慈虑，自喜吟诗创别裁。
他日云程应不隔，承欢直欲上金台。
（敬步家大人原韵，仁湛）

全家一室同韵，其乐融融。

为此，1903年的夏天，年已五十四岁的养田特意照了小像为之纪念，并在其上端题署："养田五十四岁小似。"其左右边部题诗一首："不信生平意态雄，须眉都改少年容。朱颜自逐风尘老，青眼常憎礼数重。收拾湖山诗卷里，消除烦恼酒杯中。何时却践渔翁约，浅水芦花一钓篷。"诗后署款："光绪癸卯夏日养田自题。"

晚年的养田有诗《预作六十自述二首》，其一："小桥西畔是幽居，咫尺乌衣旧草庐。（余家青山里旧宅，只隔一桥。）室有芝兰香自远，胸无书卷俗难除。孙方属对能联句，妇每携锄学种蔬。如此春光不归去，问余何事尚踟躇。”其中“孙方属对能联句”，即夸奖幼孙谢玉岑。

光绪三十三年（1907）农历七月七日，谢养田病逝，享年五十八岁。钱名山作《祭姑丈谢公养田文》，其中有句：“惟公之生，好古通今。博学多能，清才霏霏。”

钱蕙荪夫人是一位奇女子，尽管晚清时局风起云涌，她却淡定自如，在谢家有着举足轻重之地位，列举三事，其一：

怪侬割臂太无端，惹出仙凡事万般。
若使龙华侬有分，何时携手会仙班。

也防生小忒聪明，到死方知有夙因。
除是散花为侣伴，人间何处著儿身。

此是蕙荪组诗《哭长女静华》和《哭静薇次女》其中的各一首，前首哭谢静华，后首哭谢静薇。钱名山《姑母谢太夫人传》记云：

姑母有至性，我先大父尝疾病，姑母刲臂疗之……初姑母有女曰静华，曰静薇，皆殇，忽于乩上告父母曰：“儿前生皆天上人也，今则谪满。”问何以降生谢氏，华、薇书曰：“儿等以某岁元旦朝天，闻神奏钱女刲臂疗父事，华心动，薇目之，上帝以儿等萦情人世事，故降生今世。”凡其所述前世因果及天界语甚悉，诗尤绝伦。阅三年，忽至乩曰：“我姊妹今而后不得常归矣，玉帝命初生天者，凡有父母，准三年内每九月九日归省一次，过此以往儿不归矣。”于是谢氏不常乩，静待九月九日之期，至日则白云停空，灵风肃然，华、薇至矣。至庚子九日，遂言今年一别不得再至人间，其语甚哀，谢氏之乩遂绝。

其二：蕙荪五十岁有诗《与外子夜谈戏作》："年来多病减容姿，双鬓菱花渐似丝。偶尔戏言身后事，请君预作悼亡诗。"养田唱和："锦瑟年华鬓渐苍，累卿中馈费商量。朝来忽唱惊人句，笑索新诗赋悼亡。"

其三：《谢氏家集》刻印成书，蕙荪夫人厥功至伟！此处不赘。

明清时期的江南世家多以"簪缨继世，科第传家"来激励子孙读书而仕举，从而光大门闾，提高家族地位和声望，常州青山谢氏也不例外。谢仁卿、谢仁湛兄弟早年赴金陵（今南京）参加科举考试时，钱蕙荪有诗《两儿赴金陵试忆之》："拼将辛苦博科名，一月秋风住石城。知否倚闾心更苦，朝朝屈指算归程。"

短衣窄袖逞豪情，手握鞭丝出石城。
一片绿杨三千里，夕阳满地马蹄声。

南朝金粉风流尽，悲泪洒新亭。野旷天低，树繁如荠，山气夕将凝。　　山城独夜投谁宿，鼍鼓戍江汀。马背浓霜，镫边残月，醉酒未曾醒。

这一诗《白门即事》、一词《少年游·金陵即事》，皆为谢仁卿参加完金陵科举考试所作，兄弟俩正春风得意赶回家乡。正是这次赶考，两人双双入榜，成了秀才。《白门即事》不禁使人联想起孟郊《登科后》诗句："春风得意马蹄疾，一日看尽长安花。"《少年游·金陵即事》对照谢玉岑早年《金陵夜泊》诗句："六朝金粉旧风流，一夜笙歌出石头。"颇有异曲同工之妙。

从《谢氏家集·青山草堂词钞》中，录谢仁卿两首词：

采桑子·白下[9]

南朝劫后繁华歇，金粉尘埃。枫荻楼台。醉里凄凉唱落梅。　群山苍霭遥将夕，日没城隈。岸阔天开。浩荡江声万马来。

西江月·题友人菱花横幅

作伴常依荇藻，同心只有芙蕖。银塘风静月明初。恍见凌波微步。　悄影乍深乍浅，清香疑有疑无。柔丝摘处问何如。怎似碧莲心苦。

《采桑子》上片一反常态，不赞六朝繁华，却用笔勾勒其金粉尘埃的衰败景象。下片写苍山日暮，夕照掩城，表明其颓势难挽。末二句暗示否极泰来，一股磅礴的新势力正在到来，必将冲刷眼下灭亡的衰颓现象。全词借古喻今，寄寓对现实社会的认识与憧憬。

这两词收入《全清词钞》[10]，词后有注："谢仁，字莼卿，江苏阳湖人。有《青山草堂词钞》。"《采桑子》作于少年，有赶考时代背景；《西江月》作于中年，细腻描绘友人《菱花图》，及其感悟。

录一阕谢仁湛《东风第一枝·用梅溪韵》：

草织烟丝，榆舒露荚，软红一片香土。数声啼鸟凭栏，满地落梅闭户。闲寻春色，却早在、花幡深处。只几日、柳已成条，低压短墙千缕。　刚赋罢、感时恨句。偏引起、踏青芳绪。好携酒盏诗囊，待约吟朋醉侣。乍晴天气，怕不是、明朝风雨。日暮也、独立门前，细数乱鸦归去。

是词收入《全清词钞》，词后有注："谢泳，字柳湖，江苏阳湖人。有

9　白下，即金陵，今之南京。

10　叶恭绰主编，中华书局，1982年5月版。

《瓶轩词钞》。”上片描绘景色，下片感悟人生，词句倩丽，词意怅然。

仁卿、仁湛兄弟词，二者在题材内容方面差异明显：仁卿的《青山草堂词钞》多脂粉花草，冶游艳情；仁湛的《瓶轩词钞》多羁旅漂泊，思乡怀亲。但从艺术表现视角审视，二者又颇为相近，都喜好用通晓自然的语言、简洁晓畅的结构来表情达意。

谢仁湛娶同乡傅颂霖次女傅湘纫（1880—1939，名琼英）为妻。仁湛远游楚地之前，在乡里设帐授徒。养田为了让仁湛增加阅历，于光绪二十九年（1903）三月初五，曾郑重其事致信傅成霖（号渭叽，傅颂霖之弟，吴放之岳丈），可谓用心良苦，信曰：

渭叽先生亲家大人阁下：

新春台驾光临，略谈衷曲，只以匆匆行李，未获登堂拜辞，良以为歉！一昨梁溪旋里，始悉阁下已于前月中旬去溧，辰维德躬绥燕，道履吉羊，引睇光仪，曷胜颂祷。启者弟一身碌碌，两鬓星星，寄食梁溪，依人作嫁，终年经营辛苦，无奈家累日增，深望儿辈稍有进益，弟亦肩担稍轻。

泳儿频年伏几强力读书，开门授徒，终非长策，所幸材虽庸栎，心非塞茅。拟令橐笔出游，于世故人情得稍阅历，所患乏羁栖之地，无荐托之门，虽久蓄此念，亦复伥伥无所之地。顷闻萍乡洋矿畅办，铁路亦将兴工，此正用人之秋，且总办张公韶甄又在里门，敢求阁下分止乌之爱，施推毂之情，作函致张公，将泳儿荐达。张公荷阁下教育之恩，当不致有推诿。倘蒙不弃，得录微才，皆阁下所赐也！万望鼎力，嘘以春风，冒渎清神，尚容图报。

专此布函，顺颂著安，统希荃照不一。

姻教弟谢祖芳顿首，桃月初五。

小儿侍叩，倘蒙俯允致张公之函，乞即缮就，从速寄舍间，由泳儿面呈可也。

“寄食梁溪，依人作嫁，终年经营辛苦”，即指时养田在无锡王源吉冶坊任经理。是信可知，谢仁湛远游楚地是因为得到了湖北省候补知县，萍乡煤矿首任总办张赞宸（1862—1907，字韶甄）的安排。信札反映了晚清时期，为了谋生，除少数读书人考取功名走上仕途外，大部分读书人的出路，不是设帐授徒，便是外出经营，再就是在政府衙门、工矿企业谋求一份与自己身份相应的文职来作为谋生之计，即相当于今天的公务员、企业员工。

1904年初，谢仁湛告别家乡的亲友，开始了自己的远游，出发前有诗记怀：

怜君家难仓皇日，恨我行装敦促时。
眼前多少良朋在，酒杯相逢乐可知。

当时饯别者有钱名山、潘鸣球、程肖琴等，均为谢仁湛至交亲友。仁湛远赴湖北汉阳铁厂前夕，还有诗《甲辰正月楚行别内》：

挥手晴川去，江山隔几重。今宵半窗雨，明日一帆风。
客路天涯近，离愁酒后浓。临行何所慰，无赖托邮鸿。

仁湛、湘纫夫妇感情甚笃，因长期分别，更增添了无穷的思念。仁湛的《鹧鸪天》，透露了夫妻恩爱的情谊。其词序：“内子书来，以尺幅笺折叠至寸，封缄甚密，戏得一解，书之函背。”词曰：

亲手裁书托远鸿。香痕钤口印泥红。料因怕与旁人拆，故意从头密密封。　　愁叠叠，思重重。天涯一纸抵相逢。休嫌方寸无多物，百样心情在个中。

远游楚、赣等地，仁湛有诗《思亲篇》，其中有句：“家贫谋衣食，橐笔走四方。频岁楚赣游，堂上发已苍。”

仁湛远游楚、赣等地的第八年，也是谢家渐渐兴旺之际的1911年，“仁湛自今春在湘潭得腹病，三月而痢，四月抵家，始服清药，频取快而痢迄不止，偶进医温燥剂，痛刮肠。向能服补剂，以正月始病腹，日仆人冲膏滋药进，意不欲食，勉进之。自此凡甘药皆大厌之，而久痢法不能不补，（五月一日）竟以虚脱而死”[11]。

谢玉岑知道父亲为了一家人的生计，先在私塾教书，继而常年奔波在外，开始在湖北汉阳铁厂任职，后又辗转湖南。父亲很喜爱他们兄弟姊妹，有诗句：“女能识字随娘读，儿解修书慰父愁。”“最爱膝前三岁女，笑啼能解阿娘愁。”父亲也写了许多思念母亲的诗词：“郎在楚江头，妾在深闺住。相思道路长，绵绵妾辛苦。”“唱罢阳关唱懊侬，羡他牛女又相逢。茫茫一片长江水，更比天河远几重。”父母如此情重，而父亲英年早逝，母亲的悲痛是何等深重。尤其读到父亲的《愤世吟》，让谢玉岑认识了父亲的品性，也了解了当时的社会现实，多年后，谢玉岑还能背诵出来：

> 四座且勿哗，听我愤世吟。废书掷笔仰天叹，拔剑击柱悲填膺。红尘昏昏白日暮，梦中蝼蚁何时醒。天壤虽云大，出门一步皆荆榛。儒生经济直刍狗，饿死沟壑空无闻。读书但学干禄法，握管欲续钱神论。坐中有人长太息，千里无端来乞食。置身龌龊涂炭中，愤气欲伸伸不得。举扇自障元规尘，倚门怕售冯驩铗。途穷思回阮籍车，青山山下寻吾庐。不如归营十亩田，携万卷书。羹藜饭菽岂云苦，养亲课子聊自娱。何须落落不偶合，寄人篱下空踟躇。

从这首诗中，谢玉岑了解到父亲不肯随俗浮沉，是个志洁行廉、卓尔不群的人。同时，也看到诗中反映的遍地荆榛、纸醉金迷、文化人备受摧残的社会现实。

11 钱振锽《哭表弟谢仁湛文》。

屋漏偏逢连夜雨。这年的“闰六月二十二日（仁卿）患痢，大汗，日三易衣，遗泄，心跳，手护腹，舌黄而薄脉不数”[12]。经数医诊治无效，七月初十病逝。

百日之内，仁湛、仁卿弟兄相继去世。这一年，谢仁湛、傅湘纫已经有五个子女：长子谢玉岑（字子楠）十三岁，长女谢汝眉（字青若）十一岁，次女谢亦眉（字缄若）十岁，三女谢月眉（字卷若）八岁，四女谢介眉（字蟠若）五岁，次子谢稚柳（字子棪）二岁。但谢家凭着祖上的荫泽，居住于常州城内高屋深院连垣的天王堂弄，居家生活尚可。

谢玉岑从钱名山《哭表弟谢仁湛文》《哭表弟谢仁卿文》与诗《哭柳湖》《哭仁卿》《伤二谢》及挽联中了解了表伯钱名山对父亲的才情极为钦佩。表伯与小三岁的父亲，少年时代常一起嬉戏诵读，哭文中云：“凡余所读书，仁湛靡不读；予所议论，仁湛靡不力赞；予所为文字，仁湛靡不喜而记诵。而仁湛积为诗词，予见之未尝不欣然而喜也。”《哭柳湖》称赞父亲“惟尔作诗好才笔，飒若天风吹快翮。他人读者胸怀开，而我读之肠断绝”。挽联曰：“君羁楚汉，我客京华，总角溯从游，已恨中年多远别；舌吐波澜，胸罗珠玉，斯文正衰歇，当为今世惜人才。”小表伯一岁的嗣父仁卿，表伯哭文中曰：“幼相爱，至亲中无与比。诗词倩丽，好蓄书籍玩物，书贾骨董客到门无虚日，书画友至，则备纸墨，授笔以写，布纸满地，予尝以其居为风雅之林。”挽联云：“痛何言哉！孀亲白发，妇子麻衣，君独胡为与一个同胞相从地下；死先后耳！神州陆沉，生民艰食，我尚不知此满腔热血洒向何方。”

谢玉岑读到这些诗文联，何止是肝肠寸断。谢玉岑出生在这样有着深厚文化渊源的家庭中，血管里自然流动着诗文、书画的血液，火以薪传。从此，谢家的期望与传承的双重担子也就自然落在了十三岁的谢玉岑肩上。

---

12 钱振锽《哭表弟谢仁卿文》。

四、阳湖钱氏

正当青山谢氏家族文化处于衰微之际，富有“诗书继世长”思想的钱名山，竭尽全力支持谢家文化的振兴，先后培养出谢玉岑、谢稚柳兄弟和谢伯子等子侄。

说起常州青山谢家，人们又会很自然地提到常州阳湖钱家。

钱名山（1875—1944），名振锽，字梦鲸，号谪星、名山、海上羞客等，以名山行。常州阳湖人。谢玉岑表伯、老师、岳父。著名诗人、书家、教育家，与高吹万、胡石予合称“江南三大儒”。早岁即以文名，自署“星影庐主人”；晚年客居上海，又署“海上羞客”。光绪二十九年（1903）中进士，以刑部主事用，屡上书言事，均留中不用。宣统元年（1909）弃官还乡，以读书、教书、著述为务，讲学寄园二十余年，门下弟子过千，得意弟子有谢玉岑、唐玉虬、王春渠、程沧波、郑曼青、马万里、虞逸夫、钱小山、谢稚柳、谢伯子等。著作有《名山诗集》《名山文约》《良心书》等。

钱家书香门第，耕读传家，刻有《钱氏家集》（三十四卷），家训为“读书便佳，为善最乐”。钱名山的祖父钱钧（1819—1877）为钱氏菱溪三十三世，字帮灿，号廉村，有句“平生无他嗜好，惟爱书成癖”，传世有《家乐堂遗稿》。父亲钱向杲（1849—1906），字仲谦，号鹤岑，举人功名，有诗句“寒窗依旧一灯青，岁岁埋头史复经”，著有《九峰阁诗集》《夷夏用兵鉴古录》等。姊钱希（1872—1930），字梦龟，有《云在轩诗稿》。妹钱永（1888—1977），字梦蛟，有《北窗吟草》《北窗医案》。二弟钱梦鲲、四弟钱梦鲤分别为诗人、画家。

钱钧与谢氏梦葭、玉阶、香谷三兄弟为契友，钱钧之次女钱蕙荪嫁谢玉阶之次子谢养田。这样，钱名山与谢仁卿、谢仁湛就是姑舅表兄弟了，蕙荪也就成了谢玉岑的祖母。后来，名山的长女素蕖嫁玉岑，玉岑的大妹、四妹分别嫁名山的侄子和长子，谢钱联姻，传为佳话。

常州谢钱两家的联姻，丰富了江南以婚姻为纽带的文化内涵，象征着中国文化的传承不是孤立的，常在家族亲友及师生间进行，谢钱两家即可涵盖文化传承的这种多层关系。

五、谢氏家集

几世几代，谢钱两家既有荣枯盛衰相伴，也能互相扶持与提携。谢家遭劫之后一年，钱名山受姑母钱蕙荪之命刻印《谢氏家集》，刻印的历程可歌可泣，极不平常。

谢氏梦葭、玉阶、香谷三兄弟离世，手泽荡然无存。光绪丙午（1906）闰四月，谢养田在《剪红轩诗稿跋》中有说明：辛未（1871）春，养田于菱溪钱氏得其伯父梦葭《三十述怀诗》二十首，癸酉（1873）秋于如皋张氏又得伯父《剪红轩诗》一卷，其父玉阶《吉羊止止室诗》若干首，其叔父香谷《运甓小馆诗》若干首，喜不胜收数日；诸诗卷为香谷馆张氏手抄，养田对诗卷中零乱文字及残缺处都一一补正，重加编次汇录成册，以付剞劂。未竟，养田卒。仁卿、仁湛两兄弟拟续刻《谢氏家集》，以竟父志，事未果而皆病逝。

钱蕙荪认为：谢家也贫也富，贫在物质上，富在精神上；谢家固然贫穷，但是不出书也未必能富裕起来；年寿有时而尽，荣乐止乎其身，二者必至之常期，未若文章之无穷。为了告慰丈夫、儿子的在天之灵，为了让后人承继先人的德行，她决定完成这未竟之业。当时正是清朝覆灭之际，天下大乱，这位老夫人竟有如此胆魄，令人肃然起敬！

时钱名山正弃官还乡，经济上也不富裕，但他颇重情义，又敬重姑母的一番话，靠授徒鬻字，终于使《谢氏家集》于1912年刻印成书，完成了谢家两代人的遗志，《谢氏家集》付梓成书经过大略如此。

读书、写书、出书是自古至今文人墨客的三大爱好，对人的评价无非是道德与文章，所以“古今多少世家无非积德，天下第一人品还是读书”为许多世家的家训。常州青山谢氏是著名的江南文化世家，这部1912年印行的《谢氏家集》，收集了晚清时期青山谢氏三代人的诗词文作品，正体现了这种文化传统。

《谢氏家集》一部两册共十三卷：卷一《剪红轩诗稿》（谢梦葭），卷二《吉羊止止室剩稿》（谢玉阶），卷三《运甓小馆吟稿》（谢香谷），卷四至卷七《寄云阁诗钞》（谢养田），卷八《双存书屋诗钞》（钱蕙荪），卷九《覆瓿遗稿》（谢君规），卷十《青山草堂词钞》（谢仁卿），卷十一《青山草堂诗钞》（谢仁卿），卷十二《瓶轩词钞》（谢仁湛），卷十三《瓶轩诗钞》（谢仁湛）。

《谢氏家集》中各位撰者的情况和相互间的关系，以及其编印之过程等事项，书前总序与书末跋文中可略知。兹录在此，钱向杲总序云：

妹夫谢子养田出先集示向杲，向杲受而读之，曰：嗟乎！谢氏之先人，吾先君子之友也。谢氏之先兄弟三人，梦葭最长，才气俊迈，于诗尤长。其弟玉阶、香谷皆受学于梦葭。梦葭以一秀才走京师，授经时贵某第至久，卒以瘵疾，卒于京师。而先君子与玉阶、香谷踪迹至近，交情至深。庚申粤贼之难，玉阶、香谷殉焉。而先君子遂婿玉阶之子，即养田也。今先君子没三十年矣，读梦葭兄弟诗，岁月之迁流，家门之代谢，人世沧桑陵谷之感，尽赴于目前，此向杲与谢氏子孙所俱哀伤，感怀而不能自已者也。嗟乎！以梦葭兄弟之才，卒不得志于世，或死于客，或死于寇，生平楮墨不全十一，仅得存于兵火之后，孰得谓其遇之不穷也！虽然，梦葭兄弟既以诗名其家，而养田自少工诗，至老不衰，诸子亦能不坠其家学。人间富贵，恒不百年。而谢氏得以风雅世其家，可不谓难能而可贵者乎？爰之为序，且以记吾先君子之交际焉。光绪丙午，阳湖钱向杲。

钱名山跋曰：

姑丈谢公养田诗学，其略见（振锽）所为序。畴昔之日，公总其诗，将并其先世遗什梓之，未果。公卒时在光绪丁未之七月，两表弟靡年不言刻先集，以竟公志。仁湛远客，编录皆出仁卿，与予商论体例，盖非一日。去岁，仁湛卒，仁卿尝谓予曰："弟远客归，满望长夏可与弟共校先集，不谓弟竟先死。"予弥痛其言，曾不过百日，仁卿又卒。

嗟乎！嗟乎！世道极乱，天理之不可征竟如此乎？是年八月，予遭大故，国乱遂亡，予不死犹死，且甚于死矣。哀哉！痛哉！今年春，姑母呼予，谓之曰："谢氏家集，尔姑父在，欲刻不果而死，仁卿兄弟又不果刻而死，今又不刻，我又将死。世虽乱，我欲见吾书一日成，盍为我谋？等贫也，终不以不刻书而富矣。虽费，吾不恤矣。"予奉命，遂卒成之。

哀哉！谢氏之集而成于吾之手，天下之事，可料也哉！今厘为十三卷，姑丈先世诗三卷、姑丈诗四卷、姑母一卷、姑丈季弟君规遗文一卷、仁卿兄弟诗词凡四卷，以壬子三月毕役。

嗟哉！天地变易，道德灭亡，忠孝廉节不信于今，枭獍不已，将为介鳞。《诗》曰："民今方殆，视天梦梦。"（振镗）孤立人世，吞声山阿，殆无以开口向人一论其平日所诵习与激昂之素心，虽国亡家丧，然而终不忘仁卿兄弟矣！今年三十八岁，回首前日，何事不空！举首惟有鸟声树色，无异寻常，不知人世之改，我心之忧也。存者且偷生，死者长已矣，谢集告成，予于文学之业，亦可已矣。钱振镗跋。

以上总序、跋的作者，分别是清光绪举人、内阁中书钱向杲和光绪进士、刑部主事钱振镗，两人是父子关系。《寄云阁诗钞》的作者谢养田既是钱向杲的妹夫，又是钱振镗的姑丈，那《双存书屋诗钞》的作者钱蕙荪，便是钱向杲之妹、钱振镗之姑母。从序、跋中得知，《谢氏家集》刻印成书历时六年，与当时特定的时代背景息息相关，真可谓常州谢钱两家世代交谊，以及相互切磋学术、共同赏析诗文的见证。

《谢氏家集》在晚清时期众多家集中具有何种地位、何种研究价值呢？

笔者认为《谢氏家集》，不仅是一部反映晚清常州青山谢氏家族三代人文学作品之代表作，而且是一部反映晚清时期社会背景与生活环境之下，青山谢氏三代人追求自己的精神源泉，以苦中作乐的人生态度，在劳作之余以读书、创作诗文为乐事，正如总序中所云："人间富贵，恒不百年，而谢氏得以风雅世其家，可不谓难能而可贵者乎？"至于研究价值，那就可以将《谢氏家集》视作一部反映家族文化的典型现象：这个文化现象既有时代特征——晚清，又有江南地方色彩——常州。由此可见，对于这样一些属于中国清末期的家族文化现象以及书香世家，是如何产生的，又是怎样发展的，起着怎样的作用，与当今社会的教育、学习、人生观有什么不同等问题，难道不应该吸引学人去予以研究吗?

王春渠曾称黄仲则、吕绪承及谢玉岑为"吾乡二百年来之才人"，因其"才相若，遇相若，早世亦相若"。而在谢玉岑的身上，我们可以看到两种极其明显的传统，笔者称之为"地望传统"与"才人传统"。明清以降的江浙地区，地域性的文学团体及文学世家层出不穷，以常州为例，乾嘉时期即有著名的"毗陵七子"。《清史稿·文苑传》载："其（赵翼）同里（常州）学人后于翼而知名者，有洪亮吉、孙星衍、赵怀玉、黄景仁、杨伦、吕星垣、徐书受，号为'毗陵七子'。"独特的地域文化滋养着昌盛的人文学术，从而形成了一种良好的互动关系，故而文学世家在这样的土地上诞生也就不足为奇了。

常州青山谢氏的家学传统是极其深厚的，谢玉岑的童年在如此浓郁的家族文化环境中成长，在气质与学养等方面，自然受到了良好的培养。

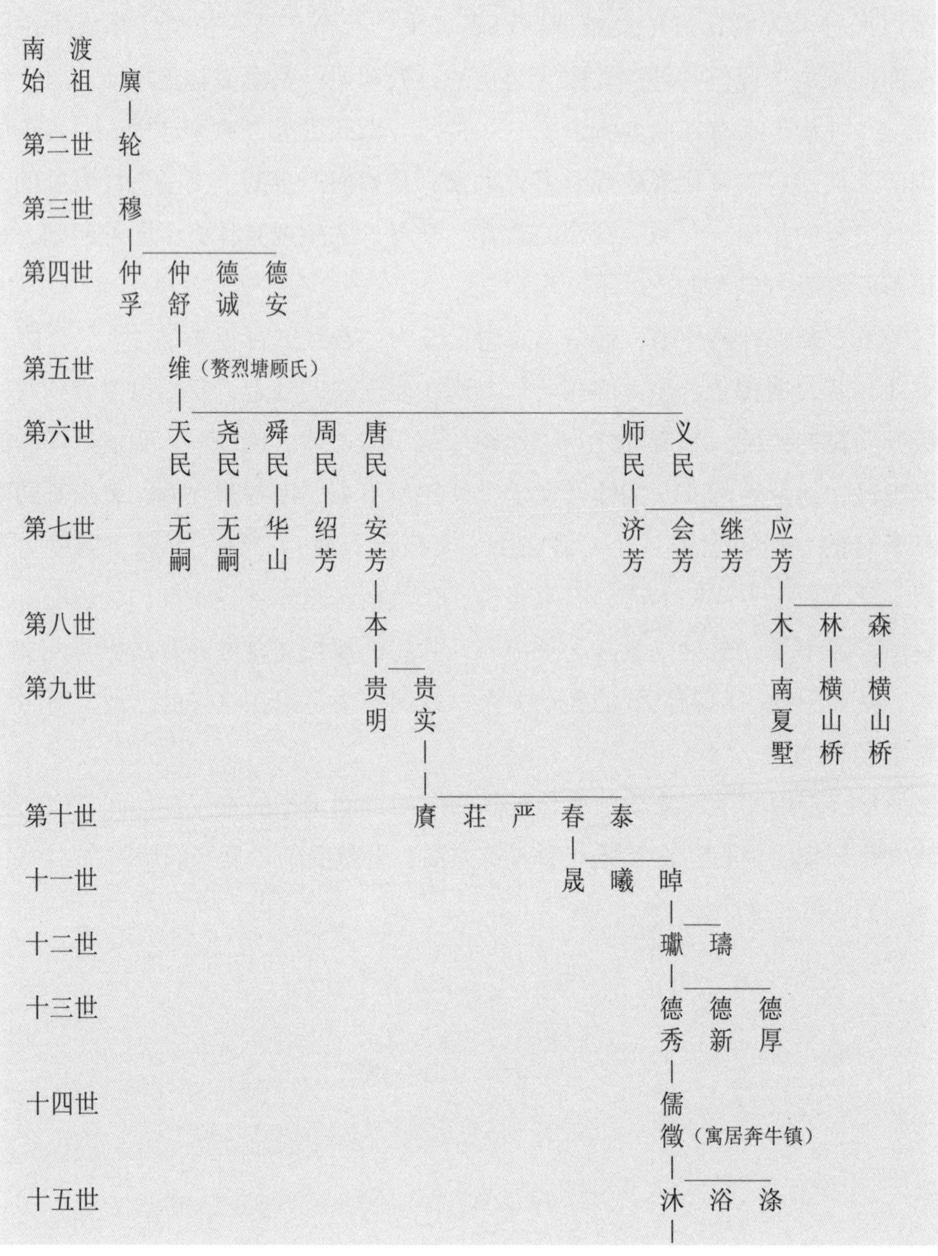
毗陵谢氏世系图
毗陵谢氏仲舒公邱庄贵实公派青山里支世系图（上承远祖世系）
南渡始祖 廙
第二世 轮
第三世 穆
第四世 仲孚 仲舒 德诚 德安
第五世 维（赘烈塘顾氏）
第六世 天民 尧民 舜民 周民 唐民 师民 义民
第七世 无嗣 无嗣 华山 绍芳 安芳 济芳 会芳 继芳 应芳
第八世 本 木 林 森
第九世 贵明 贵实 南夏墅 横山桥 横山桥
第十世 賡 莊 严 春 泰
十一世 晟 曦 暭
十二世 瓛 璹
十三世 德秀 德新 德厚
十四世 儒徵（寓居奔牛镇）
十五世 沐 浴 涤

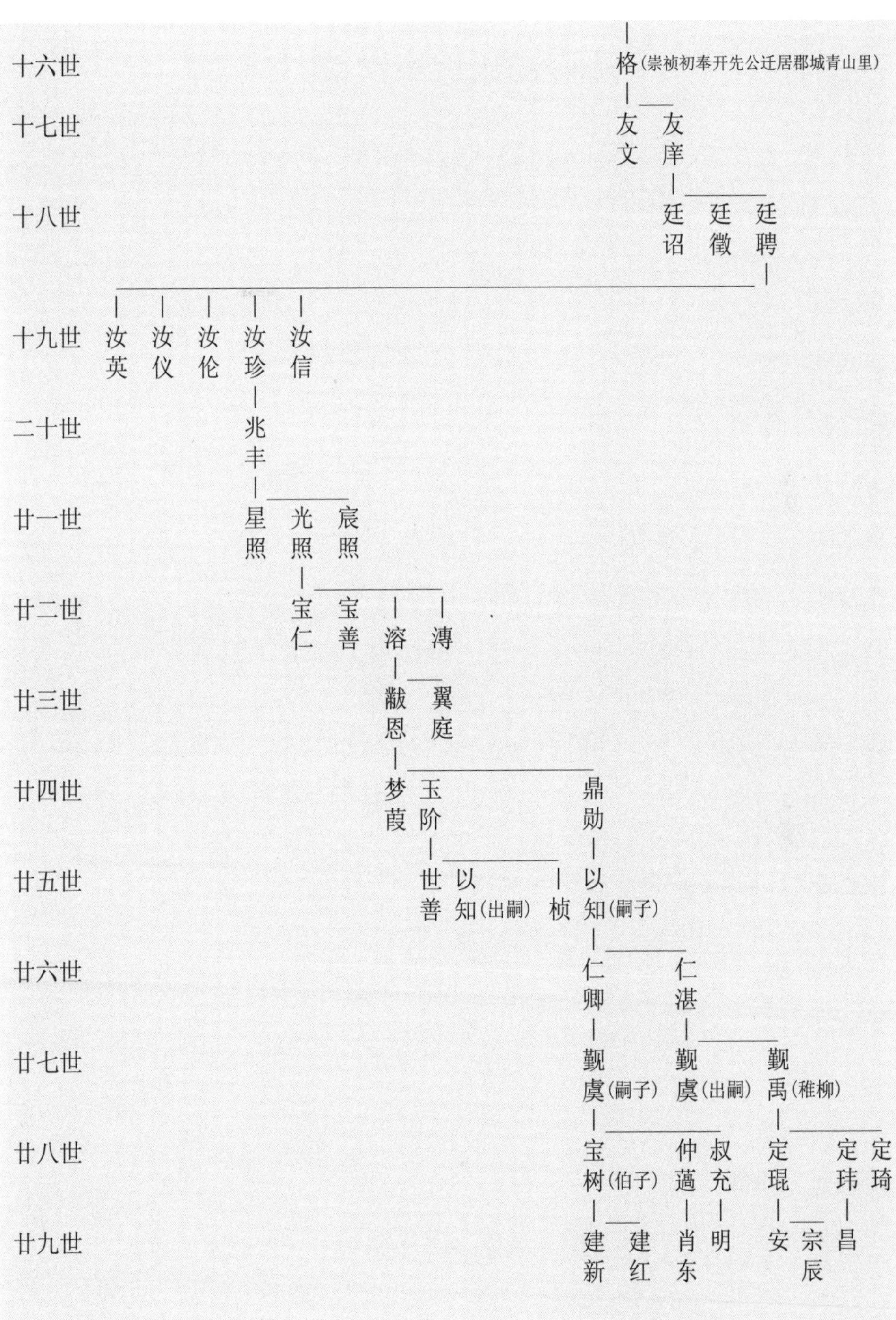
十六世
格(崇祯初奉开先公迁居郡城青山里)
十七世
友文 友庠
十八世
廷诏 廷徵 廷聘
十九世
汝英 汝仪 汝伦 汝珍 汝信
二十世
兆丰
廿一世
星照 光照 宸照
廿二世
宝仁 宝善 溶 溥
廿三世
巀恩 翼庭
廿四世
梦葭 玉阶 鼎勋
廿五世
世善 以知(出嗣) 桢 以知(嗣子)
廿六世
仁卿 仁湛
廿七世
觐虞(嗣子) 觐虞(出嗣) 觐禹(稚柳)
廿八世
宝树(伯子) 仲蔼 叔充 定琨 定玮 定琦
廿九世
建新 建红 肖东 明 安 宗辰 昌

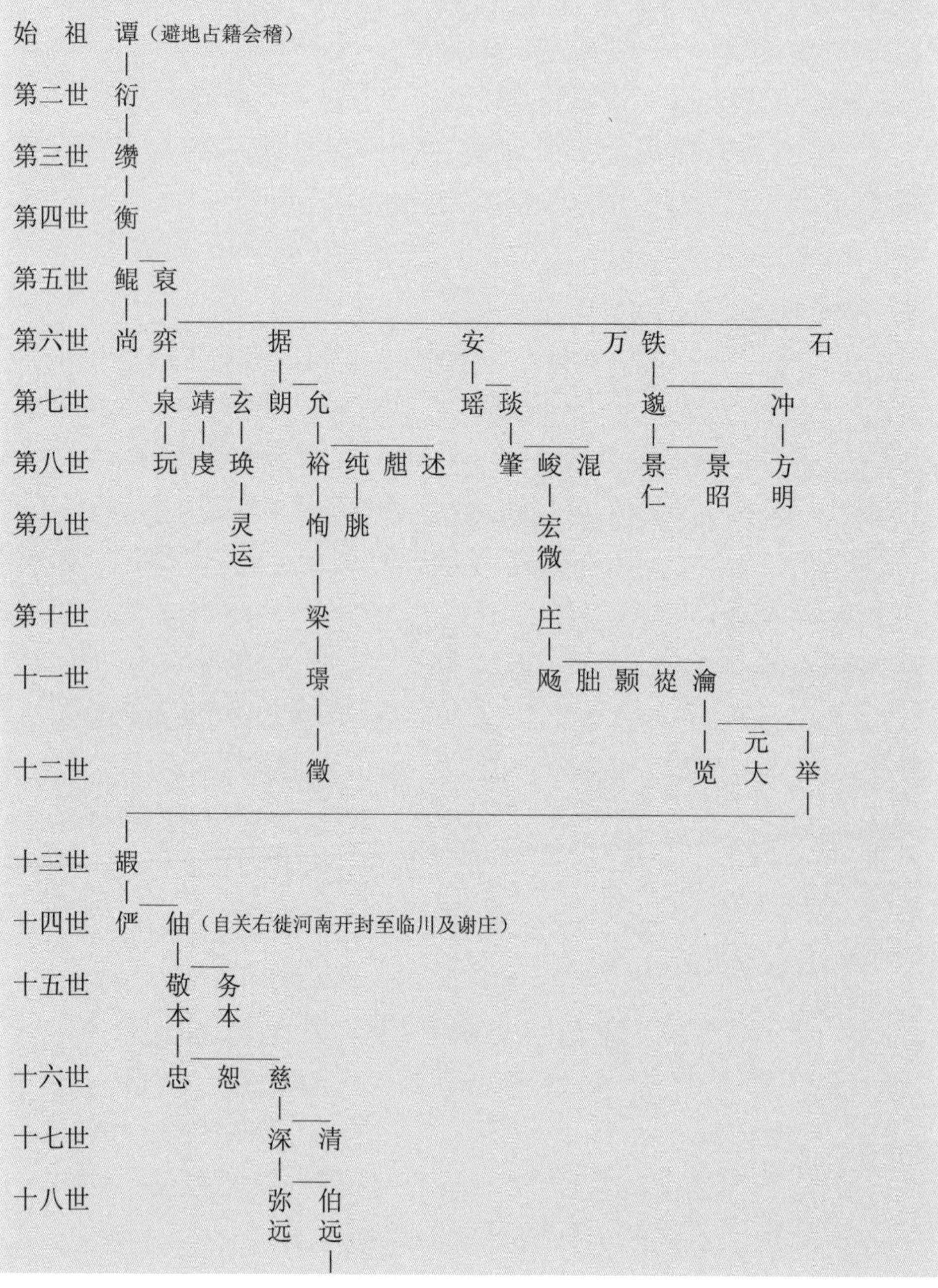
毗陵谢氏远祖世系图
始 祖 谭（避地占籍会稽）
第二世 衍
第三世 缵
第四世 衡
第五世 鲲 裒
第六世 尚 弈 据 安 万 铁 石
第七世 泉 靖 玄 朗 允 瑶 琰 邈 冲
第八世 玩 虔 换 裕 纯 朏 述 肇 峻 混 景仁 景昭 方明
第九世 灵运 恂 朓 宏微
第十世 梁 庄
十一世 璟 飏 朏 颢 𥡴 瀹
十二世 徵 览 元大 举
十三世 㝡
十四世 俨 仙（自关右徙河南开封至临川及谢庄）
十五世 敬本 务本
十六世 忠 恕 慈
十七世 深 清
十八世 弥远 伯远

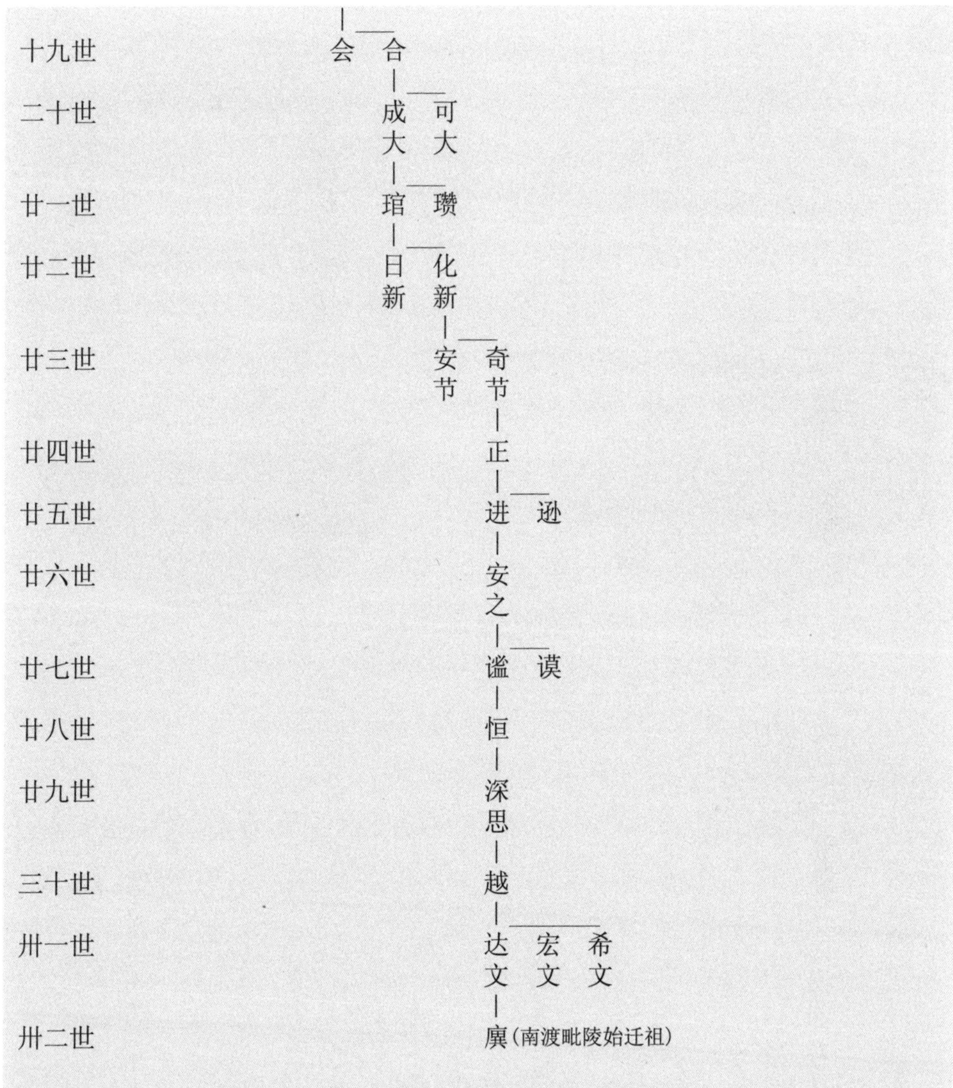

◎本世系中远祖，明洪武间由毗陵“宝树堂”谢应芳、谢匆三与浙谱对接。
◎本世系中远祖五世裒公以下至十二世，厘至灵运、朓、“晋陵四贤守”，不及旁支。
◎本世系十三世以下，厘南渡毗陵支主干至始迁祖谢廙。

谢养田

钱名山

谢养田手札

第二章 | 少年（1912—1919）

求学、崭露头角

三年愿读父书，百世期绳祖武。

——谢玉岑

一、寄园佳日

幽绝读书处，尘襟到此降。园空鸦落地，人静鹤窥窗。
幔卷延山月，帆过数客艭。终年稀见友，花里智纷哤。

推窗四望夕阳殷，雨在东南别县山。
一鉴水澄漾树底，全家人聚绿荫间。
鸟声纵苦还如乐，云影虽忙亦似闲。
槛外紫薇花万簇，花时何事不开颜。

第一首是晚清诗人钱向杲的《题寄园读书处》，第二首是钱名山作于光绪庚寅（1890）的《赋寄园》。

寄园位于常州东门外白家桥上塘，建于光绪十三年（1887），为钱向杲居家附近租赁阳湖菱溪汪氏的三亩地，筑得私家园林，以作读书、著书、授徒之用。钱向杲为光绪元年（1875）举人，官至内阁中书，辞官后隐居寄园十年，“读书游息之所，设帐授徒，著书讲学”[1]。因为是租地筑园，故题名寄园，有寄居之意。园虽不大，但环境清旷，地仅数弓，却别有天地。园内有九峰阁、云在轩、快雪轩、望杏楼、紫薇亭、留云台、荷花池等，其中快雪轩为授课书堂，九峰阁为藏书楼。1906年，钱向杲离世时，寄园几近荒芜。

钱名山任刑部主事时，清王朝内忧外患、摇摇欲坠，他怀着一颗为国为民的赤子之心多次上书献策，均留中不用，遂于宣统元年（1909）毅然弃官归里，在寄园以读书著书、教书授徒为务，兼以鬻艺为生，真正让寄园成为常州书院文化和教育的标杆。20世纪二三十年代，寄园与唐文治创立的无锡国学专修馆、章太炎在苏州创办的章氏国学讲习会并称民国时期的“江南三大书院”，寄园也因此成为常州书院和教育史上的一面旗帜。

谢玉岑的父亲、伯父相继病逝后，钱名山认为玉岑是谢家的长子，日后

1　钱向杲语。

要挑起两家人的生活担子，应该先读好书。于是，1912年钱名山便接谢玉岑和其侄钱炜卿去寄园，成为其最早的两位弟子。名山与玉岑之间有着叔侄的情分，对于失怙的翩翩儿郎心怀爱怜，当清瘦、内敛的玉岑以弟子身份站在老师面前时，那清澈的目光让诗文满腹、经历风雨的名山先生甚为满意，一位儒雅持重的大儒与一位灵慧过人的学生相处甚欢。

> 盖我夫子李泌神聪，陆机异禀，万言倚马，列宿罗胸。抱膝为《梁甫》之吟，隆中管乐；释褐献《凌云》之赋，天上麒麟。以苏颋之年，射兰成之策，成癸卯进士，观政秋曹。于是朝政变置，疆场骚然。陈宣室流涕之策，海内皆惊；抗熙宁新法之争，世人欲杀。然而国已如狂，天胡此醉！社稷为重，执戈之卫谁先？名号虽存，毁冕之征已见。塞源拔本，毁瓦画墁。有披发于伊川，知百年而为戎矣。上书不报，下濮遄归。挥日舞戈，买山且隐。忧时屈子，虽无术以回君；去国梁鸿，幸有人之举案。此则我夫子于己酉出都，遂有终焉之志也。

这是谢玉岑早年述名山先生虽胸怀大志，却报国无门的一段文字，已收录《谢玉岑集》。

1913年，钱名山抱着多一颗种子多一分希望的心念，正式于寄园开馆授徒，弟子有唐玉虬、王春渠、奚昇初、陆孔章、蒋庭曜、顾峤若、王紫宸、汤伯澍、吴克刚等十余人。名山先生讲学，不重训诂考据，而重为人处世的义理，他不把经史、《春秋》作为研究的学术，而是作为贯穿于日常生活、立身处世、作诗写字的学养。从寄园弟子的《名山课徒草》《寄园选录及窗课文钞》中可见，弟子在名山先生"不拘一格教授，严格训练作文"的教学思想下学习儒学文化，弟子们谈起二十四史如数家珍，老师与学生一起纵论天下大事、强国之策、为人之道、文艺之法；名山先生要求弟子以天下是非风范为己任，以德才兼备为自律，成为寄园弟子恪守的教规，寄园遂成为保存国学、弘扬民族传统文化的私立书院。时谢玉岑与唐玉虬、钱炜卿年龄相仿，志趣相投，相互之间常常诗文唱和，三人结党自谓“江东三少年”。

1914年，谢玉岑在堂叔谢仁冰的资助下，入读上海商科学校。为了早日挑起谢家的生活担子，1916年末商校没毕业，谢玉岑便由谢仁冰[2]携至北京钱庄学徒。其间，谢玉岑因不愿侍候庄主，仅待一月即拂袖而去。

“三年海上，负笈而游；一月燕台，揽辔以过。”[3]像谢玉岑这样世代书香的翩翩少年郎，实在难以忍受钱庄老板的颐指气使。

谢玉岑原想重返商校续读，完成学业。时社会风气崇尚“工商皆本”“士行贾业”等观念，以天下贫病，救国当以理财为急。钱名山得悉后说：“其家使学贾，予力争之；其从父资之入上海学堂，予不敢争。业未毕，又命入北京银业。日，主者令磨墨，楠愤，别从父而归。于是予始怒曰：初言学堂毕业，今不毕业而改图，不如来学于我。不者，吾女不可得！”[4]“吾谓玉岑当博读古今书，成大儒，今其志乃求温饱者，非我女婿也，吾已作书谢仁冰矣！”[5]名山先生恪守“士为四民之首”，认为玉岑当以志道弘毅为人生志向，所以力阻其步尘陶朱，由此决定了谢玉岑一生的走向。

于是，1917年初，十九岁的谢玉岑重入寄园随名山先生研读经史子集、诗文书画。

满身花气晚风吹，小立罗衫渐不支。
十里柳堤人去后，一湖清影月来时。

万里长天一望空，碧云黄叶叫征鸿。
山村雨过秋容瘦，寂寂柴门落照中。

画檐寂静雨初收，风透晶帘半下钩。

---

2 谢仁冰（1883—1952），名冰，字仁冰，号慎冰。谢养田之侄。时任民国教育部佥事，与鲁迅同事。

3 谢玉岑《上父执高少卿大令书》。

4 《名山文约·哭长女素蕖文》。

5 唐玉虬《孤鸾哀史》。

花影似罗虫似织，月明庭院不胜秋。

这三首小诗《湖上》《雨霁》《秋夜》刊载《武进苔岑社丛编》戊午（1918）创刊本，是谢玉岑七首小诗其中之三。诗以白描、象征手法描摹情态，体现韵致风华，清幽如画，颇具晚唐诗韵。

晴绿晚来天。钿云试卷帘。报新池、荷叶田田。底事五铢衣带瘦，长日地、闷恹恹。　　门外水如天。相思红豆牵。便何如、同上红船。欲与伴禅天女说，怕爱极，不轻怜。

此词《南楼令》于1918年夏作于寄园，表露词人对意中人素蕖订婚阻碍解除后的相思渴慕。上片写夏日晴天浮云、荷叶之景象，词人闷闷不乐的瘦削姿态；下片言自己的相思爱慕，却又担心对方羞怯而不愿轻允的矛盾心理。

1918年11月12日、13日，谢玉岑在《武进晨钟报》发表《暮春致友人书》《征同人东林看菊小简》和《致姑苏友人告至邓尉书》，其中分别有说：

吴峰越水，摘江南风景精英；抚古吊今，壮我辈猖狂本色。

东林禅寺，去寄园里许。二梵花宫，便是晋家之精舍；九秋菊事，争推鲁国之灵光。盖青骢白马之场，擅舞凤仪鸾之美。今者闻风茎月朵，降仙已满银台；云布星罗，选色浑同金屋。故某遍招同侪，访此花神。

仆平生爱梅，以为梅冷且秀，其佳处自在软红之外，不当与尘俗同论。而古来咏梅者，徒与群卉争一字之褒贬，岂梅花知己？然恨才拙不能为《广平》一赋，遂同具《离骚》之憾。迨后读袁中郎“国色名花世岂少，只缘无此秀丰神”句，不禁拜倒，以为言我欲言，真知林家娘子者，而仆亦遂可不作矣。今者有客自邓尉归，言群玉山头，早已雪堆开满，冷香幽韵，迥非人世间所有。顿忆素好，不禁砰然。因拟于十三日舣小舟，至姑苏城外，然后雇一蹇驴载风雪、携酒榼以去。倘日暮酒酣，兴犹未已，则当趁素璧初上，放脚即树下以眠，月明林下，断不敢希罗浮之遇，唐突仙人。第恨不能学放翁，化身万亿，一树梅花一玉岑耳。足下闻之，得毋嗤其愚否？邓尉归舟，或当便访姑苏，一览三吴秀色，间叩高轩，觅幽人清话，不知阁下肯为徐孺子下榻否？无忽此日。虞顿首。

秀美的景色，是大自然的恩赐；灵动的笔触，是心灵上的吟唱。从其“文生于情，情生于文”文中，读者可以领略年近弱冠的谢玉岑青葱岁月的雅趣文思，以及风神秀逸的才情。尤其后文，难怪有人誉玉岑先生谓“梅仙”。

1919年3月23日，谢玉岑在《武进晨钟报》发表诗《谨题邓春澍[6]世叔四韵草堂七律四章》：

论画谈诗妙擅场，天机红日出扶桑。
虎头三绝风流尽，南国新传四韵堂。

浊世先生自掩关，淋漓元气见毫端。
丹青亦有沧桑感，泼墨知愁一角山。

球琳翰墨感垂颁，一例逃禅岂等闲。
写到笔花香绝处，忽惊春满邓家山。
（先生山水之余，复恣意画梅。）

6 邓春澍（1884—1954），字春澍，号青城，别号石圣、五百石印富翁等，斋名四韵草堂，江苏武进人。工诗善画，精铁笔，好遨游。其父邓伯训为钱名山塾师，与名山亦师亦友，来往甚密。1949年后，邓氏常去上海参加书画金石展览。著有《绘余诗草》《青城画萃》《胜游图咏》《四韵堂印存》等。

康乐惭吟述德诗，故家文字擅清奇。
草堂旧有青山在，凄绝乌衣巷里时。

（余家旧有青山草堂。先大人在日，极诗酒宾朋之盛，今则毁于火矣。十年前事，家国沧桑，怅触下怀，诗以及此。）

是年，陆碧峰[7]为谢玉岑绘《秋风说剑图》，谢玉岑作骈文《秋风说剑》抒怀：

金声变节，空山生啸虎之愁；玉宇飞尘，志士下闻鸡之泪。而况楚波袅袅，好奇服于生平；辽海年年，哭文章于何处。气之烈也，士奈秋何！此则目极四郊，虽怜文翰墨曹为无用；高谭一座，难禁方车圆盖之大言矣。爰师秋水之寓辞，饰兰台之宾戏。款秋心于玉麈，托素志于银豪。我爱鸡谭，人从鱼睨。即物寄怀，盖有说焉。今夫精资金铁，茨山融䴙䴘之膏；炉捧蛟龙，赤堇淬芙蓉之锷。翼翼表德，晔晔吐华。五采彣身，千辟砺志。秉人义而弗御，以智勇为刚锋。壁间动龙虎悲吟，天上喝蟾蜍倒走。此非剑之德乎！应机立断，制钟无声。吹毛吼血之能，截水破山之利。白鹇淬尾，银华寒秋水之光；兰叶扬旗，金气动长虹之跃。长蛟潭底，沉水剸之；九日天中，张弧射下。斯非剑之能乎！宜其万都骏马，早登吴国之庭；七采九华，久贵汉皇之座。眩晋郑之头毕白，尊殷王之宝唯三。铭以千金，酬之百镒也矣。而乃千丝韬景，苔华锈陂下之锋；百炼含光，牛斗郁丰城之气。华阴之土未拭，贾胡之宝谁知。轩冕泥涂，雕零玉珥。休问哭残秋月，胁间考碧血（之）痕；即诗照见春坊，匣里剩明珠之泪。则抑何其遇之穷也！然而至宝有性，神兵不羞。碧锋虽小，实绕指之难酬；精刚无伦，甘寸折而不

7　陆碧峰（1900—1988），名祖耀，字碧峰，斋名痴云馆，浙江杭州人。师从杨葆光、刘炳照先生，擅书画，苔岑社社员。谢玉岑上海商科学校同学，且与许佛迦为中表。

屈。必使青眼入司空之珮，而后身价长薛烛之门。捧水心于金人，迁湛卢于楚国。时逢颛顼，人间看曳影之飞；椎奋丰隆，滩上见黄蛇之走。此又非其节之高而用之全乎！故夫井渫不食，恻也胡为；硕果长留，弃原有意。五色邻肥其奚害，三千颖脱之有期。莫愁局影辕蹄，终见横天奋翼。是则珮珍君子，本以比于百行；背铭金人，洵足式夫壹切者矣。

嗟乎！大地茫茫，视天梦梦。狼烟万里，宫阙铜驼；鹤盖三更，衣冠罗刹。断流东海，问谁投敲石之鞭；立马吴山，恨不铸射潮之弩。则又愿挟越铤破魑魅之胆，借上方斩倭人之头。穷日东西，驱出横磨十万；肃清水陆，凭兹灵宝三千。实知圣人难去之兵，需在烈士有心之我矣。至于仆者，布衣下国，深愧铅刀；年少江南，敢言利器？然而独思断割，同方朔有十五之能；私爱彣彰，笑李帛雄万夫之胆。耿介而倚天可想，磊落则斫地能歌。陈思驰吴会之心，士稚动中宵之舞。是以弓冶念百年之寄，殷勤开石上之札。江湖怜侠骨无多，寂寞过咸阳之道。红羊黑劫，天讵厌兵；席帽青衫，人偏窃弄。盖揶揄壹市，笑国士者几人；盘礴胸中，惟龙渊能知我者矣。荒谭未已，客感如何。嗟乎！热泪冷眸，几多惆怅；引杯拔烛，无限摩挲。休看袖里之青蛇，直是胸中（腰间）之赤胆。它日云龙会合，重歌台上之风；此时恩怨分明，聊吼宵来之雨。使神物而有灵，以斯三为息壤矣。

己未秋日，国事方殷，夷氛日迫，有宋大夫之悲怀，羞阮嗣宗之痛哭。拔剑击柱，即物兴怀。俯仰身世，难已于三。于是钱塘陆碧峰为绘《秋风说剑图》而自为文。文成，载系之以诗曰："秋风琴剑暗京尘，曾记燕台带月行。寥落恩仇心上事，酒酣无处觅荆卿。""江关萧瑟叹风尘，何限神州感陆沉。应愧闻鸡刘越石，却将玉麈负秋心。""腰间"误"胸中"，"血"字下漏"之"字。

> 景庵[8]我叔大人好（余）拙书，索者久矣。晴窗烧凤尾，重书旧作，即希两政之。龙跳虎卧，古人远痛（矣），太息流涕，知者罪我。“痛”宜作“矣”。庚申初冬，玉岑侄觐虞作于梅花吟社并识。

文题已摄全篇之精魂：秋风，起杜甫“无边落木萧萧下”之悲；说剑，发荆轲“壮士一去不复还”之慨。这篇骈文写作背景是“国事方殷，夷氛日迫”。因此，“有宋大夫之悲怀，羞阮嗣宗之痛哭。拔剑击柱，即物兴怀”。全文用了大量的关于宝剑的典故，抒发现实之郁愤与理想之远大，风格既悲且壮。在形式上不讲求俪偶工稳，却自然流走，骈散间行，气脉生动。全文钤有三印：“岂有文章惊海内”“狂来说剑”“玉岑”，前二印分别是杜甫诗句和龚自珍名言，文尾钤谢玉岑私印。自谦又自负，是谢玉岑少年时代的个性特征，他早年的诗文中有多处体现。此墨迹骈文流转百年后重现，令人感慨万千。

是年秋，谢玉岑邀唐玉虬、钱炜卿一起来欣赏《秋风说剑图》。那一晚，夜色清寒疏朗，三人伴着书房微黄暖人的灯光，谢玉岑滔滔不绝地自叙亲历祖屋遭灾，“辛亥吾家两遭大故。癸丑草堂火，藏书复烬。吾大母、吾嗣母、吾母茕茕抚孤，十年中门庭若冰雪”[9]的往事，唐玉虬、钱炜卿屏息凝神，沉醉痴迷，几乎忘了窗外的寒意，忘了时间的流逝，不知东方之既白了。三个年轻人畅叙各自小世界的纷繁，言无不尽，志趣相投，纵论天下时事。

之后，唐玉虬作诗《过玉岑夜话，即题其秋风说剑图》：“丈夫会揭龙泉剑，尽为人间划不平。十载荆卿怀抱事，凭君此夕一长鸣。”[10]钱炜卿有文《谢玉岑秋风说剑图序》，文末曰：“仆与君少同砚席，本为卢李之亲；长共切磋，便作尹班之友。早已听琴声于弦外，辨水味于江心。把酒论文，每多束发从戎之句；披图览意，雅知解衣盘礴之才。最怜笙磬之同音，敢道

8　谢约，字景庵，号可仁，苔岑社社员。

9　《谢玉岑集·亡妻行略》。

10　《唐玉虬诗文集》，黄山书社，2014年11月版。

云龙之并驾。我是术疏断割，空为庄子之谈；君乎气淬风雪，合作刘琨之舞。"[11]序文除说谢玉岑身世外，尤点明他少年时代不仅意气风发，更有建功立业的追求。

同年，谢玉岑与寄园弟子唐玉虬、钱炜卿、王紫宸、吕侠生等六七人共同发起成立"梅花吟社"，邓春澍有绘《梅花结社图卷》贺之，谢玉岑有骈文《新建梅花吟社小引》[12]记之，其中有句："吹碎一枝玉笛，李谟曾偷；抚来满树云罗，放翁合化。""虞也敢言舞蔗，实愧滥竽，喤引强成，蛙鸣欲废。恐后者惊为陈迹，披雁头留邓尉之图（邓春澍先生为绘《梅花结社图卷》）；倘天涯愿受斯盟，执牛耳来葵邱之会。"

《新建梅花吟社小引》在写作手法上则源于经纶满腹，行文用典信手拈来、旁征博引，辞藻华美、音律铿锵，虚实点染、气韵流贯，内容既有随物赋形的场景描绘，亦有淡笔勾勒的人物写意，展现了一幅师友雅集乘兴而来，年少张狂洒脱而去的交友情景画卷，表达了作者对新建梅花吟社前程的欣赏和赞美。作者在具体的遣词造句上，则讲求古奥佶屈，排斥浅近俗陋。

寄园读书时期的谢玉岑虽身体孱弱却俊朗丰仪，"诗文喜藻饰，为书喜古文，虫鱼鸟迹，佶屈聱牙"[13]，备受乡党的称赞和同学们的钦羡。谢玉岑交友颇广，不仅有同辈道友，也有忘年之交，为之后的多元发展打好了基础。在三年的时间里，谢玉岑孜孜求学于名山先生，先生赞叹："三年尽通经史，为文章下笔瑰异；独以词赋雄其曹，篆分书力追秦汉，不同凡近。"[14]

二、负笈海上

及吾遭二父丧，从外舅受业，主妻家。时吾年十有四，妻年十

11 《苔岑丛书·聊园文钞》，庚申年（1920）刊。

12 《谢玉岑集·卷三文》。

13 谢玉岑《亡妻行略》。

14 钱名山《名山文约》。

> 有三，而婚议以星家言中阻。其后吾游海上，厌夫世之闺襜有浮华靡曼之习，不乐就婚他族，终婿于钱。

> 竭来海上，见世之所谓玉帛、狗马、男女之奉，无量众生颠倒反侧以求之者，举不足以当其意。于是归发《维摩诘经》读之，欲自匿于释氏寂灭之域，易其名曰尊者。

从以上谢玉岑《亡妻行略》和《大风堂萍聚记》两段文字可略知：谢玉岑在上海商科学校期间，厌恶上海女子沾染浮华奢靡之习，又唾弃诗酒风流、颓废腐化的上海洋场；于是他闭门研读佛经，自署“佛痴”“懒尊者”。

有关谢玉岑在上海商科学校读书的可见资料稀缺，现引录他的同班同学王纶父[15]口述，由记者发表在《社会日报》的旧文《谢玉岑遗事》[16]来作补充：

> 王纶父先生偶过寒斋小饮，无意间谈起了学生时代的事，他便想起了他的已故同学谢玉岑来。谢为武进振鍠老人快婿，小山先生之姊夫，生前以诗词驰誉四海，不幸天不怜才，中年西归。王先生与之十载同窗，谊同管鲍，故知其轶事颇多。谓玉岑在校即深喜倚声，破纸一张，败笔一枝，埋头觅句。构思奇速，下笔如飞，在数分钟内可成《浪淘沙》十阕，清词丽句。同学咸惊其才，以手册求书者日以数十计。玉岑不能却，一一报命，所书多挖苦之词，令人当之有啼笑皆非之妙。玉岑既醉心词章，于其他功课均不加深讨，顾天资聪明，稍加涉目，即可不忘。惟于算术，毫无兴趣。在月考之时，辄由王先生代劳，实现抄卷，数年如一日，从未露过马脚。出校后，各以尘雾奔波，致未获面。

15　王纶父（生卒年不详），王氏自谓与谢玉岑十年同窗，情同手足，知其轶事颇多。

16　载1942年5月11日上海《社会日报》。

此轶事颇可见谢玉岑年少之性情，“在数分钟内可成《浪淘沙》十阕……令人当之有啼笑皆非之妙”，则反映出玉岑才思敏捷、天资过人，且性情纯直，不喜为应付报命之词。如当年有记载的词《丑奴儿》《满江红》《醉花阴》等。

当年旧事重重记，绿满轻卮。红放花枝。豆蔻年华月上时。　而今心事浑无据，梦里相思。壁上题诗。消息争教婴武知。

这首《丑奴儿》，以男生语气叙述，甚得《花间》遗韵。上片言当年初见情人，正是豆蔻年华，温馨浪漫。下片说而今两人无缘相见，只能梦里相思，即便题诗壁上，也只能万般无奈。

福天洞地，看即在、六桥三竺。应羡煞、年华三绝，生涯万轴。醉里挥毫天亦笑，花间顾曲人如玉。算少年、翰墨占风流，人生足。　回车路，云胡哭。绝交论，奚为续。说逃名有愿，傍君结屋。载酒春浇苏简墓，携筇夜访林逋鹤。把功名、富贵权抛将，词场逐。

上片借西湖美景来赞美痴云馆主人的“年华三绝”（绘画、书法、倚声），下片称羡同学陆碧峰逃名避世抛弃功名富贵，力主追逐词场，以填词为生命追求的高洁心性。

湖海元龙楼百尺。寥落屠沽客。十载醉江南，拍碎铜琶，多少伤漂泊。　送君风冷离亭笛。烟蓼秋江阔。沧海易沉沦，记取重逢，未必如今日。

这首《醉花阴·赠许紫庵》谢玉岑作于上海商科学校，虽早年之作，却出手不凡，是有记载最早的词作，曾刊载《苔岑丛书·纫秋轩词钞》庚申刊本。

1916年秋，许佛迦[17]上海商科学校毕业，急欲有所发展，谢玉岑为其送行而作。上片写许佛迦毕业后投身社会，起初豪情满满，可惜遇事不测，漂泊沦落。下片说送别许君北上，但愿时来运转，发挥一技之长，期待实现发展的愿望。

谢玉岑虽深喜倚声，但他并非“两耳不闻窗外事，一心只读圣贤书”的青涩少年。两年后，许佛迦壮志未酬，不幸遇难，谢玉岑恸哭作七绝《哭许佛迦》（四首），发表在1918年12月13日的《武进晨钟报》，其中两首：

买醉金尊海上来，异乡情好感邹枚。
他年载酒钱塘去，忍道山阳作赋才。

曾索涂鸦尺纸贻，临川敢避大忙讥。
挥毫终悔迟时日，挂剑千秋季札悲。
（君曾索予书，书成未寄而君死。）

12月14日，《武进晨钟报》刊载谢玉岑《哭许佛迦文》，其中云：

君好礼多才思，尤敏于事。平素有大志，日常念陆沈之无日，民生之不得安也……顾睹夫天下贫病，仓廪空虚，知为国不能作无米之炊。于是决然以理财为急，独致力于夷吾管氏之书，而益多用世之想矣。

君以甲寅入商校，丙辰夏业卒，学成而出，急欲有所表褫，遂悉调平日所虑得失及郡国利病成万言，手长书而叩当事之门。顾时方尚利、重阀阅，轻新进之士，以少年短经验，不得用。丁巳留春

17 许佛迦（？—1918），字佛迦，号紫庵，别号怀瑜馆主，浙江杭州人。能文，擅倚声。1916年毕业于上海商科学校，因不得志，两年后不幸离世。遗作有《紫庵词草》《怀瑜馆诗词》。许氏与谢玉岑上海商科学校同窗三年，交友四年，感情契合。

> 申半年，终不得志，欲北游燕魏，列抵诸侯，以亲老不敢远游而止，怏怏返浙。

文中对当时社会时弊一针见血的见解，超越了商科学子的认知水平，足见谢玉岑的人生价值观。

12月30日的《武进晨钟报》又刊载《代征怀瑜馆诗词题咏·谢玉岑、陆碧峰同启》，启曰：

> 是书为杭州名士许紫庵遗著，其自称怀瑜馆者，盖怀其夫人吴瑜璧君而名也。孙子荆"情生于文，文生于情"，殆无以过之。今同人拟付梨枣，而以为不可不代征一言以垂不朽。倘承海内文豪闺秀不吝珠玉，无论诗词、歌赋、序跋等，均所欢迎，一月截卷。寄常州东门白家桥钱祥生交谢玉岑收，来卷务求真名姓，用别号不收。是启。

谢玉岑这种不负故人之行，足证其信。

商校读书期间的谢玉岑也并不仅仅"佛痴"与"醉心词章"，他与同学许佛迦、王纶父、裘禹铭、陈玉书、陆碧峰等情投意合，同样有忧国忧民报国之志，时有句："壮士有心宁惜别，江郎何事赋销魂。""已见铜驼卧荆棘，几闻奇士出菰芦。""士君子怀瑾握瑜，孰不欲拾青紫、求富贵，以建功名于天下哉。"

上海商科学校三年时光，逝水流年。虽学习生活清寒，却给谢玉岑带来了丰富的学养积淀，更有烛照其一生的精神资源，为其后的海上文艺发展奠定了良好的基础。

三、苔岑书记

不爱长安雪似花，南行千里兴偏赊。
金陵一宿归来候，半郭青山日未斜。

六朝金粉旧风流，一夜笙歌出石头。
休问南天正多事，莫愁生小说无愁。

1916年冬，谢玉岑在北京告别谢仁冰即忽而南归，途中停留金陵寄宿一夜，面对六朝古都随处可见的遗迹，烟雨喧闹的秦淮河仿佛还能听见往日的笙歌，他赋诗《南归》《金陵夜泊》感怀。之后，此二诗收入《武进苔岑社丛编》戊午（1918）创刊本。

1917年，由吴放[18]发起，钱名山等任名誉社长，余端任社长的武进苔岑社宣告成立，确定了社名、宗旨、资格、入社、职员、事务等。苔岑社宗旨：整饬文风，保存国粹，启迪后进。认为学问是立身之本，诗文是立国之原，文明是进化之国，均以振兴文化这一大计来培植本原。当时，社员针对时局纷纭、世变日亟、文学凋敝之现状，感到应以维持传统文化为己任，补偏救弊。

1917年8月14日，吴剑门在《武进晨钟报》发表《谢玉岑姨甥以诗词稿见示，赋此赠之》：

艳说东山后起人，珠玑万斛数家珍。
看花载酒能医俗，泼墨临池不染尘。
（君书法似其表叔梦鲸。）
旧稿焚余多绮语，新词谱出见天真。
一言我为九原慰，读父遗书手泽亲。

9月21日，《武进晨钟报》又刊载吴剑门《柬玉岑二首》：

年少江南客，骚坛遍赏音。披襟如鹤立，下笔作龙吟。

18　吴放（1864—1932），原名吴蔚元，字蔚文，号剑门。江苏常州人，居常州玉隆馆巷。幼年随祖父吴凤昌生活、学习，入读虞山私塾，豪迈不羁，诗、古文戛戛独造。后曾宦游燕、沈、粤东。辛亥革命后归里，于1917年创建武进苔岑社，持续十余年，影响甚广，有“江南第一诗文社”之称。著有《吴剑门诗集》《衲兰龛词》等。

身外沧桑幻，胸中丘壑深。居然继父志，戚里慰私心。

吴剑门与谢玉岑之父谢仁湛是诗友，其妻傅苹香与仁湛夫人傅湘纫是堂姊妹，其称玉岑为姨甥，玉岑称其姨丈，所以诗中有句“读父遗书手泽亲”“戚里慰私心”。

翌年，《吴剑门先生诗集》刊行，谢玉岑有《吴剑门先生诗集序》，序中曰：“先生三生词隐，一代清才。家住江南，花月夙钟灵秀；名传冀北，宫商久擅篇章。”“三十功名已去，忍重题弹铗吹箫；一生狂态依然，肯孤负琴心剑胆（有剑胆词）。”“觐虞献庭坚之桂，幼拜先生；趋孔鲤之庭，夙钦父执。然往溯珮鞢嬉戏之日，实负家禽对客之夸。何意身异门人，每傍琴尊之座；声惭雏凤，辱颁珠玉之辞。”“诗叶长流，禅灯自续。贵洛阳之纸，行当看海内争钞；宝账里之篇，恨不得枕中独秘。我愧百年手泽，凿楹多未读之书；公看一瓣心香，即此是可传之钵。”

1917年9月16日，《武进晨钟报》刊登“苔岑社第一次公举职员题名录”，谢玉岑、谢景安列为书记。两年后，谢玉岑成为苔岑社社董。

苔岑社发展很快，远近文人纷至沓来，同声相应，沾沾于声韵之学，期作文学艺术界的砥柱中流。为此，1919年苔岑社呈文县府，要求在北直街祥源观后辟一荒地，拟公筹经费，建筑平屋三楹，拟正式命名为苔岑吟社，成为社员聚会觞咏之所。

1921年春，乡贤屠元初《保粹斋印存》行世，谢玉岑作《保粹斋印存后序》，其中说：

概自秦易古文，始别八体，刻符摹印，遂与篆籀殊途，然制作精丽，秦汉号为极盛。雕之琢之，所以美其文者至矣；金之玉之，所以美其质者至矣。其与夏鼎商彝并垂后祀，良有以也。迨至今日，世际艰虞，时丁屯否，一切文物萎薾颓朽，不复振起。盖自疑其学为无用也，而孰知夫一国文物之所在，即一国精神之所寄，俾我东土光明，广照大千，神州旧学，不远而复，是则殆先生保存国粹之心乎？抱残守阙，远绍旁搜，信可谓少得而难能者矣。

为谢玉岑当时的思想认识，识见非凡。

屠元初保存国粹之举，实际也正是谢玉岑心之所向。国粹派代表人物邓实有言：“一国有一国之学，一国之学即一国兴亡之本，而一种人心灵之所开也。”邓、谢二人之论实为同调。

是年前后，谢玉岑另有多篇骈文发表《武进晨钟报》《新武进报》，如《上父执高少卿大令书》，其中云：

> 觐虞弱冠无才，髫龄失怙。一生孤露，风飙惊黄口之年；三径荒凉，身世感乌衣之旧。加之咸阳发炬，楹内书焚；新宫告灾，荥阳宅毁。聊租小屋，等于越舲；吟对青山，谁知远志。衡门有草，曲突无烟。然而陋巷一瓢，琴歌未改；茂陵四壁，词赋依然。三年愿读父书，百世期绳祖武。重闱犹健，喜忘忧荣堂后之花；幼弟堪偕，借春草梦池塘之句。就商肯同于陆验，负米聊愧于曾参。至夫三年海上，负笈而游；一月燕台，揽辔以过。终以世味巇领，怜鷦寄之难安；风雨飘零，伤鸡鸣之欲绝。遂仍返旆归来，闭门戢影。依凭缃帙，致志篇章。谒杨震于关西，立程门之夜雪。萤窗雪牖，敢忘刺股之劳？阅史披经，务以钩玄为念。陋如驽马，犹当奋十驾之勤；钝比铅刀，方期淬一割之用。而况金人泪堕，天下如斯；铜狄尘迷，人间何世。兴怀飞虎，欲登祖逖之舟；听到荒鸡，每舞刘琨之剑。凡兹肝胆，敢渎融明。素纸易穷，丹忱不尽。所念滋兰九畹，纫佩永在兹心；衔玉双环，报恩期于何日？剧怜解系，未拜荀勖之华堂；翘首嵇生，尤乞山公之启事。

一个天资聪颖、才华出众的少年郎，却“一生孤露”“三径荒凉”，过早地尝尽了世态炎凉和人生的无奈。只有“琴歌未改”“吟对青山”“犹当奋十驾之勤”，才能报答畹（祖母）纫（母亲）的慈爱之心。这段文字叙述了谢玉岑弱冠之前的悲欢生平，也反映了他当时的人生观。文中“三年愿读父书，百世期绳祖武”，既是谢玉岑当时立下的志向，同时也是他之后身体力行的写照。

1921年7月9日（六月五日），钱名山夫人费墨仙[19]病逝。名山先生恸作诗《哭费安人》和词《南乡子·辛酉秋日》，其中有名句：“登楼一望海天空，不信斜阳尚有几多红。”谢玉岑作长篇《祭外姑费安人文》，文末曰：

> 至夫觐虞者，孙郎拜母，幼即登堂；箫史入秦，长而充赘。婚姻永好，薰沐偏多。恕嵇康之疏旷，愧礼实缺于晨昏；忧卫玠之清羸，念恩有同于顾复。惟是赁庑依旧，投笔何曾？刻楮难真，系匏无用。美桓家之眷属，空说乘龙；笑羊氏之氄毲，实惭舞鹤。嗟乎！韦皋可托，知九原之眼犹青；裴宽无才，怜一领之衫尚碧。何日云龙风虎，成名是报母之期；此时荪壁椒堂，无处觅归魂之所。人天渺矣，帷幕凄然。冀謦咳之可闻，凭几筵而来格。呜呼哀哉，尚飨！

这篇祭文骈散结合，引典迭出，写出了岳母慈善、谦恭的美德，以及作者未及报恩的羞愧之情。

谢玉岑早年熟读经史，又好金文，尤喜读六朝骈文，颇受李商隐、李贺等唯美主义骈文高手的影响，行文用典信手拈来，旁征博引。他早年的骈文，或骈俪多姿，讲求辞藻的华丽；或清丽典雅，借典喻事，通篇往往一气呵成。

1921年，谢玉岑有《青山草堂鬻书图》《白菡萏香室填词图》，时唐玉虬、王巨川、陈名珂、曹树桐等有诗词题咏。但谢玉岑颇有抱负，并不满足于这些“雕虫小技”，有诗《戏书拙作骈语》为证：

19 费墨仙（1878—1921），名沂，字墨仙。光绪戊戌乙榜进士费久大铁臣之长女，钱名山之妻。

闭户年来气未舒，鹏飞何日展天衢。
据鞍草檄平生意，愧杀书窗獭祭鱼。

同道的赞赏和推广，使谢玉岑声名鹊起，求墨宝的人让他一时应接不暇。经几个好友的推崇和激赏，谢玉岑萌生了鬻书订润例的想法。

1922年7月29日，《武进苔岑社·兰言报》首次刊登谢玉岑鬻书启事：

谢玉岑篆隶润格对联一元，条屏二元，八尺加倍，便面五角。收件处：大街元春扇号、局前街新群书社、白家桥钱氏寄园。

此时的谢玉岑已然显露出他的责任与担当，虽然诗书名气在外，但他的经济来源仍然有限，加上家庭生活开支日益渐增，便想出了鬻书的办法来周济生活上的困难。

1922年，《苔岑丛书·同岑集》刊有沈瘦东[20]《赠武进谢玉岑即题青山草堂鬻书图》长诗：

毗陵吟社当世知，其间作者富文辞。
谢生年少更好古，相见总角工鸡碑。
昨者贻我字一束，濡染豪翰何淋漓。
陈仓石鼓世罕睹，维鱼维柳存其词。
谢生追摹窥籀意，纸上郁律蟠蛟螭。
八分波磔亦瘦硬，杜陵评书今见之。
假令精进业不已，安知间出无冰斯。
念君鬻书岂无以，日夕苦志勤临池。

20　沈瘦东（1888—1970），名其光，字瘦东，晚号瓶翁，斋名瓶粟斋，上海青浦人。十八岁中秀才，十九岁入上海震旦大学。工诗文，擅书法，尤以诗名世。其诗“淡宕高简，清新妩丽”，有“江南才子”之称。其与谢玉岑同为武进苔岑社社员，诗文唱和，又是钱名山先生的诗友。著有《瘦东诗钞》《瘦东文拾》《瓶粟斋诗话》等。

砚田所获良不薄，洁养自足供脯资。
方今世俗骛诡异，文字郭索言兜离。
群儿喜新辄厌故，唾弃老学真如遗。
嗟余抱残空自许，虽有辩口安能为。
谢生志行一何卓，乃弗与俗同驱驰。
遥知山窗挥墨罢，趋庭更咏兰陔诗。
青山悠悠系我思，草堂谡谡松风吹。
谢生谢生与尔期，他年雪夜来停棹，
迟我山阴访戴逵。

赞许谢玉岑既好古，勤临池，前程不可估量外，也表明诗人自己也是一位性情洒脱之人，所以能与谢玉岑志同道合，成忘年之交。

是年秋，谢玉岑有词《高阳台·题吴观岱[21]绘晴窗读画图》：

就柳安窗，扶花作槛，丹青幻出珑玲。丘壑天然，园林也杂仙心。枕流漱石骚人事，况而今、南面书城。这分明、仙吏幽居，璚岛蓬瀛。　牙签玉轴琳琅满，有虎头家世，厨实奇珍。如此乾壶，卧游不负平生。峨嵋秀色匡庐瀑，看漫空、落下烟云。算几时、手把芙蓉，来叩瑶扃。

上片传达图作内容来说明主人蕴含情调的读书生活环境，感叹画师高超的画艺。下片赞美主人不负平生的潇洒清旷，并设想其自在卧游，足踏峨嵋云，手把芙蓉花，上叩瑶池仙扃。全词虚实兼到，令人神往。

词手迹图片刊载《华夏美术馆藏品选集》[22]，词后有识语："调寄《高

21　吴观岱（1862—1929），名宗泰，字观岱，号觚庐，晚号江南布衣。江苏无锡人。工书善画，为"江南四吴"之一。画作苍健浑朴，雄秀洒脱，一振当时画苑纤靡之风，誉为清末民初画坛健将，对当世画坛深具影响。有《觚庐画萃》《吴观岱南湖诗意画册》行世，其内作品《烟波罢钓图》，今藏上海博物馆。

22　《华夏美术馆藏品选集》，文物出版社，2006年版，第78页。

阳台》，题奉景炎同社先生疋正。壬戌新秋，武进谢觐虞藕闇倚声。”

《晴窗读画图》，乃1921年吴观岱应顾树炘[23]之请所绘手卷，并题识：“辛酉重九节为景炎先生作，并希方家鉴教。梁溪吴观岱。”卷首有近代名词家冯煦题字，卷尾有邵松年、况周颐、吴昌硕、沈瘦东、朱家驹等名流十二人题诗词。谢玉岑为其中之一，词作于1922年初秋。

《晴窗读画图》沉稳饱满，将“四王”格局与石涛笔墨相结合，雅正淳和而富有生机。图中树木、枝叶吸收了“四王”平正的手法；树的点叶和皴染中，采用石涛以湿笔为主的作画方式，元气淋漓，使画面显得苍翠深沉，丰厚耐看。吴氏绘手卷见长外，且诸名家题咏诗词，各显所长，确为文人合作的书画珍品。

1922年，谢玉岑是否通过顾景炎与吴观岱相识相交，笔者不敢妄断。但从笔者所见吴观岱于1926年所作《溪亭话旧图》画箑来看，似乎神交已久。画箑笔墨精到，构图清雅，意境湛妙，款识：“溪亭话旧。仿石田翁[24]青绿法，即希玉岑仁兄先生方家雅教。丙寅春二月，吴观岱，时年六十五，画于存觚草庐。”后来，谢玉岑在《墨林新语·吴观岱》[25]中说：“君于画灵襟妙悟，出自天授，故超秀过人；人物初师新罗，后为瘿瓢子；山水出入宋元，归于石涛、石溪；间作花卉、仕女，服膺六如、南田，然不多觏。性高洁，貌清癯，遨游江湖，皭而不滓。老归乡里，以画自给。春秋佳日，巾车出游，弟子撰杖，须鬓萧然，望之若神仙。”对吴观岱之画品与风神作出了精要的点评。

画箑另一面为郑孝胥[26]抄录《文心雕龙·风骨》，并款：“玉岑仁兄大雅属，孝胥。”书体为郑氏擅长之清刚、遒劲行楷。时谢玉岑正在浙江永嘉

23　顾树炘（1899—1970），字景炎，号读画楼主，上海人。喜吟咏，家富收藏，所交一时知名之士，与谢玉岑年龄相仿，且同为武进苔岑社社员、上海鸣社社员。

24　明画家沈周。

25　载1932年9月8日《金钢钻报》。

26　郑孝胥（1860—1938），江苏苏州人。近代著名诗学家、书法家。谢玉岑《筹赈书画会上海集件的一点小报告》有说：“郑孝胥先生，是亡清的太傅，依旧在天津守候着这位宣统皇帝，每天到南书房进讲，可算得竭忠尽智。但这一来，上海扇铺收的写件，却搁下了不写来，这回本想候他樱花开时，到上海来赏樱花，捉了他写。但我恐怕我们开会赶不及陈列，所以托朱古老寄去转求。果然他加快寄来了四副对，这又是一桩令我们喜出望外的事情。”

（今温州）教书，词名、书名已名动江南。谢玉岑与吴观岱、郑孝胥这件忘年之交的雅事，堪为艺苑佳话。

1923年建成后的苔岑吟社正屋三楹，四周植柳、桃、杏、梅、芭蕉等，周围蕙草兰芷、牡丹芍药、紫藤蔷薇，生机盎然。步入吟社，满庭花木，四壁图书，社员纵论古今中外之大事。为此，社址取名“聊园”。聊园最大的特征是专为同道诗友酬唱而辟建，为民国江南首倡。当时武进县知事姚绍枝鉴于该社笃志爱古，特发公告“知会居民人等，毋得藉端滋扰”。有“诗国”之称的常州，至民国初期仍见如此风雅情景，实为难得。

时邓春澍有绘《聊园图》与《苔岑雅集图》记之，并在后图上题诗：“小小吟窝花木深，好联骚客证苔岑。亭前桃杏飞红雨，窗外芭蕉展绿荫。从此一堂忻聚首，不辞千里结同心。春秋佳日多闲暇，读画评诗惬素襟。”诗跋：“吾邑苔岑社之聊园，合海内同人捐资建筑，为春秋佳日集同岑吟侣觞咏之所。入门有小山，盘旋而登，四野在望。结一亭曰‘小乾坤’，中间有屋三楹，曰‘半野草堂’。后即纫秋轩，西北一船式厅曰‘潇湘秋雨舸’，落成于壬戌癸亥间，岁必数集，曾为制图，并题一律焉。春澍重写。”

《聊园图》和《苔岑雅集图》，前者显露画人对清幽闲适之境的想象，后者体现同岑吟侣对“吟窝”之向往。诗句点明了创建苔岑吟社之目的，诗跋介绍了聊园之概貌。“半野草堂”与“潇湘秋雨舸”分别悬挂谢玉岑篆书对联：“世正薄风骚，喜见敦盘追复社；此别有天地，漫将涕泪向新亭。”“胸中何可无千晦，门外风明是五湖。”含义道尽苔岑吟社创立之初衷和各地社员风雨同舟。时苔岑吟社主要社员在园内留下一帧“全家福”，谢景安、谢玉岑位列后排右起一、二，旧影刊载是年的《苔岑丛书》。《武进晨钟报》曾刊登谢景安《题苔岑雅集摄影》：“苔岑摄影借名园，世事纷纭且莫论。不碍山林当廊庙，何妨花月作乾坤。骚人挥洒诗千幅，墨客流连酒一尊。文字因缘容我辈，长留雅集爪泥痕。”[27]

1923年，吴剑门六十寿，恰逢苔岑吟社会所聊园落成，谢玉岑有词《金

27　载1917年8月15日《武进晨钟报》。

缕曲·寿剑门姨丈六秩，即题聊园志盛集，用弹指词寿龚芝老韵》：

集就三千卷。看光芒、斗南高烛，尘氛俱遣。天许园林矜彩笔，翠墨筵前犹泫。算领袖、吴笺蜀茧。东至青牛南去鹤，好江湖、不共蓬莱浅。弓月上，颜酡展。　　苔岑秋洗巉岩显。问摩崖，延年可用，铭刊融匾。金粟香浮笙吹沸，寿到仙家鸡犬。怕卖药、名高难免。何处诗人汤沐邑，要镜湖、一曲求封典。庭坚桂，从公剪。

这首词刊载《苔岑丛书》癸亥（1923）刊本。作为苔岑社首批社员兼书记员，且为吴剑门之姨甥，谢玉岑词中称赞苔岑社群英荟萃，佳作琳琅。同时，赞誉剑门寿长、名高、诗声隆，荣归故里，创建诗社，功不可没。结拍表示愿追随长者，效力苔岑。

苔岑吟社活动持续十余年，文风响应者，纵横八九省，社员达三百余，与苏州南社一时瑜亮，称盛一时。

现存苔岑社编印出版的《苔岑丛书》《武进苔岑社丛编》，有多篇谢玉岑的诗词文。如诗《秋夜》《湖上》《雨雾》《赠晓湘》《鼎元诗来劝余学画，赋此即寄》《寄仲章日本》《送表兄伯澍东渡》，另有《松龛雪鸿八景题咏》（八首）、《寄吴剑老用剑老自述韵》（二首）；如词《偷声木兰花》《百尺楼》《金缕曲》；如文《吴剑门先生诗集序》《放如斋诗词序》《保粹斋印存后序》《糜家唐塾师毛某恨史序》等。《苔岑丛书》有些封面或扉页乃谢玉岑所题，如封面“同心兰，觐虞书签”“艳体词选，玉岑书眉”“拜苏亭薪辑五种，觐虞”；如扉页“聊园志盛，觐虞篆耑”“聊园新辑六种，觐虞书佐”等。同期，为乡贤屠元初隶书题耑扉页“保粹斋印存，玉岑书耑”，为同道王巨川隶书题签封面“倚剑楼诗稿”等。这些足见谢玉岑当时之文艺才情，及在苔岑吟社中的分量之重。

正及弱冠、心存高远的谢玉岑，有诗序、词序、史序、印存序，以才名出诸公间，这时的他如羽翼初丰的幼鹰扑扇着翅膀，准备到人生的广阔天地搏击一番。不难想见，吴剑门的鼓励和提携，故乡的人文润泽，内化着谢玉岑的才气和锐气，书香世家子弟的文名一时传遍江南。

1924年，苔岑吟社出版的《聊园诗坛同人小传》[28]载有谢玉岑小传：

谢觐虞，字玉岑，武进人，词章家柳湖先生之子也。生而颖异，读古今书独具只眼，为人文雅狷洁，尤为其嗣父蒓卿先生所笃爱，复得外舅钱名山之诱掖，学益进，誉日隆。文词古艳，动辄惊人，性嗜金石，工篆隶书，直追秦汉，莫不叹之为天才云。著有《白菡萏香室诗文集》，未刊。

四、莲花侍者

谢玉岑和表妹钱素蕖青梅竹马，谢玉岑有言："吾家自大父迁居城中，而妻曾王母在堂，吾王母归宁，吾每侍侧。垂髫见妻，闻婚姻之议，私心不能无向慕。"[29]

钱素蕖出生的当日，钱寓庭院中的白莲花盛开，祖父向杲公为其取名亮远，字素蕖，清雅而有诗意。素蕖是一位聪颖好学、古典雅致的明媚女子，受父亲钱名山和外公费铁臣的诗书熏陶，能作魏碑汉隶，又好读书，尤熟诵《诗经》《资治通鉴》，且温恭好礼，为亲友所称赞。素蕖早年有诗："正月梅花少同气，三春莺语称新诗。枇杷黄熟堪当饭，花草鲜红惯折枝。"[30]《孟子·滕文公》言："往之女家，必敬必戒，无违夫子。以顺为正者，妾妇之道也。"素蕖却不以为然，曾有文《妾妇以顺为正辩》收录钱名山《名山课徒草》，文曰：

夫人受天地之中以生，妇人亦在其列，岂得曰男子如此则正，妇人如此则不正。妇人如此则正，男子如此则不正乎？古来妇人以

28 《聊园诗坛同人小传》刘宏题署封面，钱名山题署楷书"松龛新编，甲子十月"扉页。

29 《谢玉岑集·亡妻行略》。

30 常州般舟诗社编《常州历代女子诗词选》，中国文联出版社，2008年10月版，第317页。

> 正谏其君而兴邦者，周宣之姜后，晋文之齐姜是也。嘉言善谋，有过男子者。若夏、殷、周之季，以女宠丧邦，此正桀、纣、幽王之罪，而褒（褒姒）、妲（妲己）则从之者耳。孟子论仪（张仪）、衍（公孙衍）非大丈夫，遂谓："以顺为正，妾妇之道。"其说非也。若妇人以顺为正，则姜后、齐姜为不顺，而褒、妲为正，岂其然哉？夫道若大路，然天下古今所共由也，丈夫妇人无异焉。妇人之道岂出五常四端之外哉？彼仪、衍之纵横谲诈，无人而可者也，而可使妇人效之乎？《婚礼》："父醮子，命之曰：'往迎尔相，承我宗事。'"妇之相夫，与臣之相君无异。若曰相之道以顺为正，可行于唐虞之世乎？或曰《易》言："恒其德，贞；妇人吉，夫子凶。"《象》曰："妇人贞吉，从一而终也；夫子制义，从妇凶也。"何谓也？曰：《易》之言，一时一事之言也，恒固妇人之德，丈夫便可不恒乎？孔子恶无恒矣。岂为妇人言乎？要之以恒为妇人之道则得矣。以顺为妇人之道，则有得有失以仪、衍之所为，谓可行于妇人，则断断乎不可也。

从此文中，可一窥钱素蕖之男女辩证观及女子的地位与作用。

1913年的春天，谢玉岑与小他一岁的表妹钱素蕖订了婚约。从此，钱谢两家姊妹嬉戏时，多以素蕖为"子楠夫人"呼之，素蕖也不怒。可是，在他俩的议婚进程间，也不是没有波折。虽然是"媒妁之言，父母之命"，但传统的婚姻要走得完美，男女的婚配还要讲究天命。于是，玉岑的母亲湘纫夫人与素蕖的母亲墨仙夫人将玉岑与素蕖的生辰八字送到东林寺，请高僧浤参详一番两人的姻缘命相。高僧浤安然闭目掐指一算，眉宇间的两条寿眉不由得紧皱起来。他说："玉岑名有大劫！"湘纫夫人忍不住插话："玉岑已经失去了父亲和嗣父，还有什么更大的劫呢？"高僧浤回应道："不止是。"

从东林寺返回的两妇人，各自沉吟再三，均不得要领，对于这桩命相不合的姻缘，双方产生了动摇。是年岁末，谢家的那场大火令玉岑与素蕖的婚议再受冲击。双方长辈都觉得高僧浤的预言果然应验，命相乖逆，大劫终来，玉岑的祖母钱蕙荪老夫人便以“男女八字不合”为由罢止婚议。

对谢玉岑这股婚议的风波，唐玉虬有说：“玉岑祖母急为议婚他氏，迄不欲，然不敢申诉其怀，惟默誓终身鳏，咏《无题》盈帙，行居郁郁，神丧气索。而亦有人为蕖君执柯者，吾师与吾师母议之，蕖君窃闻之，是夕称疾，夜膳不至。媪以盘飧送入卧室，推之堕地，呼曰：‘余欲速死！’其母问之曰：‘何事而欲死，亦有可以不死者否？’曰：‘许我长侍父母而后可。’母诺之。乃起稍稍进饮食。”[31]

谢玉岑不愿另婚，钱素蕖也不愿他嫁。当时，有位寄园弟子的家长要来给素蕖提亲。这户人家家境宽裕，墨仙夫人亦有意于他氏，即以退婚的话题试探女儿，素蕖当即粉泪盈盈，她坚决表示：婚姻不是儿戏，岂能朝议暮改？现在我与玉岑的婚约已在常州地方上传开了，今生有缘我是谢家的人，若是无缘也只能允我终身侍奉父母，岂敢另适他家招摇于世？

1917年7月26日至8月，谢玉岑以署名“莲花侍者”在《武进晨钟报》《武进苔岑社丛编》连续发表两组诗《绮语焚剩》（七律十六首和七绝十二首）和词《百尺楼》《偷声木兰花》《蝶恋花·荷花》，其中两首律诗：

痴情还是自痴情，情到痴时倍怅神。
两字聪明生负我，一弯眉月尽牵人。
曾怀玉杵求仙约，可奈银墙隔绛津。
凄绝王昌旧消息，却将愁病误芳春。

碧海青天思不禁，夜阑人静酒初醒。
幻成木石情方死，乞到因缘佛不灵。
旧约好寻空慰藉，微怀无赖太伶仃。
可能有日随鸾使，重射当年孔雀屏。

31 唐玉虬《孤鸾哀史》。

“痴情还是自痴情，情到痴时倍怅神”，从这两首诗中可以读出，诗人的痴情从孤独郁结至心灰绝望下的无可奈何，也暗中微微表露了诗人对双方长辈因八字不合而中阻婚事的哀怨。

其二词，《百尺楼》云：

浴罢晚凉初，待月人归后。花茎依稀笑语闻，呖呖莺声逗。　　羞涩避檀奴，薄晕眉梢透。方寸心情万种娇，愁煞双红豆。

词以素蘖为抒情主角，具有典型的花间风格，而“羞涩避檀奴，薄晕眉梢透”，分明又是仿效李清照名作《点绛唇·蹴罢秋千》，少女的娇羞情态，与其笔下的“见有人来，和羞走”相仿佛，甚至用韵都一样。

《蝶恋花·荷花》曰：

一霎春来春又去。独下春山，离绪悲难诉。肠断东风飞不住。美人身世浑如雾。　　同病只教怜柳絮。寂寞帘旌，没个商量处。旧约飘零今后误。愁心点点成红雨。

词人倾诉离绪之悲，断肠之愁，词人与恋人同病相怜“没个商量处”，一对恋人左右为难，不知如何是好。

两组《绮语焚剩》以抒情的笔调，完整地叙述了谢玉岑和钱素蘖少年时代爱情萌生至恋情挫伤的过程，其胆怯性格、心理矛盾唯有通过组诗抒发失落苦闷的心情。绮丽的诗风、幽渺的意境、浓郁的感伤结合在一起，具有很强的感染力，更加令人动容。这组情诗和情词，反映了谢玉岑与钱素蘖当时的处境和爱情观。

《绮语焚剩》是谢玉岑描写他与钱素蘖的相恋受阻时内心千回百转的组诗，可与他相关词作互看，比之词作的幽婉含蓄，组诗则把至死靡他的深情表达得更加热烈而坦率。同时，组诗又可一窥谢玉岑取法李商隐、黄仲则的诗学门径。同期的情词近二十首，讲究词藻的绮丽凄美，词笔也尚不脱仿效的痕迹。

蕙荪老夫人见着玉岑行居郁郁，神丧气索，又读到玉岑深情绵邈、真挚感人和默誓终身鳏居的“无题诗”“痴情词”，传递来的爱情失落感伤与绝望的信息，也是玉岑此生非素蕖表妹不娶的誓言，只好打消了退婚的打算。

时光荏苒，弱冠之年的谢玉岑渐长成一位玉树临风、才情横溢的饱学青年。名山先生欣许他的才学，认为谢家后继有人，并对聪颖的玉岑产生了一种难以割舍的情分。于是，名山到谢家与蕙荪老夫人商议，把自己的长女素蕖正式许配给玉岑为妻。

当时，名山的长子钱小山还未婚配，玉岑的妹妹年已及笄，也正当山花烂漫的年龄。蕙荪老夫人深为内侄的一片诚意所触动，于是谢钱两家的长辈从长计议，不仅确定了玉岑与素蕖的婚姻，也给玉岑的三妹谢介眉、大妹谢汝眉分别与名山长子钱小山和名山侄子钱炜卿定下了文定之喜。这在当时的书香世家之间，也是一种通常的世谊联姻方式。

1919年12月的一天，天空飘起了片片如玉的轻盈雪花，那正是江南纤细、优雅的冬季，二十一岁的谢玉岑正式与二十岁的心爱女子钱素蕖共结连理。据钱谢长辈说，在他俩的婚礼上曾发生了这样一件事：

因为是长女与得意门生喜结良缘，名山先生颇为重视。除了钱谢两家的亲朋好友外，亦邀请了当地的乡绅名士及弟子们参加婚礼仪式。新郎新娘拜堂过后即开席。此时，仪式台案上一对龙凤红烛正照亮着这对新人。可是，顷刻之间，象征新娘的凤烛被一缕风吹灭了。谢玉岑看到后立即站起来，缓步走到象征新郎的龙烛前，一口气吹灭了龙烛。谢玉岑的这一举动，让众人惊诧不已。

玉岑、素蕖新婚燕尔之时，玉岑有诗《密语》寄情。据《礼拜六》所刊诗可知，此诗乃玉岑新婚夜对素蕖讲述婚前情事而作，诗有引语：“洞房红烛，戏语旧情，不禁莞尔，成二十八字书‘绮怀草’后。”诗云：

密语殷勤到夜阑，芙蓉颜色怯春寒。
十年辛苦相思句，赢得云屏剪烛看。

这是一首别致的“催妆”诗，“十年辛苦相思句，赢得云屏剪烛看”和“迢递瑶珰剪烛裁，销魂玉臂对清辉”算是玉岑当时最绮丽的诗句了。

玉岑婚后初期仍跟随既是老师又是岳父的名山先生在寄园研习诗文书画。因此，素蕖也就留在菱溪娘家主持中馈。唐玉虬时有云：“玉岑自结褵后，有署‘白菡萏室主’者，有署‘茄閤’者，均以夫人蕖君之故也。可见其对于夫人踌躇满志，鱼水相逢之乐矣。”[32]

少年豪气识元龙，立雪名山却乍逢。
惆怅送人春燕子，我来君去又匆匆。

这是谢玉岑当年的一首诗《赠晓湘》，诗中的故事是这样的：

当时的程沧波[33]还在寄园读书，且与名山先生的次女钱云蕖定亲，举行文定之礼。名山先生未置贵重嫁妆，却有满箱书籍和文房四宝，以及几副对联。同时，谢玉岑作这首诗赠程沧波。程沧波晚年在台湾回忆起这段往事时说：“又明年四月，行文定礼随冰人仗舆迤逦而至者，食盒数十事，满列图书，缥缃缘以红锦，乃至笔管墨架，皆别为缘饰，观者叹为妆奁之奇绩，益感于书香清华之不同凡俗也！”[34]

1924年2月9日（正月初五），程沧波与钱云蕖正式结婚。谢玉岑、钱素蕖夫妇特意为这对新人预先准备了一件贺礼，是专程去上海购置的一座欧式台钟。这件礼物，夫妇两人是瞒着名山先生的，因为知道名山先生是反对西洋货的。所以，当西洋钟买回来后，钱素蕖一直藏东藏西，直到新娘云蕖出嫁的这天才拿出来。对这件实用又稀罕的礼品，新郎新娘和程家亲戚都是满

32　唐玉虬《孤鸾哀史》。

33　程沧波（1903—1990），名中行，字晓湘，号沧波，江苏常州人。钱名山先生早年弟子，与谢玉岑同门，且连襟。毕业于复旦大学、伦敦大学政治经济学院。曾任民国《中央日报》首任社长、中央宣传部副部长、复旦大学等多所大学教授。抗战宣言出其手笔，其有句：“和平未到绝望时期，决不放弃和平；牺牲未到最后关头，决不轻言牺牲。战端一开，地无分南北，年无分老幼，皆有守土抗战之责任，皆应抱牺牲一切之决心。此事发展结果，不仅是中国存亡问题，而将是世界人类祸福之所系。”著有《时论集》《沧波文存》《民族革命史》《历史文化与人物》等。

34　《沧波文存》自印本。

心喜爱的。

当时，谢玉岑仅有苔岑社社董和乡馆教书有限的收入，虽衣食无忧，但依旧囊中羞涩。这清贫陶然的生活，却是玉岑、素蕖两人世界中最璀璨的日子。

少年时代的谢玉岑虽有磨难，却能发奋求学，进而崭露头角，收获爱情，但他更怀有“兴怀飞虎，欲登祖逖之舟；听到荒鸡，每舞刘琨之剑”[35]之志，践行着中兴谢家的责任。

35 《谢玉岑集·上父执高少卿大令书》。

谢伯子《寄园图》（2004年绘）

谢伯子《寄园图》（2012年绘）

吴观岱《溪亭话旧图》

郑孝胥录《文心雕龙·风骨》

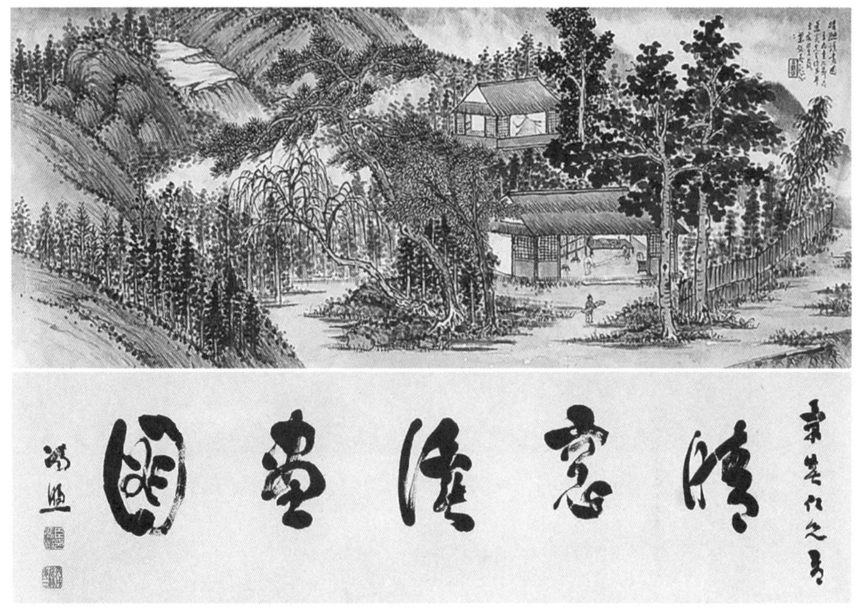

吴观岱《晴窗读画图》，冯煦引首

第三章 | 青年（1920—1928）

游学、授学

惊心投笔诺，雪涕渡江年。

——谢玉岑

一、虞社雅集

憔悴江村又此时，小窗风雪冻丝丝。
短梅已见春前蕊，长句犹孤海内知。
吴市卖灯人说早，东都埋砚我怜迟。
年华九九还须惜，莫漫新亭起远思。

这首小诗，是谢玉岑1920年冬参加常熟虞社吟梅雅集唱和俞鸥侣诗而作，诗题“虞社消寒雅集，和鸥侣韵”。

江南水乡虞城（今常熟），粉墙黛瓦，陌上轻烟，蕴含着自然，也晕染着心情。以虞山为中心的虞城内外，不仅有湖光山色、流泉飞瀑、古树名木的天然胜景，也有亭台楼阁、古宅名园、祠堂义庄的人文遗存，令历代文人流连于此，而无数的瑰丽诗篇更是给虞城这座古城平添了无限的风韵。一些年龄相近、志趣相同的同里士子、异乡学子定时聚集一起吟咏诗词，议论学问，有时结伴出游，在充满文化积淀的空间里自由放飞。接地气，才能有底气，长灵气，虞城得天独厚的人文资源，亦是谢玉岑随时汲取的文化养分。

虞社成立于1920年6月结束于1937年，由虞城二十多位爱好旧文学的青年发起组织的诗文社团，其主要骨干是俞鸥侣[1]、朱轶尘、陆醉樵等，社址位于虞城萧家廊下六号虞城书院。虞社聘请了虞城晚清著名诗人金鹤翔为名誉社长，本乡晚清翰林编修徐兆玮、河南学政邵松年、布政使俞钟颖[2]、户部主事丁虞庵、刑部主事叶叔谦，及乡贤俞啸琴等十人为评议团成员，以壮虞社声势。

虞社初创之时，即订立章程，以“保存国粹，发扬旧学”为宗旨；以“诗文酬唱，雅集联谊”为主要活动方式；以《虞社》[3]月刊、旬刊，《虞

1 俞鸥侣（？—1936），名鹭宾，字鸥侣，号萍生，江苏常熟人。1936年9月18日病逝。

2 俞钟颖（1847—1924），字君实，晚号城南渔隐。晚清著名诗人，其长子俞鸥侣、次子俞鸿筹均与谢玉岑友善。

3 《虞社》创刊于1920年6月。曾刊载谢玉岑诗词《虞社消寒雅集，和鸥侣韵》《解语花》《甘州》等。

社丛书》为宣传阵地。社员以本地为主，外乡为辅，虞社发展迅猛，三年后社员多达四五百人，形成了一个以虞城为中心，遍及大江南北的诗文交流重镇，与当时的武进苔岑社、苏州南社相颉颃。尤其与苔岑社互为联动（苔岑社的钱名山、吴剑门、邓春澍、谢玉岑等均为虞社社员），称为江南两大诗文社。

虞社（1920—1937）早期大型的主题雅集联谊主要有三次：吟梅雅集、香国百咏、梅花百咏，其中“香国百咏”由社长俞鸥侣的襄理朱轶尘负责筹备。

1922年春，朱轶尘遍征虞社同仁以百花为题纷咏群芳“爰举花名百种，征同志百人，各赋七律一章”[4]，又“以扬风抡雅之才，操选色遴芳之政，广集其所咏得百篇付梓，以导后之游者”[5]，即是“香国百咏”的主题与内容，时邵松年有句赞：“此诗人之韵事，亦艺林之佳话。”《香国百咏》[6]编成，谢玉岑以隶书题签：“香国百咏。朱轶尘先生辑，藕庵谢觐虞书耑。”这足见谢玉岑之才情与名重。

1923年5月，素有“少年端谨，雅好诗歌”的俞鸥侣以“吟诗以韵传，梅花以韵胜。集社而咏梅，梅花以写韵，韵人亦韵事也”，召集虞社社员三十人在虞城石梅读书台以梅花为题雅集“梅花百咏”，谢玉岑有诗唱和。

虞社举办的吟梅雅集、香国百咏、梅花百咏，对内增强凝聚力，对外联谊发展，起到了很有效的作用。

1924年，俞钟颖病逝，谢玉岑有《挽虞山俞君实方伯》：

海水鼓天风，刺船忽断成连操；
觚棱成大梦，汗简谁搜麦秀辞。

联后跋语：“方拟偕江阴陈名珂晋谒，未行而讣至。公有践春诗，极殷顽

4 1922年编《香国百咏》，常熟开文社，1923年6月出版。线装铅印本，扉页由谢玉岑隶书题署。全书有序言十一篇，大都骈体文；并有题词六首。书中正文七律一百首，分写一百种花。作者并不限于常熟，但估计均为虞社成员，其中即有常州人吴放、周葆贻、邓春澍等。

5 同上。

6 同上。

之痛。”

1925年8月1日，《新武进报》刊载谢玉岑《贺新凉·挽俞君实方伯》：

> 凄绝琴川路。指晨星、天南耆旧，凋零堪数。谏草诗棠何日事，还说东华尘土。误芳草、吟边故宇。北阙觚棱西山蕨，泣殷顽、此意空千古。垂死望，中兴负。　衣冠汐社人争睹。况年来、渔樵同混，采芝杖屦。争使水仙成绝操，一霎海风翻舞。也我悔、刺船来暮。（去年上元拟偕江阴陈季鸣往谒，阻雨而止。）息壤纵留游约在，怕春光、换了西州树。桥公墓，云峦护。

全词借典喻人、喻事多处。上片叙述虞城耆宿弃世，地方百姓为之悲戚，并点明作为清代诗家，其影响力给予地方史之价值。下片追忆与钟颖老人之忘年交谊，并表明哀悼铭记之情。

多年后，《玉岑词人悼感录》刊载俞鸿筹挽联：

> 篆追完白，画匹瞿山，翰墨足千秋，并世更谁能抗手；
> 音绝伯牙，情伤钟子，人琴杳终古，前尘触处欲沾巾。

谢玉岑与虞社之渊源，与俞氏父子之交谊，可谓源远流长。

1922年九月初八，谢玉岑来到吴门（今苏州）拜见父执周企言[7]先生，并赋两首七律《壬戌重九前一日访周怡庵丈吴门，同游某遗老园，赋此作别》感怀：

> 出门久已抛西望，此地犹容一夕鸣。
> 衰世衣冠浑土贱，穷途欢笑亦河清。

7　周企言（1867—1937），名葆贻，字企言，以字行别号怡庵。江苏常州人，世居常州青果巷，著名语言学家周有光之父。早年曾在浙江、河北、山东、安徽等地任官，与谢玉岑之父谢仁湛为诗友。辛亥革命后回家乡办学，晚年主持兰社，研修诗文。著有《怡庵诗稿》《企言随笔》等。

无多佳会怜风雨，有限才名怯送迎。
安得从公结邻住，相过拥鼻作吴声。

山川我愧何能说，劫后名园此重登。
天半驾鹅喧木叶，风前楼阁动觚棱。
敢夸倒屣迎王粲，却喜乘舟共李膺。
世乱不堪留后约，摇鞭回首暮云凝。

诗人借清代某遗老的园林，目睹物是人非，感慨“衰世衣冠浑土贱，穷途欢笑亦河清”，抒发了“无多佳会怜风雨”“世乱不堪留后约”，在劫难频繁的衰世中难得欢笑，而又后会难期，人世难料的哀叹。

是年前后，诸如此类的七律还有《辛酉除夕》（二首）、《寄吴剑老，用剑老自述韵》（二首）等，皆能体现谢玉岑另一种沉着的诗风。即便是其擅长的绝句，谢玉岑在一些交游诗中，也能一改清丽，有所不同。如《闻玉虬南旋，怅怀曼青赋寄京师》（二首），皆从两人“为稻粱谋”的细节入手，以长安米贵写唐玉虬，以煮石疗饥写郑曼青，又分别赋予两人“弹罢冰弦”“枯蟫冷抱”的乱世窘困情态，跳脱出王渔洋神韵，由秀隽转入深厚。

二、戴溪桥乡馆

1923年1月，谢玉岑应武进戴溪桥乡馆之聘，设砚教书以维持家庭生活。从此，他以柔弱的书生肩膀撑起衰微孤弱的门户，渐渐地为谢家恢复元气。

戴溪地处常州与无锡交界之地，滨临太湖，风景清绝，亦是清代常州诗人赵翼的出生地。这段时期，谢玉岑读书时间较为充裕，写作遂亦丰富，有诗词寄怀，如组诗《溪桥初夏杂咏》：

晚山浓抹髻螺青，布谷声幽倚树听。
自是江乡足生意，水杨盈尺即娉婷。

乳鸭新黄色最娇，晚阳如赭下溪桥。
柳阴看策乌犍立，何处好风吹洞箫。

竹床石几静无哗，长日惟消一饼茶。
怊怅轻雷无雨意，浅波开瘦水葓花。

夜半闲衾梦不成，秧歌微动桔槔鸣。
苏门枉擅鸾凰啸，艰苦多应愧此声。

楼外清溪十里余，销魂溪水滞双鱼。
米盐琐琐家常话，泪湿银灯索寄书。

丱角年华乐最真，水天闲坐话星辰。
旧情何止温千遍，却笑蛾眉苦怨人。

亦有鱼虾富水渍，一畦豆绿擅清芬。
夏长自喜盘飧俭，门下无烦鲍议文。

师友平生负美誉，临风空展寄来书。
心香最是王官老，只字分明照乘珠。

薄暮鹅凫逐水忙，蓼枝菱蔓乱横塘。
野荷空好无人惜，惆怅临风发晚香。

藤床一架自如如，客散林亭万籁虚。
犹有流萤媚幽独，绿阴如海照摊书。

咏物诗从来都是借物寓怀，无论是朗月清风、布谷流萤还是轻雷微雨，在诗人的笔下总会变得物我难分、虚实难辨，不知是庄周梦为蝴蝶，抑或蝴蝶梦为庄周。诗人的诗句中有斑斓陆离的意象，有扑朔迷离的意味，有缠绵悱恻的爱意。

十首诗中第四首的前两句，写诗人夏夜独寝，耳畔听到桔槔（水车）在响，秧歌在唱。后两句却是引发联想：魏晋时期，有一个隐士“苏门先生”，有一天，“竹林七贤”之一的阮籍向他请教并对他长啸，他却默然不应，直到阮籍走下苏门山时，却听到半空中传来鸾凤般的啸声。这典故，一般用成语“鸾凤清音”来代表清高绝俗的美妙音乐。这首诗却说：苏门清啸比不上农民的秧歌，那由艰苦生活和辛勤劳动迸发出的歌声，足使隐逸闲适的苏门之啸感到惭愧。诗中借说的虽是古代隐士，却不妨说是“闲衾”吟啸的诗人自己。第五首后两句，是指两地通信，彼此安慰，排遣离愁，诉说牵肠挂肚的思念。第六首的前两句，是其孩童两小无猜的纯真写照。第八首中的“王官老”代指名山先生。

《溪桥初夏杂咏》中情景交融、色彩斑斓、虚实相映的写照与鸟虫、牧童、书生天趣怡情的形态浑然一体，简直就是一幅乡村夏景图。描写的乡村景色“晚山浓抹髻螺青，布谷声幽倚树听”“薄暮鹅凫逐水忙，蓼枝菱蔓乱横塘”“犹有流萤媚幽独，绿阴如海照摊书”等，有声有色，宁静恬淡，笔墨清丽，洗褪早年骈文的秾丽铅华。特别是其第三首中“怊怅轻雷无雨意，浅波开瘦水蒹花”，把江南水乡初夏景致的神韵付于笔端，幽秀而隽永。“同光体”领袖、著名诗人陈石遗（1856—1937，名衍）的《石遗室诗话续编》卷三，录谢玉岑《溪桥消夏》说：“‘雨余螺髻四山青，闻有轻帆出洞庭。自是江乡足生意，水杨盈尺亦娉婷。’清新自然，饶有画境。”曾熙弟子朱大可（1898—1978，名奇）谓《溪桥消夏》八绝：“玉岑家居白云溪上，此诗当为其妇而作。王官一老，即妇翁名山先生。相其诗格，殆欲以风调胜人。阳湖多才，信然信然！”[8]

谢玉岑早年的诗蕴涵着丰富的情感体念。这些情感体念被融化在自然风

8　朱奇《嘤鸣诗话》，载1932年8月8日《金钢钻报》。

景中，成为一种看不见摸不着但却能被读者体味出来的艺术感觉。所以读《溪桥初夏杂咏》，必定为其繁丽的意象、幽美的意境、俊逸清新的格调和洗尽铅华的文字所感染，令人涵泳不尽。

在尽览江南田园秀丽风光的同时，谢玉岑也深感到农民田间劳作的辛苦，并为自己隐逸的闲歌清啸感到羞愧，有诗《苦旱》寄怀：

几多风日竭溪河，乱后天灾可奈何。
辛苦五更民力贱，桔槔风里听秧歌。

前两句是好多天的炎风烈日已使戴溪桥下的河水以及田间的水接近枯竭，加上战乱（指江苏一带的江浙军阀混战）之后，又遇上大旱，农民的日子可怎么过啊？后两句是溪桥夏夜五更时分，农民已经开始辛苦劳作，水车声伴着秧歌声，恰似在诉说农民的辛酸呢。

从上述十一首小诗来看，谢玉岑不仅是才气横溢的青年人，更是富有忧患意识的诗人，也反映了诗人感怀时世、同情农民、眷念亲友的思想感情。虽然时隔百年，今天读来依然令人感动。

1925年8月2日、3日，《新武进报》刊载谢玉岑《溪桥初夏杂咏》（十三首），其另三首：

青门瓜晚未清甘，芦橘微嫌识齿酸。
可奈孤怀愁内热，一杯灌肠蔗浆寒。

晞发空夸枕水滨，五湖游屐尚因云。
年年马迹杨梅熟，辜负流莺语比邻。

幽人三五绿萝间，名有清狂礼数删。
莫笑微言杂农圃，更谁能称好溪山。

诗后徐燮荔亭曰："毗陵苔岑社友后起之秀者，当推谢君玉岑，余忘年友也。玉岑早失怙，得外舅钱名山先生指授，品端学粹，迥异时流，而尤遂金石之学，故书法亦骎骎而入于古。今值其祖母钱太夫人七十寿辰，读钱名山先生一序，知谢氏代有闻人，剥极而复，得玉岑昆仲以文学世其家，即天所以报谢氏，亦天所以报钱太夫人也。太夫人之德允彰，太夫人之寿无量矣。爰制小诗，以当侑觞，即请指正。"

谢玉岑在戴溪期间，不仅有小诗，亦有绝句、长诗抒怀，且读《安阳书壁·山隶无锡太湖滨》《溪桥三十四均答严大伯侨见怀，并谢横山探梅之招，时乙丑律中中吕之月》：

脚底风云任卷舒，遥山西指即吾庐。
刘郎莫怪轻离别，踪迹何曾出五湖。

自笑书生百不堪，槃槃腰脚怯跻攀。
妆台亦有春峰秀，何事辛勤蜡屐看。

这两首绝句，上首"庐"是鱼韵，"湖"是虞韵，一般不通用；下首"堪"是覃韵，"攀"是删韵，"看"是寒韵，三个韵部混用了。所以王巨川[9]说："这两首诗在韵脚方面讲，似乎自由些，但深情雅致，却能十足地表现出来，的确是不可多得的。"[10]诗的韵脚确实宽松自由些，"但深情雅致，却能十足地表现出来"，评得的确通透。

老聃标和光，知足固不辱。委蛇同其波，毋乃伤溷浊。
灵均誓南征，八龙邈求索。悲哉不可招，巫阳语空缛。

9　王巨川（生卒年不详），名铨济，字巨川，又作蕖川，上海人。早年学医，金松岑弟子，曾任上海圣约翰大学、安徽师范学院教授等。著有《倚剑楼诗稿》《两忘宧诗存》和《金松岑先生年谱》（未出版）等。

10　王巨川《再记谢玉岑》，载《永安月刊》1947年第98期。

至人忍磨涅，蛾眉闵谣诼。龟策有短长，醉醒信难卜。
嗟我早多病，端居苦伊郁。弱龄遭大故，莽莽忧患缚。
岂无平生亲，劝勉每穿凿。人事竞煊赫，少年异哀乐。
独念白驹诗，前贤缅芳躅。谁其维絷之，或愧苗与藿。
四年远城市，静卧阳山麓。曾是慕幼舆，千岩与万壑。
微尚庶云宣，长兹保诵读。保此复奚求，春山擢晴绿。
鸣禽拂其羽，水石荡琴筑。搴芳下女遗，循兰撷空谷。
东邻素心人，羌时就春服。醰醰太古欢，霭霭停云瞩。
相思严夫子，好我更何笃。握手千秋期，高情焕寥廓。
矜彼鸾凤啸，惭予久枵腹。析疑复赏奇，安得过从数。
日者胡尘飞，澒洞戎马足。南风起沉阴，闾阎倏江陆。
朱门豺虎蹲，林岫闻野哭。方知吾曹生，抱瓮亦奇福。
会庆庐舍全，不道旻天酷。哲人无怨尤，吾诗信可复。
谷旦纵云迈，嘉招意犹渥。碧云期美人，重言惜花落。
花落可奈何，纫佩宝金玉。持此感中肠，虚信古不作。

此诗作于1925年农历四月，是谢玉岑诗中少见的长篇古体。时正值军阀混战之际，他因病体欠佳，不能应赏梅之约，答谢严侨大伯盛情相邀时，既回顾自己多病多变故的身世，自身哀乐与众少年不同的过往，感谢严侨对自己的笃意关爱；又借自己虽因病过着简朴生活，但庐舍尚全，与那些在兵荒马乱中流离失所、家破人亡的人相比，竟有一种获得“奇福”的庆幸，抒发了对动荡时局深深地痛惜，在乱世中偷生的无可奈何。全诗虽为答谢之作，但能从自身病体这一辞谢的缘由为主线出发，上下引申，纵横挥洒。以老子“知足固不辱”和屈原“悲哉不可招”的议论开头，劈空而下，为全诗定下主旨。笔势拗折多变，或议论、叙事、写景，或沉重、明丽，可谓胸中块垒叠积，百感交集，将对严侨这位长辈关爱的感激，对身世和时局的沧桑变迁，紧密地结合为一整体，从而使得诗作内涵深厚，情真意切，绝非一般的应酬之辞，是其诗中的佳作。

在乡馆教读期间，谢玉岑自署别号“茄闇”“薖闇”，有《茄闇诗钞》传世，上所引《溪桥初夏杂咏》《苦旱》和长诗即是《茄闇诗钞》中的代表之作。其时，唐玉虬有诗赞：“钱谢风流播天地，大江东去此清门。两家冰玉环甥舅，一代文章有祖孙。香谷交初佳乐稿，茄闇诗接剪红轩。古稀上寿双存屋，此日应推鲁殿尊。”[11]

偶从汲水帘前过，未转秋波。低蹙双蛾。心事难猜奈我何。　天然碧玉玲珑态，秀人双蛾。卷发如螺。众里风流那及它。

这一首董緄庵[12]早年的词《罗敷艳歌》，词风清婉，耐人寻味。

烟霭春城寒恻恻。斗草湔裙，偏又芳菲节。柳陌人归天未夕。罗屏刚上桃花月。　梦境昨宵谁记说。红索秋千，燕子曾相识。一笑翠螺双扫叶。眼波消得三生渴。

门巷流莺藏碧树。草色裙腰，旧是经行处。修禊亭台天尺五。水边何事闻箫鼓。　有分扁舟湖海住。小扇杨花，奈换年时绪。袖底遗钿衫上雨。酒醒明日春无主。

这两首词《蝶恋花》《蝶恋花·清明感旧，緄公口索赋》，谢玉岑作于1924年清明。

《蝶恋花》写春城佳丽。上片写春城春日芳草景象，一群女子在河边或嬉戏，或浣洗衣裙，别致风情。下片补足女子们之间交流昨宵梦境，末二句道出女子间欢笑的神态及魅力。

11　《唐玉虬诗文集》，黄山书社，2014年5月版，第52页。

12　董緄庵（1889—1981），原名粹曾，号寂，别号三唐石斋主人，江苏常州人，常州青果巷董氏廿三世孙。历任常州冠英小学教员，上海《新闻报》驻常州特约记者，《武进商报》编辑记者、主编，常州图书馆馆长。毕生从事地方文献资料的收集整理工作。著有《恽南田年谱》《三唐石斋》《董緄庵词存》等。

《蝶恋花·清明感旧》写清明修禊见闻及湖海飘零感受。上片写流莺啼转声里，热闹的修禊已然开始。下片言面对此番热闹景象，词人心底却悄然升起一份难言的飘零感与孤寂感。

谢玉岑在此期间另有词《高阳台·雨后溪堂小坐，有怀茗柯[13]、怡庵》《解语花》《南楼令》《木兰花慢·珊儿弥月，赋怀素君》等寄情。

> 泉歇跳珠，山掀拭黛，雨余万绿婆娑。烟卷斜阳，澹痕偏逗微波。溪桥尽有闲愁思，劝垂杨、帆景休拖。又匆匆，沙际禽归，蛙鼓如鼍。　　年年送客真何计，也江湖水长，忒自蹉跎。梦里银毫，可能不负双蛾。重逢莫问黄河句，怕旗亭、万一输他。寄相思，苹叶菱花，惜取颜酡。

《高阳台》作于1924年武进戴溪。上片写戴溪桥一阵骤雨后，春光明媚，一扫愁思。下片感怀岁月蹉跎，寄语友人共勉珍惜美好时光。

> 别来几日，园林又见，春光如此。海样离愁，也被花枝勾起。花间况有如弓月，可似那人眉子。只多愁多病，料应不似，那般憔悴。　　算流光弹指。争都难记，竹马青梅情味。安得春风，吹转十年年纪。分明翠墨银钩手，换了寒灯盐米。待几时有愿，凌云赋就，吐闺中气。

《解语花》作于1923年春。上片写春光牵惹离愁，引发词人对妻子的思念，担心其因家务操劳而身心交瘁。下片追溯词人与妻子青梅竹马的青春，既希望时光倒转，又叹惜妻子十年来为家事操心。通篇如执手相对，絮絮如话。“翠墨银钩手”，概括了妻子的诗书才华。素蕖自少读书知礼，从外祖金石

13　陈名珂（1892—1972），又署茗柯，字季鸣，号文无，自署文无馆主，江苏江阴人。其父陈爔唐，清光绪丙戌（1886）进士，家有远近闻名的适园。近代诗人、书家、广陵派琴人，工诗书，尤擅小篆，有“铁线篆圣手”之誉。著有《文无馆诗钞》《说文解字部叙》《篆字千字文》《篆文汇录》等。

家费铁臣学书法，得其真传。而今纤纤素手，却已被日常生活打磨得粗糙，词中既有叹惜，亦包含深深的体贴与内疚。

词人把妻子的一双眉毛比作天上的弓月，那弯弯的眉毛，何尝不像那天上的弓月、青翠的远山。全词清新明艳，写景优美如画，语言晓畅情浓，词情委婉真挚。

> 虬箭响初残。归桡惊夜阑。理残妆、还启屏山。纵道有情春样暖，也凉了、藕花衫。　　薄晕起涡圆。偎肩恣意看。更关心、泥问加餐。指点天边蟾月说，今日可、放眉弯。

《南楼令》作于1923年。上片写久别后某月夜，词人乘舟回到菱溪，喜见妻子的情形。“纵道”是倒挽一笔，今晚的春样温存，令人怜及多少个月夜之下，凉透藕花衫的苦苦思念。词中妻子的情态、语言、服饰，乃至心理，词笔直下，一一白描，人物惟妙惟肖，呼之欲出，竟有如此无言之美。

> 喜一天晓色，曾画否、翠眉峰。想经月恹恹，者番梳洗，环珮犹慵。相携纵添雏鹤，怕梅花不似旧时红。指点晴暄庭院，也应说着征鸿。　　蓝桥郑重乞相逢。往事记重重。怎未到封侯，一般轻别，着此惺忪。剧怜报伊何计，况万千翻累慰飘蓬。私检客中腰带，新宽说与卿同。

《木兰花慢》作于1923年6月，刊载于1924年8月13日《新武进报》，署名“藕花庵主”，后收入《玉岑遗稿·白菡萏香室词》。1923年6月，谢伯子[14]

14 谢伯子（1923—2014），乳名枝珊，名宝树，字伯文，号伯子，江苏常州人。谢玉岑之长子，钱名山之外孙。著名聋人教育家，国画家。先天失聪，自幼随父谢玉岑、外祖钱名山学诗书，随叔谢稚柳、姑谢月眉学画花鸟。少年即拜张大千、郑午昌为师，专攻画山水与人物。1942年，在上海加入中国画会。1944年，在上海举办个人画展。1947年，作品《晓山云树》获上海市文化运动委员会主办的本年度中正文化奖金美术奖国画三等奖。1948年，《中国美术年鉴·1947》载：“氏为玉岑词人长子，生有异禀，虽病喑而胸次寥廓，挥毫落纸，有解衣般礴之概。家学渊源，得力于石涛甚深。写山水气魄满月，词人填了这首词，时在戴溪桥乡馆教书。词充满画面感，闺中女子的美丽与慵懒清晰可见，生动地展现在读者面前。词人近距离地欣赏，凝神细细端详，素蕖的一颦一笑，尽收眼底。

戴溪桥乡馆教书期间，谢玉岑开始与南社诗人、散文大家高吹万书信往来十多年，信中有探讨新旧文学之浩劫、嬗变及推测文学发展之未来等问题。

1924年8月，国内军阀混战，奉鲁联军南下攻克南京、常州、上海。10月，浙江督军和直系军阀又占领三地，赶走奉军。历时两个月的江浙混战，使战区百姓颠沛流离，饱受战乱之苦，给江浙沪地区造成了巨大的灾难。

其间，谢玉岑携钱、谢两家老幼避难至常州二十余里的南乡淹城，直到翌年上元节前日才返回家中。谢玉岑致王巨川信中说："沪上虽得外人卵翼，正非乐土，近更闻有人满之患，恐虫沙未化，庚癸先乎？"[15]"世事万变，咫尺吴越，出门一步，带甲可畏，古人局天蹐地之诗，方知言不过甚。有生为患，琐尾堪伤，奈何奈何！"[16]"连日谷雨扇春，气候已燠，不图一雨，又增寒意。小楼拥衾，百无廖赖。袁香亭曰：'不是客中浑不觉，如此春寒。'龚瑟人曰：'红豆抛残，有何人、来问春寒。'丽句钩魂，言愁斯真欲愁矣。"[17]"锡山梅园有花千余株，南海康更甡所谓香雪海，本亦春山佳处，自乱后驻兵，大半摧烧为薪，华鬘尘劫，便萼绿华亦逃不过，不当令吾辈发深省耶？小词脱稿，殊不类少年笔墨，悲哉秋气，谁实为之？"[18]其时，谢玉岑有怀念益友词《龙吟曲》，遣怀梅园词《垂杨》，解忧词《虞美人》和抒怀离别词《甘州》。

雄伟，作人物则神韵隽逸。姑月眉，叔稚柳均以画名世，一门隽才，蜚声艺苑。"1956年，作品入选第二届全国国画展，并被国家购藏。1992年，在上海美术馆举办"谢伯子画展"。1999年，画册《谢伯子画集》由上海书画出版社发行。2012年，中央电视台拍摄专题纪录片《谢伯子》，并由中央文献音像出版社发行。2013年，常州博物馆主办"心雄万夫，手写千秋——谢伯子九秩画展"，并首发《九秩初度·谢伯子先生谈艺录》。2014年，中国特殊教育博物馆陈列谢伯子铜像，并出版《谢伯子研究》。著有《谢伯子诗词》《绘事简言》《九秩初度·谢伯子先生谈艺录》等。

15 王巨川《再记谢玉岑》，载《永安月刊》1947年第98期。

16 同上。

17 同上。

18 同上。

《龙吟曲·箧中得恽七宏庐[19]病榻见怀词若干首，泫然赋此，时距其死已六阅月矣》，词人这首悼友词中阴郁的氛围、深沉的哀恸，使人感到这不单是悼念亡友而已，更多的是词人内心对国事的隐忧和叹息。《垂杨·梁溪梅园有梅千许株，傍山带湖，为南中佳处。兵乱后，闻花多摧折，存者亦憔悴不胜矣。行往吊之，赋此为券》，词人之笔并未着意梅树摧折后的姿态、形体、色泽刻画，而是借惜花伤春寄托身世之感。词句都是由此而发的感慨，由视觉引起思维的联想，注重遗貌取神，引典深化，词句隽永。《虞美人·前词方就，友人书来云憔萃摧残之语皆传闻失实，不足凭信。园中三日东风，固已春光如海也。感喜交集，重倚此解》，数日春风拂煦，焕发了惨遭兵燹荼毒的梅园生机。词人满怀喜悦，对浴火重生的梅园倾情礼赞。《甘州·乙丑避兵初返，与玉虬、孔章、曼士、晓湘、桐花、易卿集玉波酒楼。于是玉虬、桐花皆将远行，伤时惜别，难以乎言》，词人在兵荒马乱的日子里，只能与同门弟子相聚而聊以解愁，寻求慰藉。同门为生计离别亲友而远行，故乡王气已尽，此时词人难伸的心情如同离群的孤雁发出的哀鸣。这四首词，反映了谢玉岑对当时时局动乱的处境和不安的心情。

1924年10月，江浙军阀混战结束，谢玉岑邀请王巨川加入虞社，并于信中说："徼天之福，东南战事已告终了。佳节未迈，黄花犹胎，吾辈正不可不谋樽杓庆之。"[20]

1925年3月23日，吴江国学大师金松岑[21]在《新武进报》发表诗《题谢玉岑青山草堂鬻书图》："书不成乞米帖，文不抵谀墓金，催租船中拥鼻吟。天寒雪冻砚田湿，饿对青山数归翼。归翼传来江上书，谢郎玉貌仙骨癯。八分草隶妙当世，渴饮思酒无钱沽。一缣一字非夸谩，缊袍几尺能掩骭。策勋

19　恽宝衡（1902—1924），字舜彝，号宏庐，别号恽七（字辈排行七），江苏常州人。著有《怀莲集》。《恽氏家乘》卷四十四载："宝衡，字舜彝，光绪壬寅四月十九生，民国十三甲子九月廿二卒，年二十三，葬潘桥乡前亭山新阡。壬戌（1922）配同里江西候补知府瞿公世珪六女。"

20　王巨川《再记谢玉岑》，载《永安月刊》，1947年第98期。

21　金松岑（1873—1947），名天翮，字松岑，号鹤望，别署天放楼主人，江苏吴江人。有"吴江诗皇帝"之称，与陈去病、柳亚子有清末民初"吴江三杰"之誉。1932年，与章太炎等在苏州设国学会，名扬大江南北。著有《天放楼诗文集》等。

先酹管城子，休惜草堂户限断。瘦吟展画惊岁阑，谢家长物惟青山。”诗赞谢玉岑书法精妙，世代风雅。3月25日，《新武进报》刊载启事“谢玉岑篆隶润格”。6月15日，谢玉岑在《新武进报》发表《郡中同人擅铁笔者，丁君松仍外，得马君允甫，喜赋两赠》（四首），其中两首绝句：

六书初启变虫鱼，缪篆胚胎肇刻符。
试向瑯琊验真乳，少年掷笔上云衢。
（古文至秦始坏，区别八体，各相为用。至其所谓缪篆书供刻符摹印者，实即上蔡玉箸法也。）

汉宫铸印祧秦矩，递嬗谁能缅二京。
江海锵锵聚东箭，晚清人物迈朱明。
（有明一代，摹印最劣；清末名家，上追秦汉，卓然中兴。）

意指马万里善篆刻，已在本乡崭露头角，诗人在篆书与篆刻上颇有见解，故欣然为其题咏。

文字的使用，使人类历史穿越愚昧漫长的史前时期，进入到豁然开朗的文明社会。殷商的甲骨文，周代的钟鼎石鼓，秦汉的竹简和帛书，为我们留下了先人从蛮荒时代一路走来的印证。

清末王懿荣首倡甲骨文，以此践行于书法者，初有罗振玉、叶玉森、丁仁诸家，而谢玉岑以甲骨文入书，实亦未晚。此时的谢玉岑喜书甲骨文，以笔代刀，仿佛契刻，弥有上古气息。其又喜爱临写钟鼎文字和篆印，亦有自己的独到见解，正如其绝句中自注所云：“三代钟鼎文字，法度极与古玺相合，薛宗妇彝、楚公钟其尤著者。”及上自注。谢玉岑简要地总结了钟鼎文字与奏刀艺术的渊源和轨迹，以及书法与篆刻同源的艺术规律及其要点之所在，并肯定了清末名家的艺术成就“卓然中兴”。其睿见卓识，令人叹服。

篆书是中国较早的文字形式，《说文解字》就是讲篆字起源的。所以说，不学篆书，不解《说文》，对于字学及文字的起源就不明白。一旦掌握了篆书，对于隶、楷、行书就不难掌握，因为篆书是各种书体的根本。谢玉岑步入书法领域，就是沿着篆—隶—行—草的路子走过来的。

清初碑学兴起，至乾嘉金石考据学大兴，书法渐次脱开赵孟頫、董其昌等帖学之风气。首先是在篆隶上的复兴，因而涌现出一批篆隶名家，如金农、邓石如、吴让之、赵之谦、吴昌硕等，各开风气，蔚为壮观。尤其民初时，能作篆隶者尤多。

谢玉岑的篆书，取法殊广，最有心意者当属学周秦金文一路者，书风古朴凝重而不失流畅，将金文的庙堂之气，与文人所追求的书生之气合二为一，如联语："砚几清严，琴书调畅；积学为宝，酌足富言。""流水花间，轻鸥独立；虚堂松外，白鹤飞来。""张琴和古松，拂石安茶器；据梧听好鸟，放鹤入孤云。"谢玉岑作篆书，落款常用隶书，流畅自如，别具简牍风味，亦与前人中不多见；所作隶书，契合汉碑精神，朴茂典雅，古意盎然。其隶书作品又多融合《曹全碑》《石门颂》的线质和精神，与篆书有异曲同工之妙。

谢玉岑对篆隶书的兴趣与他的家学、民国初盛行的金石学很有关系。当时广泛流行的一个观念是学书必先通篆籀，谢玉岑也肯定受此影响。其有言："幼好金文，十五年中未能臻温穆凝静之境。"其钟鼎文《临函皇父鼎》《临齐壶铭》，分别题识："布白最具揖让开阖之致，作大篆自梅庵道人下世，通此意者遂眇矣！""鼎文中齐壶布白最开阖，纵横不可端倪，泱泱乎信然大国之风耳。"《临函皇父鼎》疏密自然，不激不厉。谢玉岑虽然认同清道人的主张，但在用笔上仍是自己的笔法，有所取舍。

谢玉岑对碑帖亦颇有研究，如其节临四条屏《急就章》《月仪帖》和《爨龙颜碑》《嵩高灵庙碑》，章草、魏碑各二，帖虽各异，然笔墨朴茂，动静结合，神采奕奕，整体上十分和谐统一，实为难得的佳品。

这四条屏虽是临作，但不可简单地视同于习作，它集中反映了谢玉岑当时的书法水准、审美思想、艺术洞察力与表达力，是研究其书法不可忽视的重要作品。

戴溪期间的谢玉岑除教书、读书外，一边习篆隶、临碑帖，不断揣摩、探索，形成了行笔自然流畅，笔画婉约灵动，字体体势宽博，书风既有古朴凝重，又不失温婉清丽之风格；一边徜徉于诗词，他凭着风华青年的才气，蕴涵在心中的江南诗情便油然而生，即便在乱世之中，身体孱弱也不乏有慷慨之志。

1925年农历四月，谢玉岑致高吹万信札中附上诗稿《听雨》（二首），诗后跋语："小诗谨呈寒隐师斧正，玉岑未是稿。乙丑新夏。"其一诗云：

听雨几人共，高楼戍鼓传。惊心投笔诺，雪涕渡江年。
花絮正无赖，溪山绝可怜。闭门陈无己，坐惜老红颜。

诗人所处的时代，是一个风雨飘摇、俾民不宁的时代。几个志趣相投的朋友聚在一起，听到雨声里传来高楼阵阵戍鼓之声，忧愁人世间动荡岁月的风雨不止，触目惊心，而自己却不能实现投笔从戎的少年之志，只能借宋代苦吟诗人陈无己"闭门觅句"自比，感慨青春时光的流去，"坐惜老红颜"。

1925年3月30日，谢玉岑在《新武进报》发表《陌上花》：

缪贞女，江阴西石桥人。咸丰庚申之变，转徙至姬山，詈贼而死。后六十年，客有过姬山太子之庙以扶鸾为戏者，女忽降乩，自言其事如此，并赋诗若干章。诗多雅音，楚楚哀思，其乡之人将汇付梨枣，以光梓乘，彰潜德焉。

红桑枯后，青山犹护、贞魂凝处。埋血年年，闻有土花堪据。丛铃碎珮风前泪，吹下绀尘如雨。是人天、不了烦冤心事，鹤归愁诉。　诗篇谁解惜。江陵肠断，一样木兰歌句。（用唐人事）寒蝶荒磷，（诗中语）可抵铜驼尘土。虫沙浩劫今番又，算也空王难度。写椒浆、还乞庄严永网，青溪祠宇。

词人闻江阴缪贞女显灵，乡人拟将其诗若干章付诸版刻，生发感慨，赞叹其坚贞，同情其烦冤。反观当下，正值兵荒马乱，词人更加认定缪贞女精神可嘉，足堪祭奠。词中借典多处，用字冷艳逼人，全词充盈丰富的词史、词艺特征，夏承焘为之辑录《玉岑遗稿·白菡萏香室词》第一首，足见重要。

此词发表后一时传播，同年5月7日的《大世界》刊载戴月影庐主《红羊轶闻·缪贞女》，影响甚广。

1925年8月12日，《新武进报》刊载谢玉岑《水龙吟·湖上阻风，赋示昇初[22]》：

湖天日暮苍然，叩舷忽醒鱼龙睡。泻空波影，霎时乱鸟，风帆何际。半壁残山，百年乔木，这般云水。待惊涛绾起，神州回首，陆沉恨，还难洗。　　莽莽浮生如此。念逃秦、买山原未。菰蒲泪湿，望中谁擅，过人才地。旧日豪情，短篷剩欲，换营双鬓。要几时重得，荒鸡孤铁，共床头理。

上片写傍晚湖上阻风而生慷慨报国之志，彰显了词人热血青年的一面。歇拍“待惊涛绾起，神州回首，陆沉恨，还难洗”，是对灾难深重祖国陆沉的忧心忡忡。结拍表明其志，要效法祖逖，时刻准备着重振河山贡献力量。全词充溢词人的忧患意识与爱国精神，词笔沉重，格调悲壮。

“惊心投笔诺，雪涕渡江年”与“要几时重得，荒鸡孤铁，共床头理”这两句诗词，魄力雄大，令人气壮。

再读一首谢玉岑词《酹江月·题吴门许盥孚[23]秦淮酹月图》：

葱茏王气，剩笼烟一勺，秦淮尚碧。淮水东头霜夜夜，闻有旧时明月。折戟沙沉，倚弓窗废，遗憾姮娥说。女墙红藓，怪禽啼傍

22　奚旭（1897—1939），字昇初，武进戴溪（今常州市武进区洛阳镇）人。生于中医世家，寄园弟子，上海大同大学肄业。工诗文，与谢玉岑友善。职业行医，尤擅儿科，医术高超，时有“国医”“名医”之称。著有《奚氏丸散集》等。

23　许盥孚（1898—1939），名观，又名观曾，字盥孚，号半龙，江苏吴江人。受业于金松岑，南社诗人。著有《静观轩诗钞》《话雨篷丛缀》等。

吟楫。　　怜他词客凄凉，酒边吊古，搔首今何夕。丝竹苍生前日事。若个渡江人物。长汉风飙，新亭涕泪，并入悲秋笔。画图一样，金瓯同愿无阙。

此词作于1924年，刊载《南洋杂志》1926年第4期。这是一首贯注情意的题画词。词人抒发对历史的沉思、时史的感慨和亟欲报效国家的志愿。题画且能糅合融通感时伤世，使其具有时代症状、地域特色，此乃谢玉岑题画词又一闪光亮点。

谢玉岑在戴溪桥乡馆教书虽不足三年，写作却极为丰富，他的诗词文作品，大多收录于《谢玉岑集》。

三、永嘉时光

1925年的农历七月，二十七岁的谢玉岑经教育家伍叔傥[24]的推荐在南游永嘉（今温州）执教于省立浙江十中（今温州中学），讲授文学。

黄浦江水有节奏地拍打着船舷，客轮鸣笛起航，缓缓地拨开吴淞口江面上沉沉雾霭，浪花溅起，船后留下一道道长长的波纹，如长长的眷恋，绵绵不尽的深情。

旅客们都陆续回到自己的座位上，谢玉岑却倚栏而立，似乎仍在远眺着那已消失在远处灯火隐约的码头。半轮月亮高高挂在天空，幽幽的月光射在他清癯、萧索的脸上。从江面上吹过来的风掀起他的长袍下摆，他好像没有感觉到，脸上带着凝重的神情。他思忖着：家乡军阀混战，自己是家中的顶梁柱，

24　伍叔傥（1897—1966），名倜，字鹤笛，浙江瑞安人。师从刘师培、黄侃，与朱家骅是连襟。“五四”时在北大读书，与罗家伦、傅斯年、顾颉刚是同窗。后历任上海圣约翰大学、中山大学、重庆大学、中央大学、台湾大学、日本东京大学和香港中文大学等校国文教授，对教学有独到见解，论文学别出心裁。其一生风流倜傥，特立独行，有“魏晋间人”之称。逝后有友人挽联：“维公标格与阮嗣宗嵇叔夜相侔，平生雅善说诗，海内同声推巨匠；许我篇章为元好问陆放翁之绩，并世更谁知己，灯前揽涕诵遗笺。”生前未结集出版，身后由其师友学生编印、出版《暮远楼自选诗》《伍叔傥集》。

责无旁贷为生活计背井离乡赴永嘉教书，但不知何日才能回来？

谢玉岑从上海坐轮船赴永嘉，开船已是8月24日的子夜，途中又遇上了下雨，轮船经过两昼夜的航行，于8月26日顺利到达了永嘉瓯江码头。

谢玉岑在与朋友王巨川的信中写道："别后于子夜上轮，二十六抵瓯，途中遇雨，风浪转静，危阑看水，方弗行江湖间也。"[25]"永嘉为吾家太守旧游地，城虽不大，然跨山襟江，颇极水木明瑟之致。校中寓楼西南有窗，开窗即见群山罗拱。近邑名山除雁荡外，尚有小箬、玉甑，负浙中大名。重九前后，家师约来游览，当撰杖同行，一探幽胜，则庶不孤此行矣。"[26]"岁晚闻海上气候极冷，而此地三日前犹可御袷，田野蚕豆皆花，酒肆鲥鱼已上市，地气不同，洵足异也。"[27]与高吹万信札中说："永嘉山水绝美，且多与吾家康乐有关，南北中三雁宕，离此去不远，颇思得暇一游，则不为虚此行矣。"[28]

永嘉，山水清华，气候温润，风光旖旎。山水诗人谢灵运于422年被贬谪此地，曾写下许多歌咏永嘉山水的诗篇。谢玉岑忙于教学外，多次在"芳草鲜美，落英缤纷"时节出游。永嘉风景秀美，江河清澈见底，两岸叠翠连峰，令人心旷神怡。

永嘉的生活静悄悄，永嘉的水流慢悠悠，永嘉的居民遵守着祖先的传统，日出而作，日落而息，天一黑，街上便没了人影。面对当地民风淳朴又远离炮火，这时的谢玉岑不免诗兴大发，写下了组诗《永嘉杂咏》：

江心潮落渡船忙，桃柳拦街举国狂。
康乐祠前修禊约，吾家春草满池塘。
（永嘉春日，节名拦街福，士女咸华妆过市。）

山田长物荐黄柑，墙外辛夷簇粉团。

25　王巨川《再记谢玉岑》，载《永安月刊》，1947年第93期。
26　同上。
27　同上。
28　《谢玉岑集·与高吹万书五十通》，第202页。

更喜梅开先岭上，一枝乞傍鬓边看。
（永嘉气暖，九月间有辛夷及梅。）

闲行休沐日初西，角饮高楼酒力微。
多谢解围施步障，寻常恩怨属蛾眉。

细雨芳园酒似潮，春裘寒倚此娇娆。
红桑早识能三变，多事花丛广绝交。

退笔如山墨似泷，白鹅临水粲成行。
阿婆三五耽涂抹，多事银笺贵洛阳。

雁山仙府何曾到，空号看山住一年。
便数清游愧先德，慧根何敢望生天。

第一首中诗句“吾家春草满池塘”，化用了谢灵运名句“池塘生春草，园柳变鸣禽”。当谢玉岑看到粉墙黛瓦的康乐祠，衬着翠绿的山景和湛蓝的天幕格外素洁；祠内青竹挺秀，枝叶扶疏，随风摇曳；祠前的池塘已长满了春草，给他的不仅是春草的清新，更给予他心灵的慰藉。所以，诗中情景交融，产生了无穷的韵味。

《永嘉杂咏》组诗中“池塘”“春草”“岭上”“梅开”这些浅白的词语，语出于心，清新自然，又极其精炼地勾勒出了花草的平凡与顽强的生命力，至今仍让我们领略到诗人的无限才情。

谢玉岑在永嘉期间，填词多首，如《烛影摇红·小西湖晚眺，湖在永嘉城南》：

老柳寒云，荒堤谁送轻鸥到。乱峰无语涌秋魂，红叶喧残照。
独倚西风侧帽。鼓霓裳、水仙梦绕。家山何处，付与黄昏，断鸿声杳。　　憔悴征衫，有人刚念凉生早。泪痕针线证微波，不信湖名小。何日兰舟同棹。伴参差、月残风晓。凄凉奈又，时节匆匆，篱花黄了。

上片写面对寥落的荒堤、飞鸥，词人联想自己好久不知家乡的音讯，甚为堪忧。下片表达词人期待着与妻子同棹小舟的愿望实现，但家乡远隔山水，时节匆匆，看着飘零的菊花，心中只能叹息。这首词表达了词人远离家乡和思念亲人的无奈心情。伤家山与断鸿，嗟月残而花黄，笔飞而思重，较南宋姜夔《扬州慢》写黍离之悲，更觉悲凉。

谢玉岑卓越的文艺才华，让数百学生翕然悦服，并惊动了当地的文学界。他“尽识永嘉、瑞安文学之士，唱酬甚乐。暇日登谢客岩，拜康乐公之墓。永之人以兄之文采，庶几追踪康乐，叹为盛事。”[29]当地人士以及他的学生纷纷求他的墨宝，几近有“洛阳纸贵”的盛况，这在他的《永嘉杂咏》中有诗句“退笔如山墨似泷”，“多事银笺贵洛阳”。

省立浙江十中设高中、初中、小学，三位一体，校址在仓桥（永嘉城区），占地三百余亩。校园与雁荡山相对，位于瓯江之滨。东南有籀园，林木蔚郁，曲径回环；西首有一栋朱栋飞檐、庄严典雅的亭园“怀籀庼”，是为纪念晚清经学大师、著名教育家，浙江十中创办人孙诒让先生（1848—1908，号籀庼）而建。十中分部后面有座小山，名曰中山，中山书院就设在那里。学校悠久的历史、优美的环境、浓郁的学习气氛、良好的师生关系，孕育了一批学习成绩优良的学生，如著名的文学史家郑振铎，考古学家夏鼎，数学家苏步青、谷超豪等，均毕业于该校。

在浙江十中的校友中，与谢玉岑来往较多的有数理教师马孟容和国画教师马公愚兄弟、国文教师李笠、图书馆主任金嵘轩、教务主任张幼任等，他们都喜爱收藏谢玉岑的书法作品。尤其应该提到的是后来被誉为“一代词宗”的夏承焘，更是藏有谢玉岑的书画作品多幅。谢玉岑与夏承焘虽然共事

29　谢稚柳《先兄玉岑行状》。

不足一年，却成了毕生的知己，终成“词坛两曙星”。

谢玉岑在永嘉期间与钱名山有学问探讨和书信往来，名山先生有一信札：

> 玉岑贤甥如晤：得来书并瑞安孙公书，甚喜。小学、金文皆非我所敢知，孙公绝学极所钦佩，然渠极赞西学，则亦近于以非为正，此处不如俞曲园矣。《明鬼》篇虽复详实，然隔着生死一关，终属渺茫，不若孔子曰“未知生，焉知死”也。《墨子间诂》洋板多有之，望为我购大字本。此书孟莼孙极赞之，亦拟一过目。温州书不甚贵否？倘不贵，见国初及明人集，望为我搜罗，书价我当函寄。《韩非子集注》未见，《十驾斋养新录》书会有之，《文选朱氏集释》未见，《旁证》见而未买，《王补注》亦未见，当留心。杨先生病良已，现复参耆药、地苓，颇对。乃庆大病，舌台（苔）先浊后红，盖亦医所谓湿温也，近已大愈矣。大凡温病舌未鲜红，虽热甚，不可服寒凉极多。服茅柴根、青蒿，虽不对，尚可挽救，不识自此能寡过否？不宣，振笔。

从信札可知，名山先生一直关注着学术和关心着玉岑的身体健康。而玉岑了解到浙江瑞安的雕版印刷工艺精湛，遂开始为名山先生刊印《名山诗集》做准备。1926年农历七月，《名山诗集》（五卷一册）木版线装刊印成书。书扉页“名山诗集五卷”及封底出版信息“丙寅秋七月浙江瑞安刊印”，皆谢玉岑大篆题写；书后有“门人谢觐虞、奚旭、王春渠、程中行校梓，瑞安大东门底胡考古斋刻字”字样。此为《名山诗集》首版，名山先生曾有绝句：“谁似当年谢玉岑，羽毛身后重南金。转愁老子名山集，混沌来时没处寻。”

> 二月春风鼓瑟希，小西湖水与云齐。
> 藏书楼下盟心语，南海鱼天忆李颀。

1926年早春，谢玉岑与李孟楚[30]订交永嘉，绝句中“小西湖”“藏书楼”，均为谢玉岑与李孟楚当年的游览之地。

1927年至1930年，谢玉岑在上海南洋中学任教，由于课务甚忙，不宜读书，便产生另谋他职的打算。当时的李孟楚正在广州中山大学任教，曾有信与谢玉岑推荐中山大学教职，不知何故，此事没成，所以谢玉岑写了这首绝句。1930年11月9日的《武进商报》刊载谢玉岑《病起忆永嘉旧游，口占六绝句，自归沪已五年矣》，这是其一。

谢玉岑在永嘉期间，李孟楚有五古《题谢玉岑青山书舍鬻书图》发表在《欧风社刊·文苑》，其中有句：

谢子挺逸质，好古自天真。点画穷六义，笔力振千钧。
青山旧隐居，杜户屏纷纭。金石日搠摭，真岑用陶甄。
鬻书图亳素，题识皆贤仁。惭予识亦昧，感君意所敦。
赋诗述鄙怀，纸短情何申。

谢玉岑在浙江十中有三个学生值得一提，他们是苏渊雷[31]、蔡雄和马星野[32]。

黉舍常传月下歌，清游前梦堕银河。
绛纱弟子才如海，槛凤叱鸾可奈何。

30　李孟楚（1898—1963），名翘，字炜仪，别号错庵，浙江瑞安人。毕业于浙江省立一中，曾任国民党浙江省执行委员会秘书，上海仓圣大学、浙江省立十中、河南中州大学、广州中山大学、安徽大学教师、教授等。致力于《楚辞》及《老子》研究，著有《老子古注》《屈宋方言考》等。

31　苏渊雷（1908—1995），原名中常，字仲翔，晚署钵翁，又号遁园，浙江苍南人。其为谢玉岑执教浙江十中时的学生，时任永嘉学生联合会主席。后曾任上海世界书局编辑、中央政治学校教员等职。1949年后任华东师范大学教授等。余事书画，被誉为“文史哲兼擅，诗书画三绝”。传世有《苏渊雷全集》等。

32　马星野（1909—1991），名伟，笔名星野，浙江平阳人。曾任清华大学校长室秘书，负责编辑《清华校刊》。1934年毕业于美国密苏里大学新闻学院。1945年起任中央日报社社长七年。著名新闻教育家，有“中国新闻界的孔子”之誉。著有《新闻学概论》《新闻事业史》《新闻的采访与编辑》等。

谢玉岑尤对仍囚禁狱中才华横溢、慷慨高歌、生死未卜的苏渊雷、蔡雄表示深切的思念和极大的关注。

苏渊雷、蔡雄在1927年“四·一二”事件中，被捕入狱，1934年苏渊雷获释，蔡雄死于狱中。谢玉岑当时虽已离开永嘉，却对此深感伤怀，这首绝句是《病起忆永嘉旧游，口占六绝句，自归沪已五年矣》其一，有自注：“蔡生死后，苏生犹系杭狱。”

1926年，苏渊雷有作文《孙中山先生逝世周年祭文》：

> 共和十五年三月十二日，为民国故大总统，吾党革命首领，孙公中山之忌日。自公之逝，倏尔弥载，瞻功望德，佥曰不忘。泣血思怀，用是以奠……呜呼哀哉！缅想昔时，始奠邦基。四十余载，心力交疲。宣劳为国，惠我黎氓。悠悠天地，千古一人。呜呼哀哉！人亡国瘁，昔亦有言。公崩五月，沪渎沉冤。使有公在，事或不然。七月徂署，廖陈遭惎。愠于群小，素恉不遂。凡吾同党，失所翘企。抚今追昔，此物此志。秉此寸心，再接再厉。公倘有灵，鉴此惴惴。呜呼哀哉！

文字精炼，结构严谨，泣血思怀，气撼山河。谢玉岑除多处圈点外，另有批语“卓尔不群”。

1934年，谢玉岑为获释后在上海世界书局任编辑的苏渊雷的画题诗《题苏生中常画》：

墨竹

笔底清风四月寒，雪堂原擅翠琅玕。
嫩枝雏笋安排后，便许凌云刮目看。

葫芦

翠蔓清阴自绝尘，中流何必论千金。

故园窗底新秋见，定有中宵络纬声。

红梅

千年老龙幻瘦铁，铁干花开耐冰雪。
东风摇摇保颜色，志士有心视此赤。

这三首题画绝句写得意味深长。《墨竹》第二句“雪堂”一语双关，既说苏轼擅画翠竹，又称赞苏生的墨竹不凡。后两句既写嫩竹，也写人，期待苏生的无限发展。《葫芦》第二句用典“中流失船，一壶千金”来说明贵贱无常。三四句借图中之景物，一抒思乡含隐之情，与程明道“绿满窗前草不除”有异曲同工之妙。《红梅》是一首古绝，采用仄韵，结句“志士有心视此赤”，岂止是赞红梅，实为讴歌仁人志士的赤胆忠心。

同年，谢玉岑另有隶书对联相赠，联云：“小狐濡其尾；飞鸟遗之音。”款语：“渊雷老弟集句属书。孤鸾。”上联意指，小狐过河，尾沾水而湿；下联寓意，高飞无音，低飞可闻，在高低之间，要有所取舍。

后来，苏渊雷《诗坛旧话·谢玉岑讲学永嘉》[33]有云：

词人谢玉岑名觐虞，为常州钱名山快婿，今书画家谢稚柳哲兄，风神秀朗，今之六朝人也。工倚声，出入玉田、白石；尤善钟鼎文字，识者谓不在缶翁下。偶临甲骨坠简，下及晋帖，亦复清隽可喜。觇余作画，标格奇绝，在石涛、八大之间。张大千谓：外行画海内当推玉岑第一。盖指文人画也！

往在永嘉讲学，余尝从之游。1936年秋（笔者按：1935年春），一病不起，年仅三十六岁。病中余尚笺候，玉音未嗣，遽闻谢世。师故后，余始从夏瞿禅先生来书中，获读其《病起忆永嘉旧游》诗，其一即怀余暨亡友蔡雄烈士者：“黉舍常传月下歌，清游

33　《苏渊雷全集·诗坛旧话——谢玉岑讲学永嘉》，华东师范大学出版社，2008年10月版。

前梦堕银河。绛纱弟子才如海，槛凤叱鸾可奈何！”自注：“蔡生死后，苏生犹系杭狱。”见爱之深如此。故余挽之云：

“师尝讲学永嘉，远韵清言，谢客风流犹昨。沪滨记乍遇，相期文史优游。去简未回，痛惜人琴俱绝世；我正悲吟楚些，灵修数化，蔡生幽怨难平。地下倘有知，好慰晨昏寂寞。遗诗初展，伤心今昔不同时。”

尊师重道，情深见乎挽辞。

马星野曾在《中央日报》上发表一文，[34]因谢玉岑早年教学的史料珍稀，故全文引此，权作补充资料：

民国十四年的初秋，我才进温州高级中学，一年级的国文教员，一位是词人夏承焘瞿禅先生，一位是词人谢觐虞玉岑先生。夏先生是永嘉人，黑黑的脸孔，真令人不相信他会有那样的细腻幽雅的思想和文笔。谢先生呢？修长的身材，白皙的脸孔，微微上秃的头发，那样温文幽雅，使我们想到六朝时代的文人墨客们；他的指头细长，像削青葱一般。我们浙东海涯的人民，对于苏常一带人物，往往有羡慕钦敬之心，而谢先生使我对江南人更具有好感。我十四岁进了中学，国文教员换过了不少，而最是我感谢、难忘的，是余姚杜志文天縻先生，扬州朱自清佩弦先生。他们两位教我的时间最久，各方面帮我的忙，真使我毕生难忘。然而他们几位，和谢先生的性格，有很大的不同。谢先生教我的国文，只有半年，因为我读了一年的高级中学，便去进大学了。半年的期间，我和谢先生的谈话，知道他是怎样一个人。天縻先生是位爱国者，是位爱民忧时的仁人志士，他的长歌行，那样的雄壮而高超，直追老杜。朱先生是仁厚的，仔细的，他文章风格，清丽中带着旖旎。如果杜先生

34 1935年7月23日，马星野在《中央日报》发表《悼谢师玉岑》。

是盛唐，朱先生乃是晚唐。谢先生的词，有时如独鹤唳空，有时如鹃啼三峡，清新而高卓，有六朝之好处，无六朝之坏处。他不是入世的人，他时常在病，他是十足的词人，姜白石一流的词人。

我现在还保存着谢先生给我写的篆字，谢先生给我们做的词。在他那一班里，我和谢先生最接近。我的七古长歌，有许多是经过谢先生改正的。他要我多读吴梅村的诗，多看《世说新语》一类书。他老是夸奖我，记得有一次，他在我的作文卷上批一个"何事荆台百万家，独教宋玉擅才华！"我想起来真有点惭愧，然而谢先生之爱我，我是不能忘记的。当年高中教员之中，教英文的是扬州刘延陵先生，教地理的是苏州王钟麒先生，自民国十四年一别，除王先生于去年见了一面外，其余的音信全无，而噩耗传来，谢玉岑先生已归道山了。

当我从谢先生时候，还是十七岁的学生。我羡慕他的文学，我更羡慕他潇洒出尘之态度。十年过去了，我只觉得自己更其浊更其俗，而那怀籀亭（谢先生在温州时，住在校中怀籀亭畔）的秋菊，谢屐亭的夕阳，应该还记得十年前的师生情谊。我惭愧的，当时由谢先生学到的词学、诗学，现在已荒芜得不成样子。长歌已经四五年没有写了，填词，也好久没有试作了。每记得谢先生"一雨落桐花"的词，心中即黯然凄然，不能自已。我觉得自己的本质，是最适合做谢先生的学生，效谢先生之为人的，然而社会的环境，国家的需要，不许我走那一条路。十年已使我变成别样一个人，当年以自己为"我本玉皇香案吏，偶然仙谪到人间"的，现在连淮王鸡犬，都不配做了！玉岑先生仙逝了，他一定是归去做玉皇香案吏去了。他的文辞留在天壤间，他的灵魂应该很舒服的逍遥在素云皓月之间！

记起十年前的旧事，凄然不能自已，爰为之记。

"得天下英才而教育之"，谢玉岑认为是平生最大快事。又从苏渊雷、马星野文中“风神秀朗，今之六朝人也。工倚声，出入玉田、白石，尤善钟鼎文字”“温文幽雅，使我们想到六朝时代的文人墨客们”可知，谢玉岑的六朝意气，简古可爱，形之于其词，适矣。两文虽不长，文字间师生之情却处处可见。

此外，谢玉岑还多次为浙江地区的刊物、地方志等题签，如大篆题签扉页“台州府志刍议，谢觐虞书惠”“中华民国十五年春刊”等。

在永嘉教书期间，谢玉岑因思念妻子，作诗填词多首，其中有诗：

夜阑针黹苦辛勤，薄幸长游不救贫。
多谢梦回一阑月，故乡犹伴未眠人。

迢递瑶珰剪烛裁，销魂玉臂对清辉。
君怀那识春如海，方信频宵少梦来。

诗后跋语：“素君寄书皆深夜所作，天涯梦醒，寒月在窗，远念故人犹在笔砚间也。赋此谢之。”

在永嘉执教谋生，真乃“薄幸长游不救贫”，特别怀乡思亲，彼此安慰，只有通过两地书信互相慰藉，诉说牵肠挂肚的思念。这两首诗表达了谢玉岑对钱素蕖辛勤操持家务的感谢之情外，更多地流露了对妻子深沉的爱恋和歉意。

雁帖寒云欲下迟。瑶珰无计避相思。颉颃燕已迷新巷，深浅花还妒宿枝。　珠络索，玉参差。心情无复旧弦诗。闭门黄叶兼烽火，浮李沉瓜又一时。

秋天是一个多愁善感的季节，一片落叶、一声雁鸣、一场秋雨，都会让人愁肠千转百结，思绪万千。词人眼中的秋天，更是有太多的落寞与伤感，或乡愁，或别意，或幽怨。在词人的笔下，秋风一起，落叶飘零，南归的秋雁，带回了词人对故乡、亲人的无限思念。

这首《鹧鸪天》，手法巧妙，层层递进翻转。上片借景物来委婉衬托心境，下片则是直抒胸臆，以“浮李沉瓜”作结，相思深处，婉转动人。

遥遥相对的山峦，奔流不息的江水，生活在永嘉，谢玉岑疲惫的身心得到休息，对这所环境优美、文风蔚然的学校也非常喜爱，但周围环境的闭塞，也使他感到难言的寂寞。尽管校园氛围民主自由，同事间相处也极为融洽，还有一群天真可爱、渴求知识的学生，但远离家乡且新文学的刊物较少见到，很难激起他的心灵火花和创作灵感。永嘉是适宜休养身体、修身养性的好地方，却不是他人生向往之地。于是，谢玉岑萌生了离开永嘉的想法。

1926年仲夏，因上海距常州更近，又对妻子和一家老小牵挂不已，谢玉岑接受了上海南洋中学校长王培孙[35]的聘书。在离开永嘉时，想到雁荡、瓯江旧游之地，绛纱弟子弦歌在耳，作离别词《南浦·丙寅仲夏，临发永嘉，赋示诸生》：

一雨落桐花，掩斜晖，心事顿成秋院。易急采菱歌，青嶂晚、云涌暝潮初转。啼鹃犹唤。江山未觉风流远。回首池塘青遍处，（春草池在旧中山书院，即今校舍也。）一夜离情都满。　何时社燕还逢，说赚人词赋，长卿应倦。鸥讯堕鱼天，梦痕在、旧谱蘋州东畔。鼓鼙不管。鹿车安顿眉颦暖。只恐明朝桃李艳，又惹看花肠断。

“回首池塘青遍处，一夜离情都满”，词人化用典故“池塘生春草，园柳变鸣禽”，翻出新意：词人回望之前谢灵运的春草池，已演变成如今的校舍，感叹学校办学新风的率先倡导，从书院到学校的递嬗，呈现出了时代的

35　王培孙（1871—1952），名植善，字培孙，以字行，南翔（今属上海嘉定）人。出自上海沙船巨商家族，晚清秀才。1897年考入上海南洋公学师范班。1900年接办叔父王维泰创办的育材书塾，后更名南洋中学堂。先后任南洋中学堂长、校长。提倡新学，有“南王（王培孙）北张（张伯苓）”之称。

历史性转换。词人想起即将离开学校师生，一整夜的思念都无法满足，表达了词人无限的离别之情。

四、南洋中学

20世纪20年代的上海被称为“东方巴黎”，“十里洋场”已成为新旧思想、文化交汇、多元并存的中心，这些差异为新旧文化之间的交流切磋提供了自由的空间。这时的上海，西风东渐，伴随着多国租界的形成、新式学堂的涌现、新型媒体的兴起，这些不同于内地城市的景观，对于和中国传统有着某种情感厌倦的当时的文化人来说，提供了一个充满吸引力的庇护地，吸引了各界文化精英从各地汇聚于此。

1926年仲夏，谢玉岑收到上海南洋中学的聘书，原打算暑假后即赴南中任教，时以蒋介石为总司令的北伐军正席卷全国，国家正处于风雨飘荡之中。1927年初，为了配合北伐军攻占上海，上海工人阶级在共产党的领导下，举行了三次武装起义，直到第三次起义成功。鉴于上海当时的局面，南中被迫停课，谢玉岑也只能于是年的3月赴任南中。是时，谢玉岑与王巨川信中说：“时局虽无确讯，而南军大举江浙，事不可掩，明春不知吾苏成何景象？于此浩劫，固知非忧虞可救；然白发黄口，何能不视之惴惴。常地军队已去，而囊者往来，扉履资粮之供，已令小民吁号不尽，遑言锋刃所接耶？”由此足见，谢玉岑面对兵荒马乱的时局忧愤填膺，惴惴不安。

1927年3月18日，谢玉岑致高吹万信中说：“觐虞三月初到校，教育界经此震荡，亦成鸡肋……近在申就南洋中学事，收入虽不为丰，足以代耕，且校中藏书綦富，课务多闲，尚能钻研，如二竖不侵，殳铤无扰，深潜十年，应有寸就，庶不负家岳暨吾师奖掖之厚意也。”[36]

上海南洋中学位于西门外龙华路日晖桥西端，地处上海僻乡，无城市之

36 《谢玉岑集·手札》。

喧，车马之嚣，四季风物，皆悠然堪爱，体现了校长王培孙让学生在此“优游于学”的环境。南中当时是上海著名的中学，学校的毕业生大多可升入上海交通大学。

谢玉岑初到南中，兴致勃勃，准备潜心读书、撰述，大干一场。在南中的四年，除日常教书外，谢玉岑负责编辑校刊《南洋杂志》，以及全校的美术评比，仅《南洋杂志》（1926年第4期）上，他就发表了旧词《烛影摇红·拆绣园林》《解语花·别来几日》《疏影·荆榛堂宇》《高阳台·雨后溪堂小坐，有怀茗坷、怡厂》《水龙吟·湖上阻雨，赋示昇初》《贺新凉·挽俞君实方伯》《甘州·又一番桑海酒楼宽》《垂杨·春愁无际》《酹江月·题吴门许盥孚秦淮酹月图》，上海各大报刊《申报》《晶报》《金钢钻报》《蜜蜂》《灿烂》《珊瑚》《艺林丛刊》《文艺捃华》《国学丛选》《国学商兑》《国学论衡》等均有刊载他的诗词文章，尤其《申报》《金钢钻报》《文艺捃华》为多。

1931年曾在南中高一就读的著名画家艾中信晚年回忆：“南中很注重数理课，在上海是有名的，毕业生考进交通大学的比例，每年都很高。”[37]1931年10月，南中举行三十五周年校庆，交大校长黎照寰莅校演讲，开场便说：“南洋中学与交通大学有深切之历史，今兹南洋中学举行三十五周年校庆，是即有三十余年之关系。”[38]尽管南中的传统观念是进交大，但并不意味着南中毕业生之出路，除了交大之外别无选择，升学北洋大学、浙江大学、清华大学、复旦大学、上海医学院、上海商学院等也不在少数。另一方面，从20世纪20年代末开始，南中并不全以升学为目标，其还有职业教育将学生就业、服务社会也放在同等重要的位置，这也是南中教学的特别之处。

南中生机勃勃，学校图书馆藏书丰富，谢玉岑在1929年与高吹万信札中说：“虞病肺三月，校课请人庖代，终日静卧。刻难渐愈而调护维谨，且延

37　《为国桢干·上海南洋中学120年》，商务印书馆，2016年10月版，第47页。

38　同上。

医打针。”王巨川也有说：“有一时期，他想整理清词，撰一研究文字，讲明他的源流以及盛衰递嬗之迹，再评论其作品。他以为写这种东西，很有趣味，不过涉猎要多，也不易短期杀青。的确不错，终因了他的体质逐渐不够，非常怕冷，往往杜门不出，有时竟十几天伏处校斋。”[39]同年6月24日、12月31日，《夏承焘日记全编》有记：“得名山先生书，答前赠诗，附来绝句五首。知玉岑在沪久病。”“接玉岑快信，谓上海课务甚忙，不宜读书。”可见，谢玉岑在1929年得了肺病，时常回常州养病，至1930年末辞去了南中的教职。

今天的南洋中学校史馆除一张谢玉岑旧影半身照片（下注本校教师）外，记载谢玉岑的资料甚少，叙述也就无法展开了。但《南洋中学名人题词碑刻集》[40]有收录谢玉岑两幅篆书题词：“自强不息。庚午级同学毕业纪念册，谢玉岑题。”“南洋中学卅五周纪念册，校友会出版，民国二十年十月，觐虞。”图下有文字：“著名诗词、书画名家，时任本校教师。”这两幅题词已镌刻成石碑，陈列于上海南洋中学百年百米碑廊。

为了进一步了解谢玉岑在南洋中学四年的教学情况，笔者于2019年3月28日寻访了南中，在校史馆看到了一篇介绍南中发展史的文章，其中说：

> 黄浦江畔的南洋中学是一所有着深厚历史渊源和人文底蕴的百年名校。翻开南洋中学的档案，实可谓星光熠熠——文学泰斗巴金、国际摄影大师郎静山、中国杰出外交家顾维钧……还有诗词名家谢玉岑。

39　王巨川《再记谢玉岑》，载《永安月刊》1947年第93期。

40　《南洋中学名人题词碑刻集》，上海南洋中学编，上海人民美术出版社，2011年9月版。

五、校外酬唱

1927年3月，谢玉岑来到上海。果然，上海是一片新气象，这里的自由空气让谢玉岑颇有龙在大海的快感。上海又是十年前的求学之地，他凭着天赋和学识，很快就融入海上文化圈，加入各种文艺团体和组织。

王培孙颇欣赏有逸群之才的谢玉岑，并给予其较大的社会活动空间。谢玉岑正是从这时开始，与朱彊村、黄宾虹、符铁年、谢公展、郑午昌、陆丹林、郑曼青等海上遗老、艺苑名士交往。

《谢玉岑集》收录谢玉岑1927年的两首诗《题曼青画》：

种瓜非五色，结壶非千金。胡为两少年，笔底饶秋声。

时人作瓠皆尚大，兴来偏画小葫芦。
悬匏五石果何事，一樽早悔浮江湖。

诗后跋语：“丙寅秋九月，与曼青[41]同客春江，合成此图。越一载，丁卯七夕后二日，再赋此诗，时与曼青别亦经年矣。”

这尺幅不大的《葫芦图》上，谢玉岑题诗行笔自然，空灵飘逸；郑曼青画了一串葫芦果，藤上飞来两只美丽的蝴蝶，枝繁叶茂，生机盎然。从这两首小诗来看，让人读出了两青年的自信满满。尤其后诗，反映了郑曼青一种倔强、孤傲的情感。当时两人青春年华，英雄相惜，从此成为至交。由此可知，谢玉岑与郑曼青相识定交于1926年永嘉。

1927年，谢玉岑作《闻玉虬南旋，怅怀曼青，赋寄京师》（七绝二首）予时在北京的郑曼青，其一：

41 郑曼青（1901—1975），名岳，号莲父、曼髯，别署阿曼、玉井山人，浙江温州人。曾受聘于郁文大学讲授诗学，任上海美专国画系主任、教授。与黄宾虹等创立中国文艺学院，并任副院长。后拜钱名山先生为师。著有《玉井草堂诗集》《曼青词选》《郑子太极拳十三篇》《郑曼青书画集》等。

出门团扇障元规，米贵长安作客悲。
弹罢冰弦试回首，莫教惊见雁南飞。

这绝句借用了三个典故，首句借用王导“扇隔元规”，是说官场污浊。二句借用白居易“长安米贵，居大不易”，是说唐玉虬在北京客居不易。三、四句化用嵇康“目送归鸿，手挥五弦”，一方面借飞鸿南飞来比喻唐玉虬的归来，一方面也是希望郑曼青能够重归意趣自得的状态，不必为稻粱谋。

《寄园·师生艺文展撷英》[42]刊有一幅郑曼青与谢玉岑合绘《兰雀葫芦图》，谢玉岑在图上题绝句：

忽然啼鸟忽然兰，著个葫芦也忽然。
莫管有情还有理，人生权作等闲看。

谢玉岑题于1927年，句后跋语：“病起共曼青夜谭，乘兴为孔章兄写此，信笔飞舞，了无成法。曼青兰既如张颠狂草，我壶亦在荆公大忙中也，韦斋戏题。然看《古韵同隶》一部，曼嘲因并记之。”跋语中“张颠”，指张旭，唐代著名书法家，擅长草书，与怀素有“颠张醉素”之称；“荆公”，即王安石。南宋理学家张敬夫尝戏言：“平生所见王荆公书，皆如大忙中写。”谢玉岑引此典故，当然是谦辞。“韦斋”，谢玉岑之斋名。谢玉岑这首绝句写郑曼青作画，自己添葫芦补景的过程，诙谐又多趣，所以称为戏题。

图上郑曼青亦题绝句：“忽然联画忽酬诗，脱韵狂吟几未知。我已无心君不食，虚堂相对一错痴。”跋语：“丁卯十月，玉岑病数日未食。余讯之，玉岑欣然画匏瓜二，为补竹棚兼缀景成之，又博孔章兄一粲。郑岳。”跋语中“匏瓜”，指葫芦。二绝句、跋语透露出三人之间的亲密关系。

42 《寄园·师生艺文展撷英》，常州博物馆编，文物出版社，2020年11月版。

之后，陆孔章[43]又将此图赠予同门吴柔生[44]，图上有记："丙子夏日，柔生吾兄索赠。"谢玉岑、郑曼青、陆孔章、吴柔生四人均为钱名山先生门人，此图亦成为寄园弟子之间交谊的信物。

> 晚烟吹散闲庭，轻红帘薄迎人启。明珠百琲，朱嫣翠裹，十分纨绮。沈醉仙源，灵槎归路，当年应记。只高楼西北，海波休舞，更不用，鲛人泪。　　羡说徐郎才地。染丹青、天池清丽。梦中彩笔，分明笺叶，朝云曾寄。金谷瑶情，几番浅笑，春风又起。便谢阶、我亦题诗惭愧，要罗囊系。

上片写晚烟缈缈的庭院里，石榴生长的景象及不凡的来源。下片写画师的石榴直幅清气瑶情，丹青才艺堪比天池（徐渭）。结句面对如此彩笔嘱题而感惭愧，是词人自谦的表达。

这首题画词《水龙吟·允甫出示所绘安石榴大帧，属为倚声》，谢玉岑隶书题在马万里的画上，并跋语："允甫道兄属题安石榴直幅，调寄水龙吟。戊辰（1928）清明，弟谢觐虞并书于拏云阁中。"图上有马万里题识："乙丑（1925）新春闭户避兵写此遣闷，拏云阁主允甫马瑞图。"此图收录在《马万里画集》[45]，其内另有谢玉岑题画诗多首。

1928年，谢玉岑为王个簃[46]写篆书临作铭文《新莽嘉量》："改正建丑，长寿隆崇，同律度量衡。稽当前人，龙在己巳，岁次实沈，初班天下，万国永遵。"并款语："莽权，个簃老哥大画家正摹。戊辰中秋，弟

43　陆孔章（1899—1972），名祖寿，字丹山，江苏武进（今常州市武进区）人。钱名山先生门生，工诗擅文。早年以教馆为业，后历任交通银行、中央日报社医学顾问。1949年后任苏州中医专科学校教授至退休。晚年寓居苏州。

44　吴克刚（1906—1949），字柔生，小名六九，号禅庵。九岁入寄园随名山先生游，秉性刚直，遂更名克刚。1943年为名山先生刊印《名山九集》。1949年前经史良介绍加入民主同盟会。

45　《马万里画集》，广西美术出版社，2013年版，第9页。

46　王个簃（1897—1988），名贤，字启之，号个簃，斋名霜茶阁，江苏海门人。1923年拜吴昌硕为师，成为"吴派"书画印的主要传人。历任昌明艺专、新华艺专、中国文艺学院及上海美专教授。后又任上海中国画院副院长、上海中国书法篆刻研究会副主任委员、西泠印社副社长等职。著辑有《霜茶阁诗集》《王个簃随想录》《个簃印集》等。

觐虞。”

谢玉岑此临作虽注意到形体的“方”，但用笔上则以“圆”为主，起笔圆厚，行笔带有弧度，使用圆转形成变化。这种若古若我、若即若离的书写方法，令人叫绝；书作虽茂密，然气韵回绕其间，以致整体上生动协调。莽权，又称莽衡，为新莽时期重定度量衡时所刻铭文。

王个簃有诗《赠谢玉岑》《答玉岑》歌咏：

玉岑作篆规石鼓，折旗直逼曼龚父。
毛鼎散鬲勤摩挲，金石文字撑一肚。
俯仰天地忽咨嗟，足迹未遑涉岣嵝。
论文格律抗周秦，六朝以降何足数。
诗词排荡耻谐俗，奇气盘礴天尺五。
一日排闼索画图，袖中晔晔出花乳。
同尔能事抱师承，写画刻石求拙古。
一世声华笑浮云，羞为纤巧宁粗卤。
猗欤明日酒初醒，兴到落笔挑灯炷。
分朱布白凝汉铜，傍水依山画枯树。
倾刻肺腑芒角生，倔强肯受绳与斧。
太息世教竞华靡，硁硁吾辈亦何补。
且乐吾乐乐未央，坐拥百城侯万户。

怀抱豁然开，新诗叠叠来。铿锵鸣大吕，突兀见蓬莱。
宿愿耕南亩，闲情酌旧醅。思君支瘦骨，想象一枝梅。

王个簃不愧为吴昌硕高足，评价谢玉岑的诗文、书画一语中的。王氏说谢氏的书法根植于《石鼓》，而一肚皮的金石文字更让他游刃有余；王氏在诗中还特别推崇谢氏的篆刻“分朱布白凝汉铜”。汉代是中国篆刻的高峰，谢玉岑无论作文、作书、作篆，都以秦汉为嚆矢，不作六朝以后想。

王个簃曾为谢玉岑制白文“青山世家”青田石章一方。章高4.3厘米、宽1.9厘米，边款记：“玉岑老兄令刻，庚午八月二十一日，个簃弟贤。”章是为同道所治，自然不是泛泛之作。观其印面，“山”字的白文与“家”字的白文互相呼应，笔画转折方圆结合，布局上又将印作重心略微向上偏移，加强了印面的立体效果，予人以灵活而峻密之感。

1928年，上海西泠印社出版《胜游图咏》，其中有谢玉岑题画诗《小诗奉题春澍世叔胜游图》：

画马师群马，古法良可师。天地具万态，一一丹青资。
斧劈与披麻，妙手自得之。鬼神不缄秘，犹恨人莫知。
邓公好游览，画法何恢奇。晨看黄岩云，暮漱泰山雪。
茂林裓幽趣，春秋有佳日。野王无声诗，子瞻几緉屐。
闭门还卧游，烟霞落东壁。我来读公画，识公意不闲。
冥契造物心，岂在骊黄间。缩地具大力，万里宛目前。
何用苦梳渲，皓首模荆关。

谢玉岑评价了邓春澍《胜游图》的构图、师法、画风、笔墨等，诗中用典颇多。1935年9月7日的《武进商报》重刊此诗，诗后有春澍先生的按语：“玉岑生平所作五古绝少，此诗宁不在陶谢苏黄间耶？”

1928年秋，由谢公展[47]、黄宾虹[48]、张善孖[49]等发起组织，以“九月圆脐

47　谢公展（1885—1940），名寿，字公展，江苏丹徒（今镇江市丹徒区）人。工诗词，善书画，尤长于画菊，勾花点叶，笔墨挺拔雄劲，墨彩缤纷绚丽，有“谢家菊”之称。曾任南京美专、上海美专、新华艺专、暨南大学教授。1929年和1935年，其与郑午昌、王师子、陆丹林、谢玉岑等发起组织蜜蜂画会与九社。著有《太湖吟啸录》《公展三十年教授文画之心得》，自编《谢公展画集》等。

48　黄宾虹（1865—1955），名质，字朴存，号宾虹，别署虹庐，安徽歙县人。与邓实共同编纂《国粹学报》《美术丛书》。后创办神州国光社，任职商务印书馆、有正书局等。曾任上海暨南大学中国画研究会讲师、中国文艺学院院长，昌明艺专、新华艺专、上海美专、杭州艺专教授。后又任中国美术家协会华东分会副主席等。工诗文，善书画，精考古、鉴赏，博学多才，名重士林。著有《宾虹诗草》《虹庐画谈》《中国画学史纲》等。

49　张善孖（1882—1940），名泽，字善孖、善子，号虎痴，别署虎公，四川内江人，张大千二兄。与张大千同拜曾熙、李瑞清为师习书画，后加入海上书画联合会、上海艺苑研究所、蜜蜂画社、寒之友画

十月尖，持螯饮酒菊花天”为主题的秋英会拉开了帷幕。秋英会可谓民国时期上海一桩风雅盛事，时值北伐战争刚结束，南北统一，战事稍息。秋英会正逢暂时太平，一时海上名流、书画名家纷纷接踵而至，于是秋英会名声大振，各界人士称其为“书画群英会”。

“秋英会第一次书画金石展”在上海西藏路宁波同乡会馆开幕。“玉岑集钟鼎文、龟甲文联，神游三代，骎骎古法的三件作品参展，其诗才和书艺素有‘江南才子’之称”[50]；“大千素宗石涛，今复戏仿天池花果二帧，超尘绝俗”[51]，张大千的绘画技艺被称为“后起之秀”；“曼青抗志希古，睥睨当世，故其画神光往来，不可端倪”[52]，郑曼青的绘画艺术被誉为“画坛奇才”。

谢玉岑、张大千、郑曼青一时对彼此的才情风采倾慕有加，三人遂结金兰之交。

10月8日，《武进商报》刊载谢玉岑《清平乐·题画菊》《清平乐·题画蔷薇》《点绛唇·题画雁来红、葵》《浣溪沙·题画雁来红、拒霜、秋葵》，词后有编辑注：“词人观上海秋英会画展而作。”

10月25日，谢玉岑又在《武进商报》发表《忆秦娥·题画兰、玉簪》《阮郎归·题公展画菊》：

风细细。如梦如烟情味。玉作钗梁香结佩。背人初绾髻。　何处秋江无际。剩有烛儿窥泪。弄粉调脂都不会。芳馨缄欲寄。

词人将兰花与玉簪花拟作楚楚动人的怀春少女，先描摹惹人怜的形容装饰，复勾勒情窦初开的举止，于是豆蔻少女形象为读者感知。词与画形异神似，

社、九社等，并参与创办《美术生活》《国画月刊》等刊物。1932年至1937年客居苏州网师园，豢养老虎进行创作。1938年起多次举办海内外画展，为抗战募集捐款。除以画虎著称外，亦能画马、牛、狮、猿、犬等，还擅山水。

50 程沧波《时事新报·秋英会读画记》。

51 同上。

52 同上。

皆具灵性。

> 茱萸谁宴最高楼。篱边月似钩。带鸾舞罢乍回眸。云英不解愁。　盈素袖，满金瓯。俊游人在否。荻花枫叶晚飕飕。浔阳江上秋。（粉带、云英、枫叶芦花，皆菊名也。）

上片将粉带、云英两种菊中名品拟人化，风情万种令人销魂。下片写赏花人醉心秋菊，以及枫叶芦花的楚楚律动，遗貌取神，尤惹人怜。

11月11日的《新闻报·快活林》刊载“赏音楼主”的《观秋英会展览书画记》，其中写道：

> 谢公展指画菊花，超逸无比，此帧悬诸当门，入场者必先见之。款：“写宗兄玉岑《忆萝月》词句，玉岑为朱古老高足，故笔意清远，迥异时流。”词曰：“鬓逗香透。影叠屏山绣。霜饱花腴人病酒，依约华灯时候。　题糕俊约谁提。遥峰雁字都稀。笑语相逢江海，可能盈袖同归。”又笔画彩菊一幅，分布两石中，嵌红绿二菊，花大叶密，极有神韵，上缀小菊一丛，姿下妩媚可爱。又指画紫藤，其势甚飞舞，题曰：“紫藤花种蝶双飞。悄悄春阴，又是怀人时候。”又中堂画菊多态。又册页分绘各种，均为名贵之作。

笔者查看民国刊行的《玉岑遗稿》，其中果然有此词《清平乐·题画菊》，只是词牌名不同，内容基本一致。

云南典藏拍卖集团有限公司2005年春季艺术品拍卖会第347号拍品“谢公展菊花，立轴，设色纸本”，画右上角有谢公展款语：“写玉岑《鹧鸪天》词意，谢公展。”词曰：

> 佳节如云酒似泉。晚妆扶起夕阳边。幽花底事新来瘦，寂寞西风不上帘。　簪素月，贴金钿。好收景色入秋奁。相看只恐还疑

醉，侧帽清狂又十年。

上片描绘重阳节临近，夕阳下，秋风里瘦菊盛开，宛如娇柔佳人。下片写秋色醉人，词人不觉为菊痴狂又十年，塑造了一个超尘拔俗、执着追求美好的高士形象。

谢玉岑以不同的词牌《阮郎归》《忆萝月》《鹧鸪天》为“谢家菊”作题画词多首，可见其盛名不虚。同期，谢玉岑又作题画词《忆萝月·题画玉簪、牵牛》《清商怨·题画秋海棠》等。

1929年2月26日，上海《申报》刊登谢公展《观画后之狂啖》，文中说：“去年秋英会后，诸友宴集于英宾[53]寓庐。酒酣以后，合和书画。兴之所至，爰有闲来小集之发起，首次轮值英宾。”

月洗秋清，灯围星亚，点笔乍看春展。梦中花片，屏上芳洲，草草东风吹满。评量芍砌棠栏，何处相逢，旧家池馆。镇烟丝狂舞，殢人娇鸟，和蜂俱乱。　应想见、南国灵辰，采兰人去，未隔瑶台天半。解佩低闻，匀脂浅笑，陌上歌声刚缓。便付朱堂留春，碧海终尘，黄金难换。更好天良夜，领取金樽休浅。

这首词《过秦楼·题秋英会同人合作春花中堂，为英宾兄赋》，即谢玉岑题这次秋英会同人合作的中堂《春花》，时间为1928年11月。上片写秋夜灯下，星光点点，同人合作描绘画上的春景，声色并举，呼之欲出。下片设想南国灵辰灵人，奇幻缥缈，乃补足画外之意者。结句回写聚会现场，延宕宴集的意义。

题画词始于北宋，历经元明，至清代为鼎盛时期。谢玉岑的题画咏物词，

53　汪英宾（1897—1971），字震西，安徽婺源（今属江西）人。书画家、新闻史研究专家、教育家。自小喜爱书画，中学时代与友人创办晨光画会，主编《晨光杂志》，并拜吴昌硕为师。1924年在美国获硕士学位。回国后曾任上海南方大学新闻系主任。1928年加入寒之友画社。其笔墨苍劲老辣，气韵清新，尤喜画墨松、菊花，得吴昌硕之真传。1949年后，任复旦大学新闻系教授等。著有《中国本土报刊的兴起》《中国报业之觉悟》《美国新闻事业》等。

清新淡雅，耐人寻味，读其词，所咏诸物如现眼前。

青年时期的谢玉岑已然挑起了一大家子的生活担子，且又“已蜚声于当时，海内名公元夫无不知江东有谢生玉岑矣”[54]。

王个簃为谢玉岑治印

自强不息

南洋中学卅五周纪念册

谢玉岑节临《急就章》《月仪贴》《爨龙颜碑》《嵩高灵庙碑》四条屏

54 《玉岑遗稿·唐玉虬序》。

马万里绘《安石榴》
谢玉岑题词《水龙吟》

谢玉岑、郑曼青合作
《兰雀葫芦图》

谢玉岑临作《新莽嘉量》

小狐濡其尾，飞鸟遗之音

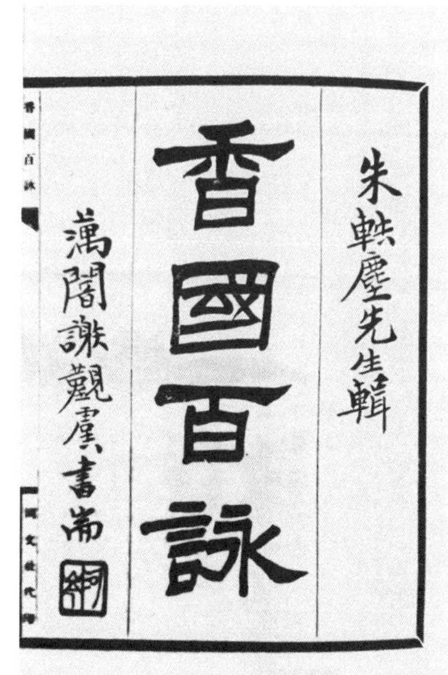

谢玉岑题签

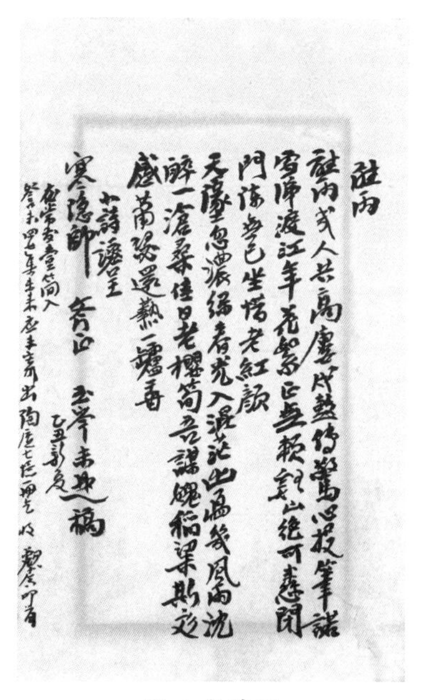

谢玉岑诗稿

谢玉岑为翔魁先生录姜夔词《暗香》《疏影》

张琴和古松，拂石安茶器；
据梧听好鸟，放鹤入孤云。

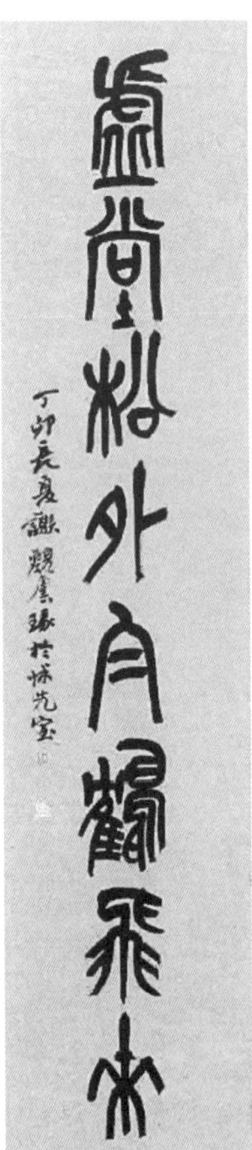

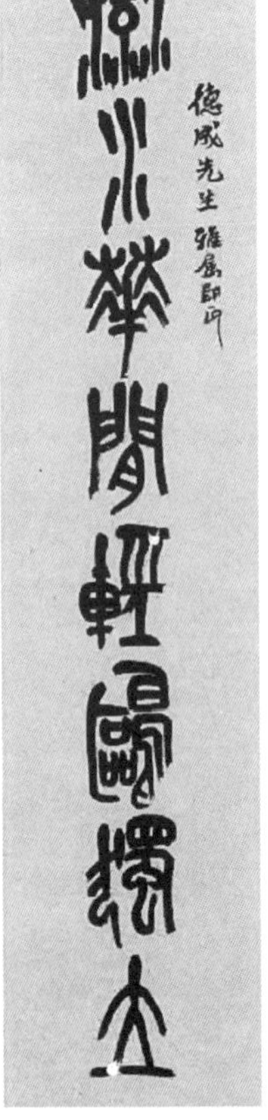

流水花间，轻鸥独立；
虚堂松外，白鹤飞来。

第四章 | 中年（1929—1931）

依于仁、游于艺

艺术之乐，令人心死。

——谢玉岑

1928年至1935年初，谢玉岑除教书外，是上海鸣社、寒之友画社、蜜蜂画会、中国画会、艺海回澜社、九社的早期成员或发起人。

一、寒之友画社

1928年11月，寒之友画社成立于上海汉口路公共租界会宾楼，经颐渊、谢公展、郑曼青等为发起人，编辑出版《寒之友》。1929年1月9日至14日，寒之友画社第一届画展在宁波同乡会馆举行，展出社员作品五百余件。1月14日至16日，谢玉岑在《申报》分三期发表《艺苑寒之友集会读画绝句》（三十首），绝句序云："仆不解画而好与画史游，寒之友集会，罗列名作，泰半相知之什。玩诵鼓舞，发为吟咏，不关月旦，聊志因缘云尔。"绝句曰：

篆法漏痕垂诘屈，诗情日色上芙蓉。
个簃朴茂英宾秀，各有天才继大聋。

（汪英宾、王个簃皆吴缶老入室弟子，而画笔不侔，盖一则撷其中年之神，一则守其晚年之法，所谓真卿、诚悬，各得右军一体也。）

酒酣落笔王师子，雪个天池一苇杭。
妍淡几人求迹象，游心海日出扶桑。

（杜子环尝云："我作圆光时，心游海日，遐想扶桑出日，苍苍凉凉，故脱略笔墨，使妍淡无迹。"师子作画喜淡，而精力不懈，读者当会其游心之远也。）

方壶渴笔石涛神，铁杵金刚腕下惊。
一自天都落萧壁，幼舆丘壑足平生。

（郑午昌山水法方壶、石涛，好以渴笔争长，着纸如锥画沙。

秋间以《天都峰》见赠，精品也。）

海上坐怜行路难，看梅煮菜未能闲。
何时许办双腰笛，吹入山阴道上山。
（《菘梅》亦午昌作，君山阴人。）

紫芝一曲引修龄，猿鹤天机照眼青。
多谢空山传俊语，胜他栗里读山经。

（瘦铁数画皆神似苦瓜，而《采芝图》长跋述黄山故实，清响泠泠，尤为可爱。）

黄海松涛泻冰雪，天平秋红醉霜叶。
风流二婿矜笔墨，何必多买几緉屐。

（瘦铁黄山归所作，多摄山中胜景。今雪泥会中《天平》一画，写眼前景物，亦清真可爱。“风流二婿”，孙伯符对周公瑾语也。）

森严邱壑自填胸，家法营邱皴染工。
若以丹青例戎马，李波小妹更雍容。
（李祖韩、秋君兄妹青绿山水，清丽俱古法。）

难弟难兄有二张，金钗十二足张皇。
驮铃只笑虬髯远，为谱红妆出塞行。

（善孖新画虎十二帧，拈《会真记》语题之，可谓新颖。大千远游未归，闻方自东省赴扶余，入高句丽，且有量珠之乐，虬髯客真风尘健者也！）

善孖虎痴工画虎，虎卿字虎更呼龙。
刘郎英气消沉尽，闲看风云小立中。

（善孖虎与虎卿墨龙，可谓二难并。）

平生畏友独推冯（铁年句），月旦符郎句最工。
可惜俱韬画云手，不教鲁殿见天龙。

（冯白厂画史秋间始自北平来，作画真抉八大神髓，铁年推尊之弥力。上次秋英会二公所列，俱负一时盛誉，今以匆迫，未见加入，为之爽然。）

南楼人远清于逝，没骨谁祧正始音。
欲为谢迟求画法，闺中应有绣丝人。

（红薇老人工笔花卉，笃守典型。小妹喜绘事，方拟执贽门下也。）

曼青人冷如其画，赭墨萧疏冻未干。
留与天心验盈朒，芭蕉才展月初圆。

（曼青芭蕉月季，胚胎元气，百读不厌，为其近作之冠。）

跌宕宾朋三十载，春风桃李看齐开。
艺林倘许争雄长，绮丽江山此霸才。

梅花霏玉竹抽簪，佳本南田说五清。
记取西堂烧烛夜，沉沉细雨话冬心。

（公展负画名数十年，门弟子遍天下，所作日益奇横，所列《五清图》《岁朝图》《桂花山茶》等，设色运笔，允堪抗手复堂。此公事冗，画辄以午夜，余最爱下榻其寓，缘可篝灯读画也。）

楫济川行又一时，耐寒翰墨足幽思。
扁舟便欲回天地，无那风云罥笔丝。

画竹纵衡具草法，双联今隶更清遒。
心游二爨通灵庙，遗矩应追海日楼。

（经子渊先生水墨竹石俱有金石气，字法二爨，绝不矜饰，寐叟后一人。）

清曾好古追巨董，辛壶高洁逼倪黄。
新安更数黄夫子，诗句清泠戛石泷。

（楼辛壶、秦清曾俱仿古之作，笔墨气韵，宛然古人。宾虹画有诗，允推三绝。）

点笔生绡状折枝，万方仪态足清奇。
梦中自有春风笔，底用轻嗟不入时。

（笙伯先生写生册页不盈尺，而神韵、法度无一不备，且于绮丽中独饶古味。英宾面乞其画《牡丹》册子，先生笑谓："吾画不合时样。"足征其胸臆也。）

匡庐瀑布天台树，寤寐云山著意寻。
一夕烟峦落东绢，闭门验取屐痕深。

（吾乡邓青城丈山水，一师造化，东南名山无不探讨，宜其画之奇肆也。）

长句海内传坡仙，笔在青藤八大间。
安得旨酒缩项鳊，来醉赵家书画船。

（半跛社丈能诗画，好宾客，忝列忘年交。）

萧家腰鼓谢家囊，按曲吟诗乐未央。
更作疏花媚禅悦，灵山玉磬发清扬。

（清磬山水、蔬果、花石，各俊逸如其人，清气往来笔端，何可端倪。）

岁朝可庆大吉羊，幽花富丽濯锦江。
更铺翠盖轩红裳，花间安稳睡鸳鸯。

（万里《荷花》《锦葵》《岁朝图》，皆风神绝世。君与新夫人方赁庑海上。）

画蟹画鱼夸马大，瓯江长物动乡情。
滇南亦有思归客，纸上家山著意营。

（瓯东马孟容画虫鱼花鸟，放笔夺真。“扁舟我正梦江乡”，君自题画鱼句。滇中画史如丁六阳、马企周，所作山水，多蜀中奇境，殆亦乐操土风之意。）

祖研青瑶继若波，青霞能事独夸多。
俱抛鞶帨争绡素，大海珊瑚一网罗。

（此次闺秀所作极多，如顾青瑶、吴青霞、赵含英、沈倩玉、潘浣薇，合之虞、奚、张、汤，都数十人，而小妹月眉亦滥竽间，洵为盛事。）

一角瑶池籀法窥，缶翁晚岁自浑奇。
清疏偏爱梅松石，想见吴兴下笔时。

（汪英宾、王个簃，俱为缶老入室弟子，而画笔不侔，盖一则撷其中年之神，一则守其晚年之法，所谓真卿、诚悬，各得右军一体也。《瑶池一角》《芙蓉松石》《双梅》，二君出品。）

封泥私印搜罗遍，布白奇葩小篆通。
开母三公神倘遇，好将柔笔树南宗。

（介堪治章既工矣，近好作小篆，温柔有致。）

西神残客文章伯，余事书空第一流。
斟酌鼎彝搜版碣，六朝风度勒银钩。
（西神先生各体俱擅。会中临六朝墓志小屏，工整停匀，真也。）

汉宫铸印祧秦矩，递嬗谁能偭二京。
江海锵锵聚东箭，晚清人物迈朱明。
（近代铁笔名家多浙人，自八家后，安吉吴缶老出为一代宗师。会中所列，如楼辛壶、经子渊、朱其石、方介堪、王个簃，俱浙籍。瘦铁苏人，而师承缶庐，亦是浙中一脉，可谓盛矣。）

谢马俞杨各擅场，三千弹指发辉光。
永祈佛力消尘劫，静保华严草木香。
（会中指画出品独多，如公展、孟容、清磬、寄凡，皆各当行出色。佛象亦伙，一亭、堇叔、瘦铁、雪泥、寄凡、峪□等，不下数十家。）

写生妙手合推张，山水虞奚出四王。
更为词林夸璧合，家风重说马江香。
（张时敏女士花卉，虞澹涵、奚屠格女士山水，各有独到，足张异军。而马万里汤夫人眉蒨《群鹤》《金鱼》二帧，秀逸生动，誉之江香，可为适合。会中夫妇璧合，如钱瘦铁、韩步伊，何卐庐、顾青瑶，万里、眉蒨，真不让赵、管在前。）

《艺苑寒之友画会读画绝句》，虽在序中言明“不关月旦”，实则是谢玉岑识人识画，阐述各家画法奥秘，表达自我见解的一场总评，更是一场画坛盛会的史实纪录。这组绝句中所涉及的画家众多，写法各别。有的是直发议论，如“新安更数黄夫子，诗句清泠戛石泷”，说黄宾虹作画喜题诗，诗中有画，画中有诗，时人誉其“诗书画三绝”，名副其实；“个簃朴茂英宾秀，各有天才继大聋”，写王个簃、汪英宾的不同笔法都能够各自继承其师吴昌硕。有的是运用比喻，如“若以丹青例戎马，李波小妹更雍容”，用北朝时期的《李波小妹歌》中的李波小妹来比喻李秋君，既能暗中带到李秋君之兄李祖韩，又能体现出女画家的古雅雍容。有的写画家的经历，如“多谢空山传俊语，胜他栗里读山经”，写钱瘦铁黄山写生长跋故实，文字清响；“匡庐瀑布天台树，寤寐云山著意寻”，写邓青城涉足东南名山，探寻真意。有的写画家的趣闻，如“记取西堂烧烛夜，沉沉细雨话冬心”，写谢公展作画多在午夜。还有的写怀念未能参加此次盛会的友人，如“驮铃只笑虬髯远，为谱红妆出塞行”，写张大千东游朝鲜未归，听说正与春娘幽会。更间有写与己相关之事，如“一自天都落萧壁，幼舆丘壑足平生”，写郑午昌赠《天都峰》画，先贤谢鲲寄情山水。“欲为谢迟求画法，闺中应有绣丝人”，则又涉及自己的妹妹谢月眉拟拜红薇老人门下学画之事。此类种种，与会各画家纷纷登场，犹如纪录片的一帧帧特写镜头，于会场上触目所见，信手拈来，夹叙夹议，不拘一格，入于诗中，正是谢玉岑“略法定庵”之处，同时对研究当时画坛风貌，具有一定的纪实存史的文献价值。《艺苑寒之友集会读画绝句》发表后，一时转载和传诵，影响颇广。

“寒之友”，取经颐渊题画诗句“此间俱是寒之友”而成，亦有“岁寒然后知松柏之后凋也”之意。

寒之友社社员均为享誉全国的名士，他们以诗言志，以画喻节，名重艺林。谢玉岑读画绝句涉及的人有：汪英宾、王一亭、王蕴章、王个簃、王师子、郑午昌、钱瘦铁、李祖韩、张善孖、张大千、房虎卿、符铁年、郑曼青、谢公展、经子渊、秦清曾、楼辛壶、黄宾虹、商笙伯、邓青城、赵半跛、杨清磬、俞寄凡、任堇叔、马万里、马孟容、马企周、方介堪、朱其石、孙雪泥、张红薇、张时敏、虞澹涵、奚屠格、李秋君、韩步伊、眉蒨、顾青瑶、吴青霞、赵含英、沈倩玉、潘浣薇、谢月眉等，时寒之友男女社员大半在内了。

1929年12月30日，蜜蜂画社成立于上海西藏路平乐里，谢玉岑加入蜜蜂画社[1]成为首批社员之一，并在《蜜蜂画刊·题画诗词选》《蜜蜂》（第十期）发表《浣溪沙·题曼青夜窗画帧》《昌明画风之我闻》等。

蜜蜂画社以提倡、发展、研究中国美术为宗旨。随着蜜蜂画社社员人数增多，队伍壮大，又出版《蜜蜂画集》《蜜蜂画报》《当代名家画海》，举办国画讲座、画展多次，影响颇广，均得美誉，遂于1931年在上海陕西南路139号成立了以蜜蜂画社为基本社员的中国画会，成为一个全国性的艺术团体。中国画会编辑出版了《国画月刊》《现代中国画集》，举办书画展览会等，会员遍及全国各地，人数多达三百余人。中国画会除常务理事、理事、候补理事、常务监事外，候补监事有徐悲鸿、沈一斋。从此，中国画会开启了民国以来中国画蓬勃发展的新纪元。

二、海上翩翩

1929年3月10日，由民国政府教育部主办的第一届全国美术展览会在上海南市国货路新普育堂举行。上午开幕式出席者达千人，下午各陈列室全部开放，观众逾两千人。展品由书画、金石、西画、雕塑、建筑、工艺美术、摄影等2266件组成。谢玉岑有书法作品钟鼎文《秦公敦》参展，并刊载4月13日的特刊《美展》（第二期），书体遒劲森严，饶有金石气。

1月21日，张大千从朝鲜归来，在大风堂轮值设宴招待寒之友画社部分社员，并举行书画雅集。3月31日，谢玉岑以署名“懒尊者”在《申报》发表记事散文《大风堂萍聚记》，将大千治肴、抚雏、交友、作画等，描述得

1　《中国美术年鉴·1947》（王扆昌等编，上海社会科学院出版社，2008年12月影印版，第10页）载：“蜜蜂画社创立期民国十八年，所在地上海。民十八年，郑午昌与王师子、张善孖、谢公展、贺天健、陆丹林、孙雪泥等，组织蜜蜂画社于上海西藏路之平乐里，海内同道先后参加者达百余人，曾发行《蜜蜂画报》，风行海内外。兹将其社约及会员姓名，记录于后，亦艺坛文献也。”“主任干事：郑午昌、陆丹林、许征白。第一期加入者：郑午昌、张冷僧、施翀鹏、陈宝廉、方介堪、胡子中、吴青霞、赵半跛、陆丹林、张雪杨、高云塍、沈立民、许仲奇、奚图格、张善孖、王式园、谢玉岑、蒋润生、贺天健、徐午峰、杜小甫、张红薇、谢公展、许征白、范争波、柳子谷、余一辰、吴孳鼎、马孟容、王师子、黄蔼农、王孟圭、凌直支、叶渭莘、钱瘦铁、陈倚石、沈子丞、郑曼青、俞寄凡、杨清磬、李秋君、李祖韩、谢介子、张时敏、俞剑华、王个簃、胡汀鹭、马万里、蒋蓉生。

情趣盎然，又惟妙惟肖地叙述了大千与郑曼青、郑午昌、方介堪、符铁年、谢公展、王个簃、张红薇、周瘦鹃、王英宾、谢玉岑等二十余人相聚大风堂的情景。文中云：

> 髯好客，好金石书画。大千又好治酒食，能短衣入庖厨治二十人食，尽川中之美。尊者不受禅律，逐酒肉，故尝爱其海参蝴蝶、桃浆二簋，屡欲为文记之。海参蝴蝶者，炙馄饨俾脆，然后调海参入之，洎与炙合，发为甘芬，则坐客之朵颐栩栩为庄生化矣。曩尝与公展、瘦鹃、英宾同席。三君谓饱啖此，虽病不惜。盘中罄，英宾则且出劫邻坐之簋，以为笑乐，足征其美也。桃浆者，夭桃之膏，出枝干间，体液而凝，其色如琥珀，其味如银耳，其性能润肝肺。已热中，和橘瓤煮之，其清醇乃如甘露，是惟产蜀中。蜀中之桃，不尽有浆，则桃浆以罕而益贵。海上诸遗老，曾农髯雅嗜之。凡曾食于曾氏者，尤能辨此味也。

谢玉岑首次公开发表张大千的烹饪秘技，令读者食欲大开，浮想联翩，一时大千厨艺美名传遍海上。文中又曰：

> 独大千囊括无一言，奋笔为尊者作画二：一墨荷，一佛像。佛像钩勒清疏，绝肖大涤子，题曰："己巳二月，为某居士造佛一躯，所愿书剑平安，金石同寿。"墨荷则纯师八大，通其神明。又为介堪作独立仕女一，尊者赞曰："北方有佳人，遗世而独立。"为刘贞晦丈作《淞隐阁校书图》一，清波烟柳，小阁岿然，尊者赞曰："有江湖之思。"尊者平生爱水居，旧有诗曰："自是江乡足生意，水杨盈尺即娉婷。"海上尘嚣，正苦无一枝杨蘸大士瓶中水，涤众生垢浊。大千纵韬其舌，安得不出其手遍种此江潭树哉！

大千先生的《墨荷》《佛像》两帧墨迹至今仍是谢家藏品，而当时在场的目击者却早已不在人世了，令人唏嘘。

夜深，善孖赴他约犹未归，其家中稚子多与大千狎，不之畏，垂髫扶膝者乃逐逐杂宾客间。善孖小文郎心奇、心德，抱矮纸索午昌、曼青画。纸多垢浣，盖二髯所弃，然察之咸乾隆时物，施水墨独宜。尊者笑曰：“陈王门下厮养卒，亦天下豪杰矣！”是日作画尊者外，计二郎所得为最多。善哉！二髯画之美，举世尽能言之矣，而不知其太夫人雅擅丹青。其昆弟若干人，俱承母教通绘事，特名为二髯掩耳。而今其诸郎在髫龄，又已嗜画如此，他日必有成就，何其世德之美也！以画世其家昌其宗，恒河沙数众生，又果何为营营扰扰，以彼易此乎？

“陈王门下厮养卒，亦天下豪杰矣！”可谓豪气冲天，自信满满。文末曰：

临别，大千出画册属题。册盖大千为琉球歌者春娘作，共十余帧。有蔬果，有蕉，有竹，有鹤，有芙蕖，有浣衣者。同人题咏殆遍，以红薇居士题竹之“苍茫莫作柯亭想，留待知音管仲姬”二语，蕴藉风流，最能得诗人之旨。余则午昌、曼青俱佳。尊者亦题浣衣一图曰：“浣衣衣带宽，送郎郎迹远。望尽海西头，应是江南岸。”则卑卑无遗音矣。

嗟夫！艺术之乐，令人心死。然而大千、曼青行矣，江南草长，群莺乱飞。人海浮萍，何时复集？后之视今，得无有俯仰陈迹之叹？此尊者所用低徊惆怅，不能自已者也！

“艺术之乐，令人心死”，与谢玉岑诗句“平生不好货与色，犹恨书画每成癖”一样，令人动容。

1929年夏，谢玉岑在上海养病，足不出户，因无力展卷，故索友人书扇。黄宾虹以书画成扇相赠，让谢玉岑手中把玩，乃愿早日康复。成扇一面以积墨法，描绘了山水疏淡之致。黄宾虹时正画风转变时期，虽还没脱离“白宾虹”，但从“五笔七墨”的层次上已然看出“黑宾虹”的影子，画面清逸而不失华滋。画扇右上署款：“玉岑先生方家一笑。黄宾虹，己巳夏日。”成扇另一面黄宾虹行书录文同诗：“看画亭中默坐，吟诗岸上微行。自谓偷闲太守，人呼干禄先生。犊去食苗莫问，鸟来攫肉休知。物须以性相感，事忌于心有违。”诗后款语：“录文与可诗，玉岑方家指正。黄宾虹。”

之后，黄宾虹致信许承尧[2]：“顷晤玉岑，得睹法书屏，华滋浑厚，存任自然，翁（翁松禅）、刘（刘石庵）未足拟也，敬佩无似。”

1930年1月，中国文艺学院在上海成立，院址在法租界祁齐路福履理路口（今建国西路岳阳路）北侧建业里。院长黄宾虹，副院长郑曼青，教授叶恭绰、张宗祥、吴待秋、商笙伯、谢公展、谢玉岑、张红薇、郑午昌、王师子、楼辛壶、胡汀鹭、杨清磬、方介堪、张善孖、徐悲鸿等。

中国文艺学院设有预科、文学、画学本科、研究科，以培养专门人才为宗旨，而尤注重于人格感化，以期从事美化社会之建设，进而为世界文艺之辅助。

2月28日，昌明艺术专科学校与中国文艺学院同时开学，昌明艺专开学典礼后，王一亭绘《西来一叶》《达摩》，并示范画技。3月10日和6月11日，谢玉岑分别在《申报》《蜜蜂》报刊发表《昌明艺专观光记》和《昌明画风之我闻》，阐明了自己的艺术观。

《昌明艺专观光记》是一篇记叙文，在记叙中既有作者议论，又有艺术观点。尤其偏重对时世绘画题材的走向做分析和评论，并对现场作画的几位画师以及展示的作品逐一品论其画技特点和风格。文章最后几句话，令人乐不自胜。

《昌明画风之我闻》主要阐述了昌明艺专的教授们不仅继承发扬了吴昌硕老先生诗文、金石、书画融为一体的艺术风格，而且各有所长，流派迥异，旁搜博采，未尝固步自封的艺术特点。文末这段文字“故今昌明奄有众

---

2 许承尧（1874—1946），1904年进士，曾创办新安中学堂，时聘黄宾虹为国文教习。

派，旁搜博采，虽似不笃守昌老之法，而实即缘昌老当年所进之途。见仁见智，任学者自为归纳。如此方是真正学昌老，真真认识昌老，即谓之阐明昌老，亦何不可”，表达了作者对昌明艺专艺术前程发展的识见。

三、筹赈书画

1930年3月4日，上海《申报》刊登启事《马迹山筹赈书画会征集作品》：“常州马迹山为三吴名胜区，而山地贫瘠，益以去岁秋旱，田禾槁死，遂成巨灾，延至今春，山民多有饿死者。刻有邑人钱振锽、庄蕴宽、邓春澍等发起书画展览会，售款充赈。上海征件由郑曼青、谢玉岑接洽。闻海上书画名家，如朱彊村、王一亭、曾农髯、阎甘园（中略）等，捐助已有四五百件，现仍在积极征集中，为灾黎续命云。”

马迹山位于常州城东南四十公里太湖中，春天绿树如海，先后隶属无锡、晋陵、阳湖、武进管辖，民国时期为武进县迎春乡，今属无锡市锡山区。清《马迹山志·陈敬亭序》云：“相传秦始皇东游，神马践石成迹，故名。马迹东有夫，西有椒，史载‘夫差败越之地’。”

天地不仁，以万物为刍狗。是年，马迹山等地屡遭灾荒，万千灾民扶老携幼外出逃难，饿殍不绝于道，当地政府束手无策。钱名山屡次发起鬻书赈济之善举，谢玉岑也积极募集海内名家书画，义卖救灾，先后达数千元。谢玉岑扶病奔走，不以为苦。可见，他绝非一味醉心艺术，钻进“象牙之塔”不问世事，不顾人民疾苦的书斋文人。

3月19日，《武进商报》刊载谢玉岑致董觌庵信中最后内容：“此间集件，未能收齐，而闻常州已定于二十日开会，万来不及。顷已公函春澍、诵孙及名山诸丈，请延至四月一日开会。此间负责集五百件精品，二十日开会期如已公布，乞先在新闻栏将弟请求迟缓之议，及负责件数披露。闻千券已散去，断无件不齐而可开会之办法，已来件之品目价格，明日详寄发表。玉岑叩，十六。”

关于谢玉岑募集海内名家书画义卖救灾的故事，版本很多。谢玉岑以署名

"谢大"发表于1930年3月31日至4月4日《武进商报·筹赈书画会上海集件的一点小报告》的连载白话记叙文，却更能说明这件事的前因后果，此文也是至今搜集到玉岑先生发表的唯一白话记叙文，得之不易。兹举五例人物描写：

> 朱古微[3]先生，是当代做词的第一把交椅。他的字，是因道德学问而格外贵重的。他在上海生意忙得十二分，平时写字十二分矜贵。这次他是因为同我们钱老夫子有交情，所以破格写了两副对，题了两张中堂。这中堂一张六尺五清图，是张善孖的泉石，马万里的赭松，王师子的墨松红梅，胡汀鹭的竹。一张五尺十分春色，是马万里的牡丹紫藤，王师子的玉兰红梅，张善孖的海棠山茶，胡汀鹭的蝴蝶花月季，谢公展的蕙兰玫瑰。你想这样大尺寸的画，还要合这样几位名角，都是精心结撰，外加朱老前辈的题字，这张画是不是要值五六十元。只恐怕出了钱买不到。人家不是因为慈善，真不高兴这样麻烦的。

朱彊村是清末词坛领袖，其词作典丽精深，严守声律，得力于博览历代词籍并汲取前辈词家的学术营养，实践于创作，王国维称其"学人之词，斯为极则"。

谢玉岑喜倚声，且钱名山与朱彊村有交情，曾多次上门向彊村老人请教词学。朱氏书体，初学颜真卿，得其端庄宽博，后学褚遂良，取其婉丽流美，晚年不专一家，自成书风。其特点是笔画横粗竖细，严整而有风骨，别有拙趣。

> 曾农髯[4]先生，今年七十岁了，而且时时生病。我们勉强要捐他

---

3 朱彊村（1857—1931），原名孝臧，后改名祖谋，字古微，号沤尹、彊村，浙江归安（今湖州）人。光绪九年（1883）进士，官至礼部侍郎兼吏部侍郎、广东学政等。对词籍研究精深，影响颇广，晚清四大词家之一，龙榆生出其门下。晚年寓居上海，谢玉岑曾多次向其请教词学。遗著有《清代词坛点将录》《宋词三百首》《梦窗词集小笺》《彊村丛书》等。

4 曾熙（1861—1930），字子缉，晚号农髯，湖南衡阳人。光绪二十九年（1903）进士，任兵部主事，后提学使。归里后曾任石鼓书院山长、衡清师范学堂校长、船山学院院长等。1915年应李瑞清之邀，

作品，真是万分说不出口。结果，仍旧请朱古微先生，代我们时时去催，因为他俩是“望衡对宇”的紧邻。现在他对（联）写来了，还外加画了一张画。他一副六尺对，要十六元六角，画格外贵了。他的画是高古异常，所谓文人画士大夫画，不能和寻常的画史并论底。

曾熙与钱名山是同年（1903）在河南开封中进士，当时由于北京贡院被八国联军焚毁，而开封地处中原位置，交通便利，且河南贡院有一万多间考舍，可以容纳从全国各地赶来的考生。而这次河南贡院举行的甲辰会试是中国科举史上有影响的一次会试，因为1905年清政府取消了科举考试，河南贡院（今河南大学所在地）成为中国科举制度的终结地。也就是这次科举考试，曾熙与钱名山金榜题名，从此两人相识相交成为知己。名山先生晚年有为曾熙常州弟子许冠群题《校碑图》诗一首：

名山未学两京书，到老惟堪画墨猪。
自悔少年忙里过，而今羞对校碑图。
髯翁原是蕉同年，殿角相逢亦偶然。
知有兰陵高弟子，冠群碑学冠时览。

谢玉岑在南洋中学教书期间，由于校舍与朱彊村虹口东有恒路寓所颇近，往往上门拜访朱彊村后，亦拜访曾熙，成为曾熙的私淑弟子。

黄宾虹先生，是南社一个老名士，他二十几岁便玩书画金石，真是名满海内，现在自己办神州国光社。日本人西洋人凡是爱讨论艺术，或喜欢买古董的到了上海，没一个人不要去拜访他。一班卖

迁居上海，以鬻艺授徒为生，有“北李南曾”之称。曾氏以文辞、书法名世，门下弟子众多，以张大千影响为最。著有《左氏问难》《春秋大事表》《书画谈艺录》等。

> 旧书画的人，拿到了字画，先要请他沽价。他可算是一个鉴别家、收藏家、考古家、书画家、文学家。他字是写钟鼎，画是明朝人笔法。他平日说，看画看到国初为止，以下是“自郐无讥”。从这句话，我们便可以晓得他的目光和笔墨底好坏了。他是最受广东人欢迎，一年广东人总要作成他五六千块钱书画生意。这次他捐了许多作品，真是不易得的。

1931年至1934年，谢玉岑与黄宾虹、张善孖、张大千结户为邻，寓居上海法租界西门路西成里一幢两层楼的灰色公寓。玉岑寓居165号二楼蒋寓，宾虹寓居169号二楼，善孖、大千兄弟寓居169号一楼，四人经常在一起谈诗论画，说天道地。

中国嘉德2003年秋季拍卖会上，有一件拍品是黄宾虹赠予谢玉岑的七言篆书联：“野实在林鸣鸟集，幽花临水乐鱼游。”跋语：“玉岑先生方家博粲，潭上黄宾虹篆于江楼。”上联集陶渊明句“归鸟趋林鸣”，下联集王羲之句“临水游山咏觞为乐”。宾虹先生之钟鼎高古可见一斑。

> 无锡胡汀鹭[5]，我们常州人最欢迎他底作品，他笔清骨秀，布局新奇，但又异常妩媚，所以可说是雅俗共赏。他曾经拿朱古微做的词，一句一句画成一部小册页印出来。词的境界最是抽象，所谓“杳渺之思”，是捉摸不着的，他偏能体会出来，所以看见的人，没一个不五体投地。但是他无锡开了一只蚀本的小学堂，每两星期，又要到上海昌明专科文艺学院上课，还要卖画，敷衍开门七件事。他画的生意忙，弄得一天到晚不得空闲，所以我尝说他是“劳工神圣”。他说他本有一颗图章刊这四个字，因为有人说太新，所以不大用。毕竟这

5 胡汀鹭（1884—1943），名振，别号瘖禅，以字行，室名闹红精舍，江苏无锡人。擅画，工诗词，兼研书法，时有“画诗书”三绝之誉。曾执教南京美专、无锡美专、上海昌明艺专，钱松喦、陆俨少、杨建侯出其门下。与同邑吴观岱齐名，为近代无锡画坛盟主。有《闹红精舍遗稿》《汀鹭题画集》等。

一次，他这“劳工神圣”，又逃不掉替我做劳工了。他捐了十五件：有四尺，有三尺，有二尺，有扇；最精的是一张梨花上躲着只小鸟，梨树下面又加一枝桃花，奇特得非常；此外柳燕呀，柏竹寿带呀，枫雀呀，博古呀，蜀葵洋牛呀，没有一张不新鲜有味的。

谢玉岑对胡汀鹭能体会出词的“杳渺之思”赞叹不已，“杳渺之思”也可视为谢玉岑对词学的一种美学追求。

马允甫[6]画格外画得精进了，他因为是春天，他一气画了近二十张梅花，但是张张不同，他的画是上海诸画家作品中最有春气的一人。本来春气是一种好气息，何以人家多不画呢？就因为画春气，嫣红姹紫，一不小心，便要重浊和俗气，所以大家远而避之。允甫他的画，却偏偏总要像十八九岁大姑娘，装得轻盈华贵。天然是春色动人，却又一些不俗，这真是化妆名手，可以佩服。我有时和他说笑话：“你的画春气何以独多？大概是因为你和尊夫人同居，所以春色满园关不住，隔夜的春风漏泄到画上来了。”他也是无词可解，只有一笑而已。

当时，马万里与南京美专同学汤眉倩举行婚礼，民国名媛陆小曼亦到场祝贺，新婚后即迁居上海。

谢玉岑为了马迹山的赈灾，真可谓想尽了办法，连病弱的身躯也置之度外了。在那兵荒马乱的年代，有多少人会设身处地为他人着想，而率真的谢玉岑以一颗善良的心挑起了为民请命的责任，为了马迹山的赈灾可谓千方百

6　马万里（1904—1979），名瑞图，字允甫，号曼庐，晚号大年，斋名擎云阁、紫云仙馆等，江苏常州武进人，常州“孟城医派”创始人马文植曾孙。早岁受业于名山先生，毕业于南京美术专科学校，历任南京第四师范、暨南大学、上海美专、中华艺术大学教师、教授。1932年，在上海与朱其石、谢玉岑等组织艺海回澜社，并任社长。抗战期间，与友人共创桂林美术专科学校，兼任校长。1949年后，任广西文史研究馆副馆长等。生前有《万里书画集》《万里印存》等传世，身后有出版《马万里画集》。其篆刻作品，谢玉岑称之“上追秦汉，卓然中兴”；其绘画作品，徐悲鸿誉之“卓尔不群”。

计，尽心尽力。传统儒家思想“据于德，依于仁”的教育，以及乡贤名山先生等的表率，使他坚定了“为天地立心，为生民立命”的信念。《小报告》写出了民国时期风雅之士诙谐雅趣的风貌，至今读来仍能让读者身临其境，回味无穷；《小报告》也无疑对马迹山的持续赈灾起到了促进作用。

《小报告》不仅是谢玉岑采用白话文写作的代表作，亦是他在之后写作中采取的主要写作手法，说明他在20世纪20年代末前后与时俱进，正如陆丹林所言：“他不是时代的落伍者，而是融通新旧的学人。”《小报告》不再像同时期的文言文《大风堂萍聚记》那样以情景交融胜，而是以叙事见长，寓庄于谐；或描摹精严，或随意挥洒，款款道来，如数家珍，带着一种从容淡定的风度，自有一种质朴而甘醇的意趣。

在文字风格上，谢玉岑迈入中年时期的散文与早期相比有着明显的差异。少年时期，他以青春的生命感受着时代的气息，形成了缜密华丽、清秀真挚的艺术风格，尤其他的骈文雅赡典丽，引典迭出。进入20世纪30年代前后，绚烂之极归于平淡真淳，文字不如早期华赡优美，但大巧若拙，举重若轻，功力更深了一层。

在文字处理上，谢玉岑逐渐摒绝华美秀丽的辞藻而追求朴素平易的表达，形成了质朴醇厚、尽洗铅华的语言风格。读他的文字娓娓动人，如会友人，如饮陈酒，有一种“清水出芙蓉”的韵味。

在章法结构上，谢玉岑不再刻意追求起承转合，而主要依靠感情的真意贯注。尽管再无玲珑剔透的精巧之美，却更加挥洒自如，雍容洒脱，在貌似漫不经心的叙述中，不知不觉引人入胜，条分缕析、炉火纯青，有着浑朴圆润之美。

总之，20世纪20年代末前后的谢玉岑，尽管其性格沉稳，言语不多，却不乏风趣和诙谐。《小报告》通篇使用轻松调侃的文字，自然蕴含着一种对人生况味的领悟与超脱。读者掩卷后，除了解到文中的故事，更让人对故事中的人物兴趣无穷。

四、谈艺论文

1930年3月21日，《蜜蜂画刊·题画诗词选》刊载谢玉岑《浣溪沙·题曼青夜窗画帧》：

如水闲庭怯晚凉。帘波云影镇微茫。背人开了夜来香。　墙外似闻银作浦，钗边倘见玉为梁。小屏山远梦横塘。

上片写夜窗外部的闲庭、月色、帘波、云影、夜来香，空灵骀荡。下片写夜窗内部的玉钗佳人、镜屏好梦，绮丽温馨。词虽以夜窗为主题，词中佳人却若隐若现，情节似有似无，透过微茫云影，银河水声，读者分明能体会到那种山遥水远，梦中相会佳人的波光流影。

5月，郑曼青为谢玉岑绘《白菡萏香室图》长卷，并作五古发表在5月21日的《蜜蜂画刊》：

衡门临渌波，飞尘不能到。风吹白云香，慧花眩灵曜。
虫鱼适自然，翠羽亦窈窕。美尔双鸳鸯，文采殊绝妙。
宿止芦之漪，充虚易可疗。万类畔其常，欣欣此同调。
用是表微衷，将以慰远眺。

赞美谢玉岑夫妇郎才女貌，伉俪情深，文采精妙。郑曼青小谢玉岑两岁，常常称玉岑为词长，两人在一起谈诗论画，相交甚欢。

谢玉岑常对张大千的画作题咏，题郑曼青的作品也有多次，如1932年，谢玉岑有诗《题郑曼青草虫册》：

明珠沧海数华年，锦瑟分明五十弦。
犹是秋声听不得，不成眠处欲霜天。

谁传湖水网西施，只觉花光映酒卮。
各有心情各惆怅，春风无赖动幽丝。

欲辨官私计总差，前朝遗恨戟沉沙。
书生热血无多在，犹向清溪式鼓蛙。

蛮触真怜岁月宽，堂堂一枕警槐安。
曳裾谁道牙琴贵，又见蜂衙早晚参。

一诗一画，相得益彰。

郑曼青曾为谢玉岑绘《水墨花卉》，并题识："玉岑最喜余画，每邀余作，余得意在笔墨清瘦，而玉岑又怕荒寒。此花玉岑命题，以雄厚出之，当不至有依手畏寒也。一笑，阿曼并记。"

此图墨色淡雅，用笔清逸，构图别趣，仿佛一株经历过一场风雨的玉树，仍旧亭亭玉立。此图至今仍是谢家的藏品。

1930年夏，谢玉岑在郑午昌嘉禾里寓庐绘《水仙》，并于图上行书录李商隐《水天闲话旧事》："月姊曾逢下彩蟾，倾城消息隔重帘。已闻佩响知腰细，更辨弦声觉指纤。暮雨自归山峭峭，秋河不动夜厌厌。王昌且在墙东住，未必金堂得免嫌。"跋语："庚午长夏，午昌属写水仙花，本不能画，画成乃别增枨触。忆玉溪《水天闲话》一诗，即书于端，然小关令狐公案也。玉岑居士时客海上龙华黉舍。"谢玉岑意犹未尽，又以篆书题七绝一首，并跋语：

大千远去浮丘病，郑大相逢亦自奇。
壹赋洛川千古误，凌波罗袜至今疑。

题成，意有不尽，再占二十八字，午昌当能会此。六月六日，耦安居士又记，访午昌归来久矣。

谢玉岑以双钩法绘水仙叶子，左右两分，淡墨勾成，线条轻盈摇曳，极清简，极灵动；以水仙不求媚俗的清娇风姿，来比拟张大千、郑午昌的人品和画品，敬重之意跃然纸上。绝句前两句说：张大千远去不在现场，所以自己画了水仙，郑午昌认为画得奇好。后两句由水仙联想到洛神，说《洛神赋》表达不可信，“凌波微步，罗袜生尘”的说法难以令人信服。

兹录各家于画旁的题识：

亡友玉岑居士花卉逸品。玉岑生平第一次作花卉成此叶，时在沪西嘉禾里寓庐。越七年，戊寅夏，始装于青岛路且以居。郑午昌记。廿载肝胆交，所余仅一纸。莫谓一纸微，魂魄托于此。戊寅，午昌。

古井难波一寸心，洛神偶尔托闲吟。天长地久菱溪梦，二字孤鸾了玉岑。午昌道兄以玉岑遗画属题，占此以证其伉俪之笃。师子王伟。

此临八大作也。卷尝藏予所，有石涛上人题云：“淋漓仙去。”盖题于八大永寐之后。今玉岑亦淋漓仙去矣，而此卷亦不在予所。昔人云：“子敬人琴俱亡。”观此遗作，得无黄垆之痛耶。蝶野。

玉岑于病亟时忽邮寄便面数页，速予拟作云西小品，谓可借此解疾苦，迨画既寄发之明日，恶音即骤然而至，此心悒悒，纵毕我生不能释怀也。今午昌老友出视其遗作，回溯前尘，不禁泣然致涕。时戊寅秋暮，与师子、雪泥、天健、亚尘诸至好相叙于蝶庐。清磬。

《水仙》相隔八年后，由谢玉岑的挚友郑午昌、王师子、陈定山、杨清磬分别在图上题诗、跋，物是人非事事休，徒留后生黯然神伤。此图尺幅虽不足一平尺，2015年香港苏富比拍卖会上成交价却高达三十五万港币。

中国自古便有“书画同源”之说，书法和绘画笔法相通，都十分强调线条、布局和章法；书法和绘画又特别讲究用墨，借墨来表现作品的气韵。谢玉岑将书法之笔用于绘画，其绘画造型往往以神取形，在抽象和具象之间达成平衡，笔简而形在，妙在似与不似之间。一如他的文人画《水仙》，虽寥寥几笔，却疏简雅致，风姿曼妙。

中国历来有文人画、民间画、宫廷画三种流派的说法。文人画，又称“士夫画”，为中国传统绘画艺术的一种。这个概念最早是由苏轼提出，开始称“士夫画”，后来明代绘画大家董其昌将其改名为“文人之画”，其含义更为精准了。文人画的始祖是诗中有禅，禅中有画的唐代大诗人王维。唐代张彦远曾在《历代名画记》中提出：“自古善画者，莫匪衣冠贵胄、逸士高人，振妙一时，传芳千祀，非闾阎鄙贱之所能为也。”这话说得虽然过于矜持，却大致指出了传统文人画的风骨。近代历史学家陈寅恪认为：“文人画有四个要素：人品、学问、才情和思想，具此四者，乃能完善。”可见文人画是一门大艺术。

具体而言，文人画讲究笔情墨趣，脱略形似，强调神韵，重视文学修养元素。而能够体现这一切要求的，最重要的因素就是笔墨，中国画从此进入了以书写为主体的表现形式，而非仅仅画得像就可以了。这不仅对画家本人提出了高要求，也对读画者提出了高要求，因为图画不仅仅是酷肖和形似，而是要求能够看得懂。在中国画论中，绘画不仅是画家对外在自然的模仿和描绘，更是画家人文情怀和生命体验的整体外化，因此中国画不仅具有浓厚的个性色彩，也蕴含着更为深广的人文情调。所以说文人画的意义在于两个方面：一是意境的追求，二是心灵的再现。

当然，文人画的出现并没有取代画家画，也不可能取代。但它一改唐宋数百年来院体派绘画的面貌，展现出前所未有的文人画新景观。如果我们将马远、夏圭、范宽、郭熙这些院体派画家放在一起，再把徐渭、倪瓒、朱耷、石涛这些文人画家放在一起，相互对照和比较，就会对文人画的精神本质一目了然。前者相互的区别是风格，后者相互的区别是个性；前者是文本，后者是人本。文人画自此而始，以诗书画印俱全为圭臬，一直繁盛，至今未衰。所以说文人画家不仅是艺术家，也是兼有知性与感性的文化人。因此，苏轼将王维置于吴道子之上。

1930年10月9日，谢玉岑在《武进商报》发表四首诗《题小妹月眉工笔花鸟》：

芙蓉花鸭

映柳依荷最可怜，芙蓉花底棹歌妍。
江湖安得无风浪，便办西陂打鸭船。

芙蓉乳鸭

褵褷乳鸭作鹅黄，玉碗芙蓉下晓霜。
但使五湖齐化酒，万家沉醉郁金香。

紫白菊小鸟

剑气珠光迥绝尘，东篱昨夜露华新。
枝头啼鸟还相唤，门外应来送酒人。

山茶鹦鹉

谁将画派溯南田，真谛惟应静里传。
佛土花寒参识慧，仙禽语妙验清圆。
妻怜多孕抛瑶砚，弟爱清游费水钱。
风雅故家零落尽，对君新稿一欣然。

谢月眉[7]以写生工笔绘了这四幅花鸟图。其《芙蓉花鸭》以隽秀小楷录

7　谢月眉（1904—1998），中秋生，以“月眉”为名，字卷若，江苏常州人。谢玉岑三妹，谢稚柳三

谢玉岑题画诗并款识："庚午中秋节，兰陵女子谢月眉拟南田、南沙两家笔意。"此图描绘了秋霜江湖平静，湖边三只墨色明净的花鸭意态生动，与柔和妩媚的芙蓉、劲挺的芦叶相映成趣，构成了一幅静穆祥和的秋景图。芙蓉花以没骨法绘成，精微典丽，清新雅致，充满生机。

谢月眉是一位天赋与努力兼具的工笔花鸟画家，她初学南田笔意，传承宋元画风，又注重写生。她的作品静怡雅致，典丽清新，在当时民国时期女性工笔花鸟画上韵标高格，堪称"花鸟圣手"。她成名颇早，1931年中华书局出版的《当代名人画海》就收录了其工笔设色绢本《牡丹图》，可见她在当时画坛上的影响力和知名度。

今常州博物馆藏有一件谢月眉的《梅石茶花图》，是其师法宋元画风的代表之作：一赤红的茶花吐香喷艳，一含苞待放，与周围玉色的梅花，淡墨的梅枝、奇石相映成趣。左侧有谢玉岑画友符铁年题诗："光分晴雪绚朝霞，赤白还如玉琢花。道蕴清才谁得比，又看笔底擅芳华。"诗后跋语："谢月眉女士画宗宋人，法度谨严，格高韵逸，能事如此可贵也。癸未铁年符铸题并记。"整幅作品秀逸、高格，是一件诗书画并美的佳作。

谢月眉在20世纪20年代末期就活跃于海上画坛，谢玉岑与谢月眉诗书画箑合作作品应该不在少数，列举三件：

其一，上海敬华拍卖有限公司2009年春季艺术品拍卖会第159号拍品"玉簪双蝶，扇面，设色纸本，1932年作"，即是谢月眉的一件画箑，左上有谢玉岑行书五言绝句：

楚楚秋来意，遗簪着眼惊。
玉京金阙迥，何计报双成。

姐，谢伯子三姑，著名女画家。其花鸟画，初学恽南田，后上溯宋元，宁静端庄，别饶韵致，自具风格。《美术年鉴·1947》载："擅长国画。女士为词人玉岑之胞妹，工六法，得其乡先辈恽南田画法遗意，所作花鸟，上追宋元，下匹南楼老人，秀逸清雅，兼而有之。迩年寓沪，与画友举行作品展览数次，尽得好评。弟稚柳，侄宝树，均工画，有声于艺坛。"

署款："题三妹月眉画箑戏占，即奉默飞诗人方家两正。玉岑居士，时壬申七月望日。"默飞，即顾飞（1907—2008），女诗人、画家，黄宾虹、钱名山弟子。

其二，香港华辉拍卖有限公司2013年秋季精品拍卖会（二）第259号拍品"蔬果扇面，镜心，设色纸本"，也是一件谢玉岑与谢月眉诗画合作作品，谢玉岑于谢月眉画箑题七绝：

故家文献数应稀，供奉当年彩笔霏。
流出清波洗尘俗，瓣香终觉近云溪。

款语："南田草衣旧居云溪，与吾家隔一衣带水耳。玉岑居士题记。"

其三，《谢玉岑诗词书画集》（第86页）收录谢玉岑与谢月眉书画合作扇面，一面是谢月眉的南田笔法《秋葵与鹌鹑》，篆书题识："南田老人论写生谓'不可过似，不可过不似，求似宜得一物之情性，求不似宜得书家之笔墨，自然无匠气与作家气矣。'月眉女史并记，壬申六月。"另一面是谢玉岑的钟鼎文，并款："师嫠敦盖文。玉岑居士模古，奉丽诚三兄正之。"丽诚，指张丽诚（1884—1977），张大千之三哥。此书画箑，乃笔者先父谢伯子之藏品。

20世纪二三十年代的海上画坛，正流行着文人画、大写意，或以中西结合为代表的学院画派，而谢月眉却另辟蹊径，她用文人画的秀逸笔调作两宋双钩填彩，设色亮丽明洁，形象清丽可人，形成了作品精丽、清润、明净的艺术风貌。同道陈小翠说："月眉高洁，擅花鸟，逼近宋元。"张大千有言："月眉画仿南田，盖毗陵正宗也。"叶恭绰有诗："珍重江南谢月眉，春风笔底斗燕支。瓣香合奉瓯香好，五叶传灯得本师。"赞她为同乡前辈恽南田的"衣钵传人"。常州博物馆藏有谢月眉与钱名山合作一件成扇，一面是月眉《海棠珍禽图》，另一面为名山先生《题谢月眉画例》："阳湖谢月眉女士，鄙人女夫谢玉岑女弟也。谢氏诗学著代，玉岑才子无年。女士得气之清，如月之曙；沫诗书之泽，写卉木之华。六法之精，一时无两。吾乡南田翁，为世所取法，女士独宁静不佻，别为深致，通此道者自知之，非鄙人之私言也。”

谢月眉不仅擅工笔画，亦能写诗，她的诗清丽淡雅，别有韵味。笔者藏有《月眉诗稿》，其中大部分诗应该还没有发表过。列举二首，诗稿第一首《雨后游舣舟亭赏荷》：

烟柳千条蘸水滨，园亭经雨沫痕新。
青溪艳映残霞里，摇曳红裳欲醉人。

雨后荷塘写得清新动人。另一首《晚村》：

闲步芳堤爱晚晴，野桥隐隐暮烟生。
风前不用梅花落，牛背斜阳牧笛清。

《晚村》简直就是一幅牧歌图，大有王维“诗中有画，画中有诗”的诗画意境。

题画诗源远流长，起源于魏晋，成熟于唐代，发展于宋元，繁盛于明清。谢玉岑兼擅诗画，对书画艺术有深刻的认知，所以他的题画诗多用精炼的绝句，注重情感的复杂性、构思的多维性、品画的纪实性。谢玉岑常用诗题画，或用绘画来描绘诗的意境，诠释诗中丰富的情韵和图景作为图画的主题。他的诗，具有图画的诗境；他的画，那些意境幽远的布局，也具有诗境和情感。

谢玉岑在上海教书期间得了肺病，在当时的年代，肺病是没有特效药的，全靠营养调理，他靠教书担负着全家人的生活，即便有一点鬻书补贴也有限，经济并不宽裕。因多次咳血，他写信与名山先生商讨医治事宜。钱素蕖得知后，急忙赶到上海照顾谢玉岑，但她又要哺乳婴儿，虽已憔悴不堪，仍勉强支撑，终因念及家中子女幼小需要她，只得依依惜别丈夫返回常州。

1930年的冬天，二十一岁的谢稚柳[8]从南京赶来上海探望病中的兄长谢

8　谢稚柳（1910—1997），原名稚，字子棪，号壮暮生，晚号壮暮翁，室名壮暮堂等，江苏常州人。谢

玉岑，兄弟俩谈诗文、论书画。玉岑看到弟弟稚柳的诗文写得好，又痴迷于书画，就谈起了大风堂和张善孖、张大千昆仲，并说起大千仿石涛乱真的故事，以及大千食量大，喜欢说笑话，会摆龙门阵等。

翌日，上海宁波同乡会馆正举办张大千画展，谢玉岑便偕谢稚柳前往参观。这天，风雨不止，参观的人却不少。大千见玉岑抱病前来捧场，颇为欣喜。更欣喜玉岑还带来了谢稚柳，因为大千有闻稚柳才情过人，文采风流，一见便知笔墨中人，相见恨晚。大千羡慕地对玉岑说："玉岑兄好有福气，有这么好的弟弟！"大千话后即陪同谢氏兄弟观画，并对其作品一一做介绍。谢稚柳看那满堂的墨彩尽为清湘、雪个、渐江、髡残风貌，不胜惊奇。尤其那几幅石涛风格的大画作，观后才知晓大千对石涛的研究确实很深，名不虚传。这次见面，大千赠予稚柳的见面礼是一幅有石涛笔意的山水画，从此，拉开了大千与稚柳毕生友情的序幕。谢稚柳晚年回忆初识张大千有说："当我未识大千时，先认识了他的画。奇气横溢的才调，令人难忘。及认识大千，他浓髯如云，雅善说笑，豪纵自放，才恍然于他的画笔正是从他的性格而来的。"

有一说，谢玉岑曾对张大千说起，想让谢稚柳拜入大风堂门下，大千却说："你我交情如同胞手足，你的弟弟就是我的弟弟。稚柳要学画，我一定尽力帮助他，不必列名于大风堂。手足之情，不更胜于师徒之谊？"此后，大千果然履行了对玉岑的承诺，一直称稚柳为"柳弟"；大风堂门人无论年龄长少，也就称呼稚柳为"师叔"了。试举两例：其一，抗战时期，张大千在四川订制大风堂用纸，每次都在万张之数，而谢稚柳用纸大多来自张大千。其二，谢稚柳研习陈老莲书画，张大千特意为谢稚柳白描双钩一幅陈老莲荷花画稿，并在荷叶旁做注解。在画稿的下部，张大千写道"柳弟：兄性

玉岑胞弟，寄园弟子。1926年，师从钱名山习诗文。1929年赴南京谋职，余事研习书画。其早年从陈老莲画入手，后取法宋元诸家，设色明雅，用笔隽秀。1930年起与张大千交往，后随大千赴敦煌考察。1943年任国立中央大学艺术系教授，并在昆明、成都等地举办个人画展，影响颇广。1949年后，任上海文联秘书长、上海市书协主席、中国古代书画鉴定组组长等。其山水、花鸟、人物皆擅，书法自成一格。著有《敦煌艺术叙录》《水墨画》《朱耷》、学术论文集《鉴余杂稿》，编著《唐五代宋元名迹》《梁楷全集》《董源、巨然合集》《燕文贵、范宽合集》《郭熙、王诜合集》《宋徽宗赵佶全集》，结集出版《壮暮堂诗词》等。

卞急，不赖细钩，又山中新年，往来多俗客，心绪益恶劣，此数稿致多乖误，幸吾弟阅时正之。”从画稿中可见，张大千对谢稚柳的关爱跃然纸上。谢稚柳绘事初学陈老莲，书法亦规模之，是画家之书，颇得神似，张大千有“老莲后身”称许。

月下笛·题吴湖帆[9]藏《董美人》志，海内第一拓本

吹老巫云，余芳谁道，墨华犹护。银钩字画，认取哀蝉汉廷赋。梁台鲁殿匆匆去。叹六代、繁华似露。只夜凉钿合，女牛能说，当年私语。　　终古。垂杨暮。付金碗飘零，沧波三土。哀弦怨柱。断琴千面何处。年年草绿隋隄道，问褪后、裙鸾可舞。要彩笔，补甘泉，更貌姗姗倩步。

词后跋语：“月下笛（玉田生体），题董美人海内第一拓本，奉湖帆词宗拍正。庚午春暮玉岑谢觐虞。”此词稿，今藏上海博物馆。

这首词，谢玉岑作于1930年。上片赞美拓本字体之精，下片感叹董美人与杨秀旖旎风情之短暂，乃至整个杨隋王朝兴亡之迅速，只留下隋堤垂杨供后人凭吊。全词引典多处，故事性颇强。

《董美人志》，即《美人董氏墓志铭》，是隋文帝四子杨秀为其爱妃董美人所撰的墓志铭。书体缜密严谨、秀逸疏朗、淳雅婉丽，笔法劲挺而含蓄，被誉为隋代小楷第一，为后世学习楷书的重要范本。原石于清道光年间在陕西兴平出土，为陆庆官所得，后毁于兵燹。吴湖帆所藏《董美人志》为淡墨初拓关中本，“淡墨笼纱，真如蝉翼”，被吴氏推为“原石第一精拓”，前后观款题咏近六十人，堪称前所未有，谢玉岑是词为其一。

佳士得（香港）有限公司2013年秋季拍卖会上，溥心畬[10]1931年的佳作

9　吴湖帆（1894—1968），初名翼燕，字遹骏，号倩庵，别署丑簃，斋名梅景书屋等，江苏吴县（今苏州）人。近现代画坛宗师、鉴藏盟主。其与张大千、溥心畬同享画坛盛名，有“南张北溥东吴倩，鼎足声名世所钦”之誉。

10　溥心畬（1896—1963），原名爱新觉罗·溥儒，字心畬，号羲皇上人、西山逸士，北京人。清恭亲王奕䜣孙，宣统皇帝溥仪堂兄。笃嗜诗文、书画，皆有成就，与张大千有“南张北溥”之称，与吴湖帆

《李香君像》引起了众多来宾的关注，该图左有谢玉岑行书绝句：

沈醉江山又苦兵，桃花故国粉痕新。
重温三百年前梦，堕泪王孙笔有情。

句后跋语："心畬先生山水高洁，北地所推，不意其仕女又姚冶如此。有人说才人固无不可也，余窃哀之。玉岑居士题。"吴湖帆于图右正楷题两绝句：

秦淮春色久消沉，长板桥边蔓草深。
还忆桃花当日扇，胭脂泪已雨淋淋。

凤箫怨抑情何限，鸦鬓轻盈意又邪。
离绪千般秋冷落，新愁蒨梦合天涯。

款语："心畬先生写《李香君像》，谩占感意，不足云诗也。"

这是一幅溥心畬的精心白描之作，图中李香君身着青衣罗缎，手执桃花扇，站姿优雅，面眸含羞，若有所思。此人物神态、打扮正合清代戏曲《桃花扇》中的李香君形象，而画师又是皇室子弟，所以谢玉岑与吴湖帆分别有句"重温三百年前梦，堕泪王孙笔有情"和"离绪千般秋冷落，新愁蒨梦合天涯"来表达与传情。

1931年农历五月廿七日，张善孖五十生日。7月12日，谢玉岑署名"韦斋居士"在《申报》发表《大风堂介寿记》，其中有诗《祝善孖五十初度》：

眼前人物数坛坫，位置谁在群峰巅。
大风叱咤九万里，梅花寿考一千年。

有"南吴北溥"之誉。1949年赴台湾，任教于台湾师范大学艺术系等。张大千有说："柔而能健，峭而能后，吾仰溥心畬。"著有《汉碑集解》《寒玉堂论画》《华林云叶》等。

丹青余技走虎豹，笠屐佳话矜须髯。
壮游记送江入海，难兄难弟皆神仙。

诗二、四韵，赞美了张善孖、张大千兄弟洒脱的风貌和快活似神仙的生活乐趣。

这年，张善孖为唐遵之绘《荷塘双禽图》，署款："冠西仁兄法家教之，虎痴张善孖写于大风堂中。"谢玉岑在图上题绝句：

晓露初晞万柄荷，许家园子动吟哦。
高人自今写丘壑，比似莲峰更若何。

句跋："善孖黄山归写此，并述许氏擅于游中芙蓉之美，为占小诗。辛未初冬，玉岑。"

是年9月，张善孖、张大千昆仲率众门人游黄山，经月方归，谢玉岑题诗、跋记事。诗句道出善孖笔下许氏园子芙蕖之美态，足与黄山莲蕊峰相匹。善孖鲜作花鸟，却配以双禽憩息，写来生动传神，色调清雅，洵为逸品。之后，张善孖有《水墨荷花》写赠谢玉岑。

同年，张善孖绘《怒吼》，谢玉岑在图上题诗：

纸上如闻叱咤声，伤时涕泪一纵衡。
画师老笔犹扛鼎，何况君家子弟兵。

诗后题语："善孖画虎可谓轶群绝伦，其门下颇有能步趋者，故并及之。辛未冬，玉岑居士题。"之后，此诗刊载1934年4月28日的《金钢钻报》，此图刊载1941年1月的《良友画报》。

猎碣迂回能朴茂，封泥安雅亦开张。
匆匆皖浙成刍狗，此事方知法后王。

这绝句是谢玉岑为汪大铁[11]《芝兰草堂印存》的题咏，可以看出，谢玉岑高古的眼界和对皖、浙派治印的不满，而欣赏秦汉石鼓文的朴茂。

20世纪30年代初，汪大铁临吴伯韬所绘《鸳湖棹歌图》，并跋述原作被毁之经过，以及此图卷如何而成等，颇有世事沧桑之慨。谢玉岑在此临作图卷题引首："鸳湖棹歌图。大铁道兄属题，玉岑居士。"

其间，文化界宣扬西方自由、民主、平等、博爱等，但对谢玉岑并没有多少影响。虽然他也曾阅读中国现代文学书籍，但精神营养更多来自传统的经史子集，承续的是民族文化中士君子忧国忧民、修身立德的观念意识，并在其诗词作品和书画论著都有鲜明的表现，譬如题咏书画往往署款"玉岑居士"。

中贸圣佳国际拍卖有限公司2019春季艺术品拍卖会上，有一件《鸳湖影事图卷》（手卷）拍品，是诸健秋1928年的作品，时由汪大铁收藏。卷上有谢玉岑、潘飞声、柳亚子、谢公展、王西神、胡汀鹭、邓散木等人题咏，谢玉岑诗云：

画里清波去不回，新词又起华山隈。
坠天竭海寻常甚，却笑骚心作许悲。

三四句化用黄庭坚"渭城柳色关何事，自是离人作许悲"句。看来，谢玉岑极欣赏画人的巧妙构思。

以上二首绝句，收录在汪大铁《空谷流馨集·诗编》[12]第26页。汪大铁《空谷流馨集·简编》第23页，收录谢玉岑致汪大铁手札一通：

酒楼一别，至今为念。后承枉顾，失迓为罪。弟昨方归，手书

11　汪大铁（1900—1965），名澜，字紫东，号大铁，以号行，斋名芝兰草堂、拜石庐，江苏无锡人，寓居上海。喜吟咏，多才艺，富收藏。与杨荫柳等共创天韵社，和邓散木同拜赵古泥为师。治印从汉印入手，旁及宋元，师法秦汉，尤仿汉最精。著有《空谷流馨集》，辑有《芝兰草堂印存》。

12　线装，1947年刊印。

石章俱已拜登。大千出游去平，月余未返，闻有鄂行，不知确否，已通函告知。健秋所绘鸳卷甚精，能撷其意作一扇否？求为转恳。北行何日启碇？甚念。春晴太湖，风物定佳，困于尘俗，买棹未能。宁免欲采萍花之叹乎？匆复不尽，即叩大安。四月一日。

1931年10月，方介堪[13]与王舜瑛女士在上海举行婚礼，谢玉岑绘《双真图》祝贺。该图两支松杆并排成双，取无天无地之构图；左边的松杆上生出疏简的松枝和松叶，而右边的松杆却无枝无叶，两松杆上下苔点有致；全图构图新颖，气韵生动流畅，用笔疏简有致。图右上题署：“双真。介堪吾兄嘉礼。玉岑居士。”

1931年，《叶渭莘[14]画集》由素月画社刊行，谢玉岑为之作序：

叶君渭莘，家学渊源，佩韘之岁即擅绘事，长乐交游，学益孟晋，覃思博览，一日十驾。山水喜石涛，而遗貌取神，独见其意；花竹服膺天池、复堂，落笔清润，如春露方游，秋霖初霁，海上尘嚣，对之意远。近印画册，众美具备，为书所知，以志鼓舞。二十年夏，藕庵居士谢觐虞拜题。

北京中汉拍卖有限公司2014年秋季拍卖会第196号“岁寒旧侣，设色纸本立轴”，是一件谢玉岑与叶渭莘等1931年的合作品，图左上有谢玉岑题诗：

13　方介堪（1901—1987），名岩，字介堪，号介庵，晚号蝉园老人。斋名玉篆楼，浙江泰顺人。工书，能画，尤擅篆刻。1920年拜谢磊明为师学治印。1926年在上海师事金石家赵叔孺，以刻玉印驰名海上。曾任教上海美专、新华艺专、中国文艺学院。篆刻上承秦汉，旁揽浙皖，尤以玉印的精到洒脱和鸟虫印的沉稳空灵最负声誉。著有《玺印文综》《介堪论印》等。

14　叶渭莘（1887—1982），名恂，字渭莘，浙江杭县人。幼承家学，早年用功甚勤。工诗善画，尤长于人物、花卉，笔墨豪健，落纸洒脱。久居上海以鬻画为生，为近代海派艺术代表人物之一。1925年，曾与杨逸、王一亭等发起成立素月画社。著有《藏山楼诗》《叶渭莘自书诗稿》《叶渭莘画集》等。

松拂虬髯竹曳裾，红妆一妹是仙姝。
世人却笑终皮相，便道风尘侠士图。

诗后跋语：“渭莘、琴轩、希仲，玉岑居士题诗。”图右上有隶书题署：“岁寒旧侣，玉岑再书端。”图两边是一副篆书对联：

取友不当在天池清湘复堂下；
吾法自得之关河林野典册间。

跋语：“渭莘吾兄画史属写即正。二十年夏，武进谢觐虞篆于海上寓楼。”

1931年，谢玉岑作篆书对联《集古彝器款识赠朱其石[15]》：

水阁动秋阴，冰簟纱衣闲听雨；
幽亭入平楚，斜阳烟柳乍逢人。

款语：“偶集古彝器款识得之二十四字，颇怅触戴溪旧游。于时离溪桥烟柳，遂已七年，从游诸子，一角星散。南皮有返车之叹，北面无函丈之尊。抚事怀人，都成陈迹。远举此联，思贻同好。其石道兄耽书画，擅金石，铸印融会秦权汉壶依六法，用以赠之，将求吾书之失。倘秋凉有闲，更进以联中境界，写入丹青，构摄烟云，商量鸥鹭，感旧图成，亦天涯盛事矣。辛未夏六月，耦庵居士谢觐虞并记于海上求寡过斋。”

联语是钟鼎文，上下款语虽楷书，但有了不少古体字。当时的谢玉岑书艺已臻成熟，而且名满江南。但款语充满了怀旧与不遇之叹，回想在武进戴

15　朱其石（1906—1965），名宣，字其石，号桂龛，别署雁来红馆主人、抱冰居士等，浙江嘉兴人。朱大可之弟。能诗，工书画，擅篆刻，遍交名士，尤为吴昌硕、黄宾虹所赏识。1932年，其与谢玉岑、马万里、王师子、张大千等组织艺海回澜社，往来密切。作品古朴俊逸，绵密流畅，自树一帜，有《抱冰庐印存》《朱其石印存》等行世。1949年后，任某药厂文书，文艺不得施展，郁悒之慨，抱病而逝。时有挽联：“是书家，是画师，是金石巨子，更欣同客春江常亲道宇，浙派数名流，不愧渊源承老辈；有贤妇，有哲嗣，有聪明文孙，只惜未登耆寿遽谢尘寰，襄园怀旧侣，最伤风雨失斯人。”

溪的生活和学生，也表达了对当时上海“十里洋场”的某种厌倦。联语雅致，集铜器铭文，内容形式浑然一体，艺术境界很高。1944年，朱其石拿出这副对联请谢玉岑的妻弟钱小山题咏，小山特地填了一首《甘州》，词序：“其石以所藏玉岑书联属题。联为集古彝器款识：‘水阁动秋阴，冰簟纱衣闲听雨；幽亭入平楚，斜阳烟柳乍逢人。’二十四字。检其自署岁月，距今盖十有四年矣。”词曰：

问海山兜率是何年，飞尘暗诸天。记胜游联句，流风独写，俊语堪怜。毕竟呕心词赋，身手负龙泉（玉岑旧有《秋风说剑图》）。宿草重回首，换了桑田。　　多谢摩挲翠墨，道曾经劫火，未化云烟。抵相逢梦路，玉貌似潘前。待商量孤篷听雨，向五湖深处棹归船。还惆怅，雁横空后，望断秋边。

时至今日又过去了八十年，其间几经浩劫，不知此对联尚在人间否？

20世纪30年代初，谢玉岑为王师子[16]作十言隶书对联一副：

风雨过重阳，篱间花怒放；
云山怀六代，帛门柳未衰。

款语：“师子以集武梁祠联属书，拟汉八分之最不整齐者。觐虞。”这副对联，用笔自然疏放，轻松而飘逸，正合谢玉岑的隶书特色。在结字上，以字形的长短宽窄进行布白，而字形杂糅篆字，长短扁方各有姿态，布白揖让意趣横生。此书联，是一副谢玉岑隶书联佳作，今为常州博物馆藏品。

1932年1月24日，谢玉岑在《申报》发表一篇短文《记墨稼庐》：

16　王师子（1885—1950），名伟，字师梅，后改师子，别署墨稼居士，以号行，江苏句容人。毕业于日本美术学院，曾任上海美专、新华艺专、中国文艺学院等院校教授。1929年，与谢公展、郑午昌等组织蜜蜂画会。1935年，与汤定之、符铁年、谢玉岑等九人结为“九社”。王氏书画钟鼎篆隶，神妙无匹；花卉鱼虫，秀逸明丽。

画家王师子，新迁寓狄思威路麦加里九号。小楼一椽，明净不嚣，昕夕泼墨，画益超秀。吾尝论师子之画为淡而有神，丽而不俗，朋好以为知言。日者师子嘱书榜额曰“墨稼庐”，叩其义，与“麦加”声相同耳。因戏为之记曰：“师之新僦居沪北之麦加里，自榜其堂曰‘墨稼庐’，谐声也。”笔砚可耨，吾舌幸存，稻稼有孙，传世勿替。君方以艺事享大名，庆有秋其一室，啸傲之乐，虽世之所称万钟千驷，亦何以加之，麦加、墨稼，莫加矣。放笔为记，亦谐意耳，兹即书以示世之知师子者。

短小精悍，诙谐风趣。文中所记“麦加”“墨稼”“莫加”不仅谐声，而且谐意，是一篇颇具特色的广告文。

1932年10月1日，《申报》刊载启事：“楼辛壶[17]书画展览会在湖社举行，展品百余件，任人参观选购，至5日止。”10月3日，谢玉岑在《金钢钻报》发表《读楼辛壶画展》：

中国绘画，始自羲卦，而文字亦由此生，溯其源，二者相毗而不可分也。故殷虚契文，成周钟鼎之款识，凡刻画象形之奇肆者，皆画态也。武梁画象，汉瓦洗刻文，厚重古拙者，皆画意也。虽逮后世，能书之人，亦大抵能画，名虽不侔，法仍相通。王逸少有一笔书，陆探微创一笔画。赵松雪论画诗：“石如飞白木如籀，写竹还于八法通。”柯九思写竹，干用篆法，枝用笔法，叶用八分法，木石用折钗股屋漏痕意。南唐后主画竹用金错刀法，黄鹤山樵画山用大小篆法。此外钱舜举称画有士气，当辨隶体。而远征书家如蔡伯喈、王廙、羲、献之画，已见史籍，又不仅赵令穰之擅草书，东

17　楼辛壶（1881—1950），名卓立，字新吾，后改为辛壶，号玄根居士、玄璞居士等，浙江缙云人。1903年入浙江武备学堂，毕业于浙江蚕桑学堂。后任教于杭州仁和学堂、安定中学。民国初年入西泠印社，1915年加入南社。1916年迁居上海，致力书画篆刻。1934年任上海美专教授。1936年任中国艺术专科学校校长。工诗文，擅金石书画。著有《意庐诗草》《清风馆集》，辑有《楼村印稿》等。

坡、涪翁、松雪、华亭之称二难并矣。

挽近之学，急功好利，皆务为人，于是有不知作书，而涂泽其画，以取悦豪富者，则不得不为玻璃版之山水，绢制之花卉，标本式之鸟虫矣。此虽有大名，享厚利，只谓之匠与贾，不足语于士大夫之画也。然世苟不察，震其能渔利多金而效之，则害且甚于洪水，将泛滥艺苑，灭青年之顶，而淹没美术之根苗，又不可不辨矣。

吾友楼君辛壶，乐道习静，泊然于世无所营，雅擅书法，八分如王西庐，行书如姜实节、倪云林，故其山水竹石，无一笔不雅，亦无一笔无士气。设色之高洁，布局之变化，皆自书家之布白开阖，骨肉停匀中来。吾尝欲使其画多出示人，俾世人知书画合一之证。今辛壶方于湖社开展览会，翕然有盛誉，而画亦不胫而走，益可知名与利之终归于实，而流俗之画，的然日亡，可以跂而须矣。

这篇文以史论的观点，阐述了文字、书法、绘画三者不可分割的历史发展渊源，来说明楼辛壶书画之典雅高洁。

20世纪30年代前后，谢玉岑除了与书画界的艺友往来外，与上海当时颇负盛名的报人、作家、评论家、戏曲家等也有交往，如1930年，谢玉岑以署名“懒尊者”书赠蒋君稼[18]一副对联：

要携青杏单衣，杨花小扇；
来听金荃旧曲，兰畹新声。

玉笋词人歌声动海内，自倦游归里，遂令世有少陵此曲只应天上之感。属书长联，为点窜宋人长短句成二十字，犹不胜绕梁思也。新纪元十有九年，懒尊者并记于周颂秦权之室。

18　蒋君稼（1901—1966），名正觉，号玉笋词人，别号星翠馆主，江苏常州人。幼习昆曲，尤擅《琴挑》，后到北京得陈德霖之教。与朱琴心、林钧甫、臧岚光并称票友“四大名旦”，有“票界旦角祭酒”之誉。1928年，其回常州继承蒋懋大银楼，并任武进“乾运公所”委员会主席。制有《贵妃醉酒》《五花洞》《南天门》等唱片。

上联借用汤恢《二郎神·用徐干臣韵》之“青杏单衣，杨花小扇，间却晚春风景”句。下联“金荃”指温庭筠《金荃词》，“兰畹”指孔方平编《兰畹集》，后人常用“金荃兰畹”喻作长调小令。当时谢玉岑已是著名的江南词人，应蒋君稼所嘱，为其撰长联，集宋人词而略有改动，因曰“点窜”。

这副六尺篆书十言联书于洒金蜡笺[19]上，其书将金文、《石鼓》融合一体，用笔凝而不滞，有古逸朴茂之姿。上下联题款则用隶书，别具简牍风味，流畅自如，珠联璧合。上联钤“病维摩”，下联钤“觐虞私印”“周颂秦权之室”。此楹联，今已镌刻在对外开放的常州菱溪公园内戏台两旁的立柱上。

民国著名学者钟泰[20]以为此作品鹤立于当时众多的篆书名家之手，堪称佳构，有“可胜缶翁”，即能与吴昌硕相颉颃之评。吴昌硕在当时已是大名鼎鼎的人物，比谢玉岑大五十五岁。当代学者潘圣钊说：“若说吴昌硕终其一生朝临暮写石鼓文，而成就一座高峰，那么谢玉岑似取法更为高古，他探囊两周，游刃于龟甲钟鼎间，下笔即金石铿锵，天女散花。”这副对联为谢玉岑篆书联的代表之作。相比吴氏所追求沉雄凝重的金石气来说，谢氏此作更有一种庙堂的庄重气与书卷气。此联的隶书长款，明显柔和了汉简与汉碑，气韵内敛，庄重又不失活泼。一联之上，两种景象，篆隶双用，相得益彰，是不可多得的书法精品。

此前，谢玉岑曾有小诗《七月一日听玉笋清唱，即席赋赠》（四首）：

曼声销得鬓成丝，陶写中年几辈知。
也有绕梁三日思，禅心飞处更矜持。

丹心何处觅琼裾，持偈维摩慨索居。

19　纵198厘米、横33厘米，今常州博物馆藏品。

20　钟泰（1888—1979），字讱斋，号钟山，江苏南京人。毕业于日本东京大学，曾任多所大学教授，毕生致力于传统哲理之学的探究，尤精周秦诸子，下及宋明理学，博采众长，成一家言。著有《中国哲学史》《国学概论》《庄子发微》等。

输与麻姑弄狡狯，雨华筵上落珍珠。

劫灰几度起昆明，京国笙歌正有声。
舞罢回波添一笑，输它冷眼看公卿。

一声迸睹座中寒，玉裂珠跳夜未阑。
早识乡亲有苏简，绝裾我悔出长安。

第一首诗诗人说自己也想曼声长歌，抒发中年哀乐，却未能做到。第二首诗说自己就像病维摩，没想到当筵遇见玉笋，有如天女散花，在华筵上散落一串串珍珠。第三首诗赞美玉笋的演唱，舞罢一笑，却能冷对公卿，唱腔清高。第四首诗则表示自己要是早知道当时有这位乡亲在北京献艺，自己会舍不得毅然离开京城而回到家乡。这四首小诗用典自然娴熟，又充满着感情色彩，看来谢玉岑对玉笋词人的清唱艺术十分欣赏，不是一般的应酬吹捧之作。

这四首诗未收录于《玉岑遗稿》。谢玉岑致高吹万的一批信札中，笔者看到这么一段文字："小诗新成，录供一粲。玉笋即京中票友蒋君稼，吾常竹庄先生犹子。谀之者谓高出梅畹华[21]，其实亦未必耳。"那诗页尾还写有："俚词录奉吹万吾师加斧，玉岑未是稿。"诗与信都未注明时间，但从诗意来看，玉笋似乎还在北京，偶尔回南方演出，而玉岑却有点后悔自己过早地离开了北京，当时还不知道乡亲玉笋"京国笙歌正有声"呢。时《申报》有文《玉笋词人试歌记》，赞赏蒋君稼的嗓音"玉润珠圆，音调独绝，座客千数，无不击节称赏，以为歌喉高亢不如小云，而柔媚过之，与畹华在伯仲之间。"玉笋词人即是蒋君稼与红豆馆主溥侗配戏时取的号。

上海这段时期的谢玉岑丰神俊朗，才华焕发，无论在诗词、书画创作，还是书画评论方面都如切如磋，突飞猛进，卓然成家，令前辈赞叹，同侪倾折。他以自己特具的才艺畅游于文艺，如鱼得水，如龙乘云。他的魅力不仅仅在于

21 指梅兰芳。

外表的俊朗，更在于内在的品德与才华，当得起“谦谦君子，温润如玉”。

时诗友王蘧常[22]有诗《赠谢玉岑》：“谢郎磊落真无敌，如此江山压此才。六载相望余梦里，几回携月照君来。惊看须鬓成今会，各放乾坤入酒杯。海上还留吾辈地，要判百醉不须回。”[23]与谢玉岑“拜把子”[24]的王巨川有诗《赠玉岑并题青山草堂鬻书图》：“玉岑家住兰陵城，弱龄秀发心所倾。往者示我书一幅，珊瑚宝树光峥嵘。春申江头共樽酒，相看足慰告名久。青田鹤立骞云霞，玄圃辉腾烂琼玖。名园移坐寻好怀，且取高歌成俯仰。昨读蓬莱仙人行，劲节直使霜枝让。河豚味美曷不醉，明春准泛桃花涨。”[25]挚友夏承焘有诗《寄玉岑海上，并题玉岑青山草堂鬻书图》：“常州佳人落江湖，磨墨送日助歌呼。永嘉看山留一载，汉家彝鼎填街衢。擎砚诸生尽英发，环看飞豪起争夺。江船襆被去五年，相望行藏叹皮骨。官奴监市日匆匆，一饥与世争鸡虫。坐羡君家千岩老（谓名山先生），龙蛇百丈扫霜风。春江接榻浪摇天，千帆如马东风颠。无人落笔酬烟景，快事正得君传笺。潭秋思君日挂口，相待湖船百分酒。有兴为我写新诗，看压吴儿几能手。”夏承焘近体诗学黄仲则，古风有汉唐气息。

五、黄金岁月

谢玉岑的身体疾疢频生，应该是遗传了父辈的基因，加上迫于生计连年奔波在外，又患上了缠绵难愈的肺病，后来就时断时续地回家养病。以他当时的身体状况，医生建议他应该有一个长时间的休养。可是，家里十多人的生活现状，总是压迫着他，一俟身体稍有好转，便踏上了教书养家的路途。

22　王蘧常（1900—1989），字瑗仲，号明两，别号端六、欣欣老人，浙江嘉兴人。中国哲学史家、历史学家、章草书家。受业于无锡国学专修馆，曾任无锡国学专修学校教务长，上海交通大学、华东师范大学、复旦大学教授。著作宏富，有“诗句江南，大仲次仲，书名天下，前王后王”之誉。

23　载1932年8月1日《金钢钻报》。

24　王巨川《再记谢玉岑》中说：“我们俩的气味越发投契，交谊也一天深似一天，好像男女之间，彼此用友谊进入恋爱的阶段，我们竟通起谱来，做了拜把子的弟兄。”

25　《倚剑楼诗稿》，王巨川著，谢玉岑以署名“茄厂”题签“倚剑楼诗稿”。

1930年冬，谢玉岑因肺病辞去了上海南洋中学的教职，滞留在家中养病的那段日子，亦成了一家人难得团聚的黄金岁月。

之前的谢玉岑，一场婚礼之后，虽说是幸运地抱归了意中人，可是他是谢家的长子，整个家庭的重荷都压在他身上，根本没有时间停下来体会婚姻的甜美与温馨。而今，身体的疾患迫使他放慢了生活的步子，他才有了闲散的时日，品味这场婚姻的清嘉与圆满。

谢家赁居在常州观子巷的宅子院窄墙高，家居装饰并无特别之处。可是绿树浓荫的巷陌间，每当微风拂来之时，仍可感觉到季节颤动的流光之美。素蕖经常是要在五个子女倦怠睡去的夜深时分，才可能小鸟依人地依偎在假寐的玉岑身边。

1930年末，为了解决谢玉岑当时的生活困难，友人陆丹林推荐他任职于隶属财政部的苏浙皖统税局上海第三管理区主任一职。

1931年的初春，谢玉岑携带妻子素蕖、次女荷珠、三子叔充及奶妈去上海谋求发展。是年冬，谢玉岑致王巨川信中说："急景凋年，加以雨雪，劳生如此，百无欢悰。"由于连年不已的战乱，上海民生经济呈现出萧条冷落的景象，赁居于管理区近边的生活条件一度极不方便。当时的素蕖有孕在身，又记挂着滞留在家里的儿女和名山先生，更逢玉岑祖母钱蕙荪七十八岁生辰即将来临，玉岑只能于是年的十月，将素蕖和一双儿女送回了常州家中。这段客居上海的半年时间，乃是玉岑与素蕖婚后小家庭单独生活的一段难忘时光。

迈入中年的谢玉岑翩翩于海上，依于仁，游于艺，"其德性之坚定，识度之宏远，意怀之慷慨如此"[26]。

26 《玉岑遗稿·唐玉虬跋》。

谢玉岑与谢月眉合作书画扇面

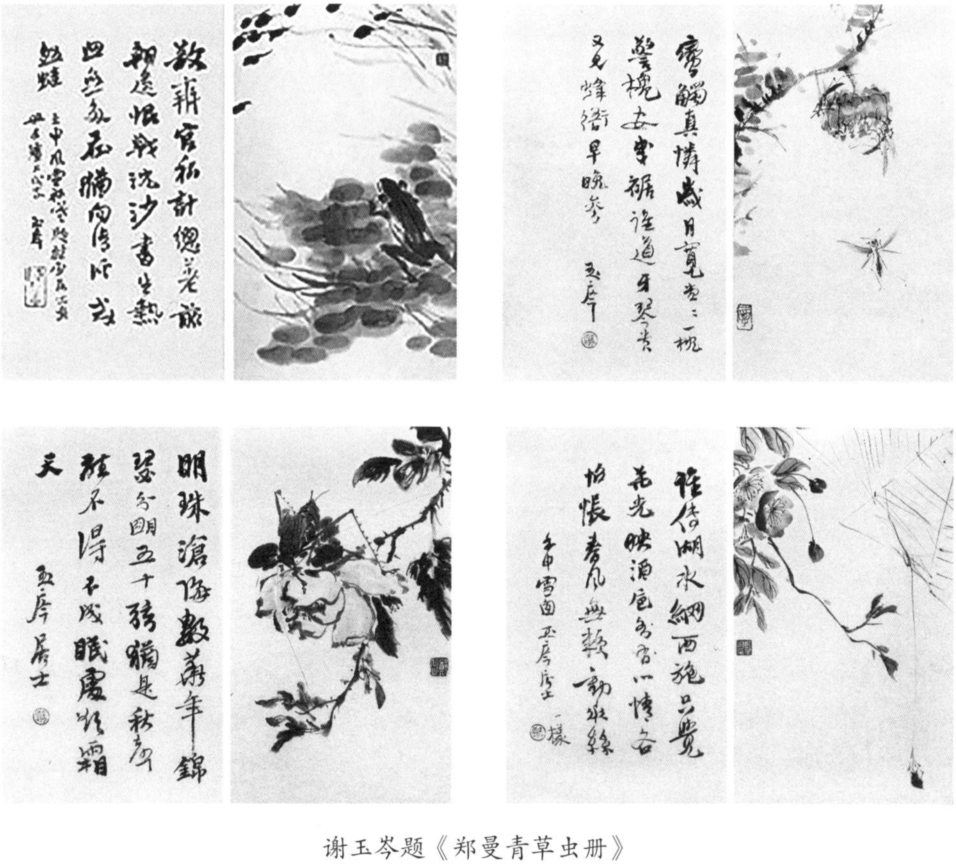

谢玉岑题《郑曼青草虫册》

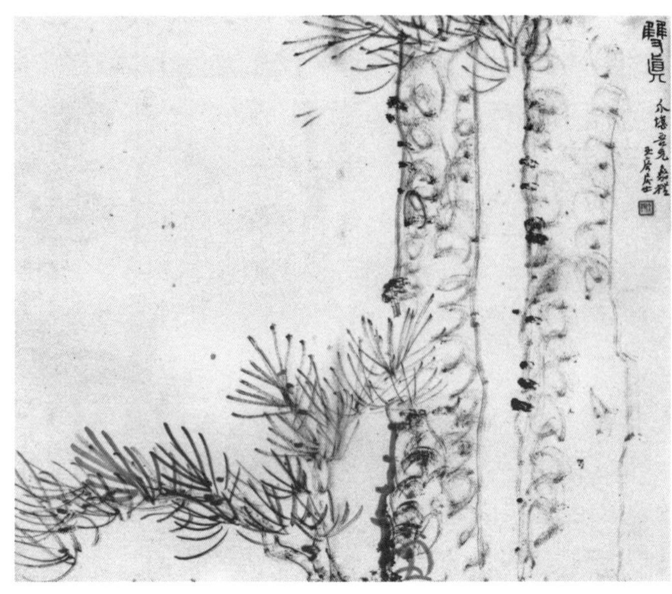

谢玉岑《双真图》

郑曼青《水墨花卉》

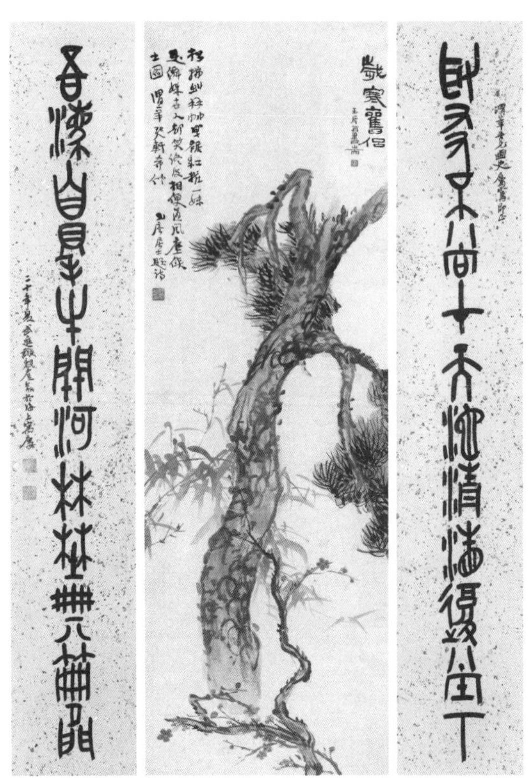

谢玉岑、叶渭莘合作《岁寒旧侣》

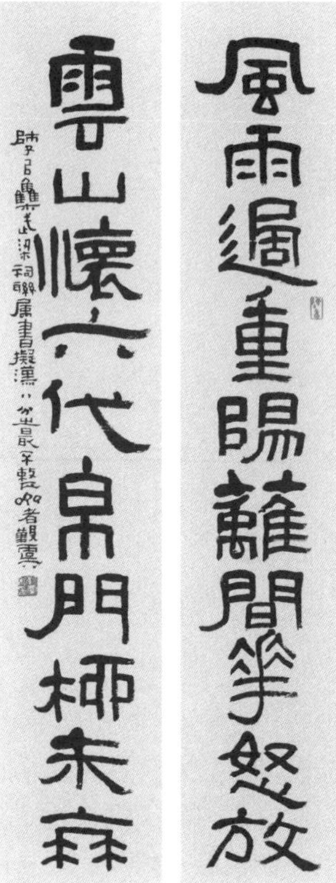

风雨过重阳，篱间花怒放；
云山怀六代，帛门柳未衰。

张善孖《怒吼》

张善孖《荷塘双禽图》

张大千、郑午昌合作，谢玉岑题句：芳草侵鞋浅，东风拂袂寒；陌头杨柳色，不用上楼看。

张善孖《水墨荷花》

黄宾虹画扇

谢玉岑《寒之友集会读画绝句》

汪大铁临吴伯韬作《鸳湖棹歌图》，谢玉岑题引首

第五章 | 中年（1932—1935）

孤鸾哀鸣、投身艺海

人间痛哭今无地，片晌应怜万劫心。

——谢玉岑

一、菡萏香销

1932年，日寇挑起上海“一·二八”事变，军机轰炸上海城，上海城市交通一片混乱，谢玉岑被羁绊在沪。这时，从纷乱战火中传递过来的家信中已经有了钱素蕖临产的预兆。

2月的时候，谢月眉焦急来信道：嫂子素蕖难产一女婴，产下不久夭折，嫂子也沉病于床。月眉催促玉岑赶快回到家中。

但是战火中上海的一切交通被切断，纵然是归心似箭，玉岑也只能困居于孤岛般的上海。2月底的时候，家中屡次急电已然报告了素蕖的病危。玉岑煞费周折，经朋友大力帮忙，3月5日方勉强走水路绕道回到了常州。

此时的素蕖静静地躺在床榻上，已经虚弱得说不出话来。

玉岑望着面色如纸的素蕖，握住了她的双手，那纤巧的手掌，曾经那么的温暖，而今竟变得如此冰冷。

见着玉岑，素蕖张了张口，却发不出声音来。

四目相对，千言万语。素蕖温柔的双眼，满是恋恋的不舍。

玉岑强忍着从心底一阵阵涌上来的悲伤，哽咽无泪地坐在了素蕖的身边，听着她用尽力气断断续续的临终遗言。素蕖最后叮嘱玉岑今后一定要继娶一位德善兼备的女子，一则安抚堂上春秋已高的祖母、伯母、母亲诸老人；二则遗子尚幼小，也是真的需要母爱的呵护。

素蕖弥留之际，气若游丝，又喃喃欲语，待玉岑俯身贴耳，微弱地呼唤：“夫君曾言，使吾二人果不能共白首，则与其我去，不如送君。”[1]说着，素蕖的口舌间已是不能发音了。她试图奋力地睁大眼睛，深情地再望一眼眼前这个风雨同舟的夫君，永诀了这个深爱的男子。

玉岑焦灼地唤着：“素蕖，素蕖……”紧紧握着她软绵绵的双手。素蕖留恋的泪水涔涔地从眼角流了下来，泪水尚未掉落，她的一缕香魂已然玉殒。

1 谢玉岑《与钱易卿书》。

3月11日，素蕖病故。3月28日，玉岑乃将素蕖的灵柩安葬于城东菱溪的祖坟之中，随着素蕖一起埋葬的，还有玉岑的爱情。

在治丧仪式的过程中，玉岑的神态始终是恍恍惚惚的，他的挽联："烽火警闾阎，此去原知是福；姻缘即烦恼，他生何必重逢。"

如此哀婉的挽联！素蕖的离去使玉岑一度陷入了凄楚、悲凉、绝望之中。

玉岑对素蕖有着深厚的感情，不仅因为"妻性庄肃，虽燕息不涉戏谑，自奉俭约，节用好施，于伦常之谊尤笃"[2]，是一位贤妻良母，更因为她"劬学乐道，读书不倦"[3]，是其文学上的知己。因此素蕖病逝，玉岑极为悲恸："默然独抚妻发，视其颓然若入睡，不知何为悲苦，何为心灵，惟觉别一世界而已。"[4]

素蕖的长女谢锢，在她晚年的《怀念母亲》文中写道："父亲悲痛的是：母亲自嫁了他，'翠墨银钩手，换了寒灯盐米'[5]，再加上娠育儿女，离别之感伤，疾病之忧虑，事事足以亡精销魂，损其天年。他自认为是自己害了母亲，他在母亲的挽联横批上昭然写上'我杀伯仁'。父亲愧疚、惋惜之情还在于母亲的书法艺术未能发扬：'惟妻自有井臼女红之司，儿女之累，疏笔砚，终年不握管，其书可留者绝少，则固妻平昔之所痛心也。'[6]父亲还看重母亲的品性，称她'温恭好礼'。母亲自小读古圣贤书，信服人伦道德，克己复礼。对人对事，处处小心谨慎，不敢冒犯别人。即使受了委屈，也不告诉父亲，既不愿父亲为难，也防引起矛盾。试想十多年中所有的委屈都闷在心中，独自承担，那是怎样的压抑？这压抑无疑消耗着她的心神以至生命。"程沧波女儿程婉仪晚年与谢伯子信中写道："记得小时候同住在白家桥舅公家里，你母亲，我叫她寄娘，对我非常慈爱，她整天忙家务，为大家服务。"

这么一位质朴、温柔、孝顺，只为家人不顾自己的贤妻良母，带着对丈

2　谢玉岑《亡妻行略》。
3　同上。
4　同上。
5　谢玉岑《解语花》。
6　谢玉岑《亡妻行略》。

夫、子女、弟妹、长辈、小辈未竟的爱心，永远地离去了。从此，丈夫失去了生活的依傍，子女失去了呵护的母亲，弟妹失去了敬爱的姐姐，长辈失去了孝顺的女儿，小辈失去了慈爱。

二、孤鸾哀鸣

烛影摇红·二月二十二日，送素君柩葬菱溪。舟中望寄园，凄然欲涕

破晓溪烟，为谁催发临风橹。岸花红日不胜情，才照人眉妩。过眼华年迅羽。换瑶棺、颓波东注。芳魂应恋，水墨家园，白头臣甫。　画角江天，乱烽休警啼鹃苦。殡宫萋草不成春，死忆王孙路。如雪麻衣欲暮。抵河梁、凄其争诉。人天长恨，便化圆冰，夜深伴汝。

词人送亡妻灵柩回乡安葬的情景写照。为了避乱，词人不得已走水路。词按时间顺序，从“破晓”到“夜深”。上片写词人立于舟中，望两岸景色及寄园，回想起当年美满快乐的时光，如今却成其悲情抒发的源泉，顿生物是人非、韶华迅逝之感，写得朦胧幽约而感慨万千。下片绘凄厉之景，以景衬哀人，则缠绵沉至，一往情深。结句“人天长恨，便化圆冰，夜深伴汝”成就名句，写词人天人永隔之恨，愿化为月亮，夜深陪伴亡妻。全词凄绝哀婉，缠绵沉至，钱仲联谓之“断尽猿肠”，诚哉斯言。

也许年幼的子女不能完全领会父亲失去母亲的痛苦，可玉岑充分感受到了中年丧妻的悲恸，无法从郁郁寡欢中解脱出来。望着花树掩映的寄园，就记起与素蕖一起读书、同游的情景；见着门前溪中之水，就想起素蕖回家的舟车之路；经过菱溪旧居，就回忆起当年在这儿的生活场面。素蕖的身影，素蕖的音容笑貌无时无刻不在眼前晃动回响。

过了惊蛰，就是清明，梨花纷纷扬扬地坠落，如风吹雪，又如一场不期而至的雨。

1932年3月28日（农历二月二十二日），谢玉岑把相濡以沫十四年的爱

侣钱素蕖归葬于祖坟后，孤苦含泪地返还上海。途中，忽然一阵扑簌如粉的细雨蒙蒙而来。若泪，亦是春事阑珊时节的花自飘零水自流。他恍然才知道这天就是清明，一阵恍惚下，他想到自己在清明之日永别爱妻，不禁潸然泪下，心底又是一阵悲恸，迅速地把他淹没，情到浓时即是词，乃和泪写下了这两首沉痛凄婉的悼亡词。

木兰花慢·二月廿三日至上海，方知是日为清明也

断肠才送别，又携泪、客中行。换瘦影春衫，回潮单舸，梦里平生。他乡乍惊花烂，掷流光、不信便清明。璚笛愁心欲碎，钿车广陌初尘。　帘旌。梁庑与追寻，人海剩飘零。算余生担得，青山埋骨，白日招魂。愔愔夜台钗燕，蹴筝弦、眉样可成春。百岁几禁回首，长宵开眼从今。

词人哀情一缕，百转千回，悱恻凄苦。上片言客中景况，“瘦影春衫，回潮单舸”，何其凄警。忽插入“他乡乍惊花烂”，另换一景，旋跌入“愁心欲碎”，何其惊心动魄。下片尤其沉哀入骨。“帘旌。梁庑与追寻，人海剩飘零”，写追忆与痴想，同栖的帘幕居室，一直是词人追思的圣地，曾经还嬉笑打闹的夫妇卧室，如今只剩下记忆去追寻的爱别离苦。“人海……招魂”，指词人就算能苦熬到最后的会合。“愔愔……成春”则为妻子设想，在夜台的你，能稍舒愁眉吗？“百岁几禁回首，长宵开眼从今”作结，诚然已是痴语，在没有妻子相伴的夜晚，只能孤枕难眠，从今长宵开眼。词人与妻子虽人天永隔，而常系心头，绝不相忘。

当代词家周笃文谓之“哀情一缕，百转千回，悱恻凄苦，令人不忍卒读，一等的悼亡名作”[7]。

7　周笃文《婉约词典评》，辽宁教育出版社，2009年版，第261页。

玲珑四犯

天际归舟，悔负了梅花，楼畔望眼。鞞鼓惊心，愁过垂灯春浅。憔悴药裹炉熏，剩一笑、枉酬相见。说带围珠影，偷销病骨，早孱秋燕。　　重逢百事抛恩怨。熨鸾衾、夜台争暖。玉珰缄札分明在，隔了万重云雁。此去水驿山程，可入瑶钗心念。拚断肠难续，花雨散，蓬莱远。

回忆与现实交织对比，熔感时和伤悼于一炉，凄凄惨惨。上片“悔”“惊心”“愁”“憔悴”直接抒情的字眼，着笔于词人内心真实的感受，笔性灵巧，跌宕起伏，而有此铺陈。下片“玉珰缄札分明在，隔了万重云雁”“拚断肠难续，花雨散，蓬莱远”，词人思之念之，则更是凄绝动人。

遗佩环·六月二十三日，晨醒不能成梦，念明日素蕖生辰矣。凄然赋此，即题大千居士为画白荷丈幅上。睡老鸳鸯不嫁人，画中录天池句也

客庭月落。向枕边惊失，粉衣如玉。未冷秋河，不信星辰，比似泪珠难掬。倦情欲逗遗簪诉，怕单舸、轻离原错。负亭亭、江上开时，睡老鸳鸯人独。　　十幅留仙裙皱，早西风私警，凌波心目。青鬓菱花，一梦轻尘，暗里华年如毂。拗丝藕尽心莲苦，剩劫后、枯香都薄。付韦郎、今日回肠，未抵翠蛾双蹙。

亡妻冥诞将至，词人百感丛生，遂吐成此词。上片晨醒惊觉素蕖已逝，词人“睡老鸳鸯人独”，不禁意倦情伤，“泪珠难掬”。下片想起伊人在世时的种种美好，自己丧偶后莲心般的孤苦，又想起明日即是亡妻的冥诞，自己怎能不痛断回肠？

中国古典词家中的长调，据说自宋代周邦彦、辛弃疾、苏轼、柳永等这一代格高千古的文人骚客远走之后，即已无足观了。但笔者却觉得，这话讲得过于绝对了。“江山代有才人出，各领风骚数百年”。清代纳兰容若、民

国谢玉岑也是具有沉郁顿挫的绝唱。

从此，自誓不再存家室之思的谢玉岑自署别号“孤鸾”，“白菡萏香室主”便成为“孤鸾室主”。常州学者张戬炜《遨唐游宋一孤鸾——词人谢玉岑与常州词派》有说：“丧妻后，谢玉岑自号‘孤鸾’。鸾者，凤凰也，鸟中至贵也。其号之本意是孤飞。于今深究，民国词坛上，常州词派笼罩之下，堪为至聪至慧至贵者，出于常州而敢与之同途异趣，挣脱窠臼、振翅独自高飞之孤者，亦即龙沐勋所言‘其不为常州所笼罩者，盖鲜矣’者，词人谢玉岑也。”

谢玉岑这段时期的孤鸾词、悼亡诗《八月三日记梦》和《亡妻行略》《与钱易卿书》都是怀念素蕖的作品，字字句句浸满了泪水和深情。

梦里啼痕射月阑，醒来犹自苦汍澜。
平生胆怯空房住，肠断城东渴葬棺。

薄鬓飞蓬尚许亲，肯将贫病怨长卿。
人间痛哭今无地，片晌应怜万劫心。

其时，钱小山[8]有诗共情：

相见无言别又思，白莲花悴泪双滋。
人寰恸哭今无地，怕读孤鸾七字诗。

诗后自注：“谢玉岑，自先姊下世遂署孤鸾。”

“人间痛苦今无地，片晌应怜万劫心”，时诗人有家国之恨，所以迸发

8　钱小山（1906—1991），名伯威，字任远，号汉卿、小山，江苏武进人。钱名山长子，谢玉岑妻弟、妹夫。著名诗人、书家。早年受业于寄园，十五岁自编诗集《结网吟》。曾任名山中学校长。1949年后，曾任常州市文化局局长、常州市文联名誉主席、常州市书画院院长等职。喜作诗，其书法，既得家传，又具个性。著有《小山诗词》，与其弟钱仲易合著《埙篪集》等。

出这样的诗句。此诗迷离伤感的悲韵，颇多飘零离乱，令人读之，那昔日的炮火纷飞，亲人离别，犹如历历在目，令人潸然泪下。

《亡妻行略》[9]和《与钱易卿[10]书》是两篇褪尽藻饰、凄恻动人、充满深情的散文，谢玉岑在对往事轻声絮语的叙述中，寄托了对亡妻的无限思念，充满了浓郁真挚的情感。夏承焘有说："玉岑行述长文缅缅感人……玉岑此文，才子之笔。"[11]当代著名词家陈永正对《亡妻行略》有评语："满腹悲酸，一泄而出，哀声不绝，难以章句矣。"[12]词家张解民谓："悲极痛极，擗踊泣诉，一发不可收，至情至性之文，未可以常法衡量。屈子《离骚》，何尝不回环往复也。"[13]《与钱易卿书》其中说：

> 未来岁月，纵有钟鼎竹帛之名，陶朱猗顿之富，松乔龟鹤之年，极人世之华朊光耀，亦何足回地下故人之一盼！则其可悲者更无尽也！尝与令姊言："使吾二人果不能共白首，则与其我去，不如送君。"令姊辄为首肯。良以我死，令姊不能独生。然未知令姊死，我纵未敢直情以伤其身，而方寸之心灵，又不自知其亦尽也。
>
> ……近稍稍作小诗词，写哀悼之思。仆文字何足以传令姊，然为令姊生前所喜，故聊试为之。

文字之所以哀楚动人，催人泪下，皆因有至情在，因为至情才会产生这样的血泪文字。

当时，玉岑的好友王蘧常读罢，深为所动，对玉岑说：

"你这样，把心肝都吊起来，太伤神了！"

9 载《谢玉岑集》，又陈永正、徐晋如主编《百年文言》，浙江古籍出版社，2015年12月版，第217页。

10 钱仲易（1909—2005），晚号真依居士。江苏武进人，名山先生次子。民国时曾任中央日报社副刊《时事周报》编辑，抗战后任上海《新闻报》副总编辑，并兼任香港《星岛日报》驻渝记者。1985年进入上海文史馆。其主要著作身后出版《钱仲易诗文集》。

11 1932年9月27日《夏承焘日记》。

12 陈永正、徐晋如主编，《百年文言》，浙江古籍出版社，2015年1月版，第221页。

13 同上。

玉岑答道："难以忘怀啊！"

很长一段时间，玉岑在夜深人静之时，总是难以入眠。他闭目即看见他的素蕖，宛如夏日里一枝晚含而晓放的白莲花，亭亭玉立，已羽化成了天国的莲花仙子。于是，他请张大千绘制百幅白荷图和《菱溪图》《天长地久图》，又请郑午昌绘成《天长地久图》长卷，并索方介堪制印"孤鸾室发愿供养大千居士百荷之一"，又请朱其石、汪大铁各铸印"惟将终夜长开眼"与"昨夜星辰"，深情如此。

这年，张大千为谢玉岑绘制《天长地久图》立轴、《菱溪图》手卷，以致慰藉。谢玉岑在《天长地久图》包首上大篆题签"天长地久图"、隶书署款"玉岑书瓙"，并题诗：

平生不好货与色，犹恨书画每成癖。
因贪生爱爱更怜，陶写哀乐难中年。
季公健笔任诛索，醉我何止酒十千。
金刚黄山买无价，驱使清湘走八大。
尺绡亲许剪春波，当日归帆此中挂。
百年真见海扬尘，独往空惜江湖心。
风鬟雾鬓夸绝世，玉箫吹断红楼春。
还当移棹入银汉，乞取天荒地老身。

诗并非对《天长地久图》的解读，而是读画后未尽之意的余绪，是以画而思念、咏怀的真挚情感，尤其最后四句，诗句凄骨寒身，言辞痛彻肠断，表达了诗人与妻子的难舍难分。诗的韵脚韵部共四次转换，诗意随之或转折或递进，连环而下，将诗人平生意趣、挚友交谊、图画风格、逆旅漂泊、时局变换、丧妻之痛以及至死靡它的一往深情打叠黏合在一起，从而显得厚实深挚。《天长地久图》不仅是张大千为谢玉岑所作的缅怀亡妻之画，也是一件具有悼亡意义的佳作。

不妨对《天长地久图》做一描述：该图为青绿设色、直幅（纵64厘米，横25厘米），图上部是长天远水，题有“天长地久图。大千为玉岑吾兄写”。图中部是青绿色的山顶、山峦，兼带一些赭色的山径、山脉，山外有一抹坪林，山间一条曲径，暗示有路可通，有胜可寻。山有远有近，中间有片空白，是云也是水。图下部是各种林木，一株长松突出，一条河水横流。水上有座长桥，桥上不见人，但人在其中。这“天长地久”既是空间的山高水长，天遥地远，又是时间的青山不老，碧水长流，暗示着一种永恒，一种“天长地久有时尽，此恨绵绵无绝期”的渊深情怀。

《菱溪图》手卷由引首（长89厘米，宽28厘米）、画心（长132.5厘米，宽28厘米）、拖尾（长151厘米，宽28厘米）三部分组成，王伟题签：“大千居士《菱溪图》。玉岑道长兄属题，句容王师子书赗。”引首有近代诗人、文学批评家狄楚青题署：“菱溪图。玉岑居士属题。壬申五月，狄平子。”画心由张大千绘《菱溪图》，并题识：“玉岑居士葬其夫人钱素蕖于菱溪，距夫人故家不二里也。居士制《烛影摇红》词记之，极人天之痛。因就词中意为写此图，尘影迷离，固不必求其尽肖耳。壬申春三月，蜀人张大千。”拖尾有谢玉岑、潘飞声、符铸、冯飞、罗更、林思进、黄宾虹顺序题诗词跋。

《菱溪图》以俯视构图，两岸连绵的屋舍、树丛为主题景观，苍苍莽莽，一望无尽；中间是宽阔的菱溪河道，仅一条船正缓缓驶向目的地；全图笔墨写意，敷色浅淡，意境沉寂。

谢玉岑在拖尾率先录词一阕《烛影摇红》（略），词后跋语：“后三月玉岑居士录，时客海上。”钤印：谢大、孤鸾。

诗人、书画家潘飞声（1858—1934）题咏绝句三首：

着色螺鬟不忍加，芝田罗袜隐烟霞。
画图指点神伤处，山外青山是外家。

怀仙怀梦续填词，妙子稠桑夜唤时。
拟卧绳床看岚翠，远山依旧皱蛾眉。

（闻君悼亡词尚多，未得全读。）

隔世韦皋事怪哉，只愁潘鬓二毛催。
即今一片菱溪水，曾为惊鸿照影来。

句跋：“壬申六月，十劫居士潘飞声题似，玉岑词宗削正。声赋悼亡，距今阅四十五年矣。”

画家符铸题诗一首：

兰桡双桨逐鸥轻，犹忆去时春水生。
拂上鬓云垂柳绿，舒将眉黛远山青。
芳华易谢悲春暮，溪烟漠漠愁云树。
千行泪湿坟前土，九回肠断归时路。
我读君词声凄绝，人天有恨真难说。
披图日日在蓬窗，菱溪溪水今呜咽。

诗后款识：“玉岑居士属题。壬申九月铁年符铸。”

诗人冯飞题诗二首：

春尽菱溪草尚芳，昔时照水认钗光。
魂归环佩三更月，梦醒蘅芜一夜香。
绿柳蘸波惊暮景，青丝系缆又斜阳。
相怜柔橹经过处，故里回看更断肠。

寥落前尘逝不归，画图重与驻芳菲。
人如春水茫茫去，花扑流光款款飞。
彩笔自传千载怨，新词空惜百年违。
泉台万古相思债，合铸因缘再世韦。

诗后跋语："大千居士写《菱溪图》，极绵邈之致。玉岑先生追抚前尘题词甚怨，继赋二律。壬申岁除风雪初辍，寒气犹严，冯飞记于海上。"

词人罗更赋词一阕《烛影摇红》：

初日高城，橹声背指菰蒹里。载将离恨满前溪，事往愁盈纸。却忆汀洲拾翠。近清明、人家燕子。素飙何意，吹断鸳魂，萼季如此。　　荏苒良宵，可怜物是人非是。玉郎身世付哀蝉，怨咽凭谁寄。门外稀星欲坠。蟪蛄鸣、荒烟野水。问伊居处，只怕凝眸，又添憔悴。

词后款识："玉岑吾兄属，赋调寄《烛影摇红》。更。"

四川诗坛耆宿林思进题绝句三首：

永逝文成意可伤，无情春草尚池塘。
人天已是伤心事，况说清贫对孟光。

覆额青丝竹马年，再来人不似从前。
分明一样菱溪水，却葬寒花哭杜鹃。

中郎家法嬗文姬，长想清闺论笔时。
今日苕华亲刻玉，看君题作断肠碑。

诗后跋语："《菱溪图》三绝句，为玉岑先生题。甲戌十月思进上海倚装。"

拖尾黄宾虹题咏二绝句：

行经乱后旧田园，前路凄迷见水源。
怊怅菱溪风露早，枯荷孤影宿文鸳。

春砚花飞晨殢雨，秋桥乌断夜沉星。
幽情尽入倪迂画，地老天荒一草亭。

句后款识："甲戌题奉，玉岑先生吟坛粲政。黄宾虹。"

《菱溪图》手卷为张大千有感于好友谢玉岑的悼亡词《烛影摇红》而作。谢稚柳《先兄玉岑行状》云："画友为写《菱溪图》及《天长地久图》，兄为哀辞五千言书其上。"又陆丹林《哀念玉岑社兄》言："他的夫人逝世之后，曾请画友张大千绘《菱溪图》和《天长地久图》，来纪念他的夫人，他写了几阕词在图上，凄音苦调，使人不忍卒读。"钱仲联有绝句记之："菱溪春梦去难还，荷锸无心学闭关。肠断年年长丽阁，有人红泪湿青山。"并跋："谢玉岑君为家名山先生女夫，悼亡后有《菱溪感逝图》志痛。"又夏承焘填词《踏莎行·题玉岑菱溪图长卷》："堕恨钗尘，欺春灯信。锦衾潮汐无凭准。潘郎愁鬓短于丝，梦缘更短于丝鬓。　画里沤波，眉边烟鬟。他生可有偕来分。无人风露问添衣，断鸿杳杳看飞尽。"

1932年10月9日，谢玉岑在常州家中为亡妻钱素蕖举行祭奠。谭泽闿[14]为郑午昌所绘《天长地久》图卷题引首："天长地久。玉岑居士属，谭泽闿。"徐震[15]制《谢君妻钱夫人墓志铭》：

> 夫人钱氏，讳亮远，字素蕖，江苏武进人。王父福荪，笃古嗜学。父振锽，节概高世，邦人称之曰名山先生。夫人年十九，归同邑谢觐虞。觐虞之大母，名山之姑也。觐虞受学于名山，疾时俗女子趋尚华靡，雅慕夫人笃俭。名山亦许觐虞为才，故成婚。夫人生子六，男曰伯文、仲蔼、叔充，女曰荷钱、荷珠。中华民国二十年冬，有疾。明年二月生一女，殇，疾亦弗愈，以三月十一日卒，年三十有三。某年月日葬于武进某镇某所。

14　谭泽闿（1889—1948），字祖同，号瓶斋，湖南茶陵人，谭延闿之弟。近代书家，亦善诗能画。

15　徐震（1898—1967），字哲东，江苏武进人。章太炎、杜心五入室弟子，文武双全。曾任教于武汉大学、安徽大学、震旦大学等多所大学教授。著有《雅确诗稿》《雅确文稿》《国技论略》等。

初夫人在家，乐闻父道古今理乱忠义事，读《资治通鉴》甚勤。亦好为书，始习颜柳，乃肖其父。既而传其外祖费久大笔法，遂改肆郑羲碑。久大执笔宗包世臣，书体奇峻，意致绝古茂，夫人得之涂辙矣。顾上奉祖姑戚姑，下抚诸子，亦不暇悉力也。世之女子或逸居敖荡，而不说学，或好学矣，无从容研习之会，若夫人者，滋足悲哉。

铭曰：室事敦我，累其学殖。惟顺德之行，率是妇职，亦可尚也。著之幽刻，邑人徐震制文。

10月20日，陆丹林在《金钢钻报》发表《书钱素蕖女士》一文：

吾友武进谢玉岑夫人钱素蕖女士，为毗陵耆宿钱名山先生女公子。生时庭中白莲方花，故以为字，好礼笃学，尤擅书法，今春以贫血症下世。玉岑痛之欲绝，遂自署孤鸾，有王摩诘经卷绳床之志，手撰行略，长数千言，读之泪下。而名山先生《哭女》文中，绳夫人幼时之美，则又谓如飞珠走贝，温伯雪子也。月之九日，玉岑在里门为夫人营奠，四方文字之好，投赠哀挽诗文甚多，兹录挽联之佳者，如于右任之“遗挂黄门泪；凄其白莲花”。柳亚子之“夙慧闺帏，早遣蔡邕传妙笔；能文夫婿，固应潘岳作重台”。吴兴林铁铮之“生兆白莲，竟如忉利华鬘，空留天女来时影；思枯红豆，尚有彩鸾唐韵，不尽文箫别后情”。永嘉夏瞿禅之“万口诵情文，得婿如君，应不数饮水忆云梦月；千山满戈甲，伤心此别，问何如新婚垂老无家”。句容王师子之“菱溪旧梦老秋风，堪惊菡萏香消，遗佩人传哀曲好；榆岭故丘悲宿草，犹值枇杷黄熟，鼓盆我亦达观难”。唐企林之“夙仰大家箴，彤管宜书，不徒《哭女》篇成，老友痛挥金鹿泪；修为才子妇，白头偏靳，剩有诔亡语苦，邦人传诵玉溪诗”，皆绝妙。此外如钱昌照、钱宝禾、沙彦楷、王培孙、邵潭秋、李笠、陆澹庵、朱大可、高吹万、罗长铭，俱有佳作，或已散见本报，故不俱录云。

挽联着眼亡人之一生大处，突出逝者之平生志节，撰者不言交谊而情义自见，是为高格。

素蕖离世后的第二个清明节，玉岑返回故里扫墓。寻常人家扫墓备下的，无非是些供果酒水之类，而玉岑却是这一年所作的多首悼亡词，那是给亡妻独一无二的祭品。玉岑把一页页词稿，缓缓地烧与素蕖，纸灰被风吹得飞扬起来，打着旋儿，缓缓飘散。玉岑在素蕖的坟茔前静静地伫立着，直到斜阳为其墓碑涂上金色，才黯然离去。

烛影摇红・清明

消受余寒，春裘徙倚东阑树。故园陈约旧东风，谁换新抔土。过了禁烟百五。暗红销、烛痕泪冱。画屏孤望，一雨沧江，绿迷归路。　　别久瑶华，哀弦怎与殷勤诉。也拚倦眼不看花，花外莺还妒。持谢红嫣翠舞。守鸾尘、镜台早许。鹃啼咫尺，莫误寻常，巷箫街鼓。

词人有感于是年清明而作，重在悼亡。上片写余寒未尽，清明来临，词人自然想起故里的亡妻坟头该添新土了，可是自己身在外地，无人代培，一念及此，禁不住泪涔涔下。下片写离乡已久，词人无时不在思念与哀伤中煎熬。虽然也曾另有暗送秋波者，可自己从未动心。因为自己早有承诺“守鸾尘、镜台早许”，并劝其不要耽误婚姻大事。

长亭怨慢・过半淞园

又离梦、车尘吹起。罨画园林，断肠眼底。镜槛春波，当时欲到恨还未。薰桃染柳，生换了、愁滋味。弹泪向流莺，问可有、花前铃佩。　　憔悴。叹娉婷眉影，断送五噫歌里。狂欢海市。忍轻负、水边天气。算此后、孤燕东风，怎提到、玳梁归计。枉酒眼灯唇，百事为他回避。

所谓“一切景语皆情语也”。谢玉岑痛失爱侣，孤燕东飞，一时悲怆喷薄，点点滴滴，都是无可挽留的离人泪！这样的人品与词境，自然凝聚而为人间的一种绝唱了。

上片写词人又来到“镜槛春波”“薰桃染柳”的“罨画园林”，想起素蕖欲游未果而今物是人非，不禁潸然泪下。下片写自己因沉浸于悼亡悲伤中日渐憔悴，虽不忍辜负“狂欢海市”“水边天气”繁闹气氛的半淞园，但一到园林，便即想起民国二十年春，谢玉岑曾携妻儿女至上海沪东寓居半年。其间钱素蕖欲游半淞园而未果，亡妻的种种温良与遗憾，以及自己如春风里的孤燕，结伴来，失侣归，不禁黯然神伤，故玉岑对此格外伤心，索然无趣。

木兰花慢·感事

颤清歌玉树，夜星烂、最高楼。任曙误铜龙，云迷镜雁，舞倦还留。绸缪钧天残梦，赌东风、帝子自无愁。衫影初低蛱蝶，胡尘渐迸箜篌。　神州，春事百分休，天意付悠悠。只巢燕飘零，黄昏阑角，银钥谁收。应羞辞林红蕊，逐春波自在又东流。草木本无情思，明年休望枝头。

词人有感于时事而发。吟味之下，感到词意委婉深曲，似有言外之意。当时词人直面上海“一·二八”事变后的国破家亡，越发地增添了他对时局堪忧、风雨交加、花树飘零的感慨，造成了一种低回惆怅的氛围，使读者受到强烈的感染。

上片以纵情歌舞之景，旋入乐极哀生，结韵胡尘袭来，享乐也戛然而止。下片以春事之休抒清冷之情，巢燕飘零，红蕊逐波，神州大地尽显残败。上下片的结构，表达了词人面对日寇一步步侵华，而国内仍一派莺歌燕舞的不满情绪；并进一步料想到山河破碎即将来临的残酷现实，体现了词人对当局政府强烈不满的情绪。词中虽无一句直接道出主题，但从词题“感事”，词句“黄昏阑角，银钥谁收”中，似乎可以触摸到词人伤时忧国的情怀，夕阳则又有了这一时代特有的迟暮与衰飒的寓意。全词运用比兴寄托的手法和历史典故，词旨浑涵，若隐若现，词人的世事沧桑、家破国亡之感浑融于词作之中。

谢玉岑这首词，1932年作于上海，刊载在《词学季刊》（第2卷第4号），后收录于叶恭绰主编《全清词钞》。

词不是小说，但词也绝不是行踪实录。词的魅力在抒情。此时的玉岑依然神伤不解，孤独悲戚中不能自拔，整个身心似已被素蕖带走，抱定了对逝者的一种永不释然的深情。感情浓郁的他，以一腔才情，满腹沉痛，伏案填上了这些悼亡词。

悼亡词，古往今来多人写过，且不乏知名者。如苏轼的“十年生死两茫茫，不思量，自难忘。千里孤坟，无处话凄凉”；如纳兰容若的“此恨何时已。滴空阶、寒更雨歇，葬花天气”。哀感顽艳的凄迷深处，虽然总是引起读者的伤感，但对于妻子的痴情，能够达到玉岑的深度、数量和影响者，这尘世间是很难出乎其右的。

情词，如果笼上了一层淡淡的死灰，那么，这种情词就有一个哀伤的名字“悼亡词”。生者悼念亡人，花落人亡两不知，这词意，是凄凉，是痛楚，亦是断肠。

玉岑亦然，素蕖的过早离去，促使他的词风大变，之后这些凄绝哀婉的词都被人称为“孤鸾词”。

玉岑的亲友觉得他母老子幼，兼之多病，异常孤凄，就劝他续弦，或替他做媒，希望他能再添香之乐，不要再孤灯独对地苦待自己了。当时，是有位世家大户的女子，对玉岑的才情存了一份幽微的爱意，曾为玉岑填词多首。可玉岑在闭门叩心自问之后，觉得自己的方寸之心已然是曾经沧海难为水，他的心始终都是盛满了对亡妻的似水柔情，他今生是真的无心寻芳了。

“芙蕖万朵在胸间，一任浮云自往还。”[16]素蕖就是一朵开满玉岑心间素洁的莲花，莲在心中，心在莲上。

三、重游金陵

六朝金粉旧风流，一夜笙歌出石头。
休问南天正多事，莫愁生小说无愁。

这是谢玉岑早年的诗《金陵夜泊》，刊载于《武进苔岑社丛编》戊午（1918）创刊本。

南京是历史文化名城，六朝胜地，从古至今书画家云集之地；南京就像古董铺子，处处都有时代侵蚀的遗痕；六朝的兴衰，王谢的风流，秦淮的艳迹，令人目及怀想。

20世纪30年代的南京是民国政府的首都，是政治、文化的中心，文人雅士经常云集在这里，谢玉岑、谢稚柳兄弟的许多朋友如张大千、徐悲鸿等都在这里聚会雅集。这时的谢稚柳经堂叔谢仁冰的帮助，在国民政府财政部关务署从事档案管理工作，业余时间经常出入中央博物院。他通过同事朱家济的关系，能到中央博物院库房观赏古代书画真迹，所以他盼望兄长谢玉岑能在南京生活一段时间，聊以排遣丧妻的痛苦与寂寞。

1932年秋，谢玉岑从上海来到南京短暂客居了一段时间。谢氏兄弟携手并肩寻古探幽，其间徜徉在南京的明孝陵、夫子庙、燕子矶、玄武湖等地，但他俩最向往的还是南京的乌衣巷。

在一个晚霞满天的黄昏，谢氏兄弟走上了朱雀桥，虽不再是雕栏玉砌，朱颜斜阳，但那桥的古风依然存在，秦淮河在桥下静静地流淌着，跨过朱雀桥便是乌衣巷了。当兄弟两人行走至乌衣巷口那翠绿的杨柳之下，或许会有种感觉，仿佛他俩是千年前缓缓行至的东晋名士，浑身的墨香，在烟雾缭绕的余晖间走来。

16 谢玉岑诗：“芙蕖万朵在胸间，一任浮云自往还。把臂他年林壑去，凭君认取谢家山。”

夕阳，仿佛千年的时光凝固在乌衣巷古老的青石板路上，定格在巷口婀娜的杨柳枝间。

“王谢堂前双燕子，乌衣巷口曾相识。”站在乌衣巷口，看着斜阳中的朱雀桥，再也闻不到野草花的幽香了，岁月的烟尘随风而去，岁月的痕迹却永远留了下来。当年在乌衣巷生活的人建构的许多故事，仍然一代代地牵动着世人的心绪，似乎是永远道不尽说不完的话题。

“山阴道上桂花初，王谢风流满晋书。”这是唐代诗人羊士谔称赞以王导、谢安为首的东晋两大高门士族诗文风流、功绩斐然，整部《晋书》（132卷）里多写他们的建树事迹。当年乌衣巷的王、谢两大家族都是东晋显贵，代代有人，朝朝为官，贯穿晋宋齐梁陈，可谓“五朝风流”。不过，他们的风流不仅是官大，还是王家的字、谢家的诗，名垂千古。

谢氏兄弟回忆当年王谢子弟，乌衣倜傥，在物是人非的千年时光流转中，渐渐模糊了面容，只存下影影绰绰的身影，在燕子矶头、乌衣巷口、玄武湖畔烟雾般缭绕着，述说着千年来的往事烟云。面对当时的古都，谢玉岑忍耐不住心中的感慨，填词一阕《甘州·玄武湖打桨归赋》：

又招邀鸥鹭过江来，秋思入斜晖。有六朝旧识，燕边波镜，雁外山眉。打桨依然烟水，未觉素心违。只是台城柳，摇落长堤。　此地当年阵戏，对萧萧芦苇，犹偃旌旗。怎楼船偷警，王气近来非。也休说、沧桑弹指，便芙蓉、悴尽不成衣。晚风起、漾湖萍散，何处凄迷。

这阕《甘州》作于1932年秋。词人泛舟玄武湖，归作此词，颇有感叹时事之意。

上片写景托情，下片贯通古今，古为今鉴，笔力沉重。起首两句词人到玄武湖泛舟荡桨，时间是在秋天的黄昏。“秋思入斜晖”定下了全词的基础。“有六朝旧识，燕边波镜，雁外山眉”，写舟中所见：燕子贴水低飞在平如明镜的湖面上，雁背外的远山有如美人淡扫的蛾眉，这些都可说是六朝以来的旧相识。写景而寓有一定的历史感，用语精工，富有词味。“打桨依然烟水，未觉素心违”，承上表现玄武湖的烟水仍然是那么苍茫浩淼，词人在这里划船，觉得江山依旧，风景不殊，与平素心中的印象没有什么异样，游览也非常适宜。“只是”两句略转，借用唐韦庄的诗句：“无情最是台城柳，依旧烟笼十里堤。”因为是秋天，所以连“台城柳”，也不再是“烟笼十里”，而是凋残枯萎，“摇落长堤”了。这也呼应了“秋思入斜晖”句。情由景生，情随景转，写得非常自然。

下片换头处的“此地”即指玄武湖，想当年是训练水师的地方。“对萧萧芦苇，犹偃旌旗”，意即今天看那萧萧芦苇，像斜插着无数的旗帜。但为什么近来屡屡发生“楼船偷警”，因为“王气近来非”，词人化用刘禹锡诗句“王浚楼船下益州，金陵王气黯然收”。这是对当局不抵抗政策的含蓄谴责，是感时忧世的深深慨叹。“也休说、沧桑弹指，便芙蓉、悴尽不成衣”两句进而表示一种忧虑、一种预感：再不要说那巨大的变化，也可能发生在顷刻之间，到那时恐怕荷花都已落尽，根本做不成衣裳了。这是化用屈原《离骚》“制芰荷以为衣兮，集芙蓉以为裳”句意，用以象征国家遭难，人民遭殃。词人并非预言家，不必说有先见之明；而且词人写的表面上仍是玄武湖之秋，是预感时序变化，荷花落尽，但今人读时倘若联想到1937年12月的那场南京大屠杀，也许会被词人的忧患意识所触动。结句“晚风起、漾湖萍散，何处凄迷”，呼应上片，结束打桨，归去时见湖中的萍草被吹散了、漾开了，不知飘向何处，剩下的是一片凄迷。

词人对景起兴抒发着历史的联想，在关切国家的隐忧中交织着个人失意的哀愁。全词引发出国家危亡的先声和漂泊无归的悲凉心态，意境清空，情感沉痛，绝非一般泛泛的记游之作，而是有一种历史沧桑之感，寄慨遥深。笔者不禁感慨联想起词人早年诗作《金陵怀古》：

新亭几辈识殷忧，南下张帆我欲愁。
剩水残山空六代，金莲玉树亦千秋。
枉传王气开南国，犹剩寒潮咽石头。

红板绿杨歌舞地，不堪商女说风流。

谢玉岑重游金陵后坐船经过芜湖，有词《满庭芳·芜湖小西湖荷叶如云，花已尽矣》：

倦岫摇云，荒波阁雨，江程又逐愁深。垂杨迓客，才拂帝京尘。多少天涯雁侣，长空下、孤影先惊。还怅望，横塘乱叶，一水涨秋阴。　　亭亭。空说着，湘皋闲佩，水殿敧星。任西风偷换，梦里河绳。无恙金人盘在，奈汉宫、哀曲难听。回桡别，采菱歌晚，明日隔层城。

上片写词人从南京乘船慕名游览芜湖小西湖，看见雁侣横空，荷叶田田，横塘水涨，一派秋景。下片感受弥望的荷叶如捧玉盘的金人，奇伟壮观，且菱歌唱晚，令人神往。1932年11月26日，夏承焘致谢玉岑手札中说："大著芜湖荷花词极佳。每读兄作，低徊叹赏外更无言说。"可谓深味其妙。

四、投身艺海

逝去的人和事尘封起来，会比一直在太阳底下晾晒藏得更经久。谢玉岑孑然一身，渐渐不再顾影自怜，因为他知道，梦想的路上只能踽踽独行。钱素蕖逝后，谢玉岑始把全身精力投进了书画创作、艺事评论之中。

1932年春，张善孖为王师子绘《松梢双猴》。画面苍松耸立，老松丰茂针叶，主干如鳞甲，枝干虬曲伸张，一猴坐姿抱枝而息，一猴状若蓄势待发，一静一动神情姿态栩栩如生。老松遐龄高寿，双猴灵活健壮，贺寿善祷之意尽在画中。善孖题识："师子吾兄四十九生日。壬申春二月初三日，善孖弟张泽写祝。"谢玉岑于图上题赞语："高山不骞，流泉不竭。陶公之松，罗含之宅。枕石漱流，吟风啸月。我负子戴，亦佩与韍。左拥右抱，无对之色。是丈夫之威仪，秉君子之至德。康虔永保，更千岁而为蟾；子姓必昌，聚暗婆而成国。师子道长兄令赞，玉岑居士。”

是年，谢玉岑为王师子绘画箑，并诗：“草似臣髭柳似眉，旧尘淡墨是耶非。轻舟载月春愁远，莫放东风出钓矶。”款语：“师子道兄大画家督画并题。玉岑居士壬申三月。”

1932年春暮，顾佛影[17]、顾飞[18]兄妹邀谢玉岑、黄宾虹、张善孖、张大千共赴上海浦东周浦黑桥（今虹桥）顾氏花园赏桃花。四人在顾氏花园留住一宿，黄宾虹、张善孖、张大千各绘山水花鸟，均有谢玉岑题记。

其中有一幅四人合作四尺中堂《红梵精舍图》，画面老树两本，掩映两楹屋舍，舍后丛芦竹花，近处溪岸平缓，水草数行，溪流宛转，溪中一小艇，绕舍远去；远景则空虚微茫，颇见布置之用心，让人想起王士祯“吴楚青苍分极浦，江山平远入新秋”之境。谢玉岑于图顶部隶书题“红梵精舍图”，并跋语：“壬申三月，佛影、慕飞二先生招同人游黑桥看桃花，夜宴红梵精舍，酒后合作是图。黄宾虹画精舍，张善子画二树，张大千补成，最后嘱余题记。玉岑居士。”

是年，谢玉岑有《赠佛影》（绝句二首）发表在9月13日的《金钢钻报》，其一：“识君初读君诗好，零落桃花任眼前。（君约看桃，至已尽矣。）少日心期何落寞，近来长句亦雕镌。”10月6日，《金钢钻报》刊载顾佛影词《木兰花令·谢玉岑悼亡》：

鸾飘凤泊年年恨。少日欢娱真一瞬。绿窗风雨病初深，黄海烽烟归未准。　人间那见花长命。红泪干时银烛烬。菱溪溪水总无声，只为潘郎换秋鬓。

17　顾佛影（1898—1955），名宪融，号大漠山人，别号红梵精舍主人，笔名佛影、佛郎，上海南汇（今浦东新区）人。明末上海望族顾氏后人。早慧能诗，与朱大可结为挚友，师从海上名士陈蝶仙。曾任上海商务印书馆、中央书店编辑，上海城东女校、无锡国专教师等。编著《红梵精舍女弟子集》《大漠诗人集》《文字学》《填词百法》等。

18　顾飞（1907—2008），原名慕飞，字默飞，上海南汇（今浦东新区）人。工诗词，善画。顾佛影妹，傅雷表姐。少随顾佛影习诗。1928年拜黄宾虹为师，习山水画。与陈小翠、冯文凤、谢月眉等发起成立中国女子书画会。后拜钱名山为师，研究古诗词。曾任上海美专科教师等。晚年是上海市文史研究馆馆员。著有《梅竹轩诗词集》（与裘柱常），身后出版《顾飞画集》等。

钱素蕖在常州家中病危时，日寇军机轰炸上海城，谢玉岑正客居上海教书，所以有句“黄海烽烟归未准”。菱溪，乃钱氏居地，斯人已逝，故有“菱溪溪水总无声”之句。“潘郎”，代指谢玉岑。之后，谢玉岑为顾飞撰一副篆书十二言联：

人瘦绿阴浓，正残寒、初御罗绮；
酒醒明月下，问后约、空指蔷薇。

款识：“默飞诗人正篆，集吴梦窗、姜石帚。甲戌花朝玉岑谢觐虞海上周颂秦权之室。”

这副对联，见于北京匡时国际拍卖有限公司2014迎春艺术品拍卖会。上联集吴梦窗《菩萨蛮·落花夜雨辞寒食》之“人瘦绿阴浓，日长帘影中”句，和《西河·陪鹤林登袁园》之“海棠藉雨半绣地。正残寒、初御罗绮”句。下联集姜夔《玲珑四犯·闻箫鼓感怀》之“酒醒明月下，梦逐潮声去”句和《解连环·玉鞍重倚》之“问后约、空指蔷薇，算如此溪山，甚时重至”句。

1932年5月10日是张大千三十四岁生日，徐悲鸿[19]画了一幅《张大千三十四岁画像》（纵129厘米，横36厘米）相赠。这幅画像是徐悲鸿一贯大力提倡并身体力行的写实主义样本。大千身着棉袍面露微笑站在画案前，浓髯垂胸、双目炯炯画像采用白描手法，水墨设色，画面简洁却形神兼备。徐悲鸿在画像的左上方题五绝：“其画若冰雪，其髯独森严。横笔行天下，奇哉张大千！”并署款：“大千道兄卅四岁像，悲鸿写之于燕京。”

郑曼青和谢玉岑欣然在画像上、下方各题五古，郑诗云：

大千年十八，群盗途劫之。非独不受害，智为众所师。

19　徐悲鸿（1895—1953），原名寿康，江苏宜兴人。中国现代美术事业的奠基者之一，杰出的画家、教育家。

在山百数日，垂垂茁虎髭。一日逋归来，始得脱指麾。
今岁逾三十，虬髯人所疑。谁知书画侣，君亦冠一时。
入洛比机云，蛮布重新诗。偶托徐子笔，矫健写奇姿。
愧我念旧巢，樗散焉所施。

诗后落款：“壬申冬日，莲父郑岳题句。”谢诗曰：

画树当画松，龙鬣张天风。画人当画髯，虬姿吐长虹。
岂以颊上毫，丹青易为工。庶几褒与鄂，毛发涂不同。
韦老毕偃少，直干千载崇。凌烟与麒麟，图者无凡庸。
张侯天下士，峨嵋家青穹。远数轼辙美，近见须眉庞。
解衣一盘礴，墨雨霏鸿蒙。髯张既忾怒，髯垂亦雍容。
伯自虎锡名，季应呼为龙。避之循丘壑，林樾何茏葱。
又如窥武库，戈戟森千重。大江萧苇阔，秋野禾黍芃。
沾溉山雨白，拂拭巾袖红。颇闻唐太宗，曾识虬髯公。
又闻李一妹，不逐扶余东。美人岂不爱，何日云相从。
粉白与黛黑，要是为世雄。我愧洁白皙，鬑鬑素不丰。
蒲柳望秋零，二毛叹固穷。念昔张子房，远筹帷幕中。
貌不称其志，遐举随赤松。奈何三十年，小官犹转蓬。
东方千余骑，上头推群公。空传秦罗敷，矜夸夫婿颂。
受天者不全，视彼盲与聋。

诗后署款：“敬题大千居士造像。壬申大雪，玉岑居士海上。”

全诗写得诙谐幽默，既赞美了徐悲鸿的画艺，张大千的长髯，也写自己的白皙，充分体现三人的亲切之情。诗中警句连篇，用典亦多，从杜甫诗到司马迁文章，从唐人小说到汉魏乐府，信手拈来，自成妙谛。今天读来，也许有些难懂，因谢玉岑书字喜用古体、异体，但写与良朋益友，肯定是倍加珍惜的。其中“伯自虎锡名，季应呼为龙”，写出了谢玉岑、谢稚柳兄弟与张善孖、张大千昆季的深厚交情。

之后，徐悲鸿得知体弱多病的谢玉岑丧妻后郁郁寡欢，便画了一幅《病鹤诗意图》来宽慰谢玉岑。该作品（纵82厘米，横48厘米）绘了一只孤单的病鹤茕茕孑立于河畔，墨色分明，线条苍劲。右上角题识："包世臣有《翟秀才传》，载秀才《病鹤诗》有'穷愁但有骨，江海岂无情'，可谓高唱。壬申岁暮悲鸿写，玉岑先生方家雅教。"可见悲鸿大师是借鹤喻玉岑先生之风骨。

1932年6月，马万里、谢玉岑、朱大可、朱其石、张聿光等在上海天津路慈安里《金钢钻报》馆内，发起组织"艺海回澜社"，马万里任社长。6月27日的《金钢钻报》以一、四两个整版发布"艺海回澜社特刊"，宣告了这一艺术组织的诞生。在第一版上，"艺海回澜社特刊"标题由王西神题署，《宣言》一文乃朱大可所撰，《艺海狂澜中之一线希望》一文为俞逸芬所写。随刊附扇面、书画作品：张大千、谢玉岑之山水，张聿光之花鸟，王师子之花卉，王西神之书字等。此前一日，艺海回澜社第一届扇面展览会开幕，展览会址即在《金钢钻报》馆楼上。之后，举办多次书画展览会。

"掌故大王"郑逸梅[20]在回忆这段往事时说道："我与玉岑相识，尚在吴中枣墅赵眠云家，眠云比邻沈和甫家之西席为钱名山高足陆孔章，玉岑来访孔章，辄晤眠云，时我寓居眠云家，得以相识。既而我饥驱海上主《金钢钻报》笔政，玉岑为撰《墨林新语》及《清词话》连篇累牍，报刊为之生色。既而玉岑与张大千、朱其石、张聿光、马万里等组织艺海回澜社，设于报社楼上，并举行长期展览，因此我和玉岑几乎每天晤叙。大千商借《钻报》篇幅，辟张大千专号，玉岑和我同为辑述。后玉岑兼课斜桥之爱群女中，我与之同事，玉岑以病请假回常州，我为之代课，国文课外又兼文学史，凡一学期。"

兹选录几篇谢玉岑这段时间在《金钢钻报》《申报》等发表的诗文标

20　郑逸梅（1895—1992），原名际云，号逸梅，江苏吴县（今苏州）人。少年时代入读苏州草桥中学，与顾颉刚、吴湖帆、叶圣陶有同窗之谊。1913年起，为《民权报》《小说丛报》《申报》《万象》等报刊撰稿，曾任《金钢钻报》笔政，有"补白大王"之称。1949年后，出版有《民国旧派文艺期刊丛话》《近代名人丛话》《艺林散页》《书报话旧》《郑逸梅经典文集》等。

题：1932年8月6日，在《金钢钻报》发表诗《题吴一峰〈富春游卷〉》（二首）；8月21日至9月30日，在《金钢钻报》发表《墨林新语》（21篇）人物小传：李莼客、宋芝田、汪蔼士、吴观岱、庄思缄、陈季略、陈含光、熊粟海。10月3日，在《金钢钻报》发表《读楼辛壶画展》；10月22日，在《金钢钻报》发表《大风堂画展存目序》；10月28日，在《金钢钻报·大风堂所藏书画展览会特刊》发表《南巡画稿》；10月29日，在《申报》发表《谈谈大风堂所藏书画展览会》；11月11日，在《金钢钻报》发表《马万里先生小传》。同时，谢玉岑又在《晶报》《国学论衡》《艺林丛刊》《北洋画报》等发表诗文。

上海朵云轩拍卖有限公司2007年春季艺术品拍卖会上，有一帧谢玉岑与张善孖合作书画箑，一面是谢玉岑的行书短语：

岁行尽矣，风雨凄然。纸窗草屋，灯火青荧。
时于此间，得少佳趣。无由持献，独享为愧。

款语："想当一笑也。公清贫，更烦惠羊边，谨已拜赐。企林[21]老伯大人命写，侄觐虞。"另一面是张善孖的《双马饮水》，并自题绝句：

烟波间过荻萧萧，人物风流浊流淘。
空忆西来千里足，龙城征雪满弓刀。

跋语："壬申（1932年）六月东北风云复迫感题，即奉企林先生两正。蜀人张泽善孖于大风堂。"

这书画箑有时代背景，1932年上海突发"一·二八"事变，平息不

21 唐肯（1876—1950），字企林，号沧语，江苏常州人，唐荆川后裔。早年随吴放游，1905年赴日本早稻田大学读法律，并加入旅日同盟会。其间，与李叔同共同发起"春柳社"，合演话剧《茶花女》。1910年回国后历任天津南开学堂教席并在天津水师学堂，江苏等地县知事。能诗善文，工书画，精鉴赏，富收藏。

久，东北又蠢蠢欲动，所以有“岁行尽矣，风雨凄然”与“龙城征雪满弓刀”之句。

北京长风拍卖有限公司2011春季拍卖会第448号拍品“秋水泛舟图，立轴纸本，1932年作”，是一幅汪蔼士[22]与张大千合作图，谢玉岑于图上题诗一首：

美人临镜扫烟鬟，淡染江南雨后山。
更有秋风摇翠筱，激波谁解珮珊珊。

诗后跋语：“蔼士、大千合作，可谓双绝。玉岑居士题。”图上另有黄太玄题诗：“客兴泛中流，饱览溪山美。螺髻青濛濛，诗意萦寤寐。况过竹雨中，染遍琅玕翠。”诗跋：“汪子蔼士写竹，张子大千补山水景物，属黄子太玄题之。”最后张大千题识：“秋水才深四五尺，野航恰受两三人。蔼士道兄写竹，属补成似，声孚仁兄法家正之。蜀人张爰，时壬申（1932年）八月八日也。”大千引杜甫诗句，可谓与图中画境契合。

崇源国际（澳门）拍卖有限公司2006首届澳门艺术品拍卖会第193号拍品，是一件谢玉岑1932年的诗书画作品。纸本浅绛设色，全图分上下两段，上段题诗、题款疏朗，下段构图紧密。远处一峰孤高，近处松、杂树、竹林、屋宇乃至屋中点景人物皆仿石涛，渴笔淡墨，逸笔养眼，而至郭熙《画记》“步入、举望、游历、居住”四大要素。图右上角题篆书“紫罗兰庵图”五字，过行低一格行书落款：“瘦鹃道兄属制，壬申六月玉岑居士。”诗后款识：“玉岑再题于海上周颂秦权之室。”周瘦鹃[23]余事喜书画，尤爱

22 汪蔼士（1871—1960），名吉麟，字蔼士，江苏丹阳人。年长寓居北京，鬻画为生。尤善画梅，运笔细谨蕴藉，自成一格，齐白石誉其近代“画梅第一人”。抗美援朝时期，齐白石、汪蔼士等昼夜赶制画作义卖，并捐献善款用于购买飞机、大炮，传为佳话。

23 周瘦鹃（1895—1968），原名国贤，斋名紫罗兰庵，江苏苏州人。著名作家、文学翻译家，鸳鸯蝴蝶派代表人物。家贫少孤，六岁丧父，中学年代即有文学创作。1916年后历任上海中华书局编辑，《申报》副刊、《礼拜六》周刊、《乐观》月刊、《紫罗兰》等编辑、主编。1949年后，曾任苏州博物馆名誉副馆长等。著有《行云集》《花花草草》《新秋海棠》《亡国奴日记》等；译作《欧美名家短篇小说丛刊》《世界名家短篇小说集》《莫泊桑短篇小说集》等。

花木，因此，谢玉岑绘《紫罗兰庵图》并题花木诗二首：

屈家长佩谢家囊，别具风情亦国香。
画里不知瀛海意，还添丛竹似潇湘。

清游待结黑金社，种树亲携白木镵。
问道采香开一径，朝朝拥鼻对灵岩。

1932年初冬，谢玉岑、张大千、吴宾臣等聚集大风堂，谢玉岑以石涛笔意为吴宾臣绘《山水》。画成，又以篆书题绝句："渴笔曾传戴与程，化工犹逊石涛僧。平生空念扶风语，眼底方怜虎亦成。"并跋语："大风堂宾坐，以余墨写此为戏，真不成画。宾臣先生乃盛赏索贻，岂非青眼耶？壬申初冬，玉岑。"张大千兴致勃勃在画上隶书题识："玉岑兄每谦逊不肯作画，而其画乃高逸如此。古人称画法兼之书法，王黄鹤亦云，写画如同写篆书。玉岑书法功力之深，近世当无其匹，则画法高逸，有由来也。大千居士。"

谢玉岑作画极少，偶有者，则以书法入画，力求文人画的书卷气。画面笔意古朴，传达出简远平淡的意境。画中所见渴笔淡墨，师法戴鹰阿、程穆倩；构图疏树山远，意取倪瓒、弘仁。全图形成清淡虚灵之山水，流露出胸臆文人之逸气。谢玉岑既画又题诗，与张大千题识，皆有别于惯常"玉岑诗，大千画"的"错位"之作，可谓别开生面。

1933年1月6日，正社[24]成立于苏州十梓街172号。1月31日，正社举办雅

24　正社，全称"正社书画会"。创建人潘博山《正社概述》说："正社之创始，在二十二年冬日，倡议其事者，为吴湖帆、陈子清、彭恭甫暨余凡四人。同时赞成者，则为王栩缘、叶遐庵、邓孝先、吴瞿安、张善孖、张大千、张紫东、邹百耐、王季迁、吴诗初、朱梅村诸君，盖溯厥伊始，不及二十人，洎后续有加入，遂订社约，推举干事，社员则分普通、特别二种。普通社员经干事会审定，由社员三人以上之绍介，纳费一金，即得加入；特别社员则择艺苑中齿尊望重者，由社中聘任之，以资社友之请益。会期月必一集，聚群贤于一堂，各出近作，互相研摹。"

集，谢玉岑以正社特别社员身份参加，并在《灌木楼图》[25]长卷拖尾上以行书题诗：

画卷重寻尚有图，近传星象聚三吴。
雨余烟结千章木，犹似王郎大草书。

诗后题识："亚农先生所居灌木楼，屋外丛树蔽天，坐卧楼中吟诗读画，视如神仙。壬申腊八，偕大千居士来吴门，与湖帆、恭甫、子清、伯渊同集斯楼，纵观前贤名迹，而孟津书画尤多。因戏呼其居曰'觉林'，于是湖帆、大千合作此图，子清加小桥流水，恭甫缀石磴一龛，予为赋诗并记。武进谢玉岑。"

诗中"王郎"，指明末清初书画家王铎（1592—1652），字觉斯，河南孟津人。与董其昌齐名，有"南董北王"之称。题识中"亚农"，指何澄（1880—1946），字亚农，后号灌木楼主人。近代文物鉴藏家，其何氏家族素有"五世翰林"之美誉。

张大千唱和谢玉岑："高卧松云谢远图，旧游清闭富三吴。岁阑风雪天如墨，醉眼重温折股书。"署款"蜀人张大千"，吴湖帆篆书题卷名"灌木楼图"，款识："亚农表襟丈属题。壬申冬日，弟吴湖帆。"

1934年元旦，正社以"取法纯正，并趋雅音"为宗旨，在苏州邹百耐的百拥楼举办首次书画展览会，邑中传为盛事，声名鹊起。9月9日，由何澄等策划组织，代表江南画派的正社书画展览会在北平中山公园水榭举行，展出了以张大千、张善孖、吴湖帆等为代表的正社社员二百余件作品，为保守的北平书画界"掀起一股新风"，悉得好评。展览五日，大多售出，时北平各大报纸均有报道展览盛况。正社乘势扩大影响，北平的一批知名书画家于非闇、溥心畬、汪蔼士等纷纷加入正社，一时传为美谈。之后，正社在南京宁海路26号苏旅京同乡新会所举行第三次书画展览，"所陈书画，琳琅满目。

25　何澄藏品，今藏苏州博物馆。

除正社诸君子作品外，宋元明清各代名家都有，颇与一般展览会之聊备一格者有殊”[26]。又引起了南京艺坛巨大的反响。

此后，张善孖、张大千兄弟与吴湖帆等画家的活动中心由苏州移至上海。随着抗战的爆发，正社社员虽逐渐分散于全国各地，传播、弘扬中国书画的精神却始终恪守不变。正社存世的时间虽然不长，但正社之气象见证了一个社团的作用和一个时代的担当。

北京诚轩拍卖有限公司2005秋季拍卖会上，有一件谢玉岑与张大千为梅兰芳合制的书画成扇。一面是谢氏临秦权诏文，题识：“缀玉轩主人属篆。癸酉夏玉岑谢觐虞临秦权。”另一面是张氏逸笔山水，题识：“癸酉（1933）又五月，写似缀玉轩主人清拂。大千居士网师园之殿春簃。”“缀玉轩主人”为梅兰芳之别署，“殿春簃”是张善孖、张大千寓居网师园客厅之匾额。

成扇为谢玉岑与张大千写赠梅兰芳之作。张大千爱好戏曲，梅兰芳耽情书画，两人遂成惺惺相惜的好友。1932年，梅兰芳由北京迁居上海，与大千往来频繁。此扇画面茂树远帆，水汽氤氲，观之顿觉烟云满纸，清风自生。

当今文艺界众所周知，“大风堂”是张善孖、张大千兄弟的堂号。1933年7月，《大风堂兄弟画集》出版，由谢玉岑题签。《大风堂兄弟画集》收录张善孖九幅作品，张大千十一幅作品，其中十八幅有谢玉岑的篆、隶、行书题诗、题识。

如画集中张大千《黄山》，大千自题：“此渐江上人仿子久一路，与平日所写云林小景图不相侔也。大千居士临并记。癸酉五月，写于吴中网师园。”谢玉岑题诗：“散发曾登最上头，天都始信又经秋。上人枉有生莲钵，弹指输君小九州。”题识：“大千居士游黄山归，其画纵横渐江、二石，而参以造化，遂觉前贤可畏矣。癸酉夏五月，玉岑题记。”可以说，这不仅是颇佳的题诗与题识，更是一则好的画论。诗、识中指出画不仅要广采博取前人成法，还须有宽广豪迈的心胸，登高望远，善于体察造化之变化以

26 《正社·正社文化研究》，正社画馆编印。

跳出前人藩篱，自成面目，才能取得“前贤可畏”的成就。

又如画集中张大千《莫愁湖》所自题：“此大涤子莫愁湖稿也，大千居士拟于网师园之檀栾婵娟之室。”大千所绘虽是拟石涛画稿，但其用笔之洒脱，结构之疏简，意境之空灵，已具有自己的面目。加上玉岑在此图上题诗：“南朝女儿歌莫愁，南朝天子称无愁。湖风湖水图长留，只放降幡出石头。”诗中借石头城（南京）“莫愁湖”的典故，来抒发对历史人物的感慨，遂使此图更具有深意。

画集中，谢玉岑对张善孖的图作同样有题诗寄情。在张善孖《江南饮马》上题诗：“江南桃柳舒，春意宛可掬。莫问长城窟，饮水此间足。”《仿宋人猿图》上题诗：“玉垒浮云变未穷，空传诗句怨秋风。听猿莫下巴江泪，尚有飘零塞上鸿。”《仕女》上题诗：“花草吴台迹已陈，犹从水墨播芳尘。画师老去风渐减，倦笔闲情赋里人。”《春社醉归》上题诗：“乡社人归柳色新，醉忘南北尚闲身。王孙只觉多情甚，风里诗篇故国春。”

这本大风堂最早刊行，由上海形象艺术社出版的珂罗版《大风堂兄弟画集》颇具鉴赏与研究价值，它既反映了张氏兄弟在20世纪30年代初于苏州网师园时期的绘画造诣和艺术风格，也见证了张氏兄弟与谢玉岑之交谊。当代有关张大千研究的著述不少，但对于张善孖、张大千兄弟借寓网师园五年（1932—1937）之久的事迹大都语焉不详。而《大风堂兄弟画集》汇集了张氏兄弟（1932—1933）作于网师园的主要作品，通过它可以使我们了解、认识张氏兄弟20世纪30年代初期绘画师承渊源，及其画艺变化轨迹等。因此，《大风堂兄弟画集》是“张大千研究”“张善孖研究”不可或缺的重要文献。

1933年夏，谢玉岑以隶书为《朱其石印存》题绝句：

骖靳陈（巨来）方（介堪）矜法度，输君健笔走龙蛇。
若论两浙人才盛，艺苑应书后八家。

并跋：“其石吾兄以画苑名手，从事印学，今有印谱之辑，皆平生精粹之作，可与秋景庵、师慎轩方驾齐驱者矣！癸酉夏日，玉岑居士谢觐虞并记。”此绝句刊于由叶恭绰题签，黄宾虹、朱彊村、柳亚子、潘兰史、张大千等题辞的《朱其石印存》。

《朱其石印存》出版信息：“民国二十三年四月初印，檇李学社发行，内江张大千、武进谢玉岑选。另有《名印拾遗》云：‘谢玉岑审定、朱其石辑。此书搜罗明清两代名家印迹都八十余方，如文三桥、何雪鱼……吴昌硕等凡三十余人，均有旁款，红黑套印作鉴藏家欣赏用，可作研习篆刻者模楷，亦无不可识印林之巨著，茹壤之奇珍也。每部定价大洋三元，邮资在内。’”

《朱其石印存》辑有谢玉岑用印多方，如“觐虞私印”“周颂秦权之室”等。

朱其石印存作品秀挺苍劲。其篆刻初法西泠，得吴昌硕亲炙后，印风有变，后又受陈澹如影响，趋工整秀雅，绵密流畅，自成一家。其作大小篆字，多意在陶甓古玺之间，古茂雄深，允称高手；又擅拟汉宫印，亦典雅可喜。谢玉岑有绝句：

汉宫铸印祧秦矩，递嬗谁能缅二京。
江海锵锵聚东箭，晚清人物迈朱明。

句后跋语：“近代铁笔名家多浙人，自八家后，安吉吴缶老出为一代宗师。会中所列，如楼辛壶、经子渊、朱其石、方介堪、王个簃，俱浙籍。瘦铁苏人，而师承缶庐，亦是浙中一脉，可谓盛矣。”赞美了秦篆，对明代北京与南京的印风提出了疑问，更提出了两浙杰出印人均有转趋北京印风的现象。

1933年秋，谢玉岑为张大千弟子朱芾甘[27]撰对联：“名砖珍五凤，古洗

27 朱芾甘（1912—1968），名棠，字芾甘，号勤荪，一作近生，浙江吴兴（今湖州）人。毕业于沪江大学商学院。民国时期继承父业，在上海经营丝织业，家业巨富，曾拜张大千为师习画，与王师子、徐悲鸿、康迈征等交往。1948年出任美商中孚绢纺公司总经理，是《美术年鉴·1947》的经济援助者之一。业余喜好收藏名人字画古玩。

宝双鱼。”上款：“癸酉九秋，为芾甘兄隶。”下款：“孤鸾。”

联以“汉砖”的分书隶体，写的是珍贵的历史文物“名砖”和“古洗”，意在鉴赏和赞美，但咏物也在写人，那就是指“芾甘”。上联的“五凤”，既是西汉宣帝年号，又指唐代洛阳的名楼“五凤楼”，后人借喻写作高手为“造五凤楼手”。“五凤楼”用的砖，当然也就是“名砖”了。下联的“古洗”即古代盥洗器。汉代有一种著名的古洗谓“双鱼洗”，刻双鱼于洗器之上，并寓吉祥之意。由此看来，此联含有借古物、赞新人的作用，它也表示一种祝福：既擅文艺，又尚吉利。

1933年12月，谢玉岑在谢梦鲤[28]编印的《邻绘草堂现代名家书画集》（第一册，叶恭绰题签）序说：

> 昔苏子瞻之记宝绘堂也。其论书画谓当譬之云烟过眼、百鸟过耳欣然接之，去而不复念。是说也，达人之言也。以达观言之，则一死生齐彭殇。举凡政法学业，功罪成败，何莫不可以云鸟例之。然而世界之果，非微尘百年之异。夫一眴此，则事有不可不留意者，则陶养情性，宣畅风化，补政教之不足，书画之为用亦多。
>
> 谢君梦鲤常展览当代名人书画，悬之国门，扬抡不倦。近更裒所藏名作，付印为《邻绘草堂书画集》。其用意之美，岂不异于子瞻哉？天不独祸，世界之战，遂迫眉睫。期内心之和善，消贪暴于无形。舍此果将安归于书之成教。书所见以牟其耑。二十二年十月，玉岑居士海上赁庐。

“陶养情性，宣畅风化，补政教之不足，书画之为用亦多。”可谓文中至言！

上海鸿海拍卖有限公司2011年春季艺术品拍卖会第213号“谢玉岑山水

28　谢梦鲤（生卒年不详），名起，别署万篁楼主，斋名邻绘草堂，浙江镇海人。工书法，好收藏，与张大千、吴湖帆等海上书画名家往来甚密，有辑《邻绘草堂现代名家书画集》等。

扇面，设色纸本”，即是谢玉岑《自题山水画》作品。此诗书画扇面曾载《玉岑词人悼感录》，并注明“玉岑遗画”。

画箑近景坡岸、亭树、茅屋，远景一抹遥山、烟树人家，远近以一板桥相连，上题一诗：

乡国南田最可师，云溪溪水荐轻卮。
更谁简笔如衣白，绝世风流忆大痴。

款识：“题奉梦鲤宗兄。癸酉初夏之吉，玉岑居士。”

从这1933年的题画诗可知，谢玉岑主张笔墨意趣，及他对乡先贤恽寿平（南田）、邹之麟（衣白）和黄公望（大痴）清幽意境的文人画之崇尚。

1933年，吴湖帆为其弟子王季迁绘《溪山环抱图》卷，并题识：“昔麓台司农合仿元四家笔于一卷，此千载创格也。季迁津津道其奇，去岁索画小卷，余乃效司农法写之。司农纯用水墨，余复间以敷色，一览即分为四，细审则仍其一。于画法，为不纯；于画趣，为有意。不其可与以画学论。丘壑位置本属附庸，当以笔墨为主，笔能使墨能用，便入上乘。位置颠倒，丘壑塞实，可不问也。子曰：‘大象无形，大方无隅。’其何斤斤于大形似谓？癸酉中秋，为季迁老弟题。吴湖帆。”谢玉岑在卷上填词《浣溪沙·湖帆为季迁画溪山环抱图》：

妙笔如仙抗麓台。溪山无尽镜奁开。天衣刚称五云裁。　画里四时争草木，眼前半壁足尘埃。闲身应办钓竿来。

词后识语：“《浣溪沙》。题奉季迁先生拍正，玉岑居士。”

词称赞吴湖帆的笔墨精妙足以抗衡王原祁，所绘溪山明净，草木峥嵘，祥云缭绕，引人入胜，可来此垂钓隐沦。奈何此刻祖国半壁河山化沉血海，恐怕只有等到太平时日，方能有闲身了。词人时时不忘忧世，拳拳之心跃然行间。

这件作品，现身于北京宝瑞盈国际拍卖有限公司2012秋季艺术品拍卖会上第488号“溪山环抱图，设色纸本，手卷，1933年作”。图上另有诸名家题识于卷尾，如庞莱臣、叶恭绰、夏敬观、章珏、溥儒、张大千、陈定山、冯超然等。

是年，吴湖帆绘画箑与谢玉岑，并题识：“前日玉岑道兄介观恽南田小卷，与余家二卷同为石谷作者，偶摹便面请教。癸酉三月吴湖帆。”画箑虽小幅山水，却云烟氤氲，笔意高古，绝非应酬之作。张大千曾言：“山水石竹，清逸绝尘，吾仰吴湖帆。”诚哉是言！

《夏承焘日记全编》[29]载：“1930年1月10日。榆生新于彊老座上晤玉岑。”之后，谢玉岑与词人龙榆生[30]从疏与往来发展至亲密来往，乃得力于夏承焘。

谢玉岑与龙榆生的交往主要集中在1932年至1934年，有谢玉岑手札和《词学季刊》为证。

（一）

榆生吾兄先生阁下：

一·二八乱后，闻驾旅申，以懒倦，未能一谋握手。其后弟有黄门之痛，往返沪常，益凄楚不敢见人，然时于瞿禅处闻兄佳朊，至以为念也。半月前徐哲东来，本拟偕谒高庐，以风雨而止。闻尊著有清末之词人评传，能惠一册藉慰保渴否？古老词有新镌版者，是未刊稿抑旧词？《词学季刊》，晤玉虎知不日可出版，陈慈老《白石考证》知仍未收入也。春寒不解，维起居保练，不备。弟谢觐虞顿首。六日午。

弟仍寓西门路一六五号。吴门金松岑不日来申，兄与之稔否？

29　吴蓓主编，《夏承焘日记全编》，浙江古籍出版社，2021年11月版。

30　龙榆生（1902—1966），名沐勋，字榆生，别号忍寒居士，江西万载人，朱彊村门人。1928年起，先后任教上海暨南大学、广州中山大学、南京中央大学及上海音乐学院等。一生致力于词学研究，曾主编《词学季刊》《同声月刊》。编著《近三百年名家词选》《风雨龙吟室词》《词学十讲》《词曲概论》等。

（二）

榆生吾兄先生阁下：

损书奉悉，大著想另寄，尚未到也。词社准加入。陈慈老《考证》，弟处系原稿，副本悉交瞿禅，惟闻瞿禅已经寄常矣。弟明日返常，当索呈台端。天晴遂饶春意，到申当谋趋谒，藉作郊行。匆复不尽怀仰，维起居保练。弟谢觐虞顿首。十八。

（三）

榆生吾兄史席：

手教并《词学季刊》、尊著《丛稿》拜到。《季刊》所载大唱，读之惟有拜倒而已。弟小时多读清词，至今不能脱其面目，近年疾疢，益成芜废，何敢与于作者之林哉？词社准加入，请绍介。拙作若干阕，勉强录呈，惟候绳削，然兄如客气，则弟以后惟有藏拙。铁铮丈奇懒，以词请益，辄搁置也。拙画不成样，后当呈正。古老遗词及《词莂》能请检寄，俾排印流传，亦有功词苑之事。《语业》及《三百首》如友人情愿付印，兄当不拒之也。敝友刻拟陆续印清人词单行本发行，而不取卷轴繁富者，如莲生、稚圭、纳兰、鹿潭皆在选列。弟意以西河、船山、翁山之短令合订一册，而以国初云间词单刻一册，尊意如何？匆颂大安，弟虞顿首五十。

弟去年来，思撰清词断代史，辄以病止，为可叹也。湖帆广古老《宋词三百首》已得百余首，弟拟选《清词三百首》。

（四）

榆生吾兄阁下：

前复计达典签，自常来得读大著，钦佩之至。陈慈首先生《白石词疏证》副本已寄沈阳。原稿黏缀错午，兹托友人移录，先寄去五张，乞发稿，以后陆续寄上。书名《白石道人歌曲疏证》，惟以前两卷皆乐府，与词无涉。恐杂志中不收，故自第三卷录起，而仍用《歌曲》名；如兄以为不妥，则改《白石词疏证》可矣。友人郑午昌办一印刷所，欲将彊村老人选之《宋词三百首》及《彊村语业》翻成仿宋发行，而由著作人抽版税，不谂彊老后人是否情愿？知兄最关怀彊老遗著流传事，因敢奉渎，希便代一问见复。惟《语业》以后未刊之稿，宜亦附入，俾成全集也。弟碌碌，欲读书而未得，思访叶誉虎先生一谈，亦未能也。匆颂著安。弟谢玉岑顿首。十七午。

友人陆丹林欲求大著一册，乞赐寄为盼。

（五）

前上一书并陈稿，计达左右，兹续奉十五页，希收复。天阴，上星期日友人约至暨南看桃花，未果也。有新著否？匆颂榆生吾兄大人著祺。弟谢觐虞顿首。廿六。

朱彊村晚景落魄，身后萧条，谢玉岑一直关心着彊村老人遗著的刊行，并为之出谋划策。

以上五通手札作于1933年2月6日至4月26日。手札中谢玉岑与龙榆生多是探讨词学，尤其关心朱彊村《宋词三百首》《彊村语业》、陈慈首《白石词疏证》和《词学季刊》的出版发行，以及准备加入词社（声社）等，这些内容同时在《夏承焘日记全编》《夏承焘与龙榆生书》和《夏承焘致谢玉岑手札笺释》[31]中均得到印证。

摘录《夏承焘致谢玉岑手札笺释》三例：

1932年8月19日。叶誉虎、龙榆生诸公近欲集同志办一词学杂志，属弟代邀会员。吾兄论清词著作，肯寄惠否？今秋出第一期彊村专刊，有关于彊老文字，尤所欢迎。……弟顷钞成《彊村丛书校

31 沈迦编撰，《夏承焘致谢玉岑手札笺释》（修订版），新星出版社，2020年7月版。

补》一卷、《白石歌曲旁谱辨》一卷。校补拟在《词学杂志》发表，旁谱辨顾颉刚君携往《燕京杂志》。

1932年9月2日。榆生信来属介慈老入社，亦望代致此意。……闻慈老另有白石诗集考证，想亦不出年谱所考。年谱若删去十四五，真可传之作。慈老读书之博，考索之勤，至可佩服。惟下笔不自休，是其一短。前读其稼轩谱，亦有此感。年谱稿弟拟仿前人刊山谷、荆公年谱例，删节为一编。以恐有轻议前辈之嫌，不敢动笔耳。榆生今日函来，于兄悼亡诸作，叹为艳极凄极。弟倾服甚至，无所献替。

1932年11月1日。前承邮示陈慈老《白石年谱》诸种，顷敝校学报欲乞刊白石谱，惟经济不充，不能酬稿费，止送单行本数十本。此事须得慈老同意否？慈老如尚淹滞东省，兄能代为作主否？便乞惠示数行转知鄙校当局。榆生诸君所办《词学季刊》，亦无稿费。今年不知能出书否？闻近缺通论一栏，兄有兴为撰《清词通论》，甚快先睹也。

由此可知，前辈的治学风尚令人敬仰，以及谢玉岑多年编撰的《清词三百首》《清词断代史》《清词通论》，辄以病止，实为可惜。

1933年10月1日，金松岑、陈石遗等在苏州惠荫园[32]举行秋禊，谢玉岑携张大千、蒋庭曜、王蘧常、钱仲联与会，今存有当时摄影一帧“惠荫园秋禊图”，上端有陈石遗题署。

旧影摄于癸酉中秋前三日（1933年10月1日）。一年前，日寇军机轰炸上海城，爆发了“一·二八”事变，继而国民政府与日本签订了“淞沪停战

32 惠荫园，又名洽隐园，位于苏州古城区南显子巷内。始建于明代嘉靖年间，清同治时改作安徽会馆，故又名皖山别墅。园中旧有“惠荫八景”著名，其中尤以洞水假山最有特色，被文物专家称为“吴徽文化风俗的交汇点”。

协定”。谢玉岑对惠荫园秋禊内容，有词《一萼红》：

> 中秋前三日，吴门惠荫园秋禊。会者石遗、松岑两丈，纕蘅、大千、石渠、瑗仲、梦苕，凡二十八人，用白石韵。
>
> 水堂阴。倚云根岸帻，露粟映斜簪。旅雁传声，山蛾敛黛，秋色何事冥沉。人意共、清商早换，聆高唱、暂寂雨中禽。（石遗酒后高歌。）池馆风流，河山尘壒，呼唤登临。　还说东南宾主，自渡江烽火，节序惊心。万感吴钩，五噫梁咏，过时人物追寻。称（去声）湔祓、乱离情绪，好壶觞、一醉贱黄金。知否兰亭图就，画浅愁深。（大千居士有图。）

由词序可知，吴门惠荫园参加秋禊共二十八人，同样在“惠荫园秋禊图”旧影中得到了证实。词序中提到的名字：石遗（陈石遗）、松岑（金松岑）、纕蘅（曹经沅）、大千（张大千）、石渠（蒋庭曜）、瑗仲（王蘧常）、梦苕（钱仲联）和谢玉岑等。

全词既有慷慨悲歌的激昂之情，也有萧闲淡泊的夷旷之趣。这次秋禊，诗酒相连，或“酒后高歌”[33]，或作图记之，也称得上极一时之盛了。

旧影是在惠荫园拍摄的，上部是廊顶和大树，下部是一池荷叶，是秋天，已无荷花；中部是一带曲廊，廊上斜倚着栏杆和直立者二十八人，其中包括两位松岑、石遗的文孙，明显可以确认的是倚栏而立者谢玉岑和张大千。

这张旧影，左起第三金松岑、第六蒋庭曜、第七王蘧常、第八张大千、第十一谢玉岑；右起第一钱仲联、第三范烟桥、第五陈石遗；其余郭竹书、吴元涤、杨咏裳、屈伯刚、徐沄秋、汪已文、梅芬、靡靡等，证明了一次极有纪念意义的文人雅集。这些人除金松岑、陈石遗年长外，其余的尚年轻，可谓群贤毕至，少长咸集。虽然至今都长空雁影了，但他们留下的诗篇将长久流传，所以这是一张颇有历史文化价值的旧影。若要对这次雅集的时代背

33　陈石遗高歌《满江红》。

景有所了解和认识，就不妨将《一萼红》来作解读：

当时国家正处于危难之时，此时的词人谢玉岑已成“孤鸾”。词上片写惠荫园的景象和与会者活动中的一些举止情状。从“池馆风流，河山尘壒，呼唤登临”中可知，园内是诗酒风流，园外是兵荒马乱。词人由景生情，引发了对国家政治不清明，时局不安的感慨和悲天悯人的联想。下片借历史上宋室南渡，士大夫互为宾主宴饮，而山河变异，联想到寓意为国事参与武装斗争的“吴钩”和隐居吴地节义之士梁鸿的《五噫歌》，并对这类往昔人物深表思慕、向往。感叹现实环境中缺少这样的志士，而只能向“过时”追寻了。又惠荫园秋禊虽可比王羲之兰亭修祓禊之礼，大千居士也有图记之，以效仿兰亭故事，但词人认为绘图毕竟只能表现一时形象，内容毕竟有限。

《一萼红》明显不是轻灵柔婉的风格，也非稼轩词风的雄放苍莽，而是介乎豪放婉约之间的感慨。感慨是一种沉痛愤慨的情绪，也是一种风格。从《一萼红》可以看出，词人的时代精神与位卑未敢忘忧国的情怀。甚至可以说，《一萼红》与南宋周密名作《一萼红·登蓬莱阁有感》相匹，具有同样词史研究之价值。

秋禊前一天，谢玉岑携王蘧常至网师园探访张善孖、张大千兄弟。两人刚入园内，忽闻呼噜声，一虎悠悠而来，两人大吃一惊。善孖正走来，说：“不要紧，它不会咬人的。”善孖随即讲了这虎的趣事：原来，苏州印光法师曾为这虎诵经受戒，虎每天要喂二十个鸡蛋。有一天善孖酒后忘了喂虎，夜半，虎竟至善孖床前，用舌舔善孖脸，善孖一惊，忽想起还没喂虎鸡蛋，急起补喂，虎食后就返穴了。

当时，大千正热衷石涛，王蘧常见大千用旧纸摹仿石涛画挂在墙壁，便问大千：“你的画已经很好了，何必还仿古人？”大千说：“我的画只能卖二三十元一幅，仿古人的画可以卖二三百元。”

大千正着手为朋友画生肖图，蘧常亦有此意但没开口，玉岑就对大千说：“你也给瑗仲画一生肖图吧，他的生肖属鼠。”大千欣然动笔，画了一米囤，米囤上有两只大老鼠，又在米囤旁添上四只小老鼠。当时蘧常还未成亲，说："这么多的孩子，我怎么养得起啊？"大千笑道："这是善祷之意。"蘧常后来果然有子女四人，每忆及此，不无感慨地说："被大千画中，真是命中注定！惜此画未能逃脱'文革'厄运。"

1933年农历十月十五日，谢仁冰、钱名山、邓春澍等二十位贤达名流从四面八方赶来，齐聚常州观子巷十九号谢寓，为谢玉岑祖母钱蕙荪庆祝八十大寿。翌日，谢玉岑、谢稚柳兄弟邀请众友人畅游舣舟亭。当时正值深秋时节，菊花盛开，枫叶正红，大家一起登临远眺，怀念苏东坡，推杯畅谈作诗品茗间，十分惬意。畅饮之后，大家就要依依惜别了。邓春澍觉得这盛会雅集是难得遇到的，以后也很难再聚在一起，便效仿古人，先请大家在纸上题写自己的名字，回家绘了《舣舟亭雅集图》长卷，以纪念此次盛会。此图可谓邓氏作品中的上乘之作，画面把舣舟亭的深秋景象描绘得淋漓尽致，一览无遗：柳树萧萧，霜叶正红，修竹丛丛，秋菊争艳，石瘦荷枯，天高气清。画中有二十二人着古装，或相聚而谈，或观碑怀古，其一远立旁观者为名山先生，悠然闲适。此卷展现了民国时期舣舟亭的布局，是太平天国时被毁后的景象。

长卷今为常州博物馆藏品（纵32厘米，横546厘米），前后名士题跋众多，引首为名山先生所书"舣舟亭雅集图"六个大字，银钩铁画。卷上端有邓春澍题识："癸酉十月既望，铁年、仁冰、汀鹭、昇初等来自宁沪锡宜祝玉岑祖母耋寿之翌日，共饯于东郊舣舟亭畔。篱鞠未残，霜枫犹赤，相与登临，游眺既久，酬酢尽欢而别。澍以胜会不常，盛筵难再，爰请题名，更绘斯图，以志鸿雪。云溪居士邓春澍并识于四韵草堂。"卷左上端依次题名的有：符铁年、汪蔼士、胡汀鹭、赵苇佛、王师子、谢仁冰、蒋尉仙、程庄如、郑曼青、程沧波、奚昇初、蒋石渠、顾峤若、谢玉岑、赵稚梅、钱炜卿、谢稚柳、钱名山、王有林、邓青城、王春渠、钱小山。卷尾题诗、题款的有周企言、郑曼青、蒋石渠、徐贯恂、钱隽逵、蔡培、杨咏、孙保圻、方冰台、石侪、吴大中、王栖霞、侯鸿鉴、高景宪、崔龙、吴敬恒、汤澹然、汪公玉。

《舣舟亭雅集图》是继清代钱维城《舣舟亭图》之后，再次以绘图形似描绘舣舟亭的重要作品，具有同样的历史文化研究价值。这次雅集，据说有《舣舟亭雅集摄影图》，笔者虽无缘得见，但愿尚存天地间。

是年，夏承焘、张大千分别为谢玉岑祖母钱蕙荪作八秩寿词《临江仙·谢太君八十寿》、寿图。大千绘成四条屏合松、荷、菊、竹等四时花木，构图采用石水与花木结合，错杂有序，敷色典雅，清气潜流，颇具大格局和大气象，并题识："癸酉冬日写四时花木，恭介谢太伯母八十大寿。世再侄，张爰顿首拜。"此图可谓大千费尽心力之佳作。

晚年的蕙荪老夫人"面容洁白，眉目清秀，端庄儒雅，有孙子供养，有媳妇操持家务，有一间大房活动休养。一日三餐由家人送至房内，来了亲族小辈，必进房内问安。她是家中最高尊长，受全家尊敬。但她从不发号施令，从不说长道短。我祖母尊敬她，我父母尊敬她，我们耳濡目染，自觉尊敬她。她自小到大都好文，吟诵不绝于口，钱谢两家女子好诗文，皆由她形成风气"[34]。

1933年冬，谢玉岑与符铁年[35]合作书画扇。此扇一面谢玉岑绘成庭院一角，短墙蜿蜒，疏篱数丈，松高百尺，芭蕉一本，奇峰独秀，亭子一间，修篁数丛，板桥半现，门户洞开，惟不见一人，渺然寂静。构图将景物的大部置于扇面下端，短墙、高松皆伸出扇外，取无天无地之法。布局上展下收之特征将空白之处扩大了数倍，密处不挤，疏处不虚，江天水阔，视之有物。扇面中央款识："桂荣先生属。癸酉大寒，玉岑居士谢觐虞。"另一面为符铁年录李楫《有约》和曾由基《西湖夜景》各诗一首，其书体法米芾。此书画成扇现身于广东精诚所至拍卖有限公司2020年春季拍卖会。

1934年3月，谢玉岑携符铁年及已在上海南洋中学任教的钱小山一起去听方红宝的梅花鼓词，归后填词《珍珠帘·听鼓娘方红宝歌赋，用梦窗韵，兼索铁年、小山同作》：

34　谢钿《回忆曾祖母钱蕙荪》。

35　符铁年（1886—1947），名铸，字铁年，号瓢庵，别署闲存居士，室名晚静庐。湖南衡阳人，晚清画家符翕之子。幼承家学，八岁书楹联刻于衡阳回雁峰寺，邑中传为美谈。后定居上海，与书画名家交游。花卉近徐渭、陈道复；书则融合北海、襄阳、山谷。著有《符铸书画》等。

压愁麟带东风袅。天涯柳、弦柱流莺能道。旧曲换江南，信六朝欢渺。赌壁黄河何日事，有残客、旗亭还到。香峭。折露桃秀靥，称他娇小。　　最惜客里光阴，任看云劫幻，交车尘绕。未必是雕梁，惹红襟凄抱。锦瑟华年天样远，只梦中、啼眉能笑。付歌鼓消磨，艳晨应老。

3月28日，谢玉岑以“孤鸾”在《申报》发表这首词。词序中“方红宝”，为民国京韵大鼓名家，曾师承鼓界泰斗白云鹏，有“鼓界皇后”之誉；其入剧场演出喜着男装，身罩长衫，头戴礼帽，潇洒倜傥，色艺双全。“梦窗”指南宋词人吴文英。

上片写方红宝歌曲动听，犹如流萤，唱出了江南新韵，词人与几位同好兴致勃勃来欣赏其秀色绝艺。下片写词人客里赏音之联想，叹世事沧桑，华年易逝，壮志消磨，充分显示了鼓娘歌曲启迪人心的艺术魅力。方红宝为鼓书鼓娘是时说书上海，颇为听者所熟，谢玉岑这阕《珍珠帘》为其张目，一时海上胜流，争相唱和。

4月29日，《晶报》刊载谢玉岑组词《清平乐》，词序：“自予制《珍珠帘》词为鼓娘方红宝张目，海上胜流继声咸起，如符瓢庵、赵苇佛，排日传笺，有子阳旗鼓之意。卧病里门，此乐久废，再赋小词，以质符、赵，兼示丹斧、伯乔、千居、文无。”词曰：

（一）

白门歌舞。曾被青山妒。仗马京尘天尺五。输尔冰弦能语。
落花何处相逢。楼台斜日还烘。怪底瞒人绿暗，近来啼宇都慵。

（二）

桃夭杏姹。都逊棠梨雅。几日江城花欲谢。梦里宝钗楼下。
陌头处处流尘。浮云转眼成阴。惜取尊前襟袖，等闲莫问新亭。

（三）

衾寒灯炧。苦雨添悲诧。多事杏花明日卖。轻薄东风有价。
十年断后回肠。三春病里流光。莫问新裁乐府，青袍瘦了垂杨。

（四）

雕鞍朱鞚。南陌劳迎送。收拾歌离兼吊梦。宾客眼前能共。
逡巡镜里腰身。依微鬓畔春痕。消得横波一注，麻姑东海三尘。

（五）

河山沉醉。莫惜朱颜改。金缕衣裳珠百琲。薰了水沉麟带。
纷纷新曲春灯。沉沉消息青禽。听到津桥杜宇，怕他归梦难温。

（六）

红牙乍歇。莺语花间滑。弦索悲欢原历历。唱过几番人物。
九衢争看乘肩。分明掷果翩翩。扫黛要□丘壑，比红何用诗篇。

《清平乐》（六首），是继《珍珠帘》吟咏后，用组词形式进行更大规模的礼赞，足见谢玉岑对鼓娘方红宝唱腔技艺的高涨热情。尤其第五首，感慨国事日非，“河山沉醉”，切莫丧志，过度沉溺于歌舞，谨防“归梦难温”。

1934年，谢玉岑为张大千作题画词多首，其中有《浣溪沙·题拥髻美人》《谒金门·题团扇仕女》《西江月·题华山云海》如下：

偷试盘龙旧日妆。舞衫歌扇出空箱。恼人弦索在东墙。　春事本同云水幻，此情可许地天长。为他一日百思量。

词人借题一曾经歌女自恋姿态的行为，其实是讽刺伪满洲国至今依恋昔日腐朽，与无可奈何当下落日的复杂心态。

风渐暖。只觉起来能倦。飞絮落花春不管。瑶阶浓绿换。　小扇罗纨羞展。双凤檀槽争按。谁说佳期天样远。量愁天更短。

这是一首典型的抒情性题画词，词人托物喻志，借题发挥，抒写自己的情志，寄托自己的心灵。“谁说佳期天样远。量愁天更短”，与其说是题画，其实是词人自浇情结块垒，抒写出自己反抗日寇侵略、期盼早日收复国土的强烈愿望。

到此欲骄日月，回头又失蓬莱。秋风吹出井莲开。何处长安尘埃。　雪下玉龙游戏，月中青女徘徊。眼前忆着锦江来。今古浮云玉垒。

上片突出华山的险峻突兀，下片凸显云海的舒卷翻腾，俱用虚笔设想，神话传奇，从而使得华山云海的特殊气韵充分呈现。

词起源于隋唐燕乐，所谓燕乐，就是宴饮的音乐。唐宋两代作为重要社交场合的公私宴集，每有歌妓以歌舞侑酒，演唱燕乐歌词。歌词而兴起的音乐文学，是“依曲拍为句”，即依乐曲虚声填实字而成的长短句。所以不说“写词”，而说“填词”，是一门“倚声”的学问，充分体现了词的音乐属性。不管是倚声填词，还是作词谱曲，当时的词家所注重的重点是歌词与曲调的和谐，追求声情并茂。词的内容，亦大多偎红倚翠、婉转绸缪之态，所以“词为艳科”是后人对词的体性特点所作的概括。

词“别是一家”[36]的理论早在宋代就普遍认同，甚至有了“向之未有得于诗者，今遂有得于词”的说法。尽管宋代以后，词乐散佚，词作也不再和乐歌唱，但对于词体声律的重视并未就此绝迹，反而在词韵、声律上讲求了，词的音乐性也就通过字的声律展现出来。词体的其他称谓如“乐

36 李清照《词论》。

府”“歌词”“曲子”等，也是从音乐着眼。之后随着大量文人的参与与创作，词的性质和功能开始发生了变化，词的案头书写与欣赏才逐渐占据主流。喜爱文学的人大多对音乐都有兴趣，而词恰恰结合了文学与音乐这两种艺术。由于唐代的许多贵族、士大夫阶层的人喜欢这种错落有致又容易抒情表达的文学体裁，他们常常填词之后就令府中的歌姬舞女表演，词自然就先天地带有香软艳冶的本质了。那些飘飞水袖、甜润歌喉的宫女把歌词中的情调演绎到了极致，音乐如同一双翅膀，将“词”的这种体裁快速载到了文学的高空。从此，词便流行起来至今不衰。

词为诗余，是长短句的格律诗，诗言志，词言情。词不同于诗，除诗的一般特点外，还涉及声律、音韵、风格、流派等方面，那种参差错落，自由洒脱之美，恰恰是诗所欠缺的。所以有说，词是诗中的诗。

词兴于唐五代，盛于两宋，又衰落于元明，中兴于清代。正是这原因，人们往往把词称为“宋词”。宋词以内敛的思绪、优雅的情怀、婉约或豪放的格调，营造了堪称中国文学艺术中最美的“词境”。

清词是继宋词之后的又一高峰，词史上号称“中兴”。但中兴不是翻版，清词不同于宋词，主要区别为宋词是歌女的词，清词是文人的词。对于晚清词，虽然受到“五四新文化”的影响，但词有定格，字有定数，韵有定声的形态规范和倚声、按谱、次韵的创作方式等因素，受到的影响较小，被认为缺席了“诗界革命”。晚清最主要的两部词话——王国维《人间词话》和况周颐《蕙风词话》，以及民国词人夏承焘《唐宋词论丛》、龙榆生《词学季刊》、唐圭璋《词学论丛》，对词学进行整理、研究、出版，对推动词学的发展有着重要的贡献。

五、上海商学院

1933年5月，谢玉岑转到位于霞飞路1348号（今淮海中路高安路口）的国立上海商学院任教并兼文书主任。王巨川在《再记谢玉岑》中说：“二十二年间，他又兼了国立商学院事务。商院地址在体育会路，他觉得四周空气清敞，很想读书。预备自《后汉书》迄《新唐》浏览一过，作为行文的帮助，终因他的病苦缠身，甚么都不能达到。”

1933年夏，张大千邀谢玉岑、郑曼青、郑午昌来苏州网师园小住几日。大千创作了一幅《宋人诗意》图，并录宋代陈普名句：“木叶西风古道，稻花北垅新田。流水美人何处，夕阳荒草连天。”并署款：“癸酉夏日写宋人诗意，大千居士网师园中。”玉岑于图上题绝句：“斜阳村道柳毵毵，游屐秋风客兴酣。空说太平无恶岁，即今米价贱淮南。”

此件《宋人诗意》为张大千20世纪30年代的秀丽之作，大千以石涛笔法铺陈山水，益之独有的秀润，描绘出一派绚烂的夏景。

其间，大千、午昌合作画箑《松崖高士》，玉岑于上篆书题诗一首：

黄山苍松称蒲团，西来我佛同云龛。
主人高卧松风寒，一梦直接天四禅。
当年清湘此掩关，丹青更夺江南山。
远公渐师亦靳骖，后数百载谁能参。
妙谛合证经锡兰，八法六法下士惭。
大千午昌聿烂漫，洗眼云海宇宙宽。
此笔不使同松传，艺域终见沦榛菅。
题诗均通寒删覃，谢公拥鼻吴语艰。

诗后跋语：“午昌画松，大千补成，玉岑戏题，时癸酉夏四月，大风堂灯下。”又大千、曼青合作《岁寒图》，寄赠夏承焘。当时，夏承焘在杭州西湖任之江文理学院教授。图成，谢玉岑余兴未减即题长诗《集大风堂，与大千、曼青合作岁寒图，寄瞿禅湖上》于图上：

三日不相见，古人以为言。吾与瞿禅别，奄忽将十年。
湖水一苇杭，欲往何迁延。岂无尘事累，乃与病为缘。
犹恐一朝见，少日非华颠。去年海上劫，性命幸苟全。

今年岁云暮，北望仍烽烟。蹈海何足惜，失学只自怜。
安得湖上廛，与君共简编。竹叶斟美酝，梅花蹑飞仙。
邵（潭秋）清而唐（玉虬）豪，相惜皆夔蛟。
偃仰冰雪怀，揖让庠序贤。作画寄此意，息壤从君传。

全诗诗意真挚，不啻高山流水之情。

1933年10月，邵潭秋来上海公差，特意来上海商学院探望谢玉岑，不遇。于是，邵潭秋在《晨光》（1933年第2卷第7期）发表《访谢玉岑不遇赋贻》：

谢客清才孰比伦，三年不见只神亲。
坐禅绝学花争笑，作画连峰意不贫。
失偶君忧伤旧鉴，钟情我亦怆垂巾。
（玉岑去岁悼亡，予今正亦失幼子。）
料应畏逆唐衢泪，故遣骖骍出未驯。

谢玉岑有诗《和潭秋韵，并示丹林》唱和：

十年贞疾成樗弃，哀乐匆匆尽劫灰。
岂有河山化金碧，枉余名字障风埃。
治生人道不龟手，成佛谁当未易才。
多谢新诗夸胜境，结庐何日剪蒿莱。

多年来为生活奔波，且常生病，我已成无用之才。难道笔下的河山能换来美好的生活，我只是徒有虚名罢了。我一生才非所用，即便修成正果，也改变不了命运的安排。多谢你的新诗夸奖，期待来日，我来西湖与你相聚吧。诗人痛惜自己病体羸弱无用，“十年贞疾成樗弃，哀乐匆匆尽劫灰”，是诗人的自哀。

谢玉岑与邵潭秋的订交是由夏承焘促成的，时间在1930年12月。之后，两人一直有书信往来。

王巨川在《再记谢玉岑》中说："南昌邵潭秋，努力于诗，他和我说跟他缔交的经过，同时并赞美潭秋诗精悍类散原老人，著有《培风楼诗》。他曾送我一册。我后来也见过潭秋，近在成都教授，和我另一把兄弟陈星伯很熟，诗简往来，毫无间断，未刊的诗稿，现有商务印行。他和潭秋一律，内才字韵。"

在一个残蝉声断风摇柳的萧瑟秋夜，谢玉岑顿时感到更加孤独，填了一阕任笔尖流泻的哀歌《阮郎归·生日坐商院》：

秋云无蒂薄垂阴。风摇柳乍髡。阑干几日望新晴。残蝉三两声。　　湖海约，梦魂惊。华年又一程。纵饶百岁也虚生。为他知未曾。

这年的秋天，词人久客沪滨，难以成寐。秋色日渐趋浓，寒意逐渐加深，然而令人更觉寒冷的是来自对国家倾危的内心悲慨和对时局的忧虑。

上片写景，从天地之间抽取凄凉的秋色。下片感怀，对人生前途感叹黯淡的迷茫。全词写得缠绵悱恻，哀感顽艳。自古逢秋悲寂寥，离人的心本就凄冷，更何况又逢生日，秋风里时断时续的蝉声，更让人觉得异乎寻常的幽咽。"纵绕百岁也虚生"，词人面对随风扬起的秋柳，不禁感慨流年虚度，虽无答案而答案自现，将词的情感推入一个新的词境，即悲凉的秋景，悲凉的心情，构成了悲凉的词境。

《谢玉岑诗词书画集》[37]中收录了溥心畬与张大千合作赠与谢玉岑的一幅立轴《松荫高士》：一株翠碧古松虬曲雄踞斜逸画面，如龙展现气势雄浑，夭矫而弥坚的活泼生机。松下一高士坐在巨石上远眺山上直泻而下的瀑布，上方留白处有溥心畬草书题句："百尺殊风雨，千寻近斗牛。"张大千

37　钱璱之编，《谢玉岑诗词书画集》，作家出版社，2009年4月版，第105页。

行书题语："甲戌（1934年）展。重九补泉壑、高士，寄上玉岑吾兄。大千弟爰，故都昆明湖上。"由此可知，1934年心畬绘古松在先，大千作山水、人物在后。老松尽是"溥氏风格"，松干斜倚与题语的巧妙搭配，现出绝佳的平衡感。观溥、张合作之画，传递出一种对时局动荡的不安，向往一种归隐山林的平淡之心。该图取景高逸，诗、书、画、印四者合一，透过结构美感、情景意蕴，直与读画者心弦产生共鸣。

2011年，富得拍卖行有限公司第100期拍卖会上的3号拍品"溪亭听雨图"，是一件溥心畬赠与谢玉岑的书画成扇。成扇一面是溥氏水墨画《溪亭听雨》，画面上叠叠的山石、葱葱的树丛，虽笼罩在烟雨蒙蒙之中，但中央溪亭内一位正在听雨的高士却清晰可见，整幅构图气势恢宏，笔墨淋漓，又清逸温雅。图上左右款识："石田梅花书屋画意。心畬。""玉岑先生正之。溥儒。"

成扇另一面为溥氏长诗一首："青青香树林，郁郁金仙塔。五代征战馀，千年变僧腊。……石穿金粟字，云散水衡铺。西望怀王母，登台意渺然。"诗后款语："甲戌秋月，儒录近作以应玉岑先生教正。西山逸士溥儒。"

先父谢伯子曾对笔者言："玉岑公曾有数件心畬先生的书画成扇，其中有玉岑、名山与心畬合作之扇，无奈历经几次浩劫，大多散失。"幸运的是，立轴《松荫高士》尚在玉岑后人手中，这是玉岑公与心畬先生交谊的信物。

笔者手中有《广东崇正2020春季拍卖会·西南名儒，遍交海内——清寂翁林思进[38]和他的友朋书札》图录，其中谢玉岑致林思进的五通手札，兹录在此：

38 林思进（1873—1953），字山腴，晚号清寂翁，斋名清寂堂，四川华阳（今成都）人，近代著名文学家和教育家。1903年中举，1905年东游日本，1907年回国后任内阁中书。在京师期间，与陈散原、陈石遗、郑孝胥、梁鸿志、林纾等酬唱雅集，交谊颇深，但作为诗人，其诗歌理念与江西派有别。曾任四川多所大学教授、四川省图书馆馆长等职。1949年后，任四川省文史研究馆副馆长。著有《清寂堂集》等。

（一）

山腴我师：

手书并词笺拜衍，同时厚朴亦来，感谢感谢！欲言列下：

一、挂号寄去邓、胡两扇到未？

一、师子屏、扇即可得。近上海不景气，谢公展、符铁年、师子穷欲死，故画兴阑珊。

一、大千兄弟归，扇件负责代催。

一、前寄贱款诗屏，屏纸中间请写单独一条诗。（此款屏及舍件、画扇早送，廿五、卅，何迄未入鉴？）赵尧老无论大小件缓乞录之。余征集不完，可抽出四条写大著骈文。

一、请写十二扇诗，再单独写一词扇，双款。

一、贱体经西医检查，并无大病症，只是胃弱。须候春暖浴日光，吸空气疗。然半年内决难出门。

一、汪蔼士梅在北平有大名，不日吾以屏奉赠，极佩大作。其意欲得公为多题梅花诗，每一诗以一画为易。如果有兴成此风雅交易，弟子为介亦欲成盛事也。

一、大作旧稿、诗文速寄几部来，友好催索甚迫矣。

玉岑病中叩。廿三。

（二）

尘俗琐琐，晚间示，立足叩送上大千《华山图》，乞赐题咏。又两扇亦求挥染，无厌如此，非厚爱如丈讵能亮之？王君扇明日画出，后日何时登轮，乞风及尤荷。专上清寂吾师道席。

承制虞叩。即夜。

（三）

山腴吾师左右：

五日前发一航快，计达典签。顷由申转到手书并大稿，甚快，惟贱恙一时不能霍然，一两日内恐难出门。印刷事又无人可假手。能略空时日启各笺知兴会，有损书件尽可纵容挥洒。惟贱款一矮屏词，乞写。又求撰赠长短两联，能先见惠，为病榻瞻对，尤为跂怀。珂里文人如可代征书画扇联亦妙。张大千已东渡扶桑，善孖或有南洋之行，海上朋旧星散，陶乐春捧袂之乐益可思也。厚朴未到，贱恙进附子，而胃阳不兴，孱弱为叹。匆匆不成字，祇颂道安，不备。

私淑谢承制觐虞病室顿首。一月十九日。

（四）

清寂吾师左右：

得手教并赠诗。知遇之深，存德之厚，使孔门朽木何以当此。数千里外，惟有顿首顿首！

哀辞太悲，病中未敢卒读。高集已来，道即改定刊书，种种由虞任之，然贱恙非一二日内所能亟愈。海上丹林众异太忙，无可假手，出版还须宽假时日也。日来进附子，耆求精神略佳，胃纳仍少，日进五碗稀粥。积弱过深，况由阴虚变阳衰，关键匪浅，其霍然自非一蹴可成也。三十年贞疾，学问文字有叹不逮。即欲从师唱和，乱离而不可得，天之所废谁能兴之，诵古人之言为之堕识。近日征集朋好书画，为遣忧慰情之具。邮筒不虚，亦足色喜。奉阅并博莞尔。平函计先达。匆叩道安为益。

私淑谢承制觐虞再拜。一月廿一。

（五）

山腴师：

航空手书奉行为快。附子已来，厚朴当未到。日内亦进朴也，谢谢！挂号寄去诗屏纸及汪蔼士一扇，不知入察未？诗屏余纸皆请师自书之，另书条则入配屏。再有兴写十二扇，或十六扇，选游览山水记，池馆名迹者尤妙。当请大千兄弟图之，成蜀中三绝也。张惠言字手生，未见真者，上海中华所印当可耶。北江略多而昂，常州不见，转是上海时见一联，即少在六十金外，缓当代留。贱恙进步极缓，久病益虚，医戒作书，恕不能多复。征扇已得一二页，汇齐另邮。匆匆竟不成字。大著《吴游集》已先以一部分在南京《中央日报》发表，可以传示朋好也。专叩大安。

谢觐虞再拜。三月十日。

这五通手札写于1935年初前后。图录中，除谢玉岑致林思进五通手札外，另附有林思进与谢玉岑手札跋语："谢玉岑觐虞，武进人。年少聪颖绝伦，书法晋唐。予游海上，常欲师事予，谢不可。此其病榻中函也，未几遂卒，极足惋惜。海上同人印有《玉岑遗诗词》一册。"

谢玉岑与林思进是何时何地相识相交的呢？林思进从成都先到苏州看望儿子和高吹万等几位老友后，于1934年11月20日又到上海由张善孖在大风堂接待。林思进有诗记之，诗序："善孖既饯予于大风堂。明日，海上书画家二十一人复集陶乐春，当筵命笔，写成折枝两幅赠行。玉岑题之，以为此折柳意也。归装草草，敬缀一律报谢。"诗曰：

盛饯群贤喜，流风海上高。笔花将墨雨，奇彩艳生绡。
折柳情如此，离尊恨已消。华筵容易得，不忘是知交。

翌日，张善孖、张大千兄弟又在陶乐春设宴款待林思进，并有合影留念。

合影照片上共有二十五人，分成三排，前面两排坐着，后面一排站着。其中有中年人、老年人，有着西服，有着长袍马褂，有二人头戴瓜皮帽，有七人戴眼镜。可以确认第一排右起：俞剑华、王个簃、张善孖、张旭明、熊松泉等；第二排右起：张大千、符铁年、谢公展、林思进、黄宾虹等；第三排右起：谢玉岑、贺天健、马企周、陆丹林、郑午昌、王师子等。合影人还有顾巨六、许修直等，但无法确认，估计都是当时有名的文人画士，好在照片清晰，有待识者辨认。照片上没有题署，但右下角却有图章“静山摄影”。很显然，这是郎静山所摄。郎氏摄影，闻名世界，20世纪30年代，其艺术活动主要在上海，与谢玉岑、谢稚柳兄弟，张善孖、张大千昆仲等颇有往来，晚年去了台湾。至于具体内容，1934年11月22日的《申报》有文《张善孖宴请文艺界，顺为林山腴祖饯》报道。

之后，林思进有长诗《两髯行，题张善孖、大千昆弟华山行卷即以留别》记之，其中有句：“季也一角妙写寄，敛衽吾欲同王维。（大千新写华山一角，玉岑属予题之。）”“霜腴玉岑两年少，兼以词翰相追飞。（霜腴者，公渚别署也。）”

谢玉岑与林思进虽然相识不早，却一见如故。从玉岑信札称呼思进先生“山腴我师”“山腴吾师”“清寂吾师”等可知，玉岑对思进尊敬有加，有私淑之意。而思进对玉岑不仅评价高，还关心玉岑的身体康复，屡次寄与玉岑四川的药材“附子”“厚朴”等，可谓真正意义上的忘年之交。

1934年初冬的一天，王巨川到西门路西成里165号探望谢玉岑，“他下着帐幔，身上盖了很多的衣被。他既怕冷，又怕阳光，只得隔幔说了一大堆话”。[39]这时，谢玉岑的病体沉重起来了。

1935年1月，由汤定之、谢公展、符铁年、张善孖、王师子、郑午昌、陆丹林、张大千、谢玉岑九人以年龄大小为序结社，名为九社。九社以研究中国书画为宗旨，史称“民国九友”。符铁年在九社成立时有《九友歌》发表在1935年2月10日的《国画月刊》（第1卷第4期）。《九友歌》序云：“九友者，九社之主人也。九友虽同居沪滨，而相去各远，恒累月不一面，乃议立九社，从其数也。社无定所，月两度轮集九友之宅。主人则为具盘飧，设笔砚，相与作画竟日，而籍存之所以资讨论，永欢言，诚乱离浮寄中一乐事也，因赋长歌示同社诸君。”歌曰：

39　王巨川《再记谢玉岑》，载《永安月刊》1947年第93期。

酒家楼头日已晡，良朋嘉会兴肯辜。
醉饱扪腹资谈娱，脱略那复形骸拘。
交深却恨相见疏，得不及时思良图。
佥议立社九友俱，月再集会物力舒。
互为主人治盘蔬，长日作画还论书。
画成检点付籍储，奇文共赏留忻愉。
商量邃密道不孤，定之忠裔握瑾瑜。
超然尘表味道腴，挥翰潇洒拂长须。（汤定之）
公展合伴渊明居，低首霜杰勤绘摹，绚烂天孙云锦铺。（谢公展）
师子花鸟荃之徒，气象生动笔有余。（王师子）
午昌矫矫谁复如，高寒气骨撑竹梧。（郑午昌）
虎痴兄弟今二苏，蜀山奇秃腕底输，尽吸古髓熔洪垆。（张善孖、大千）
玉岑模篆墨池枯，晋人隶草风姿殊，画境简逸追倪迂。（谢玉岑）
丹林肝胆忘艰劬，题画有时起狂呼。（陆丹林）
铸也懒拙仍故吾，自惭瓦砾侪明珠。（符铁年）
公等乃不嗤鸦涂，我歌已毕傥和余。

张善孖、大千的歌辞，点明了谢玉岑书似晋人，画比倪瓒。

1933年和1934年，是谢玉岑投身艺海以来活动最为频繁，诗文、书画评论发表最多，身心耗费最大的两年。他的病日渐沉重起来，遂于1934年冬至前一日，由唐玉虬陪同从上海回到常州家中养病。

六、病中托孤

忆我先父病休在家常州城内观子巷，大千多次前来探访。大千美髯近尺，乌墨闪光，体格魁梧，威风凛然。作为幼童的我，第一次猛然见其状，不免害怕起来，畏缩不敢走近。大家称他为美髯公，彼乃蜀人，操蜀音，谈吐潇洒，四座动听，伸纸下笔，淋漓尽致，雅趣横生。后来，我不免喜欢他常来。

这是谢伯子晚年，接受中央电视台《中国当代画家》主编杨晓明访谈时的一段回忆20世纪30年代初，他初见张大千的情景和感受。之后，谢伯子又有三次机会叩拜大千师，列为大风堂门人。谢伯子在《永恒的记忆》中写道：

我从十岁到十三岁，先后失恃丧怙，幼小的心灵常感到孤苦和心酸。但有一种记忆又每每温暖着我，鼓舞着我，使我从困境中自立，在坎坷中前进，这就是对我父亲与大千师的深沉思念和永恒记忆。

由于我出生时失听失言，对父亲平时的谈笑、读书、歌咏以至病中喘息、咳嗽、呕吐的声音，我都听不到。但他的仪容、神态、举止却能给我留下不可磨灭的回忆。通过他的诗词、书画、遗稿遗墨，我进而想象他之为人，了解他的精神世界。

我的记忆中最清晰的是父亲和张大千的交谊。父亲和张氏同年而稍小，但张氏在赠我父亲的画上却总称为“吾兄”“老长兄”，书札上也是如此。父亲则常称张氏为“季公”（张氏原名季爰）、“张夫子”，他在诗里这样写过：“季公健笔任诛索，醉我何止酒十千。”“半年不见张夫子，闻卧昆明呼寓公。”……他们平时往来十分亲密，张氏作画，父亲题诗，珠联璧合，相得益彰。可惜父亲早逝，所存的诗词太少，只二百余首，遗留的书法也甚少。

我母亲先父亲去世，父亲神伤不已，尝告人曰：“报吾师惟有读书，报吾妻惟有不娶。”张氏为了宽慰他的悼亡之情，先后画赠荷花百幅，其中一巨幅五色荷花，用金粉在各种重彩花朵上勾上金丝和金蕊，绚烂夺目，风神绝世，确是罕见的艺苑珍品。

父亲每次返里，常见他独坐凝思。除了读书写作、写字画画外，每每翻箱倒柜，拿出一幅幅收藏的字画，展挂在厅堂上，然后默默地欣赏着。这时，我总悄悄地跟随在父亲左右。父亲看这望那，我也随着他的眼光看这望那。当父亲看及张大千的画时，我发现他特别凝神注目，久久不动。我一面往父亲看的方向望去，一面偷看父亲的神色，引起了幼稚的好奇心，直觉到他对张氏的画是爱得那么深。

一段时间，父亲在家养病，张氏正寓居苏州网师园，每隔几天就来看望我父亲，每次来必作画。我当时都在一旁站着看，慢慢地心中悄悄爱上了张氏的画，这种情况父亲似乎没有注意，往往命我回到原处习字。有一次我怅然离去后，一时没趣习字，就倒在自己的床上，辗转反侧，竟震动了床边板壁——因板壁另一面靠着画桌，弄得张氏顿时停笔。张氏知道原委后便高兴地唤我过去看他作画，我大喜过望，深深感到张氏对我的亲切关心。

1935年初的一天，张大千又从苏州来常州探望谢玉岑并作画。玉岑神情忧伤地说了话，大千的脸色顿时沉重起来，并频频点头。玉岑命身旁的谢伯子向大千叩头拜师，谢伯子即跪下向大千先生行拜师礼。自此，谢伯子列入张大千门墙，成了大风堂门人。一生重友情的张大千没有辜负老友谢玉岑的病中托孤，他不仅对谢伯子以弟子对待，更是视作自己的子侄。

之后，大千师每次来常州谢家作画时，往往让谢伯子磨墨抻纸。大千师的画笔如魔术般上下纵横，一挥而就，那些亭亭玉立的荷花，栩栩如生的小鸟，如诗如画的山水，千娇百媚的女子，顷刻跃然纸上，或呼之欲出，这些摄人心魄的画作，着实让谢伯子大开眼界。谢伯子似乎从大千师的画里，感觉到了大千世界的神籁和天地间的呼吸，感受到了大自然的气息和生命的搏动。每次大千师一回苏州，谢伯子便流连于大千师画前，仔细观摩，甚至拿起笔纸，认真地临摹起来。

成才后的谢伯子画格是最接近张大千的画风，已深得张大千笔墨之神韵。冯其庸先生在《谢伯子画集·序》中说："今观伯子先生画，无论山水、人物、翎毛、花卉，皆得之于大千者居多，甚或有宛然神似者，即此亦可见其天分功力之高矣。夫大千，当世之董、巨、马、夏也，岂易为者？并世画士能得其神韵者，吾不知有几也！"启功先生亦为《谢伯子画集》题颂："池塘青草谢家春，绘苑传承奕世珍。妙诣稚翁归小阮，披图结念似前尘。”

这首题诗隶事用典之妙，声律粘对之精，让人叹为一绝；诗人与诗中叔（谢稚柳）侄（谢伯子）两人情谊之真，亦足令人为之感动。

七、玉树凋零

钱素蕖亡故后，她之前喜欢待的房间，就成了谢玉岑不愿涉足的禁区，只怕触物伤情。1933年农历七月十七日夜里，玉岑梦见素蕖，哭泣中梦醒，竟来到这房间门前。房门紧闭着，并未上锁，轻轻一推，便“吱呀”一声缓缓打开了，玉岑小心翼翼地走了进去。

这是一间小巧精致的房间，透过窗户能看到后房的院子，让院子里的美景尽收眼底。以前，素蕖忙完一天后，最喜欢在这房间里待着，看看书，做做针线活，还常常夜里在此给玉岑写信。如今，房内一切的布置如旧，却已物是人非了。

低垂的窗帘上落满了灰尘，被风轻轻吹起，灰尘便缓缓地飘了起来。那幕帘的飘动，仿佛素蕖的倩影在等待着玉岑的到来。

玉岑定睛看去，空荡的房间哪有素蕖的身影？想起昔日的恩爱，一阵心痛。一抬头，见到那精巧的镜台上，素蕖的簪子还安然地躺在那儿，就像是等待着玉岑再一次把它插在她那乌黑的秀发上。

玉岑缓步走到窗前的书桌旁，当他打开书桌抽屉，看着他与素蕖之前来往的书简，读着素蕖以往的文字时，玉岑默呆了很久很久。

今夜七月十七日，如果素蕖还在……可是，如今一切都成了烟云，只有这些旧简陪着玉岑。于是，玉岑当夜含泪填下这阕词《玉楼春·夜梦素蕖，泣而醒，复于故纸中得其旧简，不能无词。癸酉七月十七日》：

罗衾不耐秋风起。夜夜芙蓉江上悴。苦凭飘忽梦中云，赚取殷勤衣上泪。　起来检点珍珠字。月在墙头烟在纸。当年离别各魂销，今日销魂成独自。

词读来自有一种非人间的沧桑。词中“芙蓉”“珍珠”“月”“烟”，见珍物难留，世间可哀。这阕《玉楼春》，简直就是以泪和墨，长歌当哭了。其缠绵悱恻，幽婉沉至，几近纳兰容若，而凄苦之情尤为过之。结句“当年离别各魂销，今日销魂成独自”更令人唏嘘不已。这样渗透进了骨肉清冷的相思，自然是会无情地侵蚀玉岑孱羸的身子，他积年的肺病再一次凶险地复发了。

1934年6月28日（农历五月十七日丑时），八十一岁的老夫人钱蕙荪于常州观子巷十九号溘然长逝。谢玉岑再经历如此一番的痛楚，精神委顿成了纷纷扬扬飘零的秋花。

1935年3月5日，徐悲鸿致信谢玉岑：

> 玉岑贤兄足下：弟自平归，知兄大病，深以为念。上月赴沪，欣悉尊体日就复原，弥觉快慰！今得手示，如闻謦咳，益令我雀跃无已也！
>
> 弟生平不画扇，花卉尤非所长，尊命二难兼并，实深惶悚。使兄不在养疴，必不献丑而贻讥大雅。恳勿示人，传作笑柄。曼青兄想常晤面，彼昔为亚尘得名山老人书联，真是杰作。弟亦有数联，亦甚佳，但损其精。兄暇中请为留意，弟可照润。最精者乞书上款，十联八联，或大或小，不嫌其多，惟愿得精品耳。敬颂健康！弟悲鸿顿首，三月五日。

徐悲鸿措辞既谦逊，又风趣，可见他与谢玉岑的交谊。此信札[40]收录于《徐悲鸿年谱长编》[41]。谢玉岑喜食水果，而医嘱病中不可食凉果，便求索友人绘花卉、蔬果画箑，徐悲鸿便是其中之一。可惜画箑没有留存下来，而

40 1983年，谢玉岑妻弟钱小山先生读了廖静文著《徐悲鸿一生》，才想起家中藏有徐悲鸿的信札，并作文《读罢悲鸿一纸书》发表，文末有句：“玉岑、悲鸿，先后俱逝，尺素幸存，交情可见。附写七绝一首于此：读罢悲鸿一纸书，故人情重胜明珠。才难何用嗟双逝，各有清名德不孤。”

41 王震编著，《徐悲鸿年谱长编》，上海画报出版社，2006年12月版，第147至148页。

这通信札至今尚在谢家，已传为艺林佳话。为了慰藉谢玉岑的思食水果之情，张大千乃为谢玉岑绘果品册页解馋。

1935年，汪蔼士为谢玉岑绘《梅枝》，图上款识："玉岑道兄教之。乙亥三月，丹阳汪吉麟写于旧都，时年六十有五。"全图颇有梅枝苍古、疏影横斜、暗香浮动之韵。

"风雅与归·毗陵钱谢书画展"展出了汪蔼士与谢玉岑合作《双清图》，汪蔼士绘梅树，谢玉岑题识："瘦虬。起原老兄索画甚迫，雨中写此承本，篇幅可笑。癸酉十月，玉岑居士。"图左上有谢稚柳题跋："此吾兄玉岑与汪蔼士先生合作《双清图》，回首已四十余年矣。己未初夏，崇文同志出示因题。稚柳。"

汪蔼士绘梅，下笔洒脱，浓墨不落板滞，淡墨不觉轻浮，浑厚凝重，别具一格。

在谢玉岑生命的最后阶段，"病中足不逾阈，气弱不能多语，然尺牍酬答如平时，书法矫捷无一毫衰病态。弥留亦无所痛苦，且始终不自以为不治。惟日索朋好书画为乐，求之多且急，则又若自知不起，欲多见故人手迹以当永诀也"[42]。

1935年4月20日，农历三月十八日夜十时，春雨潇潇，玉树凋零。一代词人，历尽坎坷，三十七岁的谢玉岑寂然病逝于常州观子巷十九号家中，灵柩安葬于常州东门外旧孝仁乡许家村新阡主穴舆。张大千题写碑文："词人谢君玉岑之墓。"竖立墓前，并为亡友扶柩安葬。

谢玉岑灵堂挂满了张大千的画，尤其是玉岑生前最为喜欢大千的四幅荷花，"其中一巨幅五色荷花，用金粉在各种重彩花朵上勾上金丝和金蕊，绚烂夺目，风神绝世"[43]。

已成孤鸾的谢玉岑"人间痛哭今无地，片响应怜万劫心"，抱着"百年真见海扬尘，独往空惜江湖心"的意愿投身艺海，无奈中年殂谢，赍志而殁。

---

42 谢稚柳《先兄玉岑行状》。

43 谢伯子《永恒的记忆》。

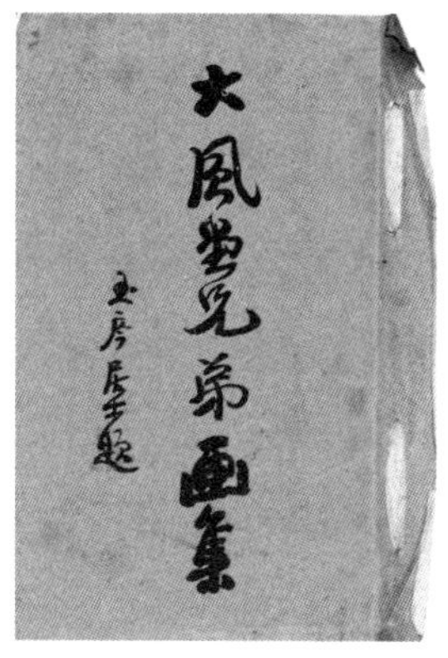

谢玉岑题签《大风堂兄弟画集》

谢玉岑题签《遗世独立》

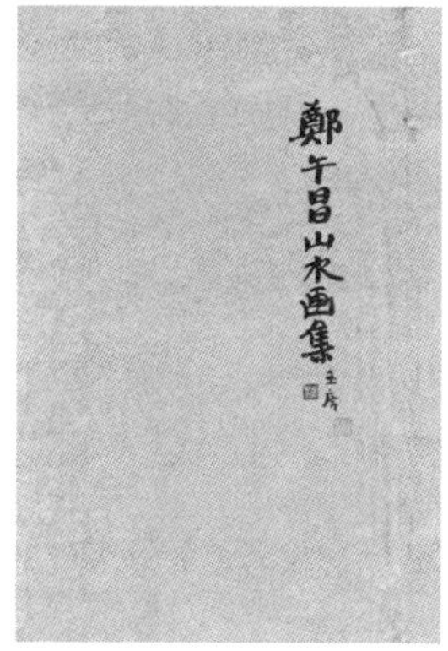

谢玉岑题签《郑午昌山水画集》

谢玉岑题签《古籀蒙求》

谢玉岑《孤鸾词》词稿

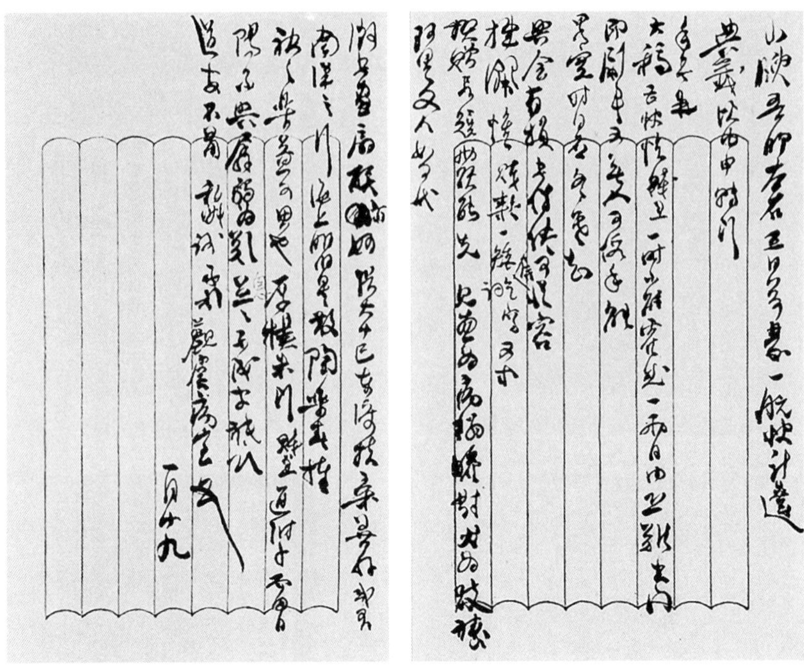

谢玉岑致林思进手札

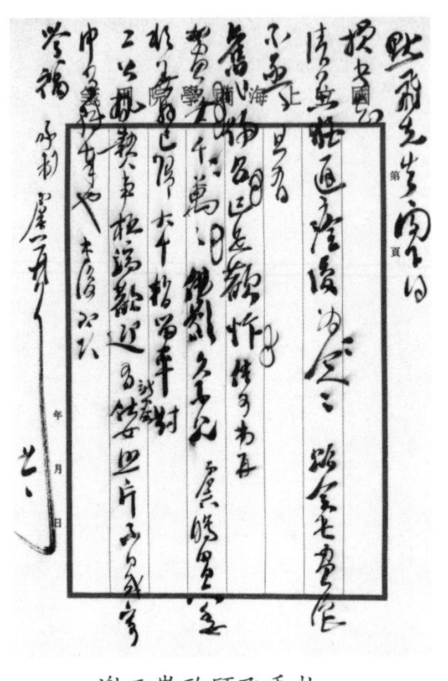

谢玉岑致顾飞手札

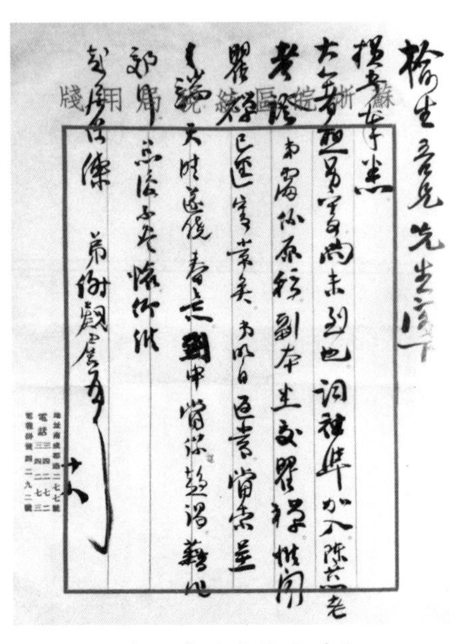

谢玉岑致龙榆生手札

《五柳先生》（苏州博物馆藏品）谢玉岑题识："大千造像，师子柳，香凝柳叶，红薇竹，曼青采菊，宾虹种菊，善子补成。奉亚子诗人清赏。廿一年五月，同集双清楼酒后。玉岑题记。"

汪蔼士与张大千合作《秋水泛舟》谢玉岑题诗

溥心畬为谢玉岑绘《溪亭听雨》

吴湖帆为谢玉岑绘山水成扇

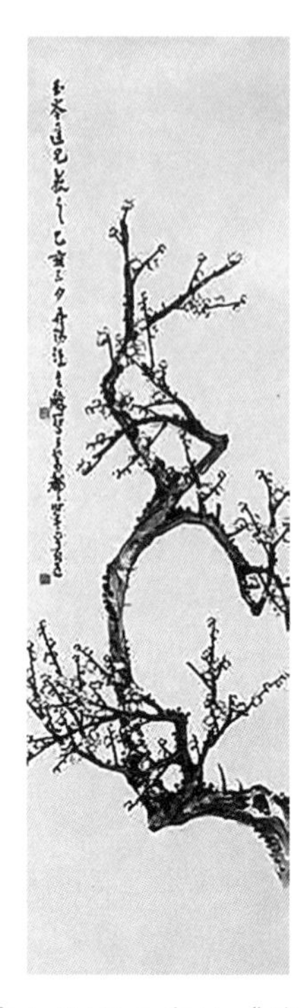

汪蔼士为谢玉岑绘《梅枝》

徐悲鸿为谢玉岑绘《病鹤诗意》

张善孖《松梢双猴》，谢玉岑题句

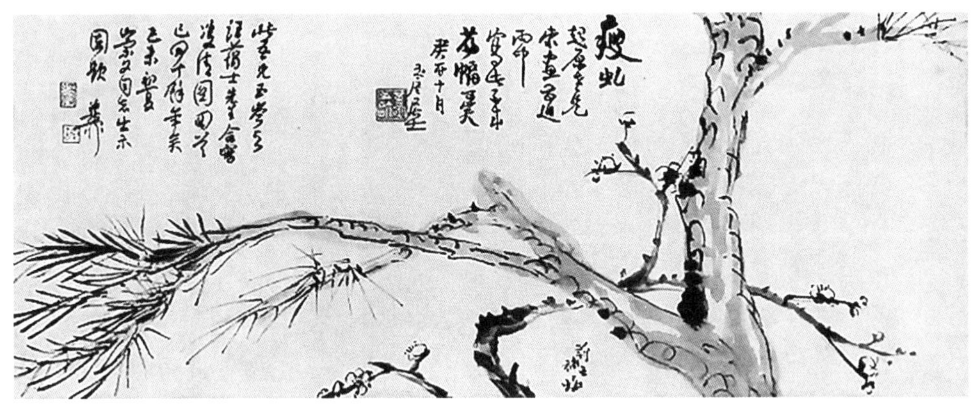

汪蔼士绘《双清图》，谢玉岑题识

谢玉岑为吴宾臣绘简笔山水

溥心畬、张大千合作为谢玉岑绘《松荫高士》

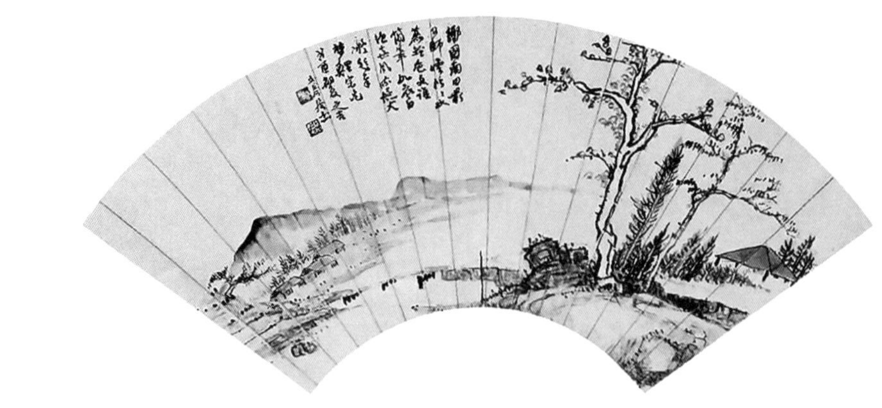

谢玉岑《自题山水画》

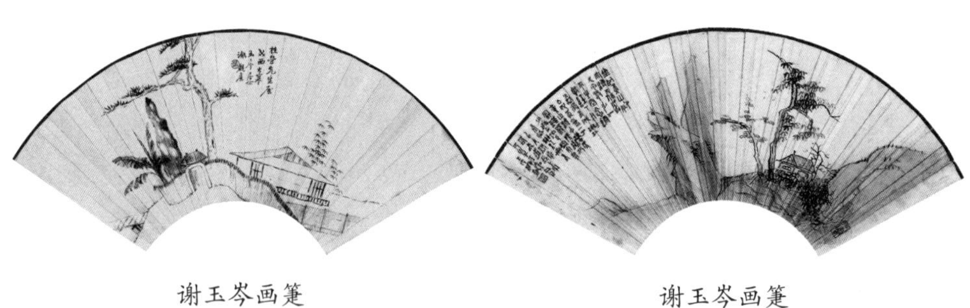

谢玉岑画箑　　谢玉岑画箑

张大千为谢玉岑绘《仿陈白阳四季花卉图》长卷之跋语

第六章

纪念词人

屈玉垂金，洗目争看秦相篆；

镂云缝月，伤心怕读草窗词。

——江枕山

一、悼念词人

谢玉岑在常州家中病逝的消息传至上海，他的朋友、同事、学生无不为之痛惜，《申报》《时报》《金钢钻报》等报刊均有报道，其中上海商学院院务半月刊（1935年第13期）刊登启事：

本院文书主任毗陵谢觐虞玉岑先生，为衡阳曾农髯先生入室弟子，文章道德蜚声海内，而所作词赋尤能得宋元胎息。平日与名画家张善孖昆仲及吴门金松岑先生为莫逆交，书翰往还，互相推许。不意去冬忽罹肺疾，医治罔效，延至本年四月二十日晚突然作古。噩耗传来，群深嗟悼，闻行年仅三十有七。才长修短，千古同悲，爰志数语，藉当一哭。二十四年四月二十三日，范志希记。

1935年6月9日，《金钢钻报》刊登《谢玉岑友好公鉴》：

玉岑先生不幸于本年四月廿日逝世。母老子弱，身后萧条，海内相知，谅承矜惜。兹将于国立六月十三日在常设奠，即日举殡。如蒙惠赐奠仪，除哀挽文字外，概请赙以现金，藉免虚靡。上海请交厦门路尊德里廿三号国医奚昇初诊所，南京请交关务署谢稚柳，他埠可径寄常州观子巷十九号谢府。又先生文字多不存稿，同人拟为搜集刊行，如有藏其遗著者，请即寄常州日新街十二号王春渠收，以便汇刊，无任感幸。专此布达，敬请公鉴。张善孖、裴复恒、谢公展、郑午昌、孙雪泥、陆丹林、程沧波、王春渠同启。

据程沧波女儿程婉仪晚年对笔者说，谢家收到赙金达二万余元。同启之一国立上海商学院院长。7月，《玉岑词人悼感录》刊行，其中有裴复恒的挽联：

黉舍喜重新，正赖高士长才，匡我不逮；

楼头吊陈迹，忍检零缣残稿，遗墨空留。

这副挽联有背后的故事：笔者手中有一册《图说上财·1917—2017》[1]是笔者2019年3月28日专赴上海财经大学寻访谢玉岑资料时所得。该书扉页上写有“谨以本书献给上海财经大学建校100周年”，第94、95页有图片“再筑校舍”，并文字说明：

> 自1932年校园被日军炸毁后，学校一直租房办学。1934年7月，教育部提经行政院通过核拨临时建筑费十万元，允诺学校在江湾原址复建校舍。1934年9月，学院成立院舍建筑委员会统筹院舍重建事宜。1935年1月10日新院舍在江湾西体育会路原址破土动工，3月3日举行奠基典礼，10月11日举行院舍落成典礼。

“院舍奠基典礼摄影”是一帧1935年3月3日的旧影，图上裴复恒院长正站在临时搭建的台上发言，左旁有一巨幅大篆标语“国立上海商学院奠基纪念。裴复恒。中华民国二十四年三月三日立”。此标语尽管署名裴复恒，却是谢玉岑所书，理由有三：

一、大篆笔意与谢玉岑所作篆书书风相合。

二、谢玉岑时任上海商学院文书主任，为院舍作奠基标语，责无旁贷。

三、裴复恒挽联中有语：“匡我不逮”“遗墨空留”，正说明之。

笔者寻访上海财经大学所得谢玉岑资料极少，仅有20世纪30年代“国立上海商学院职员通讯录”，谢玉岑一栏写有：“谢玉岑，男，三十五，江苏武进，西门路165号。”据院工作人员说：“国立上海商学院档案于1949年迁去了台湾，所存无几。”

5月、6月、7月，《金钢钻报》分别有专栏“悼谢玉岑专号”多次刊登

1 《图说上财·1917—2017》，上海财经大学出版社，2017年9月版。

谢玉岑诗词文手札，以及悼念谢玉岑的诗词文联。

7月12日，上海《晶报》刊载龙榆生《鹧鸪天·吊谢玉岑》：

叹逝忧生总费辞。十年两面几沉思。勉撑金井将枯干，愁绝春蚕未了丝。　惊梦觉，念情痴。九重泉路尽交期。骚魂早办安心法，挂剑荒原倘有知。

7月，《词学季刊》（第2卷第4号）发布词坛消息：

常州词人谢玉岑先生（觐虞），博通经史，兼工书画。久客沪滨，恒从彊村老人，探究倚声之学，然不轻下笔。悼亡后题其室曰孤鸾，始屡寄情于词。其精诣之作，论者谓其冰朗玉暎，在《梦月》《饮水》之间。病肺十年，卒以本年四月二十日不起。当其病革时，犹伏枕作书与诸至好夏瞿禅、龙榆生之流，托为遍乞海内词人，乃至闺秀方外，凡曾从事倚声者，为书词箑，云将汇印专集，以纪因缘。其嗜词如性命，一至于此，其志弥可悲已！其词稿不自收拾，瞿禅及沪上知好，方拟广事搜求，为任梨枣之役。世有藏玉岑手迹者，或惠假摄影，或录副见寄，敬望函告本社，以便接洽。庶使一代才人，精神所寄之文字，不致湮没不彰，又岂特本社同人之私幸而已。

并“辑佚”栏目刊载“孤鸾词拾零·武进谢觐虞玉岑遗稿”，词后有龙榆生附记：“玉岑下世忽逾三月矣，闻其词未有定本，瞿禅方为搜辑，以备刊行。因检往时写示诸阕，及陆丹林君所转录二令词，先为印布，犹冀世之藏有玉岑词迹者，有以助其成也。沐勋附记。”

谢玉岑逝世周年之际，《金钢钻报》与《艺文》刊载金松岑的悼念诗《悼武进谢玉岑觐虞》：

竟掷青山去（青山，君草堂名），伤哉此盛年。书留狂草札，蜕委落花前。哭妇愁增剧，耽词命不坚。金梁残月堕，若个继词仙（瞿禅谓君词似周稚圭，稚圭著《金梁梦月词》）。

1936年3月，唐圭璋[2]在《词学季刊》（第3卷第1号）发表《玉蝴蝶·悼谢玉岑》，词序："玉岑病中寄笺索书，匆匆未报，遽隔人天。念东坡高山流水之语，不禁心酸，聊赋此阕，以寄幽恨。"词云：

梦断琐窗朱户，吟魂甚处，月暗空山。冉冉寒声，偏恨雁落江南。彩毫新、西风泪洒，玉树冷、离曲慵弹。黯无言。凤楼人去，辜负题纨。　缠绵。春明绮怨，水流花谢，自誓孤鸾。料理相思，不辞憔悴度华年。念前事、三生词赋，感旧情、千叠云峦。镇难眠。乱蛩疏雨，一晌凄然。

这首《玉蝴蝶》，又收录于唐圭璋《梦桐词·怀人之作》[3]。1935年初谢玉岑病中曾向多位友人索书，词人唐圭璋由夏承焘作介名列其中。词人未及寄书，谢玉岑即病逝，词人对此备感愧疚心酸，故作词悼之。词人将自己与谢玉岑之间的关系比作"高山流水"，正是表达了对谢玉岑的真切怀念。这首《玉蝴蝶》一方面围绕词人与谢玉岑的情谊展开，一方面着重对谢玉岑的人生经历作选择性介绍。

上片"梦断""甚处"，委婉而伤感地表示谢玉岑的去世，起到点题作用。"琐窗朱户"指家庭背景，"吟魂"则玉岑诗人身份。"月暗空山""冉冉寒声"，手法上写景，实质是借景寓情，情景兼顾。"偏恨雁落

2　唐圭璋（1901—1990），名季特，字圭璋，江苏南京人。著名词学家、文史学家、教育家。1928年毕业于中央大学中文系。历任南京大学、东北师范大学、南京师范大学教授。曾任《词学》主编、中国韵文学会会长、中华诗词学会名誉会长。毕生致力于词籍整理与词学研究，编撰《全宋词》《全金元词》《词学丛编》《词学论丛》《南唐二主词汇笺》《唐宋词简释》《宋词三百首笺注》等。

3　唐圭璋《梦桐词》，江苏古籍出版社，1987年版，第5页。怀人词有：《清平乐·悼彊村老人》《玉蝴蝶·悼谢玉岑》《虞美人·悼瞿安师》《齐天乐·悼壮翁自沉》。

江南”，化用宋代吴潜《满江红·送陈方伯上襄州幕府》之“便秋空、边雁落江南，书来未”句，暗喻玉岑离世。“偏恨”则表达对玉岑去世的莫大伤痛。“彩毫新、西风泪洒”，含有两个语典的运用，即北宋贺铸《青玉案》之“彩笔新题断肠句”与宋代汪元量《读李鹤田钱塘百咏》之“泪洒西风两鬓丝”，贴切而不露痕迹，将“偏恨”之情形象地表现出来。“凤楼人去，辜负题纨”，则是对词序的再次点题，表达词人内心的歉疚与自责。

下片词人选择了谢玉岑悲怆的爱情作为叙述的内容。前三句说，玉岑夫人素蕖于1932年春天不幸病逝，玉岑自誓不再娶，并号“孤鸾”。其“不辞憔悴度华年”句，化用宋代陈允平《西风乐慢》之“憔悴东风自岁华”，表达玉岑对爱情的坚贞，也体现了词人对玉岑的相知。

词尾与词首相呼应，再次表达了对谢玉岑的怀念之情，采用的是叙事“镇难眠”、写景“乱蛩疏雨”和抒情“一晌凄然”相结合的手法。

词人怀人是以词记人的一种载体，具有一定的纪实性。其纪实性表现为客观叙述词人与所怀之人间的交往及情谊，并选取某一角度刻画所怀之人的人生经历或性格特点。《玉蝴蝶》从情景选择、叙述角度、借典化用三方面来说，是巧妙成功的。《玉蝴蝶》既是唐圭璋个人情感之倾诉，也属民国词坛对风云人物之描绘，因而兼具文学审美与词学研究之价值。无疑，《玉蝴蝶》是民国词坛怀念谢玉岑的代表词作。

谢玉岑病逝的消息在家乡传开后，常州文化界纷纷举办悼念活动。1935年5月13日至31日，《武进商报·副刊》连载“谢玉岑先生遗著”九期整版。同期的挽联、诗词、纪念文连篇累牍，并在5月21日的第3期上刊有董觇庵编辑的刊语：“玉岑先生生平著作，随手散佚，死后竟无一字存稿。记者前已将留存先生亲笔稿件约数十篇，分两次专刊发表。其中各稿多系近一二年来悼亡后之著作，而以前散见于旧报者尚多。记者拟穷数日之力，将十余年来旧报，逐一翻阅。两日以来，已得诗词各数十首，联十余条，骈文一篇，大率为民国十四五年间作品，其署名除‘玉岑’外，有作‘懒香尊者’‘藕花龛主’‘竹如意斋’者。今仍以诗词联语，分类汇集登载，以免传抄之劳。顾其中不免有讹误之处，惟有请小山、曼士、玉虬诸公，细加校雠，然后付梓，俾无遗憾。并有数字，因旧报模糊难辨，暂以‘□’代之，不敢妄加臆度也。记者识。”

《武进商报》用九期整版刊载的谢玉岑遗著，为王春渠搜集、编辑《玉岑遗稿》奠定了基础。可以说，董緦庵为谢玉岑遗著的保存和传播起到了重要的基础作用。

二、《玉岑词人悼感录》与《谢玉岑研究》

1935年8月4日，上海《申报》刊登启事“《玉岑词人悼感录》出版”：

> 谢玉岑词人逝世后，各方致赠哀挽文字有百余件，现由陆丹林、谢梦鲤编印成书，内分遗画、遗书及挽诗词联文等，悉为当代名家手笔。每册收回工料两角，望平街社会晚报、威海卫路中社及中国画会均有代售。

《玉岑词人悼感录》序言：“谢子玉岑长辞宾朋三阅月矣。会葬之日，四方往吊者，兰陵道上辐相凑也。梦鲤与玉岑数载知交，一朝永别，曷胜于邑。挥泪之余，都其哀挽文字，付之剞劂，将以永纪念寄哀思焉。呜呼！天上玉楼，最伤长吉；山阳白马，岂独巨卿？玉岑有知当可少慰，而读是编者则又将凝想前尘，怆然涕下也已。谢梦鲤谨志。”

谢玉岑遽而不永其年，让民国年间的许多名士、艺友等为之扼腕。当年7月，由陆丹林编辑、谢梦鲤印行、张大千题签的《玉岑词人悼感录》[4]刊行。该书为蓝封面、白签条，线装铅印，虽仅万余字，但内容丰富，文献价值极高。其目次有：遗像、遗画、遗墨、遗札、文录、挽诗、挽词、挽联。收录的哀思诗词文联，大都出自名家之手、艺友之笔，不是泛泛的应酬之作。如果把这些人的名字、诗文抄录在此，估计要连缀起半部中国近

4　已收录《玉树临风·谢玉岑传》之附录。

代文化史了。

《谢玉岑研究》由常州博物馆、常州市谢稚柳书画研究会编，谢建红主编，陈永正题签，曹公度、王蛰堪、彭玉平、我瞻居士、卜功元题词，中国词学研究会和上海名家艺术研究协会学术支持，2019年7月印行。

《谢玉岑研究》共选辑文章三十九篇，分为“诗词文研究”“书画研究”“交游与思想”“家世与家学”“综论”五大版块，各版块分别有词稿、手札、书画、旧影等图片。文章大致分为两类：一类是近年来文艺界研究谢玉岑诗词文、手札、书画、艺术市场等论文二十七篇，主要论述、研究谢玉岑文学艺术方面的成就，内容丰富，涉及面广泛，具有当代文艺的美学价值；另一类是谢玉岑亲友七篇，子孙三篇，学生、同门后人各一篇，主要反映谢玉岑生活交游、治学求艺、家世家学等方面，内容真实可信，具有文献史料价值。

（一）学术特征

《谢玉岑研究》的学术特征主要集中在“诗词文研究”和“书画研究”共十六篇论文。每篇论文均有特色，从不同的角度、不同的重点对谢玉岑文学艺术的研究提出观点，作出分析，得出结论。

“诗词文研究”版块：蒋涛《谢玉岑诗歌综论》，以谢玉岑的爱情诗、题画诗、纪游酬答诗三方面为重点研究方向，对其爱情诗代表作《绮语焚剩》（组诗）的创作本源，对黄仲则《绮怀》的借鉴痕迹逐一对比、解析，以及谢玉岑、黄仲则共同师法李商隐诗歌之间的关系，并得出结语：“值得注意的是，谢玉岑的《绮语焚剩》有着鲜明的个性。写到自我内心时，表现得直率而澎湃，往往直抒胸臆。”对其题画诗的特征“精练概括的绝句形式”“不同情感的多角度构思”“品题的纪实特征”作了详细的阐述。对其纪游酬答诗的特点“忧民济世的情怀体现”“题材丰富，情感深挚”作了举例论述。最后得出结论：“谢玉岑诗歌的整体风貌，展现了其才气灵气。”

钟锦与张子璇《论玉岑词的词史意义及美学特质》，立足词史，从宏观上对谢玉岑词学发展做一评论，涉及“探珠：夏承焘、钱仲联对玉岑词的批评”“调和常、浙：词史语境下的玉岑词”“词人之词：玉岑与鹿潭的个案对读”“深情与疏离：后期玉岑词的孤鸾特质”四个方面。全文结语：“玉岑去世时年仅三十七岁，能将词的诸多美感特质熔铸在一起，且手法娴熟，实属不易。”

其他论文有张戬炜《遨唐游宋一孤鸾：词人谢玉岑与常州词派》、段晓华《情文相生，冰朗玉映：论谢玉岑的爱情词》、朱德慈《江南词人真才子：论谢玉岑及其词》、陈雪军《论谢玉岑词作的传播、编辑与刊刻》、朱尧《谢玉岑词校读献疑三则》、徐建融与贝思敏《“春秋”与谢玉岑》、我瞻居士《读玉岑公文书后》，均有精彩的论述和观点。

“书画研究”版块：叶鹏飞《期绳祖武，崇古为我：谢玉岑的书法艺术》，从谢玉岑步入书法领域，沿着篆—隶—楷—行—草一路走来，至形成个人书风均有论述，重点研究其“崇古为我”“入我神者”的书风特征，最后推出结语：“总之，谢玉岑的书法是民国时期文人书家的代表，是开‘书卷气’写篆隶书风气的一代大家，他书法中蕴含着深厚的传统文化素养。今天来看，他是文人书家，又是书家文人，足以给当代书坛以启示，这也正是研究谢玉岑的当代意义！”

汝悦来《近代文人画风标：谢玉岑》，以四大篇章论述谢玉岑文人画的特征、价值和意义，并对其三幅作品逐一解读，引出结论：“谢氏之才名，绝非囿于江南，限于一时，其之可传者，不仅在文字、在书画，亦在其文人画家之风标，有此风标，则文人画之高度将不坠，文人画之传承将永绵。”

论文还有文祥磊《茂密恣肆，气局闳博：谢玉岑书法探究》、薛元明《谢觐虞临〈虢季子白盘〉》、魏新河《谢玉岑绘画中的词人画意境》、家乐《题画漫议兼谈谢玉岑》、朱浩云《江南才子，大千知音：谢玉岑的艺术及市场走向》，均从各自的角度来论述谢玉岑书画艺术的特征和成就。

（二）史料特征

《谢玉岑研究》的史料特征重点集中在“交游与思想”“家世与家学”“综论”二十三篇文章，从各自观点、经历，或叙述，或论述，文章虽长短不一，但极具史料特征。

“交游与思想”版块：主要以叙述为主，陆丹林《忆念谢玉岑词人》有说：“他有冰般的心、雪般的品、海般的才，更有火热般的情感。”夏承焘《与龙榆生书，言谢玉岑之死》中云：“玉岑之词，必传无疑！来书好论列清词，必于此有深造。弟甚爱其悼亡诸什，大似梦月、饮水，彼谦让不遑。昔蕙风论樊榭、容若，一成就，一未成就，而成就者非必较优于未成就。”这版块中多篇既有明显的史料特征，又有充分的学术特征，如钱璱之《记夏承焘先生的七十二封手札》、惠联芳《夏承焘、谢玉岑交谊与现代词学发展》、薛玉坤《谢玉岑致高吹万未刊手札十四通考释》、邵琦《诗人与画家》、邹绵绵《惠荫园秋禊图旧影考略》等，这些文章均涉及谢玉岑的治学与交友，不可分割。除上述文章外，还有谢伯子、包立民、钱仲易、钱小山、沈迦、唐玉虬、白蕉、王巨川、方子川、小窗容膝、水天、王金声之文，均有特色。

“家世与家学”与“综论”二版块，文章虽然仅两篇，却内容丰富，信息量很大。谢达茂与谢建红《谢家燕子今何在》论述、考证了毗陵谢氏家族上下时间跨度一千六百余年，是一篇宏文。全文万字，分四章“申伯‘揉此万邦，闻于四国’”“前后‘三谢’盖六朝”“乌衣巷在何人住，回首令人忆谢家”“青山谢氏家学与家集”叙述，附有“毗陵谢氏世系图・毗陵谢氏仲舒公邱庄贵实公派青山里支世系图”“毗陵谢氏远祖世系图”二图表相辅相成、相互对接。

谢建红《情文相生：江南词人谢玉岑》，全文六万余字，分十四章节，以论述、解题、评论词人一生的文艺成就为主线，以叙述、自述、议论词人的情感生活为辅线，让读者了解谢玉岑真实而又不平凡的一生。

《玉岑词人悼感录》与《谢玉岑研究》的出版、刊印，分别是当年悼念谢玉岑和纪念谢玉岑诞辰一百二十周年，时间相隔八十四年，因为缅怀谢玉岑先生的一生，最好的方式还是研究其人生与作品。那么，《玉岑词人悼感录》与《谢玉岑研究》有什么不同呢？中山大学彭玉平教授在“谢玉岑先生学术研讨会”上总结为最大的区别是：“《玉岑词人悼感录》包含着对谢玉岑地位的肯定以及对于其创作的简要评价，论说虽然不长，有的甚至只有三言两语，但要言不烦，精准而且启人深思。从某种程度上说也是奠定了此后的研究方向。”“在《谢玉岑研究》一书出版之前，虽然也有不少题诗题词以及若干追忆文章，其中也颇有对谢玉岑文艺特点进行简要点评者，但基本上没有针对其文学艺术进行分类分体的全面而深入的研究。换言之，关于谢玉岑的专题论文此前还极为罕见。而《谢玉岑研究》中的‘诗词文研究’与‘书画研究’两个部分，则体现了现代学术讲究专题性、理论性、系统性的观点，明显提升了谢玉岑研究的格局和气象。”

彭玉平总结说：“《谢玉岑研究》一书展现出来的对谢玉岑家世、生平、交游、创作等多方面的研究，因为积聚的时间相当长久，所以呈现出来的研究格局已足令人欣喜。但文出众手的文集，固然有各具风采的优长，但也因为缺少彼此的衔接与映照，而显得体系性不足。以逻辑严密的著作形式来研究谢玉岑的诗词、书画，我相信是不久之后会出现的事实。我们今天这个会是此前文献汇集和初步研究的一个中间站，未来的前景一定更值得期待。至少我是这样认为的。”

三、《玉岑遗稿》与《谢玉岑集》

谢玉岑生前的诗词文章散见于各种报刊，流传于友好之间，他自己从未留存。夏承焘发愿“访其遗著，手写影刊”，并在《词学季刊》（1936年第3卷第1号）之“通讯”栏发表《征求谢玉岑遗词启》，对谢玉岑词作的价值予以肯定“听歌井水，当世许以必传”。

王春渠在谢稚柳、钱小山的协助下，全力搜集谢玉岑诗文遗稿。1939年11月28日，王春渠致信[5]陆丹林：

丹林我兄：小山转告近况，兼承垂注，欣感无极。前年一劫，寒斋藏书及古今剧迹，悉付秦灰，或为人捆载以去；独玉岑遗稿，携在箧笥，备历艰虞，幸告无恙。抵沪以来，念世变日亟，急思刊

5　刊载香港《大风》，1939年第57期。

布，以广流传。只以乞食此间，终朝鹿鹿，遗稿编缮需时，未能克期而就，荏苒经年，殊深焦灼。兹幸已竣事，稿共四卷：卷一文，卷二诗，卷三四词。词请夏瞿禅兄点定，诗文则请钱名山师及小山弟点定，顷正在请张大千、王师子两兄作序，名山师有题诗，瞿禅、玉虬、稚柳各有序，均已撰就。此外拟请符铁年作一文，小山作一传，郑午昌兄则允绘青山草堂一图，系昔年拟为玉岑绘而未果者，亦徐君挂剑之意也。吾兄与玉岑交非泛泛，不可无言，敬求赐撰一文，或诗或词，皆无不可。稿本因邮程间隔，恐有失误，不敢寄阅。吾兄于玉岑笔墨，久已熟审，稿本见与不见，谅无出入，尚乞谅之。一俟序文题辞等汇齐，即可付印。此次拟交午昌兄处排印，暂求流布，他日时事安定，再作枣梨之计，我兄以为何如？别来桑海，欲谈者非楮墨所能备，所谓书不尽言，言不尽意者，庶几近之。王旻士，十一月廿八日上海。

这封信非常重要，说明了几个问题：

一、《玉岑遗稿》延至1939年刊印，是因为时局动乱、居所不定而为，并拟交郑午昌印刷所（中华书局）刊印。

二、《玉岑遗稿》之诗文由钱名山、钱小山点定，词由夏承焘点定。

三、拟定《玉岑遗稿》序文者有：符铁年、夏承焘、王师子、张大千、陆丹林、唐玉虬、谢稚柳，并由钱小山作谢玉岑小传，郑午昌绘《青山草堂图》。

金松岑获悉《玉岑遗稿》即将刊行，1940年8月，在《群雅》（创刊号）发表《谢玉岑遗词序》[6]：

自乐府嬗变，词律代诗，词之惨舒绵眇，则宫徵之奥于是焉存。词又嬗变而为曲，词律虽具，而歌管之法已亡。然则今之为词

6　又载周录祥校点《天放楼诗文集》（下册），上海古籍出版社，2007年12月版，第1014页。

者，殆徒歌之谣而已乎？是故填词者谨四声而能事毕，乃若九宫七始八十四调，不寓诸器，何由而知吾词之数度乎？虽然数度不可知，而倚声者之心神条畅菀结，必依毫素，而抒其吟叹。吟长叹永，乃若有天成之律，存乎意言之表，而后隐辞谲寄，乃赖此惨舒抗坠涵嘘摩荡，以契神于乐祖，而显其词之美。能为是者其才遍至，其用力恒出乎词之外，其成名焉不速。不速之谓晚成，晚成者假年于天而成其业也。

玉岑具独至之才，博览群籍，而独致力于长短言，其为艺几于成矣。懒不自珍惜，中年徂谢，幸诸友好为之缉综。而其里人毗陵王君曼士，于破城之日，图籍灰烬，独护兹稿，流迸万里，迁道至于沪渎，谋付梓人焉。昔欧阳永叔叙子美之文，比之金玉，虽弃掷埋没粪土，而精气光怪常自发现。玉岑之艺虽未底于大成，要其过人之哀乐，凝为灵芝瑞露，而吐为仙音者，虽有兵火之劫，乌从而烁之哉？己卯夏五书于海上觉园。

上段文中的词学观点，阐明了金氏在熟读经书的基础上，对古代音乐与诗歌的关系、词乐词律有深入的研究。下段文中金氏赞美谢玉岑词堪比“灵子瑞露，而吐为仙音者”，叹惜谢玉岑“懒不自珍惜，中年徂谢”，才命相妨。

当时国内全面抗战，又物价高涨等原因，《玉岑遗稿》未能如期刊印。当《玉岑遗稿》出版的时候，已是1949年了，从搜集到出版竟达14年之久，王春渠的不负故友，传为美谈。

这部线装、繁体、铅印的《玉岑遗稿》共分四卷，合为一册。第一卷为文7篇，其中骈文5篇，散文2篇；第二卷为诗，共108首；第三、四卷分别为《白菡萏香室词》和《孤鸾词》，共84首。卷前序文8篇，作者依次为符铸、夏承焘、王伟、张大千、陈名珂、陆丹林、唐玉虬、谢稚柳，题诗有叶恭绰、唐玉虬，题词有夏承焘、钱振锽，谢玉岑小传为钱小山所作，卷后跋文则由王春渠撰。

《谢玉岑集》是为了纪念谢玉岑先生诞辰一百二十周年，由谢建红编注，华东师范大学出版社2019年9月出版发行。全书厘四卷及附录，诗、词、文、手札各一卷，分别以谢玉岑的五个堂号命名；附录由“玉岑遗稿序跋”“纪念、传略、年谱”“谢氏家集”三部分组成；卷前有张戬炜、彭玉平各序文一篇，卷后有钟锦跋文、谢建红后记。

翻开这本装帧典雅的《谢玉岑集》，一股浓郁的民国气息扑面而来。卷首图片琳琅满目，尤为谢玉岑之半身肖像所倾倒，骨俊气清，双目神炯，容含清光，如寒梅在雪，如玉树临风。

《谢玉岑集》十六开本，内页466页。封面封底采用特种青瓷色纸，书名“谢玉岑集”是集谢玉岑字，银字凹凸，赫然醒目，既简洁大方，又庄重典雅，寓意谢玉岑人品、作品如“清风明月”。

开卷5页有玉岑先生6幅不同时期的肖像、合影外，还有其祖父母、岳父母、母亲、妻子、弟妹的8幅肖像旧影，随即其词稿、手札、书画、印章、题签等11页图片。其隽秀的词稿，恣意曼妙的手札，温穆凝静的金文，体势宽博的隶书，幽淡逋峭、笔墨疏简的图画，气韵夺人的印章，放眼望去，回味无穷。

《谢玉岑集》收录诗321首，由青山草堂诗、题集题画诗组成，附有楹联53联；词132首，由白菡萏香室词、孤鸾词、题画词组成；文41篇，由周颂秦权室文、墨林新语组成，附有题作15篇；手札91通，其中致高吹万50通，致叶渭莘13通，致朱其石8通，致顾飞8通，致龙榆生5通，致陆丹林2通，致董絸庵、沈迈士、吴湖帆、汪大铁、钱仲易各一通。除词卷冠名“白菡萏香室词”“孤鸾词”与《玉岑遗稿》词卷名相同外，诗卷、文卷、手札分别以玉岑堂号冠名为青山草堂诗、周颂秦权室文、竹如意斋手札，是首创，与文体也自甚相合。特别要说明的是，这91通手札搜集不易，大部分是从各大拍卖行千方百计得来的。

《谢玉岑集·附录一》收录9篇《玉岑遗稿·序跋》，均为民国名士所作，具有很高的文史价值。

《谢玉岑集·附录二》收录金松岑、叶恭绰、钱仲联、夏承焘、龙榆生、唐圭璋纪念谢玉岑的诗词和社团、时人、后人所作的谢玉岑简介、小传、行状、年谱，极具史料价值。

《谢玉岑集·附录三》收录《谢氏家集》，对了解、研究谢玉岑上溯三代家世家学，具有独一无二的作用。

从《谢玉岑集·后记》得知：“《谢玉岑集》以《玉岑遗稿》《谢玉岑诗词集》《谢玉岑诗词书画集》《谢玉岑集外佚诗遗文》《玉岑词人悼感录》等书为基本文献来源，又对民国时期报刊书籍相关资料，及近年拍卖进行了细致的收罗，从而汇辑编注而成。”

《谢玉岑集》是集大成者，是一部精心之作。令人满意的是，《谢玉岑集》与以往谢玉岑作品集文字排版形式不同，采用繁体横排，版面疏旷，爽心悦目，既保持了文字作品的原貌，又方便当今读者阅读。《谢玉岑集》不仅让读者读到了谢玉岑先生一生的作品，同时对研究谢玉岑及其作品，了解民国文学艺术史，均起到必要的作用。

那么，《玉岑遗稿》与《谢玉岑集》最大的区别是什么呢？可以一句话概括之：两本书相隔70年，前者精要，后者全面。

衡量一位文化名人的标准，要看其作品是否流传，传至多久，后人研究与评价如何。谢玉岑逝世已90年，他的诗词书画作品至今还在传播。他的诗词散见于各种研究资料，他的手札、书画作品频频出现于海内外拍卖会。近年，为纪念谢玉岑先生出版的书籍另有《玉树临风：谢玉岑传》《谢玉岑词笺注》《玉岑遗稿》（影印本）等。可以说，纪念、研究谢玉岑还在路上，或许正应了那句老话：书比人更长寿，书在，人未远。

国立上海商学院院舍奠基典礼

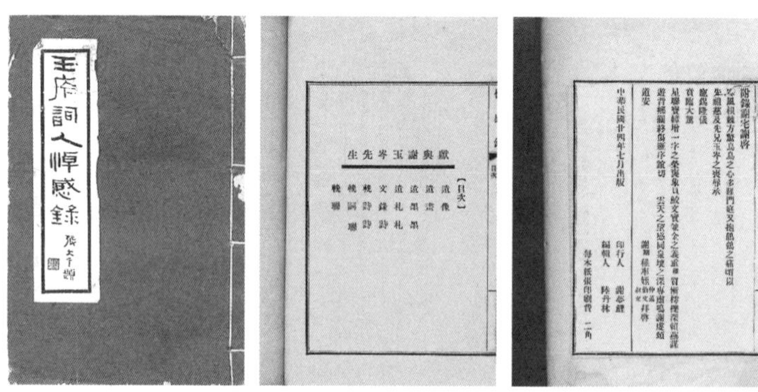
玉岑詞人悼感錄

獻與謝玉岑先生

中華民國廿四年七月出版

《玉岑词人悼感录》

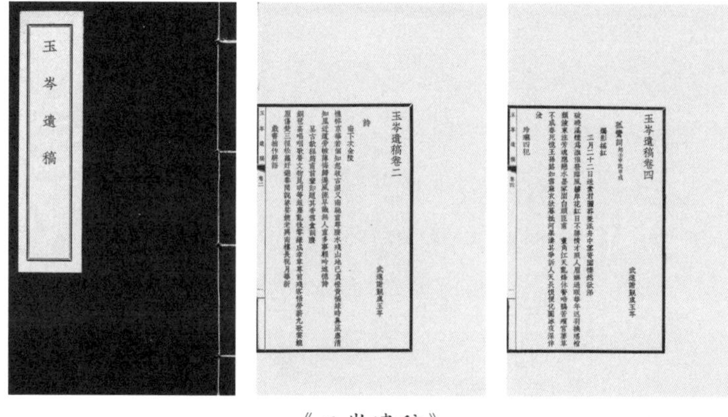
玉岑遺稿

玉岑遺稿卷二

玉岑遺稿卷四

《玉岑遗稿》

第七章
生命意义

碧海青天夜夜心，江南烟雨谢玉岑。

中国历史上确有众多文学艺术家福寿绵延，常在其暮年为后人留下精美的作品；然而也有不少人间奇才，由于各种不幸而英年早逝，生命虽然不长，但他们传世的作品依然熠熠生辉，璀璨夺目，也给人间留下宝贵的财产，引起人们的深切回忆和思考。

被称为“江南才子”“江南词人”的谢玉岑，即是文学艺术星河之中的一颗明亮流星，虽倏然而逝，却留下了绚烂轨迹。谢玉岑的人生虽然不长，却异彩纷呈。谢玉岑以艺术、朋友为生命。他的诗词、书画，是他生命的一种表达，是一种可以传之久远的实体；他对其朋友在文学艺术领域的影响，是他生命的扩大和延长。

一、艺术为生命

在文学创作方面，谢玉岑与高吹万、金松岑、朱彊村、曾熙、林思进、陈石遗、叶恭绰、吴观岱、周企言等前辈，成了忘年之交；同辈则有王春渠、唐玉虬、王巨川、陈名珂、陆丹林、夏承焘、龙榆生、郑逸梅、钱仲联等，一起切磋诗文，相互唱和。

谢玉岑的诗，收录于《谢玉岑集》有三百余首，作于1917年至1935年间。诗大多以近体律绝为多，以风调取胜，陆丹林有句：“诗清丽似王渔洋，沉俊如龚定庵。”[1]李猷《近代诗选介》有评：“有处仍未脱龚定庵范围，但绝句则颇似厉樊榭之峭拔。”[2]读谢玉岑的诗，其繁丽的意象、幽美的意境和俊逸清新的格调，令人意味隽永，涵咏不尽。题材有纪游、绮语、怀人、抒怀、诗评等，以抒发真挚而浓郁的感情为主，反映了感怀时世、同情人民、热爱青年、眷念亲友、聊志因缘的思想感情。少年的诗多为登临、怀古、咏世等。中年的题画诗不仅有古体、近体，而且题材多样，如咏物、抒情；范围广泛，如人物、山水、花鸟；形式多样，如五言、七言、律诗、

1 《玉岑遗稿·陆丹林序》。
2 李猷《近代诗选介》，台湾商务印书馆，1995年11月修订版，第267页。

绝句。

但谢玉岑自谓诗非其所长，三十岁后尤致力于词，收录于《谢玉岑集》有一百三十余首，作于1916年至1934年间。他善于将人生的悲欢离合与时世的艰难动乱结合起来，用清丽或沉至的语言反映忧伤的气氛和愁苦的情怀。

谢玉岑以词名世，尤为当时推重。前期词风清丽、深情绵邈、出色当行，题画咏物诸作，俊逸淡雅，所咏诸物如现目前，一经发表，广为传诵，被行家赞为“有李峤真才子之叹”[3]，“如藐姑仙子，可羡不可企”[4]。夏承焘赞其题画词《浣溪沙·题天匠夜窗直幅》“风光绮媚，如其为人”[5]。后期的孤鸾词，缠绵悱恻，哀感顽艳，谓之绝唱，被同侪叹为：“金梁梦月之后，一人而已。”[6]“述哀之作，情文相生，叹为才子之笔，传诵杭州人士，无不倾折想见其人。”[7]金松岑评其悼亡词有句：“金梁残月堕，若个继词仙。”龙榆生对其悼亡诸作推崇备至，叹为：“艳极！凄极！”[8]悼亡词之所以哀楚动人，催人泪下，皆因至情。钱仲联称其“并代数词人，彊村霜下杰……辈流孰抗手，瞿禅差堪匹……天若假以年，倘跻欧晏列”[9]。诚哉斯言！

谢玉岑被时人称为“江南词人”。所谓词人之词，从其身世与性情来看，由于髫龄失怙，早岁孤露，然天性淳厚，事亲孝而友于弟妹；既长，青年爱情失而复得，中年亡妻而抑郁，又痴迷执着，入而不出。所以，其早年的《白菡萏香室词》清新纯正，温婉缠绵；中年的《孤鸾词》寒骨凄神，缠绵沉至。另外，其追求本色之词风也是重要的特征之一，所以词作一经发表，广泛传诵，被誉为珠玉，是纯粹的词人之词。所以说，夏承焘评其词“缠绵沉至，周之琦、项廷纪无以过”，宗师眼光，明明如炬。

3　沈迦编撰，《夏承焘致谢玉岑手札笺释》修订版，新星出版社，2020年7月版。

4　同上。

5　同上。

6　同上。

7　同上。

8　同上。

9　钱仲联《梦苕诗文集》，黄山书社，2008年版。

谢玉岑词有否受到前辈词家或地域文化的影响？与常州词派有何不同？名山先生曰：“玉岑为词不以示我，或问之，曰派不同。”[10]以常州词派笼罩百余年的词坛风气，以生于常州诗书世家的文化背景，谢玉岑其人其词，理应列于常州词派词人之林。然审其词，可谓飘然于常州词派之外，直追于唐宋词人之间。张戬炜在《邀唐游宋——词人谢玉岑与常州词派》中说：“以谢玉岑的创作实践来看，其与常州词派的区别是，常州词派之‘尊体’，与其而言，是‘尊情’。常州词派之微言大义，与其而言，是无心可猜。常州词派之家国寄托，与其而言，是身家沧桑。常州词派之‘重拙大’，与其而言，是春风夜雨、沦肌浃髓。换言之，常州词派于香草美人中得窥宏大叙事，谢玉岑于吴盐胜雪里抒发个人情怀。同为追溯唐宋、接续正声，常州词派倡导的是‘诗之比兴变风之义、骚人之歌’，谢玉岑的创作实践，却是缠绵沉至、镂玉雕琼。”

在笔者看来，谢玉岑的词学之路与地域、家族、群体是清词发展的三个重要特征有着紧密的联系。从地域文学角度来看，其故乡常州是清词重镇，有着极为深厚的词文化积淀，从小耳濡目染，自然走上了填词之路；从家族文学角度来看，谢氏家族和钱氏家族的影响不容忽视，其虽然未明确加入过民国江南有影响的词社如兰社、如社、沤社、声社等，但与金松岑、朱彊村、叶恭绰、夏承焘、龙榆生、钱仲联诸师友的往来唱酬，既是砥砺其词艺，提高填词艺术水准的重要途径，也是其融入词坛，提升词坛声誉的必经之路。

综观谢玉岑词，笔者概括为五个特征：

一、词语清丽，与所要表达的情感内容融合无间。

二、重词境，轻声律，对声律运用自有主见，不盲目从流。

三、词意蕴藉含蓄，寄情幽远，在思想内容上真实地显现了词人的性情和身世，具有现实的认识价值。

四、词风熔铸浙西派、常州派和王国维词论“自然法则”，虽开径自行

---

10 载《名山文约·谢二姑传》。

“幽溪曲港”，但并未完成。

五、学人之词与词人之词相合为一，具有要眇宜修、深婉沉郁的特质。

可以说，谢玉岑的词作是一部民国的断代词史，也是一部传统文人在民国时代的心灵史。当然，解读谢玉岑词，须知其人其时，以论其词，应得其人之心，方可进入其精神世界。他的悼亡词，层面上是为其亡妻所作的哀述之作，实质上是借悼亡词宣泄心中对当时国破家亡、时局动乱、政府不作为强烈愤慨的苦语。

自古以来，诗人词客就如同满天的星辰数不胜数，他们有的留下了厚厚的作品，供后人品读，可是备受世人喜爱和流传的却微乎其微。谢玉岑词却被世人珍藏着，传诵着，感动着，连同他的一生。

谢玉岑的文，早年长于骈文，骈俪多姿，善用典实，推陈出新而绝不专事饾饤，密处有空，狭处现广。可惜为人的地方多些，自我发挥少有表见，三十岁后绝不复作，而以白描手法，质朴语言创作散文，如文言文《大风堂萍聚记》《亡妻行略》等，白话文《筹赈书画会上海集件的一点小报告》《大风堂所藏书画展览会》等则无意求工而感人肺腑，亲切自然，又悉归浑朴有一种炉火纯青的成熟之美，具有很高的艺术造诣。谢稚柳《先兄玉岑行状》有言：“早岁治骈体文极工，气机流畅，近简斋，后宗六朝，取法徐、庾，然用情思太剧，体气不胜，壮岁屏不复为。”

谢玉岑的评论文，对长者擅用典佐证，文风清丽典雅；对同侪多为一针见血，直抒胸臆。前者如《吴剑门先生诗集序》《南巡画稿》等，后者如《读楼辛壶画展》《论张大千画》等，虽具有不凡的学术识见，却亦不乏溢美之词。

谢玉岑的人物小传短小精悍，语言诙谐，善于抓住传主的特征，妙趣成文，如《记墨稼庐》《记名画家马万里先生》《记画家张善孖兄弟》等。

谢玉岑那些翩翩的手札、隽永的题跋，才情识见都在其中，不是常人可以企及的，对研究他的个性特征和艺事交往具有不可替代的重要价值。

陆丹林在《哀念玉岑社兄》中说：“（玉岑）博通经史，做起文章来，下笔千言，倚马可待。”

华东师范大学钟锦教授在《读玉岑公文书后》中说："故玉岑公古文，似未刻意作，而楚楚有风致，赖此之锻炼也……一旦披见性情之真，性情之美而为文之矣。若《亡妻行略》之质而哀感，《大风堂萍聚记》之峻而滑稽，读之如见其人，百年而下，恍然如与晤对。"

当代著名美术史论家徐建融教授在《春秋与谢玉岑》[11]中说："如果说，从谢玉岑的词，哀婉悱恻的才情，所赋予我们的印象，更富于性灵的风雅；那么，从谢玉岑的行、文、诗，豪迈慷慨的器识，所赋予我们的印象，更富于春秋的风雅。如吴放题其《秋风说剑图》两绝：东山裘马客，年少自翩翩。三尺青萍剑，摩挲到酒边。甚向秋风哭，长沙此志同。男儿当爱国，热血一腔红。准此，仿昔人对苏轼、李白所作的比较，我们也不妨对谢玉岑与纳兰性德作一比较：纳兰有孤鸾之才，无孤鸾之学。黄山谷评苏轼，以为'文章妙天下，忠义贯日月'，移作为对谢玉岑的评价，无疑也是合适的。至于李白、纳兰，固以文章妙天下，却未有忠义贯日月。"

在书画创作方面，与谢玉岑相为激赏的有黄宾虹、张善孖、张大千、郑午昌、郑曼青、王师子、谢公展、符铁年、吴湖帆、徐悲鸿、叶渭莘、胡汀鹭、楼辛壶、王个簃、钱瘦铁、孙雪泥、邓春澍、朱其石、方介堪、白蕉等。

谢玉岑的书法，幼得家传，又经苦练。他初学篆籀分隶，法度既备，进而为三代金石文字，凡鼎彝尊量碑瓦以及殷墟甲骨、流沙坠简之属，无不致力，无论真、草、隶、篆皆粲然可观；他尤擅钟鼎金文，上规秦汉，直溯斯邈，古雅绝俗，清隽可喜；他用功碑学，自署"周颂秦权之室"，以状对周秦古文的嗜好；他既好临习，从甲骨文到金文，从诏版、石鼓文到小篆、缪篆，从汉金文到汉隶、章草、魏碑，蔚然大观；他又富创作，他的篆书联融合金文、猎碣两种体格而成，朴茂闳博，笔实而意清，用笔凝而不滞，取姿柔而不媚，书风老健朴茂，古奇而有逸致，极具金石味和书卷气；他的大篆书联题款则胎乳汉简隶法，真率随意，气息内敛，虽是大多集彝器款识之语，却笔势顺畅，雅致俊逸，超凡脱俗；他的行书存魏晋风韵，笔含篆隶，

11 载《谢玉岑研究》第126页。

以正侧锋于奇崛，疏宕洒脱，字字磊落，堪称气高韵秀，俊朗如其人；他的手札立足于帖，又潜心于篆隶后变化之作，字形结构变化甚大，已在王羲之、王献之帖意上融入圆润的篆书笔法。可以说，谢玉岑的行草书在手札上略胜，书联则刻意。

当代学人薛元明在其《百年真见海扬尘，独往空惜江湖心——谢玉岑临摹解析》[12]中说："如果全盘考量谢玉岑的临摹，不难发现，他是极度勤奋而高产的，同时也是极度聪明之人，他活的寿命不过是一些书家的一半甚至可能只近三分之一，但所能见到的精品临作数量和种类，丝毫不少于他们。谢玉岑是一个早熟的天才，也是一个早夭的天才，因为聪慧，成熟度非常高，也因为短寿，所以没有习气。"当代书评家孙洵说："谢氏为人为学皆睿智过人。书法篆隶真行造诣精深，尤以写篆之笔妙契真草，饶有金石气，其结体宽博，气势开阔，掺以简牍、经卷之古朴、绰约，放眼望去，绝是谢氏所作。"[13]

朱大可[14]《新论书绝句·谢玉岑》："要寻周孔之间乐，不作斯冰以后书。我爱青山谢居士，子云识字似相如。"[15]盛称谢玉岑书法取法乎上，标格至高。

《近代名家字画市场辞典》（修订版）[16]载有谢玉岑传略与书画作品，其中有一副谢玉岑写与朱大可的篆书七言联："尊前初启金盘露，湖畔还和玉带羹。"款语："大可诗人方家雅正。戊辰冬月，弟谢觐虞集彝器款识。"该辞典评语："此大篆对联写得儒雅秀美，虽是集彝器款识之语，却笔势顺畅，笔画凝练，雅致俊逸，有清新之美。谢氏虽不以书名见长，然大

12　《青少年书法》（青年版），河南美术出版社，2020年第12期，第47页。

13　孙洵编著《民国书法史》，江苏教育出版社，1998年版，第181页。

14　朱大可（1898—1978），名奇，号莲垞，浙江嘉兴人。诗人、文章家，曾熙弟子。其父朱丙一，晚清宣平县知县；其弟朱其石，书画金石家。少时负笈南京农学堂，后任教上海务本女中、爱群女中、正始中学、无锡国专等校。1949年后，任教华东师范大学直至1958年退休。毕生勤于治学，博览群书。对国学的研究，融经学、小学、训诂、辞章于一体；对古文字的源流辨识，尤多迈越前人。著有《古籀蒙求》《怀人诗二百首》等。

15　载1932年8月18日《金钢钻报》。

16　卢辅圣主编，《近代名家字画市场辞典》，上海书画出版社，2005年4月版，第403页。

篆写来前不亚于吴大澂，后不逊于马公愚，可谓秀笔一枝，超凡脱俗。”

《玉树临风·谢玉岑传》[17]刊有谢玉岑为朱大可制的一件金文扇面，金文后隶书款语：“金文一物一奇，其妙不可名状。大可先生正之，玉岑戏模。”从这金文扇面来看，谢玉岑在金文中已吸收了甲骨文的成分，将甲骨文的瘦劲、字形的大小错落、章法布白的变化诡奇化入其中，看似为临金文所作，而实际上是将甲骨文与金文化而为一，成为他自己的独特面目，他的款语，实质正是此件书法扇面艺术特色的高度概括。

《近现代金石书画家润例》[18]载：“1929年教育部全国美展出品标价，谢玉岑八尺屏六条一百二十元。1933年书画价目，谢玉岑三尺十三元。”比照同期所载：“王师子三尺十元；王个簃四尺八元。”由是来看，谢玉岑当时的润格已高出侪辈。

从《柏林中国美术展览》资料得知：1934年1月，中国现代美术展览会在德国柏林普鲁士美术学院开幕。参展作品的书画家如谢玉岑、陈树人、郑午昌、齐白石等，而今，齐白石已成为中国美术史上画价最高的书画家之一，但在当时，其润格则是几人中最低的。从柏林美展作者出品表所示，谢玉岑有三件作品参展，每件四百金马克，陈树人二百金马克，郑午昌二百金马克，齐白石一百一十金马克，在20世纪30年代，一元金马克相当于今天的人民币百余元。

谢玉岑虽有《青山草堂鬻书图》，并有多位名家分别为之题咏。但他除了为赈灾鬻书之外较少鬻字，而为友好同道雅属挥毫为最多。因此，谢玉岑的书画不仅在国内名重艺林，而且流传海外，极受珍赏。

书法与绘画虽为两种不同的艺术形式，但之间有许多共通之处。赵孟頫言：“石如飞白木如籀，写竹还于八法通。若也有人能会此，方知书画本来同。”

词人画，是指具有词境的绘画。它要求作者首先是一个优秀的词人，并

17　谢建红著，上海书店出版社，2017年5月版，第251页。

18　王中秀编著，上海书画出版社，2004年1月版。

且能够把词的意境特性转化成中国画的笔墨语言。谢玉岑论画有云："画之妙者，尤系乎情，宜于诗词中抽绎情思，可以诗入画，可以词入画。"这寥寥数语，深刻地抓住了文人画的核心——情思，而谢玉岑的词正是以情思深婉著称的，这就为他探索以词入画奠定了有利基础。当代词人、书画家魏新河在《谢玉岑绘画中的词人画意境》中说："谢玉岑是较早有意识地提出以词入画的一位先知先行者。"[19]

谢玉岑的绘画，原是兴之所至，以书法写画，"聊写胸中逸气"[20]的自娱自乐。如果以谢玉岑笔墨与倪瓒相比，则倪动而谢静，倪是动中静，谢是寂而静，无烟火气，两人殊途同归。谢玉岑的画不是对景写生，而是遗貌取神，以意舍形，写胸中丘壑、树石、花草。他的山水，得元人冷淡幽秀之致，笔意疏简，笔墨淡雅，画面空灵毓秀，韵味悠长，流露出胸臆中的文人逸气。他常以简笔写松梅竹石，取戴鹰阿、八大、弘仁之神，以书入画，着重写意，取法高古，风神卓绝，别具一格。符铁年盛赞他的画别开生面，并在《玉岑遗稿·符铸序》中曰："后复稍稍作画，则又幽淡逋峭，疏林远水，松石梅竹，令人意远。"

张大千云："文人余事，率尔寄情，自然高洁，吾仰陈定山、谢玉岑。"[21]"吾识海内画家多矣！平心而论：文人画当推谢玉岑第一，画家画当推吴湖帆第一。"[22]1948年冬，张大千在北平时，画坛高度评价他的画，他谦逊而又严正地说："中国当代文人画家只有两个半，一个是溥心畬，一个是吴湖帆，半个是谢稚柳，另半个已经故去，那就是谢稚柳之兄谢玉岑！"[23]陆丹林有文说："亡友玉岑居士常说，当今画人，以张大千、吴湖帆为最。吴湖帆却说，当代画人，内行的要推张大千，外行的（指文人画）要推谢玉岑。而大千则说所佩服的画家，只有谢玉岑与吴湖帆二人。"[24]

---

19 载《谢玉岑研究》第164页。

20 倪瓒《答张藻仲书》。

21 张大千《四十年回顾展自序》。

22 李永翘编，《张大千艺术随笔》，上海文艺出版社，2012年3月版。

23 包立民著，《张大千艺术圈》，生活·读书·新知三联书店，2019年3月版，第225页。

24 陆丹林《对于张大千的画之认识——序张大千画集》，中华书局，1936年版。

谢玉岑、张大千、吴湖帆三人知彼知己、相互推重、惺惺相惜之态，跃然纸上，大有“天下英雄，惟使君与操耳”之概。谢玉岑“砚余作画，标格奇绝，在石涛、八大之间”（苏渊雷语），“画能具情感，使人读之有弦外之音”（王师子语），自是文人画家之风范。张大千、吴湖帆时称雄画坛，巨眼卓识，复何奚疑？张、吴之言意在谢玉岑文人画格之高度。

徐建融在《春秋与谢玉岑》中又说：“长期以来，我们都是用文艺包括诗词和书画来解读谢玉岑、谢稚柳，并由谢玉岑、谢稚柳而认识钱名山、认识寄园。这样的认识，在本末上不免是倒置的。如上，我们试用经史、道统来认识寄园、认识钱名山，并用寄园、钱名山来解读谢玉岑、谢稚柳及其文艺，则对谢玉岑、谢稚柳为什么不是‘职于艺’而只是‘游于艺’的问题，或许可以得到一个完美的解答。”

谢玉岑除书画自成一格外，且能治印，尤擅篆刻朱文，其“孤鸾”私章即为自镌，所镌印章方寸之间，气韵夺人。夏承焘致谢玉岑手札有云：“有暇乞为我刻一小印，曰：‘我近中年惜友生。’兄我好友，不欲求他人也。”[25]印人方介堪曾为谢玉岑治印十余方。玉岑殁后，介堪有长诗《梦哭玉岑》，其中有句：“诗文早有名，书画追倪瓒。余事乐金石，鉴别亦精妙。”

综观谢玉岑先生的艺迹，可谓其词第一，书法第二，诗文画印第三，究其成功要素，可略为：谢玉岑具有深邃的学养，并能把文艺融会贯通而自出创意。用画家王师子《玉岑遗稿・王伟序》中的话来佐证：

> 海上论交得振奇拔俗之士，武进谢君玉岑盖其人也。气节高厉而和易近人。其文章、诗词、书画罔不卓越，谈吐隽雅，尤耐人寻味。其论画有云：“退之论文主气，谓气甚则言之短长咸宜。余则以为情不可少。韩潮苏海，起宓千里，气也。然幽溪曲港，亦足移情，讵非天地间佳景，何可偏废！文章如此，画与金石亦如此。画

25 沈迦编撰，《夏承焘致谢玉岑手札笺释》（修订版），新星出版社，2020年7月版。

之妙者，尤系乎有情，宜于诗词中抽绎情思，可以诗入画，可以词入画。”旨哉言乎！盖画能具情感，使人读之有弦外之音，斯为超超元箸。闻玉岑之说，吾亦因之有悟。商量邃密，乐事孔多。而奈何天夺吾良友之遽也！今欲聆其言论，瞻其丰采，已不可复得，无时不独坐兴叹。

师子先生之语，诚如是言！

千古文章未尽才！假如天假其年，谢玉岑在他的诗词文章、书法绘画、金石篆刻，以至艺术评论等领域将有更多的成就与更高的造诣，当是无疑的。

二、朋友为生命

夏承焘有云：“玉岑风神拔俗，而温温如处子，接其人胜读其书。辞笔之工，不足以尽玉岑。”[26]谢玉岑风神秀朗，性情高旷而谈吐儒雅，对人十分热情，有求其书画的、题咏的，总是满足要求；人有急难，他能以身任之。谢玉岑也是一个十分重感情的人，对长辈事亲孝，对妻儿春晖，对弟妹教如师，对学生为人师表，对朋友重友情，尤其是对文艺界的朋友，他把友谊视同生命。在上海时，他喜欢与朋友结社聚会，开展艺术活动。如发起组织艺海回澜社、鸡鸣、九社，最早加入苔岑社、虞社、寒之友画社、蜜蜂画社、中国画会、正社等。这些诗社、画社、艺社包罗了当时最负盛名的一些诗人、画家，都是他的朋友。谢玉岑以其人品、学问、才情，于家乡、于江南、于海上，广交艺林俊彦，通过结社访友，诗词唱和，书画互赠，传为艺林佳话。谢玉岑当时仅收藏名家书画扇就达千余，名家信札上千通，张大千画作百余件等。

谢玉岑信札多且范围广，除谢钱亲戚、同门弟子、艺苑友人外，与他经

26　沈迦编撰，《夏承焘致谢玉岑手札笺释》（修订版），新星出版社，2020年7月版，第231页。

常往来信札的人物就有高吹万、金松岑、林思进、周企言、王巨川、夏承焘、叶渭莘、朱其石、陆丹林、龙榆生等。信札内容广泛，但主要内容还是围绕诗文书画、艺坛趣事。现存与高吹万五十一通、夏承焘百余通（《夏承焘日记全编》有记载），语雅机深。手迹行书间以章草，或以篆笔入真草，或糅以楷隶，疏简有致，烂漫多姿，这些翩翩的信札对研究其个性特征和艺事交往具有不可替代的作用。

鲁迅说："人生得一知己足矣，斯世当以同怀视之。"但谢玉岑的知己远远不止此数。这里且举四位，即张大千、夏承焘、王春渠、唐玉虬。他们四人，分别是海内公认的一流画家、词人、学者，他们与谢玉岑的友谊可说是情同手足，莫逆之交。张大千、夏承焘、唐玉虬为《玉岑遗稿》所作序和王春渠的《玉岑遗稿·跋》皆见至真之交，分别有句："安得起九原为我歌吟？人间天上，守兹同心。""平生以友朋为性命，真挚恻怛，令人恋嫪不厌。""玉岑虽已蜚声于当时，海内名公元父无不知江东有谢生玉岑矣！然自视欿然，所著文章，多不存稿。""与君交二十年，死别亦已一十四载，平生之欢，明明如月。"

谢玉岑现存诗词多见于友人画端，即兴落笔，心动而赋成，足见他之才情富足。他有多次为友人出版物封面题签，如王巨川《倚剑楼诗稿》（隶书，署款"茄厂"），张善孖、张大千《大风堂兄弟画集》（行书，署款"玉岑居士题"），张善孖《遗世独立》（隶书，署款"玉岑戏为善子哥题耑"），郑午昌《郑午昌山水画集》（行书，署款"玉岑题"），赵古泥《古泥印集》（篆书，署款"癸酉正月，玉岑篆耑"），朱大可《古籀蒙求》（行书，署款"谢玉岑拜题"）；有为画家的画册题卷首语，如叶渭莘《渭莘画册》；有为印人印册题词，如朱其石《抱冰庐印存》《朱其石印存》；有为印人印存题诗，如汪大铁《芝兰草堂印存》；有为诗人题签卷首辞，如陈荆鸿《蕴庐诗草》；有为友人编撰作品集，如1932年协助王春渠编辑出版《当代名人书林》，1934年《朱其石印存》便是由张大千和谢玉岑选编；还有《郑午昌山水画集》，乃1931年秋八月，谢玉岑、陆丹林、王师子共同集印。即使他病重期间，还嘱咐妻弟钱仲易把张善孖一篇《南游日记》

在报端发表，以及朋友来家里探视他，坚持要为朋友支付车资等。这些都又可见他与朋友的深厚情谊。

谢玉岑早岁失怙，体素羸弱，继而宅毁，他的祖母、伯母、母亲“茕茕抚孤，十年中门庭若冰雪”[27]，促使他立誓“三年愿读父书，百世期绳祖武”[28]，“陋如驽马，犹当奋十驾之勤；钝比铅刀，方期淬一割之用”[29]，“所念滋兰九畹，纫佩永在兹心”[30]，以至养成了他少年老成，青年担当，中年节制；悼亡后，人本旷达，不善治生，形成郁郁寡欢、不苟言笑的性格。但“其德性之坚定，识度之宏远，意怀之慷慨如此”[31]，他“那种汪洋若千顷波的气宇，那种中人欲醉的谈锋”[32]，仿佛一直萦绕在朋友们的脑海中，正如陆丹林所言：“他有冰般的心，雪般的品，海般的才，更有火热般情感。”[33]

至于谢玉岑的业余生活，除诗文书画、交友往来外，也就是偶尔听戏、看电影。郑逸梅说：“词人喜观电影，尝云：‘人事悲欢，皆作如是观。’偶听大鼓书，亟赏方红宝，以词张之。”陆丹林在《哀念玉岑社兄》中说：“他没有不良的嗜好，不饮酒不吃烟，公余的消遣，只向书画诗文着眼，因之朋友，也是文艺界的比较多数。有时到公园里去散步，或者碰着有好的电影，便到影戏院里欣赏银幕上的风光罢了。他这次在病中，有人劝他吃鸦片，但他很坚决地拒绝。”

1944年刊印的《清代毗陵名人小传稿》[34]载有《谢觐虞》：

> 觐虞，字玉岑，武进人。少孤多疾，聪慧绝人。及长，美风仪，长身玉立。从阳湖钱振锽学，工词赋，师深器之，以长女妻

---

27 谢玉岑《亡妻行略》。

28 谢玉岑《上父执高少卿大令书》。

29 同上。

30 同上。

31 《玉岑遗稿·唐玉虬序》。

32 钱仲易《哭玉岑姊丈》。

33 陆丹林《哀念玉岑社兄》。

34 张惟骧编撰，常州旅沪同乡会印本，第50页。

焉。觐虞事亲孝，教弟妹如师，爱朋友若性命，故旧有急难，常身任如己事。值邻邑大饥，赈款无所出，觐虞募画海内名士书画尽鬻以赈，先后数千金。虽有疾，奔走不稍休。曾遨游南北，后客上海，所交多知名士。所作骈俪文雅赡典丽，行气如虹，造诣近小仓山房，以体弱多病，中年辍勿学。篆分书得天授，肆力碑版，上规秦汉，乞书者踵相接。妻钱氏病殁，神伤不解，署别号曰孤鸾，益致力于词，以寄哀思。偶作松梅山水，极似邹之麟、八大山人，然体益惫。乙亥季春卒于家，年三十有七，闻者惜之。友人搜其诗文，辑为《玉岑遗稿》，计诗文各一卷、《白菡萏香室词》一卷，《孤鸾词》一卷。

人生何止百篇诗。笔者联想到常州近代两位与谢玉岑先生相仿的才人：一位是黄庭坚后裔，常州清代诗人黄仲则（1749—1783）。其二人多才多艺相似，名震当时相似，贫病、愁苦也相似，正如叶恭绰《玉岑遗著将出版感题》："鬼才世早推长吉，乡彦名应抗两当。如此清标付修夜，更谁身手较堂堂。"另一位与谢玉岑同年生、同年逝，童年遭遇相若，同样家庭背景，同样患有肺疾，同样钟情文艺，同样未尽其才的常州民国才子——瞿秋白先生。谢玉岑与瞿秋白生前没有交往，因为他们走了不同的人生道路。瞿秋白是文学家，更是革命家，为中国革命事业流尽最后一滴血；谢玉岑是一介书生，更是纯粹的文艺家，把全部生命贡献给了中国传统的文学艺术。

生如夏花之绚烂，死如秋叶之静美。谢玉岑先生虽在世仅三十七年，但他的文艺成就、他的朋友情谊将流传久远；所谓"碧海青天夜夜心，江南烟雨谢玉岑"，其生命虽烟消云散，其馨犹存。

谢玉岑、张大千合作为梅兰芳作书画成扇

张大千为谢玉岑绘《天长地久图》

张大千为谢玉岑绘《无量佛像》

徐悲鸿《张大千三十四岁像》
谢玉岑题五古长诗

张大千《踏雪寻梅图》

谢月眉绘《芙蓉花鸭》，并录谢玉岑题画诗

张大千绘《巫峡清秋》，并录谢玉岑词《浣溪沙·题巫峡清秋》

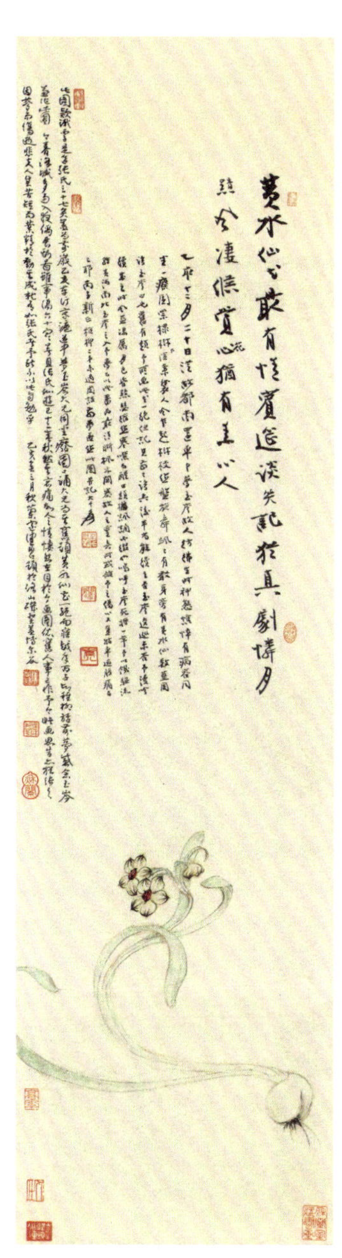

张大千绘《黄水仙花》，并录谢玉岑诗《黄水仙花》

张大千绘《宋人诗意图》，谢玉岑题诗

张大千《吴门惠荫园秋禊图》（上海博物馆藏），谢玉岑有词《一萼红》记之。

张大千《元人诗意图》，谢玉岑题诗：
雨余螺髻四山青，闻有轻帆出洞庭。
自是江乡足生意，水杨盈尺即娉婷。
此十年（前）乡居旧作，境与画侔，遂书于上。

郑午昌《怊怅画师忧国意》，谢玉岑题诗。

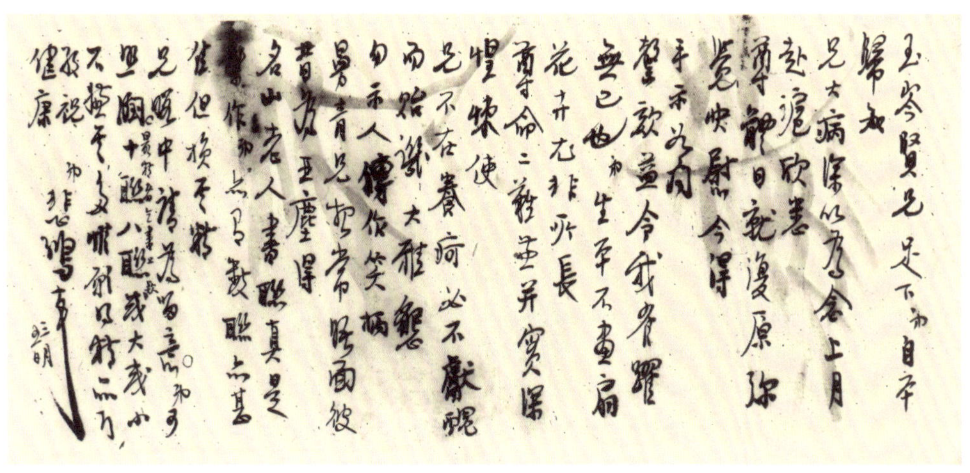

徐悲鸿致谢玉岑手札

张大千为谢玉岑祖母钱蕙荪八十寿绘四条屏寿图

艤舟亭雅集圖

邓春澍《舣舟亭雅集图》

张大千《菱溪图》

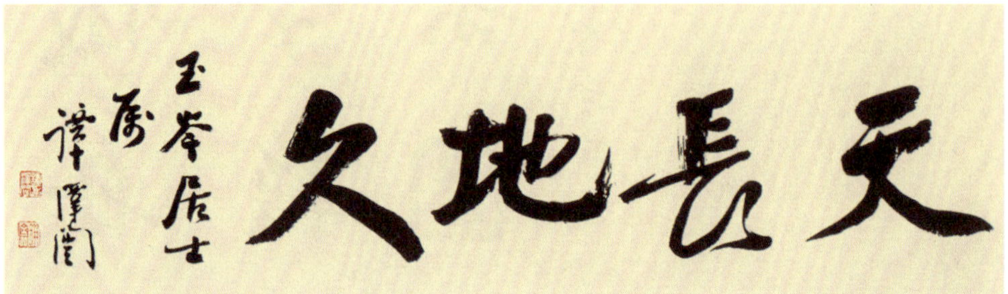

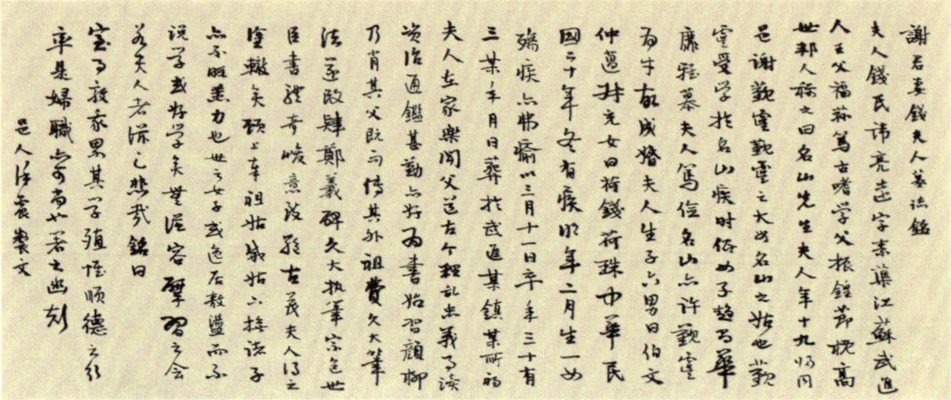

上图：谭泽闿题引首“天长地久”
中图：郑午昌为谢玉岑绘《天长地久图》
下图：徐震制文《谢君妻钱夫人墓志铭》

附录一

良师益友

奉扬仁风——与高吹万

高吹万（1879—1958），名燮，字时若，号吹万、寒隐等。斋名吹万楼，江苏金山（今属上海）人。南社诗人、著名藏书家，与武进钱名山、昆山胡石予并称“江南三大儒”。曾主持国学商兑会和寒隐社，刊行《国学丛选》。所居闲闲山庄占地十亩，取《诗经》“桑者闲闲”之意，所藏书籍达三十万卷，其中《诗经》一门最为丰富。1949年上海解放后他将藏书捐赠给国家，现藏复旦大学图书馆，后出版《高燮集》。著有《吹万楼诗集》《吹万楼文集》《吹万楼论学书》等。《谢玉岑集》收录了谢玉岑致高吹万信札五十通。

1924年，谢玉岑有《疏影》二词唱和金松岑、高吹万，一首署名“藕花庵主”发表在8月12日的《新武进报》：

疏影·甲子上元后八日，吴门金松岑丈招饮虎丘冷香阁观梅。松丈有诗，赋此奉和，并寄吹万丈闲闲山庄

荆榛堂宇，问何人弹指，幻成金碧。竹外岩前，一笑相逢，春光暗逗瑶席。分明姑射神仙侣，更着个、羽衣清绝。（松丈自号鹤望，诗中所谓“可容留鹤伴萧闲”是也。）待夜深、唤起凉蟾，可要一枝横笛。　还溯舒王（铁云、仲瞿）前度，风流百许载，此意谁惜。物换星移，终古吴山，看过几番香雪。槃敦小寿应千岁，只多事、麻姑休说。漫矜夸、何逊扬州，一样惊人词笔。（谓松岑、韦斋、吹万诸丈。）

上片从冷香阁的富丽堂皇和梅花的春意盎然，引出招饮主人金松岑的仙骨风姿，三者遥相呼应。下片写先贤舒铁云、王仲瞿曾在此饮酒赋诗，留下墨迹。虽然“风流百许载”，终究“物换星移，终古吴山”。词人借典，表现

冷香阁的古今之变，以突出今日宴会盛大。结句“漫矜夸、何逊扬州，一样惊人词笔”，词人认为金氏“咏梅诗”超过何逊“官梅诗”，今日盛会也足以凌越舒王雅集。

词的背景：应金松岑之邀，谢玉岑与邓春澍、唐玉虬等同往虎丘冷香阁观梅。谢玉岑致王巨川信中说：“一行以廿二到苏，廿三上虎丘。梅花已放，俗尘不侵，虽台榭无多，而凭栏小憩，亦俨然香雪海矣。主席除松公外，尚有七人，外路到客亦有十余人。如金山高吹万乔梓、云间姚鹓雏、海上黄宾虹等，东南之彦，连翩毕集，不可谓非难逢之盛。”谢玉岑与高吹万信中又说：“抵常后得鹤望丈书，始知翌日尚承见招，且丈等又有可观园观梅之游，有孤良约，益用怅然！乡馆开课，已于廿六来戴。”此时的谢玉岑正在武进戴溪桥乡馆教书呢。

另一首刊载《艺林丛刊》（1925年第21期），即本词：

疏影·秋月在壁，索梦不成，有怀冷香春游，赋寄鹤望、吹万两丈

一番蛩语。又梧廊秋到，曲阑深处。月炫烟红，如水鼍更，禁得幽修如许。罗襟未浣年时酒，争已老、看花前度。判相思、翠羽金樽，都付露阶灯户。　也拟系船重到，俯波高阁外，几层秋树。云散题襟，轩槛西风，瘠壁可留吟句。江天不碍吹横竹，怕容易、清商换谱。恨无情、绾梦杨丝，几绾芳尘得住。

是年秋日，词人感怀冷香阁春游而作。上片写秋夜景象和感触，表达对冷香阁春游的怀念。下片幻想重游冷香阁题襟吟句，可叹时节匆匆，已难以实现。

1929年初，常州邻邑马迹山等地遭遇灾荒，钱名山等发起鬻书赈灾之善举，谢玉岑在《武进商报》发表《筹赈书画会上海集件的一点小报告》，其中说：

> 金山高吹万先生，也是南社老社员，但是后来因为南社中如柳亚子等，提创白话文，他便另外在金山办了一个国学商兑会。他和吴江金松岑、陈佩忍，上面说的黄宾虹先生，前江苏省长陈陶遗，还有新任江苏省政府主席叶楚伧、民政厅长胡朴安，都是最要好的朋友。但他家住在秦山脚下，自己盖了一座闲闲山庄，良田美池，桑柘十亩，闭门读书，不出来做官。他的字是写的刘石庵和翁松禅，因为他不卖字，所以寻常要求他字是办不到。这次他也高兴，写了十多件来加入，真算异数。他来信还说“我的字是不值钱”。咳！这不值钱的不卖钱的字，才真有价值呢。

吹万先生的善举可见一斑。

《谢玉岑集》收录了谢玉岑致高吹万信札五十通，高吹万回复谢玉岑信札一通，内容多涉及探讨文学观、诗文书画和朋好之间的往来轶事，极具文献价值。譬如1923年12月12日的谢玉岑信札中说：

> 时至今日，文学之衰藺，尽人能言，和文白话之祸，沦胥殆遍，而无耻之徒犹且力诋《六经》为伪书，充其意必置古先圣贤于子虚乌有而后快。昔人曰：“世事幻如乾闼婆城。”方今异说诪张，不几几为蛇神牛鬼耶？然窃以为今日之事，谓为文学之浩劫，则诚无疑；谓文学遂遏灭不昌，则无是理也。文以载道，自三代以来，睿圣明哲之士所以殚思虑，苦心志，而祖述维系之道，与夫数千百年间典章风物之寄，其果可一日不存于天地耶？抑彼无耻盲从之辈，果即足以举此数千百年来圣贤精神所系之学术文章而尽毁之耶？明者必有以辨之。是故祖龙燔书，不能止西京之盛；典午板荡，不能绝六代之文：多见其不自量耳。《中庸》曰：“君子之道，暗然而日章；小人之道，的然而日亡。”《易》剥之上九曰：“硕果不食。”彼鸱张纷竞，风靡一世之徒，我且将见其的然而终亡矣。而当风雨晦明之时，为坠绪茫茫之拾，留不食之果，于宽闲

之野，以待复至者，讵非得公而益信乎！家师钱梦鲸先生，以有清进士，政变后杜门著述，守道不阿，其所为诗文，多眷眷故国之思，亦《黍离》之遗音矣。兹呈新刊三集一部，伏乞赐收。不敢以云报，亦知邺侯架上，不可无是书也。

觐虞少孤失学，体复多病，孔门朽木，恐鲜裁成，然远辱齿及，敢不勉策驽骀，就正有道。

谢玉岑看到的是“无耻之徒犹且力诋《六经》为伪书，充其意必置古先圣贤于子虚乌有而后快”，想到的是“自三代以来，睿圣明哲之士所以殚思虑、苦心志，而祖述维系之道，与夫数千百年间典章风物之寄，其果可一日不存于天地耶”，想做的是“觐虞少孤失学，体复多病，孔门朽木，恐鲜裁成，然远辱齿及，敢不勉策驽骀，就正有道”。此见此思此为，可见谢玉岑恪守传统文化与文学观之一斑。

20世纪20年代的中国正面临大变局，东西列强的入侵，军阀和党派之间的争战，给亿万百姓造成巨大的灾难。在文学艺术领域，西方思想与中国传统文化激烈冲突，对当时的知识分子有着切身的影响。谢玉岑成长于江南文化底蕴深厚的常州，接受了系统完整的传统文化教育，继承了儒家士人身为布衣却心忧天下的入世精神，接触的师友多为传统文人，具有关怀国运民生的高度自觉性，因而对风行一时的新文化运动当然有着抵触，甚至有捍卫阵地的举措。

1924年2月12日，高吹万回复谢玉岑信札中说：

尊论今世所谓新文学之推测，诚是诚佩。窃谓吾国今日文学之厄，乃文学之士自厄之，非此辈能厄之也。譬之吾身，苟正气充实，则虽有邪魔皆不足以为病，若奄奄不自振者，则燥湿所侵，风露所袭，便足以死之而有余矣。彼浅鄙谬妄之徒，其安能厄我文学哉，盖亦视乎吾人之能自力与否耳。足下文辞斐美，正当英年，而克劬于学，乃不佞所求之而不可得者。而今者文学不亡之朕兆，亦于此可见矣。

信札往来，言之拳拳。由以上二件信札[1]可知，谢玉岑与高吹万之文学观基本一致。

近百年来受五四新文化运动“打倒孔家店”“不破不立”思潮的影响，今人见到“传统”“复古”，往往以为是守旧、倒退，其实不然。古人也知时移世换，《易经》即言“穷则变，变则通，通则久”，但文化创新必须以继承为根本。一种优秀的传统在漫长的时间中扭曲乃至产生流弊，可回到源头，检讨失误，重整出发，在恢复优秀基因的基础上开拓新的境界。“守常通变”“融古开新”是包括文学在内的中国文化发展的规律和智慧，几千年文明才能薪火相承，绵延不绝。“传统”“复古”不等于“坚守”“泥古”，不是简单地继承、守旧，而是依据不同的时代发展作适当的调整，守中有新，新中有守。唐代李白、陈子昂在诗歌上高举复古的旗帜；韩愈、柳宗元的古文运动上承先秦散文；清词的复兴不是宋词的翻版，是歌女词至文人词的飞跃，即如欧洲14至16世纪的文艺复兴，也倡导古希腊古罗马时代的文艺精华。拥有五千年历史的优秀传统文化是中华民族立国之本，良莠不分，全盘否定，恰恰是五四运动的严重后果。

从历史上看，一切尊重传统文化、不轻言变革的人，均有一种操守、一种信念，是倡导传统文脉的追求者，是继承传统文化的传递人。所以可以说，谢玉岑与高吹万是三千年江南文化的传承者，是中国文脉坚守主义的代言人。

1924年6月2日的谢玉岑信札说：“小词数阕录供一粲，明知下里之音，何足以辱清听？然念熏都梁者，或不妨偶烧皂荚，可笑，可笑。”6月29日的信札又说：“《屯艮先生集》当即遵示去书预约，惟加入南社，深愧滥竽，迟迟未敢应耳……前呈小词有不协律处，已另改过，另纸奉敬上。”

南社是一个高举文化旗帜，宣传反清革命的团体，创建人陈去病、柳亚

1　载《国学丛刊·与高吹万书》第十五、十六合集与《高燮集·答谢玉岑书》卷九。

子、高旭等，人达千余，阵营庞杂。社员虽有大致相同的政治主张，但诗文成就参差不齐，如林庚白所言：“南社诸子倡导革命，而什九诗才苦薄，诗功甚浅，亦无能转移风气。”[2]

谢玉岑对加入南社可谓暧昧，并不是他自谦所说的“深愧滥竽，迟迟未敢应耳”，其实是他对南社后来的所作所为，认知有所不同，尤其是对待传统文化的继承与发扬，可以说是“道不同，不相为谋”。“小词数阕”应该是《绿意·春暮送客》《甘州·乙丑正月避兵初返》《龙吟曲·箧中得恽七舜彝病榻见怀词若干首》，词后有跋语：“小词再呈寒隐师拍正。”

是年，谢玉岑有信札称赞高吹万：“法书便面达到，字字皆珠圆玉润，无一豪犷悍气，此正是从学问性情中陶养而得，非徒夸退笔如山而已也。谨当出入怀里，奉扬仁风。”1929年又称誉高吹万的书扇：“顷拜法书便面，高华温穆，逼真松禅，感佩之至。”从中可看出，谢玉岑反复称颂“珠圆玉润，高华温穆，无犷悍气”的书风，就是他所一贯讲究的“书卷气”。

1929年的信札说：“佩忍先生遇，星期辄来敝校图书馆阅书，师如致函，或由觐虞处转交，藉作相见之介，何如？”佩忍先生即陈去病，曾任孙中山北伐大本营宣传主任、广东护法军政府参议院秘书长等职。

1930年3月3日的信札说：“世乱方亟，天灾流行，不识山庄犹有畴昔啸傲之兴否？敝邑马迹山奇荒，民多奄毙，家师及庄缄三丈等方发起书画助赈会，收集名人巨制，陈列售款，海上一亭、农髯诸大师虽竭力提创，已集四百余件，而多多益善。师有暇泼墨，能惠助若干件，尤所翘企。陶遗丈一笺，并恳转去，因不详其寓址也。文人砚池之水，本何足沾溉多人，然苟求心安，则一勺一豪亦菩萨杨枝甘露。凡民有丧，惟思老子‘天地不仁’之说，斯可慨耳。”信中口吻殷切，谢玉岑在赈灾之事上，可谓尽心竭力。之后，1931年冬至后二日的信札又说：“近为西北灾开一书画会，小筹数百金，作字甚多。”可见谢玉岑匹夫之责情怀。

1932年7月18日的信札说：“寒隐吾师道席：拜手教并石予先生诗，快

2 载《今诗选·自序》。

甚！松岑丈归，此间未有信。近颇思一游吴门也。白门王东培孝廉画扇，友人所贻，笔尚闲雅，谨寄上。请赐书大唱，新旧作俱所欢伫。乘兴挥洒，先睹为幸。石予先生在申否？新秧渐绿，山庄风物如何？草草不尽怀仰，祗颂道安，不备。谢觐虞再拜，六、十五。”此信札提及“石予”，指胡石予（1868—1938），有“南社诗翁”“江南大儒”之称；王东培（1875—1947），江苏南京人，举人、书画家。

1932年的信札说：“珂里图书馆征件，不日可再寄画若干帧，何时截止收件？”“虞近惘惘，有小词皆酸楚，临池亦无进境。附呈一扇，聊示请益之意，希进教之，并颂撰安。”言及谢玉岑捐赠苏州图书馆的几件画作和是年的几首悼亡词。

1933年11月30日的信札说：“吹万吾师道席：前月两接教言，并陪盛宴，快甚幸甚！秋凉，维杖履清晏。中秋前曾赴松岑丈惠荫园秋禊之招，去吴门一宿，晤陈石遗、曹纕蘅，犹以师未能来为怅。家祖母生辰，务请赐以诗文以为荣宠，寿期将近，还待装池，倘蒙乘兴削觚，则拜赐之厚，绥桃郦菊复何足数也。闵先生日内在申否？思写楹帖赠之，仍由山庄转去如何？恃爱妄渎，临颖主臣，即颂道安。”

是年10月1日，谢玉岑应金松岑之邀，参加吴门惠荫园秋禊。10月16日，是谢玉岑祖母钱蕙荪八十大寿，有请高吹万作诗文以辉寿域。

1935年1月21日，谢玉岑与林思进信札中说：“高集已来，道即改定刊书，种种由虞任之。”可见，高吹万对谢玉岑之信任。

笔者近年在上海图书馆发现谢玉岑致高吹万一通轶札，兹录在此：

吹万吾师阁下：

损书读悉，《此木轩诗钞》遵示寄奉寄园，所得抄本诗尚缺失若干卷。如照此集，不尽重复，则大可补入，延津剑合，亦一乐也。石子[3]先生托王培孙君转询舍亲[4]处焦集[5]种类，大致有诗文、时文、词，卷数不能详记，乞便告之。此间假日结束，到常尝得焦书录本邮奉。拙书小屏，自视恶札，故久就未寄，俟则再思之。遯庸老人[6]昨来一书，瑞安陈绳夫[7]兄来函问卿起居，近通讯否？粤事[8]牵涉国际，一不慎即明明国为之恶绝。有近作能便示一二首否？益经岁不读师诗矣。梅中雨阳不时，伏惟珍卫不宣。

谢觐虞再拜，二十二

经考证，此信札作于1927年3月15日，与收录于《谢玉岑集·竹如意斋手札》（第204页）第二十五通内容相接。

谢玉岑致高吹万信札目前笔者所见的有五十一通，信札从1923年至1933年，是谢玉岑初出茅庐至成名成家过程的见证；皆为武进钱氏寄园文学函授部、浙江省立第十中学校、南洋中学、苏浙皖区统税局、国立上海商学院等用笺，亦是谢玉岑求学、教书、交游经历的见证；围绕探讨新旧文学、诗文书画、刊印图书、交友往来的内容而作；涉及人物有金松岑、胡石予、朱家驹、黄宾虹、陈石遗、曾熙、王一亭、金粟香、陈佩忍、曹纕蘅、姚石子、庄通百、陈绳夫、傅熊湘、梅冷生、曹明甫、孙诒让、冒广生、陈陶遗、赵半跛、闵冷禅、王培孙、王东培、梅兰芳及方介堪、王巨川、董緄庵、白蕉等诗人、书画家。由于信中多谈及师长，谢玉岑表达谦恭有礼，尤其称呼高吹万，一向尊其为师。信札中有多处点评时人，其意见颇足参考，如谓："吴缶老（吴昌硕）以篆法作行草，奇古馨逸，可谓前无古人。""家岳（钱名山）文逊于诗，实为定论。""今文之学，自南海（康有为）多为奇僻之论，遂为世人诟病。"一位温文尔雅、好学敏求而体弱多病的才子形象跃然纸上。

3　姚石子（1891—1945），江苏金山（今属上海）人，文学家、藏书家。

4　指钱名山。

5　清代焦袁熹《此木轩诗集》《文集》《直寄词》等。

6　朱家驹（1857—1942），号遯庸，江苏奉贤（今属上海）人，清光绪进士，武进苔岑社社员。

7　谢玉岑在永嘉教书期间，《名山诗集》由陈绳夫经手镌刊。

8　广州起义。

更谁身手较堂堂——与叶恭绰

叶恭绰（1881—1968），字裕甫，又字誉虎、玉甫、玉虎，号遐庵，广东番禺人。词人、鉴藏家、社会活动家。毕业于京师大学堂仕学馆，后留学日本加入同盟会。曾任北洋政府交通总长、广东军政府财政部长、南京国民政府铁道部长等。与朱彊村等结词社，与龙榆生创办《词学季刊》。1949年后，任中央文史研究馆副馆长、北京中国画院首任院长。编著《广箧中词》《全清词钞》《五代十国文》《遐庵诗词》《遐庵谈艺录》《交通救国论》等。

2010年7月31日，上海崇源艺术品拍卖公司2010春季大型艺术品拍卖会“海上旧梦专场”，有两件（甲与乙）书画成扇拍品引起了众多参与者的关注，经过几轮竞拍，最终甲成扇以69440元、乙成扇以89600元成交。

甲成扇，一面为谢玉岑词二首，其一《长亭怨慢·魏塘大千庭中见飞鹭作》（词略），其二《解佩环·三月七日，坐沪西兆丰公园，缃梅未尽，玉树已花，宛然春好矣。我拈此调即白石《疏影》也。惟白《疏影》为仙吕宫，宜用入声韵，而此押去声，为不侔耳》，词曰：

试春游早。隔街尘暂放，屐随青到。细柳回塘，几日鸣禽，已变故家吟抱。梅边小立犹吾土，况能寄、孤根便好。只匆匆、乱蝶娇莺，不管韶华易老。　　浅薄长藩风信，又饕霜瞒过，萋萋芳草。粉腻珠堆，一树依然，奈欠玉阶围绕。何人梦着乌衣事，便梦也、渐非年少。送晚阳、摇曳林梢，明日晴阴休道。

上片写春早词人坐兆丰园见细柳、闻禽鸣，不觉缃梅未尽，玉树已花，岁月匆匆。下片回想自己当年亦是乌衣子弟，玉树临风，感叹如今韶华易逝，岁月不居，赏春的愉悦终被莫名的烦恼而代之。两词后跋语：“癸酉中秋，录奉誉虎先生方家两政，玉岑谢觐虞海上大风堂。”

另一面为民国画家、寄园弟子张聿光的《松鹤图》，署款："玉甫先生正，廿二年秋聿光。"

乙成扇，一面是谢玉岑图作：扇面中央一石一松一屋，屋后一竹一坡，淡墨线条勾勒，用笔至简至朴，清雅空疏，耐人寻味。上中部大片空白处唯有浓墨小字款识三行："癸酉秋日写奉玉虎先生方家教之，谢觐虞"，字如点睛。

另一面是谢玉岑隶书，所书疏荡肆伟之致。款识："玉虎先生再正，玉岑谢觐虞临汉。"

1934年春，谢玉岑从上海回常州养病，叶恭绰得知后，作诗《讯谢玉岑病常州》："清于野鹤冷于僧，读画鏖诗病可能。惆怅闭门花落尽，一楼春雨隔毗陵。"拳拳之意，句句自见。

谢玉岑病逝，叶恭绰有挽联"深心托豪素，仙翮谢龙樊"，充分肯定了谢玉岑的诗文和书画地位。

1940年是谢玉岑逝世五周年，叶恭绰获知《玉岑遗稿》即将刊行，作《玉岑遗著将出版感题》两首绝句：

鬼才世早推长吉，乡彦名应抗两当。
如此清标付修夜，更谁身手较堂堂。

雁影长空去不留，百年身世付浮休。
人间忧患纷如织，说与孤鸾更自愁。

是对谢玉岑之再悼再赞。

谢玉岑词的传播，亦有赖于叶恭绰。1935年叶恭绰《广箧中词》刊行，流传甚广，很快成为清词选本的名著。该书卷三录有谢玉岑词二首：《疏影·河梁杏叶》《木兰花慢·感事》。前词下有"幽咽"二字评语。又注："玉岑《孤鸾词》。"1975年，香港中华书局出版叶恭绰主编的《全清词钞》，第三十九卷又收录这两首词，只是删去了"幽咽"二字。词人小传写有："谢觐虞，字玉岑，江苏武进人，有《孤鸾词》。"可以说，叶恭绰对谢玉岑遗词的早期推广和研究起到了一定的作用。

十载相知，谈艺论文——与陆丹林

陆丹林（1897—1972），字自在，号非素、枫园等。斋名红树室，广东三水人。著名美术评论家、鉴藏家。广东法政专门学校毕业，早年加入同盟会、南社，后任上海中国艺专、重庆国立艺专教授，中国画会理事等。曾主编《人之初》《蜜蜂画刊》《国画月刊》《道路月刊》《逸经》《大风》等，堪称民国国内和港粤两地的"第一名编"。其是蜜蜂画社、中国画会、九社的组织者，与谢玉岑、张大千相交多年，堪称"铁三角"。著有《革命史话》《美术史话》《当代人物志》《艺术论文集》等。

谢玉岑与陆丹林何时何地相识？虽无从考证，但最迟应该是在20世纪20年代中后期的上海，有诗《丹林属题心丹女士遗画》为证：

墨褪烟和淡，天悭梦早残。眼前陵变谷，何况画中山。

这首小诗是谢玉岑为陆丹林的女友遗画而题，背后的故事是这样的：陆丹林早年有一位红粉知己韩逸千，浙江萧山人，毕业于广东某师范学校，两人曾私订终身，但陆丹林当时已是"使君有妇"。无奈之下，韩逸千远走异国，并更名"韦心丹"，后卒于1927年。1929年，张大千画一仕女，标价三百元，拟交展览会陈列出售。陆丹林见此仕女，酷似已故情人韦心丹，故对画评说了几句。张大千二话不说，随即将画赠与陆丹林。陆丹林得画后，即请谢玉岑、吴湖帆题咏。谢玉岑题诗见上，吴湖帆题一阕《菩萨蛮》：

意中有个人如玉。几番拨尽相思曲。看到蹙眉峰。无言尤态浓。　真真何处去。往事如云雨。寄语有情天。阿谁恶剧怜。

1933年的《国风》（月刊）曾刊登这幅仕女图与谢诗吴词。1934年，四川诗人林思进游沪，在此图上又题诗一首：

云阶月地寻常过，雾鬓风鬟想像谁。
不是当年人似画，如今谁作画中看。

这二诗一词，读来有趣，民国年代名士间的风雅，当今已然绝响。

1931年，谢玉岑书赠陆丹林十四言钟鼎文对联一副：

茅屋八九家，笋市鱼场夜则经世事；
图书三万本，藜蒸菘食即梦太平人。

联后署款："丹林道长属篆，集古鼎彝玺印文字。时二十年九月，武进谢觐虞玉岑客海上。"钤印：觐虞私印、青山世家。

1932年的一天，陆丹林得到一幅郑曼青尚未署款的《鹅》图，听说谢玉岑、郑曼青等正在张大千大风堂聚会，即赶来请他俩题款。谢玉岑当场写了一首谑赞之诗：

曼青狡狯喜画鸟，自夸太极通大道。
於陵吐此鶂鶂肉，犹觉烟波能浩渺。
海上画家君少年，新罗白阳或可到。
此语勿告张大千，闻之虬髯应绝倒。

署款："丹林得曼青画未署款，属居士记之，漫成长句，为郑生一吹法螺，如酬吾功，请煮鹅肉。壬申三月坐大风堂，玉岑居士。"谢玉岑坐在大风堂公然为郑曼青吹法螺，调侃张大千，诙谐笑谑跃然行间。

是年，张大千为陆丹林画了一幅《红树室图》，以石涛笔意，色彩清丽，甚是迎合陆丹林的审美情趣。陆丹林喜不胜收，便请三十余位文化名人题咏，其中即有谢玉岑题画词《浣溪沙·题丹林红树室图》：

剩彩金刀剪未曾。花枝红艳旧时闻。看翻蜀锦恼行云。　张翰鲈鱼江上贱，刘晨灵药洞边轻。秋风消尽少年心。

这首词上片引典赞美红枫之美艳绝伦，下片借历史传说暗示红树室主人少年时代有一颗浪漫之心，并喻示当下的思乡怀亲之执念。

谢玉岑病逝消息一传出，多种报刊讣告、哀悼诗文均有刊登。当年7月，由陆丹林编辑、谢梦鲤印行、张大千题签的《玉岑词人悼感录》出版发行，收录的哀悼诗词文联，都出名家手笔，具有很高的艺术价值。陆丹林《哀念玉岑社兄》文中有挽联："十载相知，回思谈艺论文，夜雨深灯如梦境；一朝永诀，剩有吟笺缃帙，落花啼鸟诉春愁。"又言："他有冰般的心，雪般的品，海般的才，更有火热般情感。曾从经学大师钱名山先生读书数年，博通经史，做起文章来，下笔千言，倚马可待。""写字呢？那就篆、隶、真、草，无体不工了。凡是他的朋友，多有他的墨迹。又用书法写松梅山水，清新俊逸，但不多做，朋友得着他的画，莫不珍宝万分。""他的国学，固然很有根柢，但是他不自满，不泥古，他对于新文学的刊物，无论创作或译本，都是异常爱读，所以他不是时代的落伍者，而是融通新旧的学人。记得他在三月的时候，写信告我，他要搜集胡适之、鲁迅、郭沫若、周作人等写作的诗册和丰子恺、丁悚、鲁少飞、黄士英等的漫画，和其他西洋画家的作品。这可以见得他对于文艺是有时代思想，而没有士大夫的头巾气。"

1936年，陆丹林在《对于张大千的画之认识——序张大千画集》一文起笔说："我识大千已有十年，对于他的个性和生活异常了解。我藏大千的画数十张，对于他的作品认识很深。我们在大风堂里常常浏览古画，欣赏新作，谈艺论文，互引为乐。亡友玉岑居士常说，当今画人以张大千、吴湖帆为最。吴湖帆却说，当代画人，内行的要推张大千，外行的要推谢玉岑。而大千则说所佩服的画家，只有谢玉岑与吴湖帆二人。他们几位知彼知己，都相互推重，大有‘天下英雄惟使君与操’之概。玉岑十年来，珍藏大千的书画有百多张，制有‘孤鸾室供养大千百画之一’的印钤在画上。玉岑天资奇逸，聪慧绝伦，书画诗文词无不精工，而倾倒大千的画如此铭心镂骨，那么大千的丹青怎样的惊人绝俗，也可知了。”

谢玉岑欣赏张大千的画，尤其青睐大千画的荷花，除有印“孤鸾室供养大千百画之一”外，另有章“孤鸾室发愿供养大千居士百荷之一”。陆丹林有一方藏画印“丹林珍藏大千百画之一”，可谓与谢玉岑的印章旗鼓相当。

1947年2月，时在香港的陆丹林在《永安月刊》发表了一文《忆念谢玉岑词人》，其中说：“玉岑天资聪敏，智慧过人，他在旧文学上做过精深的功夫，诗文词都有他的独到造诣，因之熟能生巧，下笔即可成文，不必怎样的修改。书法，那是各体具精，写那样像那样。但都含有他的个性，不是呆板的刻画。画呢？虽然习作不多，而用笔却非常秀逸超脱，充分地饱含书卷气。他的文学，旧的固然嗜好，同时新的也同样爱读，并没有什么歧视。无疑的，玉岑真是一个多才多艺的才子，不泥古而通今有时代性的文人。”“他几次的对我说，预定在五年之内，做几部书，资料早已预备了许多。可是为着生活的奔波，又因为自己的身体孱弱，没能够成为事实。虽然志大愿宏，却变了心余力绌，有志未逮，真是人生最遗憾的事！要是他的身体健康，能够把这几部有了腹稿的书，著述出来，我想贡献给学术界，必定很大。可是他竟赍志而殁，含恨九原了。”

陆丹林《玉岑遗稿·序》又说：“玉岑骈俪文探原徐（孝穆）、庾（子山），而能驭以奇气，议论宏辟，与袁随园为近。诗清丽似王渔洋，沉俊如龚定庵。词则出入两宋，在清真、梦窗之间。万口争传，信非私誉。”

笔者编撰《谢玉岑集》《玉树临风·谢玉岑传》，查寻资料过程中，在上海图书馆、南京图书馆均偶然发现有陆丹林署名寄赠的《玉岑遗稿》，即想起他在《忆念谢玉岑词人》中的话：“文人手泽的存留，是个人心血的表现，同时也是时代精神的寄托，应该好好的采集保存，使人们有所观感欣赏，这才是后死者的责任。”

可见，陆丹林与叶恭绰、夏承焘、王春渠、董緦庵一样，对谢玉岑成就“身后名”起到了重要的作用。

玉树临风在我前——与钱仲联

钱仲联（1908—2003），原名萼孙，以字行，号梦苕，江苏常熟人。1926年毕业于无锡国专，后任多所大学教授。1934年其与谢玉岑等共同发起鸡鸣吟社。擅长诗文，尤对明清诗文有精深研究，编著有《清诗纪事》《梦苕庵诗词》等。

疏影

河梁杏叶。颤燕钗误了，彩绳消息。榆火新烟，行处楼台，不分去鸿相识。娇红依旧春如海，只忘却、空阶暗碧。算年年、凄雨江城，悔向踏青人说。　绣毂香车何处，镇寂寥还傍，夜桥吹笛。天半歌云，银蒜珠尘，欲挽东风无力。垂杨轻薄尊前舞，奈曲里、龙堆早雪。剩安排、团扇青衫，心事图中寻觅。

上片以景寄情，下片“天半歌云……龙堆早雪”诸语，讽喻北方战事吃紧，时局颓势难挽，而现实中仍有人醉生梦死，沉溺歌舞升平之中。全词用比兴手法，处处双关，是借言清明临近对亡妻的不尽思念，其实是对国事堪忧的一种表达，笔调虽柔婉而托意遥深。

《疏影》刊载于《国学论衡》（1933年第2期），钱仲联在《近百年词坛点将录·地速星中箭虎丁得孙谢觐虞》中说：“玉岑多才艺，常州词人后劲。不幸短命，未能大成。其词盖《金梁梦月》之遗。悼亡之作，如‘人天长恨，便化圆冰，夜深伴汝’，可谓断尽猿肠者。《疏影》《木兰花慢·感事》二阕，辽海扬尘时之词史，后一首本事，即余《蝴蝶曲》所咏者。”

钱仲联确定了谢玉岑“常州词人后劲”的地位，但也同样感叹因为早逝而“未能大成”的深深遗憾。

1932年3月，钱素蕖病逝，张大千绘《菱溪图》长卷，钱仲联有绝句记之：“菱溪春梦去难还，荷锸无心学闭关。肠断年年长丽阁，有人红泪湿青山。”并跋语：“谢玉岑君为家名山先生女夫，悼亡后有《菱溪感逝图》志痛。”

1934年4月29日，谢玉岑在上海《晶报》发表组词《清平乐》（六首），其一：

桃夭杏姹。都逊棠阑雅。几日江城花欲谢。梦里宝钗楼下。 陌头处处流尘。浮云转眼成阴。惜取尊前襟里，等闲莫问新亭。

上片以江城丽景作铺垫，下片描绘鼓娘方红宝女扮男装，姿态潇洒，歌词唱腔，令人叹绝的盛况。

钱仲联有《玉岑招听方红宝鼓词》三绝句唱和：

影事琼楼觅梦痕，为谁芳草感王孙。
散花来去原无碍，乞取东风着意温。

玉树临风在我前，红儿标格倚人怜。
琉璃笼眼看花雾，错认邯郸美少年。

羯鼓三挝意不平，南朝金粉可怜生。
都将海上孤鸾恨，写入檀槽第几声。

1934年4月30日，《金钢钻报》刊载钱仲联五古长诗《谢玉岑斋中见张大千画黄山巨幅，长歌赠之》：

天下几人称画宗，刻画崖窾夸能工。石涛精魂不复作，近来独

> 数虬髯公。……谢公好事何人同？攫归扃户摩双瞳。高张四壁足光怪，卧游对此忘疲慵。我来窥户惊突兀，侧峰横岭搜难穷。髯乎笔力有如此，坐令群壑回春容。明当料理青鞋与布袜，魂梦一拄黄山筇。云海清游约谁往？髯乎髯乎将尔从。

谢玉岑病逝，钱仲联作挽联："笙磬托同音，记从黄浦论交，几度秋灯曾话雨；才华空绝代，赢得青山埋骨，前时春梦了无痕。"《玉岑词人悼感录》出版发行，其中有钱仲联的五古长诗《哭玉岑》，叙述了钱氏与谢玉岑的一生交谊，援引其最后一节："并代数词人，彊村霜下杰。君实亲炙之，从入不从出。（君近年与余论词，渐尚北宋。）辈流孰抗手？瞿禅差堪匹。（永嘉夏承焘）笙磬故同音，相许见心折。怀梦后一人，（瞿禅论君词，以为《金梁梦月》后一人。）公论未为溢。天若假以年，倘跻欧晏列。彼哉托传衣，牛后君不屑。余事及书绘，万灵归把笔。亦复哦七字，澹秀嚼冰雪。怪君何多能，宁止夸三绝。于乎如此人，云胡不四十！"

当今词学界众所周知，朱彊村临终前将遗稿及校词朱墨双砚授予了龙榆生。其实别有原因：其一，从诗中所知，彊村老人不仅赏识谢玉岑的词才，而且对他的期许也高，原本想让他继承衣钵，成其传人；其二，20世纪20年代末的谢玉岑正崇尚北宋词，与彊村推崇南宋词人吴梦窗的主张有所不同；其三，当时的谢玉岑得了肺疾，且教学之余已转向书画，尽管彊村老人与名山先生有交情，但谢玉岑毕竟是钱名山的门人兼女婿，因而不得不推辞。之后不久，龙榆生终成彊村老人受砚传人。这一事实，在《夏承焘日记全编》中得到印证："1935年7月13日。接榆生函，云拟赴广州中山大学，如彼方可为，他年邀予同往，问有意南行否？又谓钱萼孙《哭玉岑》诗，有'彼哉托传衣，牛后君不屑'句，当去书钱君改此。"龙榆生意为既然彊村老人授予他作为受砚传人，就不必再提及谢玉岑了。

朱彊村是民国词坛祭酒，这说明谢玉岑已经跻身于当时词坛主流人群中。符铁年有说："天与以轶群之才，而不与之寿，使君之艺事乃止于此，其能不深悲也邪！”[9]陆丹林曾说：“玉岑的短命，不只是谢家的损失，亲朋间的损失，简直是国家的大损失。因为他秉赋的聪明，才气的纵横，正在中年努力治学的时候。”[10]

1974年夏，钱仲联与弟子严古津同游网师园，归后钱仲联填词一阕：

鹧鸪天

甲寅首夏，与古津游网师园茗话半日。大千寓此时，曾招松岑丈、玉岑及予来游，今隔四十年矣。

咫尺池台亦懒寻，为君扶病强登临。已无花表余香迹，略可茶消半日阴。　图主客，买园林，当时云物费沉吟。画堂旧燕更新燕，知否衰翁一往心。

这阕《鹧鸪天》，如对照谢玉岑《一萼红》来读，即容易理解。上片说想当年谢玉岑在吴门惠荫园“池馆风流”“呼唤登临”，如今虽离网师园很近，但人去楼空，旧迹无存，已无心寻觅。下片讲张大千曾客居网师园作画会客，诗酒风流，现今换了新主人，无奈可知朽翁的一片心结否。全词表达了一种物是人非、无可奈何的惆怅之意。

1997年春，先父谢伯子携笔者赴苏州参加书画展览后，探访了钱仲联先生。当陪同人对钱老说：“谢玉岑先生的后人特意来探望您，谢玉岑先生，您记得不？”钱老回话说：“老朋友了！”

怊怅画师忧国意——与郑午昌

郑午昌（1894—1952），名昶，字午昌，号弱龛，别号双柳外史、丝鬓散人、墨鸳鸯楼主等，斋名鹿胎仙馆，浙江嵊县（今嵊州

9　《玉岑遗稿·符铁年序》。

10　陆丹林《忆念谢玉岑词人》，载《谢玉岑研究》，第265页。

市）人。著名中国近现代美术史论家、美术教育家、画家。擅山水，兼花卉人物，能融诗、书、画于一炉。曾任中华书局美术部主任，杭州国立艺专、上海美专、新华艺专等校教授；是蜜蜂画社、中国画会、九社的组织者。与谢玉岑交厚，谢玉岑之子谢伯子为郑氏门人。著有《中国画学全史》《石涛画语录释义》等。

1931年8月，湖北大面积水灾严重，上海书画界纷纷响应积极赈灾支援湖北。9月上旬，中国画会同人于陶乐春设宴为郑午昌、钱瘦铁饯行，并商征集书画助赈。10月8日，谢玉岑在《申报》发表《午昌绘枯木菜根立幅，将以易米助赈，为题一绝》：

树老余生意，菘肥发晚香。眼前堪一饱，残墨是仁浆。

上海泓盛拍卖有限公司2007年秋季拍卖会第349号拍品“菜根香，立轴，1931年作”，即是郑午昌当年的一幅助赈作品，图上有谢玉岑《题郑午昌画菜根》五言二绝句：

生涯农圃贱，滋味菜根长。眼前聊壹饱，残墨是仁浆。

澹泊画中味，凄凉贫士心。清湘与八大，价值空连城。

绝句跋语：“辛未秋大水为百年所未有，午昌画此将以易米救人，为赋两绝，不殆谓非仁术欤，玉岑居士。”

郑午昌在画界有“郑白菜”“郑杨柳”之称，他画的白菜通常配诗以针砭时弊、抒发忧愤，道出战乱年代世事的艰难，曾在上海举办过轰动一时的“郑午昌白菜画展”。他画的白菜以棵数论价，展出的一百幅画在一周内便销售一空，所得画款悉数捐与受灾民众和抗日团体。他曾在一幅白菜画上题七绝：“龙门身价重荒年，白菜贵于买肉钱。总觉得时非素愿，万家茅屋几家烟。”

是年春，谢玉岑与陆丹林、王师子一起为郑午昌谋划刊印画集。秋，《郑午昌山水画集》刊行，由谢玉岑正楷题签。

苏富比（香港）有限公司1995年秋季中国近现代书画拍卖会第203号拍品，是一件1931年的郑午昌《蚕食图》，并有自题绝句：“食尽南枝复北枝，叶声如雨雨如丝。要知三起三眠后，就是焚身剥茧时。”款语：“二十年秋九月，于抗日救国声中写此志愤。时正风雨满城，重阳前一日也。甲午生郑午昌。”

谢玉岑在此图上隶书题识：“蚕食桑，蚕食桑，蚕食不足畏。要当桑自强，绸缪下士慎莫忘。明年春风叶发时，饕蚕成茧早抽丝。”

郑午昌绝句与谢玉岑题识是鼓励国人同心救国，不畏强暴，胜利在望。

1931年末，谢玉岑在郑午昌的一幅山水人物画上题诗一首：

吴宫有眼终须治，湘水无情吊岂知。
怊怅画师忧国意，海风吹动鬓丝丝。

款语：“午昌自号丝鬓散人，诗中调之。玉岑题于呵冻会，时辛未岁阑。”这件作品，时隔八十二年现身于上海嘉禾拍卖有限公司2013年大众鉴藏拍卖会上。

郑午昌的山水画以浅绛为主，善用墨青、墨赭，时而松秀，时而苍郁，平生受子久、石涛、石溪影响最大，复取法于宋元诸家，笔墨精到，神韵悠扬。其青绿山水强调敷色明朗，用笔工而不刻，凸显滋润特色。张大千有云：“明丽软美，吾仰郑午昌。”郑午昌亦自说：“师古法而立我法，才不为故人所囿。”又自刻印章“画不让人应有我”，可见他的画独树一帜。

1932年春，谢玉岑夫人钱素蕖病逝，郑午昌为之画了一幅《天长地久图》志悼，谢玉岑于宋锦包首标签上题“天长地久图，孤鸾室永久供养”。

此图（纵29厘米，横105厘米）左侧近景占全图的四分之一，背衬远景，迤逦向右延伸至图边；近景中有一着素服、形容憔悴的文人独立丘岗上，坡麓寒树数丛，迎风摇曳，颇有萧瑟之感；远景水墨渲淡，汀岸悠远，云烟绵渺，为岗上文人一展苍茫孤寂的天地，一现驰骋思亲、无限想象的虚幻空间。图右上方题识："玉岑老友既丧其偶素蕖钱夫人，抑郁寡欢，鼓盆之恨时发诸词。尝谓余曰：'天长地久，此恨绵绵宁有穷期！'爰为作《天长地久图》。仰苍苍，俯茫茫。别鹄离鸾，应知尘劫之有定；行云流水，藉悼人生之无常。壬申春暮，午昌郑昶并记。"从中即可见得此图创作的缘起与旨意。赏析此图的笔墨技法，不妨摘录谢玉岑点评郑氏画艺："郑午昌山水法方壶、石涛，好以渴笔争长，着纸如锥画沙。"元末著名画家方从义（号方壶）的画以恣肆酣畅的笔墨趣味见长，石涛的画则以直面现实生活的惨淡经营著称，二人运笔，均腕下有着金刚杵般坚强惊人的力度。可见郑氏山水取法之不凡，同时也令人叹服谢玉岑对郑氏画艺的深切理解。这幅图，从视觉上构成了以少胜多、虚实相生的深邃意境，反映出郑午昌高超的艺术造诣，是一幅精心之作。

1933年5月10日，《新中华》（第1卷第9期）刊载郑午昌《画苑新语·谢玉岑》：

> 谢大玉岑，能书，擅词章，近作画，落笔古隽可爱，盖以书法诗趣入画，自与流俗不同。尝为余作扇头，高松古屋，全用干笔，张大风不是过也。玉岑娶于钱氏，为诗人名山先生快婿，琴瑟之好綦笃。去岁遽赋悼亡，遂自谓孤鸾誓不再娶。曰："此恨绵绵，天长地久，宁有已时。"余因为作《天长地久图》，既志其哀，亦坚其志也。柳梢初绿，春色闹人，客有道玉岑近事，谓有所遇，在墨舞笔飞之余。玉岑知之，曰："消受余寒，征裘徙倚东阑树。故山陈约旧东风，谁换新抔土？过了禁烟百五。暗红消、烛痕泪冱。画屏孤望，一雨沧江，绿迷归路。　别久瑶华，哀弦争与殷勤诉。也拚倦眼不看花，花外莺还妒。恼乱红嫣翠舞。守鸾尘，镜台早许。鹃啼咫尺，莫误寻常，巷箫街鼓。"

1935年4月，谢玉岑病逝。7月，《玉岑词人悼感录》出版发行，其内有郑午昌挽联：

绝世才华，超群学问，甚秦篆汉隶晋帖唐诗宋词元画，寸楮争千秋，艺苑有歌数九友；侧身天地，低首江湖，为孤儿鳏夫羁人病客寒士小官，毕生遭多难，草堂无主负青山。

上联评介玉岑绝世才华，下联概括词人一生经历，允称谢玉岑小传。

感君诗意独相知——与唐玉虬

唐玉虬（1894—1988），名鼎元，字玉虬，号髯公，江苏常州人，唐顺之十四世孙。诗人、中医学家。幼承家传，从父及邑中名医习医。1913年入寄园师从钱名山先生，与谢玉岑、钱炜卿有“江东三少年”之称。历任寄园书院助教，华西大学国文教师，南京中医学院教授、图书馆馆长等。博通经史，著有《玉虬医话》《唐荆川先生年谱》等。

玉岑为吾师钱名山长婿，其祖母则名山姑也，父柳湖、嗣父莼卿两先生，与名山为中表，爱好逾昆弟。玉岑长其夫人一岁，垂髫时，随其祖母至钱氏，青梅竹马，两小无猜。既而闻有婚议，始引避，迨将弱冠，玉岑祖母以男女八字卜之日者，议中阻。

玉岑长身鹤立，在沪上读书时，别署曼颀，又署佛痴。夫人字素蕖，方其两小嬉戏时，姊妹行以“子楠夫人”呼之矣，蕖君不怒。暨婚议阻，姊妹尤沿旧称，蕖君始曰：“不可作此言矣。”

玉岑祖母急为议婚他氏，迨不欲，然不敢申诉其怀，惟默誓终身鳏，咏《无题》[11]盈帙，行居郁郁，神丧气索……

是时不佞游寄园，见玉岑《无题》诗，余遂书三绝句于诗后：

字字吟来凄惋情，断肠词作夜珠明。
不能半臂消君恨，愧对从前有古生。

山水只因花月好，星河为有女牛传。
红丝但是传佳偶，胜补娲皇五色天。

欲到蓬莱顶上游，争愁弱水转轻舟。
古来不见王仙客，竟与无双共白头。

玉岑读数过，取笔署于诗尾曰："谨受教。"

这是摘录自唐玉虬的《孤鸾哀史》，其中有叙述谢玉岑与钱素蕖早年的爱情轶事，刊载1932年11月9日的《金钢钻报》。

蝶恋花

紫衫行过萝门碧。门外桃花，秾艳仍如昔。偏奈美人无处觅。红墙马上千重隔。　刻意怜春还自惜。闻说闺中，儿女情如蜜。但得名花身有适。崔郎辛苦原何必。

写恋爱受阻后，男生仍对女生一往情深，欲罢不能忘的心理感受。这首小令《蝶恋花》是谢玉岑代唐玉虬而作，发表在1917年7月20日的《武进晨钟报·春醒十忆词十阕，代唐鼎元作》不同词牌联章的第八首。当时，唐玉虬为情所困，不便直书，所以请谢玉岑代作。词虽似在写唐玉虬的情事，却让人看到了词人的难言苦涩、恋情受挫的苦恼。

谢玉岑与唐玉虬早年的爱情故事可谓你中有我，我中有你，相互砥砺。

11　指谢玉岑《绮语焚剩》等。

当时，谢玉岑正在寄园读书，有诗《鼎元诗来劝余学画，赋此即寄》：

流涕新亭日下时，感君诗意独相知。
故乡为报桃源好，归去青山作画师。

唐玉虬读到谢玉岑的诗作《秋夜》《湖上》《雨霁》等，即来信劝其学画，继承父辈“青山草堂”的衣钵，成为一名画师。

满江红·题玉虬忆昔词

一管生花，写多少、相思艳语。是一例、蓬飘身世，藕牵情愫。碧玉难偿珠十斛，黄金空铸愁千句。算悲欢、离合古难全，生生注。　红不了，桃花雨。飞不了，杨花絮。尽春来春去，是谁做主。沧海几曾能不变，聪明只此休重误。买吴钩、归去事猿公，君应悟。

1923年，唐玉虬远游天津，思念家乡、师友和亡妻有作《忆昔词》多首，这是谢玉岑题咏其词中的一首。

上片写羁旅漂泊中人玉虬与亲人的悲欢离合，相思艳语；下片细说玉虬妻子离世后的缠绵悲悼之情，以及词人对同门挚友的殷切劝慰，冀其振作，返回家乡之愿。

1930年夏，唐玉虬诗集《慧麓怀古》刊印，谢玉岑篆书题署扉页“慧麓怀古”，行书署款“附苦咏三十诀。庚午夏日，谢觐虞”。

1931年是谢玉岑客居上海，从南洋中学、爱群女中、中国文艺学院任教，又转入苏浙皖区统税局上海第三管理处教书、管理的第五年。这段时期的谢玉岑风神秀朗，才华焕发，得到他的多位朋友诗文称赞，其中就有唐玉虬发表在《武进商报》上的诗：“遥望春申浦，长怀谢景仁。多才多艺士，载病载愁身。枕席涛声夕，关山雁叫晨。故人康胜否，风云倍留神。”唐玉虬除了钦慕谢玉岑多才多艺外，而更关心玉岑的身体健康，因为他知道，玉岑长年客居在外，不善治生，况且常年身体羸弱。

1932年11月9日起，唐玉虬署名“青山主”在《金钢钻报》发表《孤鸾哀史》（连载五期），文前有“青山主”案语：“本报所登《墨林新语》，为谢君玉岑近著，不佞前于小笺中已言之，而玉岑署名‘孤鸾’之意，亦略为诠释。兹玉岑择于双十节前一日，为其夫人营奠，余读其讣后行略，忉忉累日，玉岑姻事可得言者，略为纪之，以备轶乘。玉岑回忆至此，无怪其益觉伤心者矣！”

谢玉岑悼亡后，一直郁郁寡欢，不苟言笑，除了教书、诗文书画创作外，也就是偶尔听听戏，看看电影，曾有言：“人事悲欢，皆作如是观。”

1934年冬至前，唐玉虬到上海西门路西成里165号探望病重的谢玉岑，“他（谢玉岑）下着帐幔，身上盖了很多的衣裳。他既怕冷，又怕阳光，只得隔幔说了一大堆话……”这时的谢玉岑肺疾病体严重起来了。于是，唐玉虬便护送谢玉岑返回常州家中养病。

谢玉岑病逝后，唐玉虬作哀悼诗文《哭谢玉岑》《重哭谢玉岑》《哭玉岑砚兄》《谢玉岑别后重逢记》等，刊载各报刊和《玉岑词人悼感录》，其中有句：“旧交日见弃，新友未增多。惟有谢夫子，梦中常见过。”“平生勖我最殷勤，今日何堪道路分。千载交期藏尺素，一天风雪到孤坟。”“呜呼玉岑，君则世所仰为瑶林玉树也，名满天下，友满天下，其偶尔游戏笔墨，海外传宝之。”

1935年6月3日，唐玉虬致信王春渠说：

> 曼士吾兄撰席：玉岑之逝，忽忽已四询余矣。死者不复生，可痛可痛！吾兄顷为之整理遗著，忙碌可想，仰佩仰佩！……又忆十四五年前玉岑有一《春暮怀人诗》本，约十余首，兄曾见之否？近特制乩盘一副，以备时与玉岑聚谈矣。弟每注目凝视谢玉岑三字，至十余分钟后，胸中即生一种模模糊糊景象，辄不信其已死。每恨造物至虐，既促人之寿而夭折之，何不令人早知之，便可大家预先多会会，痛饮畅谈而别。别后不至多作悲痛也。

谢玉岑逝后不久，同门王春渠即各处搜集玉岑遗稿，准备整理成册印行。原计划1939年出版，由于抗日战争和解放战争，《玉岑遗稿》直到1949年才刊行。唐玉虬在序中说：

> 玉岑于文学殆有天授，锲而不舍，见其进未见其止也。孝于事亲，厚于朋旧，笃于伉俪。少孤，事其祖母、母夫人，得其欢心。朋友有急难，虽困，常思解囊以助之。其孺人卒，自署曰“孤鸾”，曰：“欲报吾师，惟有努力读书；欲报吾妻，惟有终身不再娶。”闻其言者哀之。著笔落墨必祈至乎古人。其德性之坚定，识度之宏远，意怀之慷慨如此。其骈体文远踔徐、庾，其书古钟鼎直溯斯邈以上，其绘事寥寥数笔，海外人至，欲出重金购之。其于新乐府致力尤深。使其多历世变，出入于金戈铁马之中，浩荡感激，将度越苏、辛而前矣。

谢玉岑与唐玉虬的同门之谊、契友之情，感人至深。

日月在天——与王春渠

> 王春渠（1900—1989），名学田，字春渠，号曼士，斋名微波阁，江苏常州人。早孤，由母抚养成人。寄园早年弟子之一，因深受青睐，名山先生以侄女妻之。毕业于上海大同大学英语专业，曾任丹阳、无锡盐署监事和上海南洋兄弟烟草公司主任秘书等。精鉴赏，是海上收藏大家刘靖基的“掌眼人”；富收藏，尤其注重收藏常州先贤的碑帖书画；重教育，曾创办新群小学、新群书社。有编《当代名人书林》《玉岑遗稿》等。

王春渠曾言：“吾乡二百年来才人，黄仲则、吕绪承，得君而三。此三君者，才相若，遇相若，早死相若，其可传者亦相若。他日倘得跻承平之世，当于吾乡云溪或菱溪之上，辟地数弓，筑屋数楹，祀此三君者，榜之曰‘常州三才人祠’，更以是编刊木而藏焉。”[12]

摇碧楼台柳又丝，半淞明镜剪春姿。
人间别有沧桑事，错认崔郎感旧诗。

春风吹拂楼台边的柳丝飞絮，半淞园明镜的湖面春波涟涟。故地重游，百感交集，不是为那人面桃花的佳人未见，而是沧桑变幻、物是人非。这首诗是谢玉岑的组诗《和曼士桃花落后重游淞园之作》其中之一。1925年春，谢玉岑与王春渠重游上海半淞园，当时江南一带军阀混战。

1929年，谢玉岑在郑曼青为王春渠绘图上填一词《水龙吟·题曼青画柳蓼吟蝉直幅，为微波阁主赋》：

仙云吹散芳洲，梦痕又逐杨丝起。阑干几处，斜阳未褪，晚蝉犹沸。舞后眉颦，尊前亲见，归舟何未。只一般疏俊，十分延伫，秋已占，珠帘底。　漫忆水晶双枕，换凭高、遥岑凝睇。隔江听雨，芙蓉开到，无人寻地。纵有天涯，也应悔不、相思恣意。况浅波一抹，镇催寒蓼，作离人泪。

上片以画面的柳、蓼、蝉为主线徐徐展开词境，围绕词人代微波阁主表达对画人的深深思念之情。下片句与句之间时空转换、跌宕波澜，写作手法亦跌宕有致。

1929至1932年间，谢玉岑因病由上海返回家乡常州休养。在谢玉岑的协助下，王春渠积极征集当代名人书体，编成《当代名人书林》，1932年由中华书局出版发行，被时人称其“草莱之作”。王春渠在其序中云：

12　《玉岑遗稿·王春渠跋》。

挽近以来，国学放佚，诗若文无论矣。即书家八法，亦废而不讲，世所谓艺术者，类以丹青相标榜而不及书，窃独异之。己巳冬，谢君玉岑在里，相与数并世能书之士，欲乞其翰墨，为观摩遣忧之具，得如干人，爰仿旧京精制以楮界丝栏博征之。其以诗文名者重其词翰，以书名者贵其临抚，书有博约之殊，文有长短之异，则别行间为广狭以就之。北极燕云，南至滇越，历寒暑凡三，所得近二百家，去其不经意者，存百二十四人，则是编所载也。……玉岑以文章书法知名当世，征集之功，太半出于其力，次则张君大千、郑君午昌、陆君丹林，相助尤多，而上海中华书局陆费君伯鸿、舒君新城，慨然为谋印行，尤为盛事。书成，记其缘起如此。壬申立冬日，武进王春渠书于白云溪上之微波阁。

《当代名人书林》是一部近代名人书集，荟萃了晚清、民国时期著名书画家、文史学家及当时知名人士书法，以各自擅长之书体，或书作诗文，或临先秦文字。此书规模之大、格式之工、内容之雅、书法之精、名人之众，为当时所罕见。既有曾熙、于右任、溥心畬等书画大家，也有王蘧常、肖娴等翰墨新秀；既有陈散原、陈宝琛等晚清遗老，也有章太炎、黄季刚等著名学者；既有罗振玉的金文，叶玉森的甲骨，也有谢玉岑的隶书。书作或清秀典雅，或古朴深沉，或刻意追求，或漫不经心；神采各异，四体皆备，一册在手，众美皆备。

《玉岑遗稿·卷三》收录词《三姝媚·偕春渠、小梅、子健太湖看梅赋》：

镜浮云贴翠。趁春晴招邀，层楼同倚。万树寒香，背乱山吹角，东风何厉。未浣缁尘，谁解道、甲兵能洗。一梦鸥边，清游误了，十年才地。　　雪点夜潮初起。傍嫩柳夭桃，算他憔悴。曲里相逢，早江城明日，堕情随水。不是沧桑，也抵得、湖波成泪。漫约渡头芳草，画舟重舣。

这是一首谢玉岑的孤鸾词，是1933年春谢玉岑与王春渠等人联袂至无锡太湖之滨的赏梅之作。上片写登楼遥瞰太湖碧波和湖滨万树梅香，感慨战乱初息，终于有此和平心境前来清游。下片写梅树聆听夜潮澎湃，傍临嫩柳夭桃，玉成了其憔悴清瘦之质。赏梅人为之神魂颠倒，激越而起的情随浪涌，泪如湖水，并情不自禁与渡口芳草相约，再来赏梅。

谢玉岑病逝，王春渠有挽联：

卅载病中身，期君小劫归真，都成解脱；
万般心上事，迟我诸天握手，重说生平。

王春渠在谢稚柳、钱小山的协助下搜集谢玉岑诗文遗稿，准备编书出版。春渠对小山说："世变不可测，兵火所经尽为焦土。凡此玉岑呕心之作，今不亟以授梓流传天地间，恐遂散佚，则予负死友矣！"

1937年日本发动全面侵华战争，常州遭遇轰炸，继而沦陷。王春渠家藏尽毁，却独携谢玉岑诗文遗稿，冒炮火，走万里；逾江淮，出徐泗，经汴郑，历湘汉，渡海至香港九龙，最后到上海。喘息稍定，又着手整理、校勘。当时国内战火不熄，时局动荡，又由于物价高涨等原因，《玉岑遗稿》印成时已是1949年了。从搜集到出版达十四年之久，王春渠不负故友的举动，一时传为佳话。这种义薄云天之举，名山先生有词《庭院深深》，上片曰："万里烽烟黄蘗路。一卷珠玑，幸脱秦灰数。（侄女夫王春渠之力也。）莫道死生离别苦，如今直要论千古。"以赞王春渠之义举。

王春渠在《玉岑遗稿》跋中云："右亡友谢君玉岑所为诗文词都四卷。君才华绝世，而未尝自负其能，亦不自意其早死。生平文字，多不存稿。是编所录，皆君没后，君弟稚柳及诸友好搜辑之所得也。……诗与文余与小山稍为去取，词乞永嘉夏君瞿禅点定。夏君博学多文，倚声尤负当代重名，固君生前之所深服也。词故无集名，余以其悼亡前所作为一卷，名之曰'白菡萏香室词'；悼亡后别为一卷，曰'孤鸾词'。两者皆君自号，余僭以名其词，或不谬于君之旨也。编既成，思刊之木，而人事卒卒，藏之箧笥几十年。世变益急，河清无日，惧其不能免于烽火之厄也，姑先以铅活字印成，聊代传钞。俟世事底定，更付剞劂，谋久远焉。嗟乎！余与君之交情如日月之在天，非风雨岁年可得而改也。”

唐玉虬有诗句：“玉岑文字寿金石，曼士风义高日月。”王春渠为《玉岑遗稿》得以传世可称厥功至伟，其风义之高，更甚于洪亮吉搜黄仲则之两当轩遗作。人们评价在词学研究上，谢玉岑相当于夏承焘的知音子期；而对于遗稿的保存，王春渠无疑就是程婴、公孙杵臼。

王春渠和谢稚柳也有交谊。抗战时期谢稚柳在四川画赠王春渠一幅《茶花蛱蝶图》，图上仅有一枝茶花，寂寞开放，但枝头却有一只翩翩起舞的蝴蝶，款识：“寄上曼士吾兄海上并教。弟稚巴山。”王春渠有诗：“春老江南又一年，玉兰花谢柳吹绵。池塘一夜廉纤雨，芳草天涯忆惠连。”有人在文章中引用，认为是怀念谢玉岑的诗，但谢稚柳说：“这是赠与我的诗啊！因为‘惠连’是大诗人谢灵运的老弟嘛！”

《玉岑遗稿》问世于七十年后的2019年，谢建红《景印玉岑遗稿跋》云：“己亥岁为先祖玉岑公百廿冥诞，余新编公集刊行志念。钟锦君为言曰‘公旧集史之遗也，也无妨与新集并传，何不仿印留真，以餍好古者，斯宝大雅之盛事也！’余深然君言，勉力为之。岁月不居，玉岑公旧集竟一时渺难寻觅，居然收得一册，知天壤间果宝此物。因亟付景印，且请钟君序之。钟君深服公之绝代风华，深哀公之翩然早逝，撰为序文，情理并茂。余未承祖学，每怀歉然，得尽绵薄，庶无愧焉，跋此以志因缘。己亥初春，建红谨跋。”

原版《玉岑遗稿》，乃春渠先生之侄孙金声兄赠之，王谢遗风，可再传也！

曾瞻丰采，临风玉树——与钱璱之

钱璱之（1927—2013），又名穑之，自署匠斋，江苏常州人。钱名山长孙，钱小山长子，谢玉岑长外甥。早年受教于钱氏寄园，入读常州高级中学，毕业于中央大学中文系，受学于古文字学家、训诂学家游寿、徐复先生。曾任镇江师专副校长、常州教育学院副院长。专攻古典诗词研究，主要编著《常州散文》《江苏艺术志·常州卷》《槛外诗词》《匠斋文存》《书窗杂札》《吟边絮语》《青毡杂记》等。

20世纪80年代中期，钱璱之开始了谢玉岑的研究。1986年，钱璱之在《镇江师专学报》（第4期）发表了《记夏承焘先生的七十二封手札》。1987年，钱璱之又在《文教资料》[13]发表《夏承焘致谢玉岑谈词手札》《江南词人谢玉岑》，并附有：一、夏承焘致龙榆生信；二、夏承焘悼谢玉岑词；三、唐圭璋悼谢玉岑词；四、谢玉岑《孤鸾词》拾零；五、金松岑《题武进谢玉岑青山草堂鬻书图》。1989年，谢玉岑先生九十周年诞辰之际，五子女合资刊印《谢玉岑诗词集》，即由钱璱之编辑，并作后记：

今年是先舅父谢玉岑诞生的九十周年，我的几位表兄弟姐妹决定自费重印他的遗著以作为纪念，并把编订的任务交给了我。

这本《谢玉岑诗词集》是依据先姑父王曼士（春渠）编印的《玉岑遗稿》（己丑年在上海印成的铅活字本）稍加增补，重新编排而成的。《遗稿》本共四卷，现在的《诗词》本也是四卷，但加了个“附录”。其中卷一至卷三的内容，全照《遗稿》本编，但把诗词放在前面（又把词合为一卷，分上下两部分），文章放在后面，以符合现在的书名。卷四则为“补遗”，即重编时搜集到的。关于“附录”中的“序跋”和“题诗·题词”均据《遗稿》本；而“题赠·伤悼”和“传略·怀念”，除《小传》（原载《遗稿》本）外，都是近年选辑而编入的。此外，《遗稿》本不用标点，现在则加上了新式标点符号，并用了简化汉字和横排的格式。

13 双月刊，第五、六期，南京师范大学古文献整理研究所主办。

《遗稿》本的印成距今已整整四十年；而今年王曼士先生也以八九高龄在上海逝世，现在这本书的增订重刊，也是对他的一个纪念。

2001年8月，《谢玉岑百年纪念集》由京华出版社出版发行，钱璱之任责任编辑，并后记：

1999年为玉岑先生百年诞辰之年，我们即筹划编辑这本书。历时三载，方始印成。今年已是新世纪的2001年，但我们仍将这本书取名为《谢玉岑百年纪念集》，以示岁月沧桑，才人不朽之意。

这本书搜集了我们目前已经掌握的有关资料——大都是在报刊、书籍上公开发表过的，……一般尽量采用原刊行式，但有的为了印刷方便，改用简体和横排，加上新式标点符号，为的是便于今天的读者阅读。

凡是已见于过去出版的《玉岑遗稿》或《谢玉岑诗词集》的诗文，我们这本书一般不再用，以免重复。读者如发现本书及上述两书未收的有关资料，恳请提供或告诉我们，以便今后出“增订本”或“续集”。本书分为文字部分和图片部分，前者主要由钱璱之搜编，后者主要由谢建新、谢建红搜编。总的编法是否得当，尚请广大读者批评指教。本书在筹划编辑出版中得到常州朱曙声先生、苏州邹绵绵先生和许多热爱谢玉岑艺术的朋友们的宝贵支持，在此表示衷心感谢！

《谢玉岑百年纪念集》由《谢玉岑集外佚诗遗文》《玉岑词人悼感录》和钱名山、钱小山、钱仲易、谢稚柳、张大千、夏承焘、郑逸梅、朱大可、王蘧常、胡汀鹭、钱仲联、苏渊雷、黄苗子、钱璱之、包立民、陈肃、邹绵绵等的追忆或研究组成，并附有部分谢玉岑合影照片、书画作品图片、书札图影等。其中钱璱之的《江南词人谢玉岑》《他拥有几个生命——江南词人谢玉岑》《记夏承焘致谢玉岑七十二封手札》尤为具有学术价值。钱璱之在文中说："这批手札，不是寻常的通讯问候，而是有关治学与做人的。就其主要内容看，包含三方面：一是千方百计搜求资料，广泛而热切地寻访师友的；二是交流词学研究的意见，探讨诗词创作艺术的；三是突出表现珍视友谊、珍惜人才的。"这本书具有编搜精、述评深、图画珍三大特征。

当然，钱璱之不仅仅编辑两本书、四篇文，其实还有《谢玉岑的两副对联》《关于谢玉岑"病重托弟"说及其他》《谢玉岑为苏中常题画》《谢玉岑书赠巴金联》《谢玉岑赠蒋君稼诗》《再说"张大千自画像"的谢玉岑题诗》等文，均收录于《青毡杂记》[14]，有兴趣的读者，值得一读。

2009年，谢玉岑诞辰百十周年之际，《谢玉岑诗词书画集》由作家出版社发行，钱璱之又是编者，他在《编后寄语》中说："最后，我还想录下自己前些年所作的一首《水龙吟》词，聊以作为编后寄语。"

> 一编搜集方成，渭阳情谊聊堪诉。儿时尚记，曾瞻丰采，临风玉树。口诵华章，手摹翠墨，心追幽趣。料青山堂上，耦安室里，朗吟际，神还驻。　遥想当年歇浦。有张髯、画名初著。赋诗作赞，拈毫题咏，云龙奇遇。更有词仙，永嘉黔夏，磬笙相许。叹风流云散，百年忽过，仰秋星聚。

可以说，钱璱之先生不仅是1949年后谢玉岑作品的传播者，更是谢玉岑研究的开创者和引路人。

人间天上，守兹同心——与张大千

张大千（1899—1983），名正权，又名爰，号大千。斋号大风堂、摩耶精舍等，四川内江人。曾熙、李瑞清入室弟子。先后受聘于

14 常州日报社，2016年版。

中央大学艺术系、故宫博物院古物陈列所国画研究室等。近现代中国画大师，徐悲鸿说：“张大千，五百年来第一人”。

（一）玉岑诗、大千画——艺坛佳话

1928年11月7日，秋英会第一次书画金石展上，谢玉岑以集钟鼎文、甲骨文为联的三件书法作品参展，张大千则以仿徐渭风格的花果二帧参展。玉岑与大千均为对方的才情倾慕有加，遂结金兰之交。

张大千当时在画坛上虽已崭露头角，而谢玉岑早以诗文名动江南，但仍不惮其多地为大千的画作题诗。久而久之，大千之画就因玉岑之题诗而扬名艺林，故“玉岑诗，大千画”或“谢诗张画”，遂成为一段翰墨佳话。文艺作家包立民《张大千与谢玉岑》[15]一文中说：“正是在秋英会上，谢玉岑结识了上海许多书画名流，同时经张善孖的介绍结识了其胞弟——当时尚未扬名的张大千。”

张大千、谢玉岑两人订交之后，谢遂迁居西门路西成里，与张氏昆仲为邻，逐渐成为形影不离的挚友。玉岑赞赏大千的画艺，大千则敬佩玉岑的诗才。虽然大千当时也略能作诗，但其根底与学养显然逊色于玉岑，因此常向玉岑请教，并时常请玉岑为其画作题写诗词。20世纪30年代前后，大千的有些题画诗，不少是由玉岑“捉刀”，其中既有署自己之名，但大多署大千之名。

在《玉岑遗稿》中辑录了十多首谢玉岑为张大千作的题画诗词，如《题大千仿石溪笔意》：“清明才过又重三，乞取春风与破颜。犹觉林亭有秋意，要添红粉对青山。壬申重三，仿石溪残道者笔意为此，玉岑为赋诗并记。大千居士张爰。”张大千此幅《茅堂读书图》，虽自题为仿石溪，实是其早年仿清初“四僧”的山水佳作，也是其仿石溪山水的代表作品之一。而大千录玉岑绝句于上，亦见证了两人非同一般的相知相赏之情谊。

《浣溪沙·题巫峡清秋》：“井络高秋隐夕晖。片帆处处忆猿啼。有田谁道不思归。　白帝彩云天百折，黄牛浊浪路三迷。音书人事近来疑。”

15　包立民著，《张大千艺术圈》，中国文联出版社，1999年1月版，第67页。

此词作于1934年。词中所提及的猿啼、白帝城、西陵峡口的黄牛滩等，与图中勾勒的彩云、夕晖、片帆等相映，以及与楚王相会的神女峰，充满了浪漫想象之文学主题。张大千《巫峡清秋图》，不仅气势奇崛，而且色彩丰富绚丽而又协调，充分显示其精湛的笔墨功力。可以说，张大千这幅堪称名作的《巫峡清秋图》，与谢玉岑的《浣溪沙》，可谓绿叶红花，相得益彰。

《题大千画荷花》：“一花一叶西来意，大涤当年识得无。我欲移家花里住，只愁秋思动江湖。”这首七绝是《谢玉岑集》中的作品，张大千曾多次题画，有时注明“玉岑句”，但大多并未注明。荷花在谢玉岑的诗词中具有一定的特指含义，以此作为妻子钱素蕖形象的化身。玉岑期望自己能够在荷花丛中与妻子长相厮守，但迫于一家的生计而奔波，无法抛却俗世的诸多烦恼，也只能化作一次次的离愁别绪。

《三姝媚·题天女散花图》：“天风吹不断，惹娇红纷飘坠，愁沾怨瑟瑟。云裳拥翠軿，无索风恬鸾懒。月姊相逢。曾记得，霞绡亲剪，病起维摩，烦恼依然。鬓丝嗟晚，谁念春光回换。　叹几度随潮泪痕。同散一榻枯禅，任此间儿女梦，葱魂倩触处，花空环珮，杳歌尘栖扇。尽有情缘，弹指余香未浣。”词作于1934年，颇有吴梦窗词韵。上片说天女相思之苦、相思不得的愁怨，又借病维摩说连佛经也释解不了其内心的烦恼。下片写内心的情感备受煎熬，愁思之泪几经潮起潮落，为消除烦恼而在榻上枯坐参禅，任人间儿女梦萦魂牵，也只能借助歌声栖遍画扇了。结拍感叹情缘尽管如弹指般短暂，身上却有余香未尽，或许是《维摩》之“积习未尽，花着身耳”，玉岑有闲章曰“病维摩”。词人是在借题《天女散花图》，述说自己与画人难分难舍的真情实感。当年玉岑在上海大病一场，只能在病榻上思念画友和亲人。而大千屡以此词题画，亦可见其能够真正体会到词人的心情与境遇。

之前，大千曾参照宋武宗元《朝元仙仗图》中一位天女的形象为玉岑绘《天女散花图》，并题绝句：“说法青莲九品台，天花病榻亦低徊。偶逢一笑禅心定，那有阿难着体来。”款识：“癸酉十二月，写赠玉岑居士供养。大千张爰。”

20世纪二三十年代张大千所作题画诗中，谢玉岑代笔甚多。此事为学术界公认，至于具体篇目与数量，已难以考辨，只能存诸悬案。

1929年春，张大千绘《己巳自写小像》纪念三十岁生日。曾熙、杨度、黄宾虹、郑曼青、谢玉岑等三十二人先后题咏，谢氏曰："虬龙张者，松之髯耶，爰之髯耶。金石固者，松之天耶，爰之天耶。拔尔而怒，作其鳞之而何为？得于苍苍者之肖也。是将拿青云而腾骞，讵能郁郁久应此也。东家丘曰：'岁寒然后知松柏之后凋。'微斯人之徒，吾谁与也。"款语："大千八兄自图小影于松涛云海中，须髯皆作风声，此真柳河东所谓灏乎与造化俱矣，不可无赞。弟觐虞。"

张大千将这些名家题咏与画像集成《张大千己巳自画小像题咏册》，由黄宾虹作序，在上海影印出版，以作志念。

1931年4月18日，张大千与张善孖、王一亭、郑曼青等人作为中方代表赴日本东京出席中日联合书画展览会。谢玉岑在4月19日的《申报》上发表《大风堂送别小志》，同时又赠与张大千成扇一件。一面绘《芦柳扁舟》：芦中一舟，疏柳一株，蒹葭数枝，笔致萧闲；笔墨浅淡，画面极具疏朗空灵之境。并题绝句："蕉萃江湖思不穷，旧游魂梦负孤蓬。图成别有秋凉意，门外君家起大风。"句中化用了李白《送友人》"地时一为别，孤蓬万里征"的意境，从中亦可见谢玉岑与张大千之间的深厚友情。另一面书自作词二首，署款："小词录呈大千诗人教正。谢觐虞。"

1932年，张大千邀请谢玉岑、黄宾虹去浙江魏塘清游。大千为玉岑绘了一幅《魏塘图》，图上款识："壬申春暮，写与玉岑词兄。大千居士。"宾虹在图上题绝句："匀绿山衔璧月明，浮青烟幂镜波生。魏塘清晓平林路，仿佛沙弥画里行。"表达了《魏塘图》之意境。句后款识："玉岑先生博粲，黄宾虹题。"

其间，玉岑有绘画箑《高士之居图》与大千，款识："壬申春暮，访大千居士魏塘，清谈永日，不离艺事，布谷唤人，杨花点席，不知阳春之将老，流连忘返，戏图此扇。"大千以白描自画像回赠玉岑，款识："玉岑道兄方家正。壬申重三，大千居士张爰。"图上大千曲腿而坐，持菊嗅蕊，神情怡然。谢玉岑欣然赋词：

渡江云·宿大千魏塘斋中，晓枕闻布谷赋

柳长春渐短，未荒农作，啼鸟客先惊。凄迷孤枕恋，窗纸微阳，浅梦似前生。当年已倦，看花眼、何况而今。回暖风、蔷薇偷绊，红紫付闲庭。　飘零。眉尘梁案，翼只潘诗，占靡芜一径。谁更怜、谈筵湖海，障扇星辰。清游薄幸真无计，便泪枯、肠断何凭。晴溪草、暗愁一夕如熏。

此词描述暮春时节，词人客居魏塘大千斋中，拂晓尚未起身，惊闻窗外布谷声声。起来后，闲庭信步，看满园花色，缘墙蔷薇。清游之际念及夫人已亡，无福同享此清雅游赏，不禁伤怀。

长亭怨慢·魏塘大千庭中见飞鹭作

够妆点、晚春画稿。榆柳阴阴，破空烟皎。照席离波，斜阳小院坐来悄。风鬟雾縠，称金缕、尊边好。未老五湖心，闲却越丝吴棹。　扰扰。隔断矶可见，车马软红尘道。随阳逢雁，怕轻信、秋谋粱稻。纵说是、后梦鸥通，只槎路、青天争到。误霜信婵娟，还守闹红江表。

上片写词人静坐大千魏塘庭中见“榆树”“斜阳”“飞鹭”等，幻成一幅晚春景色，心旌摇曳，从而幻想隐迹江湖、终老。下片感叹现实生活中人事扰扰、奔波谋生，只是不知天路何在？要等待风花雪夜，还是守着春暖花开的江南吧。

20世纪30年代初，张大千在浙江嘉善魏塘居住一段时间，魏塘乃是嘉善县上的一个镇。1932年春暮，大千为了宽慰悼亡中的玉岑聊以缓解丧妻的痛苦与寂寞，便邀玉岑、宾虹清游魏塘。

1933年5月，张大千为谢玉岑绘《仿陈白阳四季花卉图》长卷，并跋：

“偶得陈汝循长卷，玉岑道兄叹赏不已，以为白阳家法，属临一过，殊负玉岑之望也。惶悚何似。癸酉四月弟爰。”在辗转近五十年后，张大千又在该图上题曰：“明季逸笔花卉，予最爱陈道复，其高胜处虽石田翁亦当避席，其稍后当徐青藤为巨擘。八大山人早岁致力白阳，中年更刻意青藤，遂成一代宗师，良有以也。予画从白阳、青藤入手，晚明惟陈汝循为白阳正脉，见辄临之。先友毗陵谢玉岑与有同嗜，每见所临辄为叹赞，以为三百年来能得陈、徐二公之髓者，独予大千也。玉岑往矣，展视此卷，辄为腹痛。玉岑之弟稚柳，山水、花竹远过于予，不得相见亦三十余年矣，奈何！奈何！七十年辛酉之七月二十三日，八十三叟爰，台北外双溪摩耶精舍。”1981年，张大千在面对画作遥想当年的“金兰兄弟”时，仍不禁有“车过腹痛”之伤感。

1934年4月30日，谢玉岑署名“孤鸾”在《申报》发表《论张大千画》，其中说：

> 大千曩以善画石涛、八大有声，然其画实不拘拘二家，凡唐宋以降，古人剧迹，大千苟力之所及，无不兼收并蓄，以求会通。故于黄山诸家取其诡，新安诸家取其雅；吴门取其秀，华亭取其驯；取海岳之厚，取鸥波之高；取方壶、房山湿笔，取鹰阿、垢道人渴笔；取大风之风神，取衣白之气宇；取南田若仙，取老莲若侠；取院体之周详，取写意之疏简；取元明，取唐宋，可谓取之不尽用之不竭矣。而意若以为未足，则大千又尝受笔法于曾农髯、清道人，通古今书学之源流，故知毛鼎散盘之博大，五岳之拱也；楚钟齐镈之纡徐，三江之带也。……故大千复好游，家本西蜀，巫山最奇，江水发源，浪游入海，南尽楚粤，北极辽沈，东至日本，登高丽金刚山、歙黄山寝馈不去。恍然峨嵋三峡之险峻，北宗所出；吴楚诸山之揖让，南宗以兴。而黄山之穷态极妍，渐江得其情，清湘得其变，瞿山、南坪模其形，一松一木，大被后人。于是心摹手追，游稿屡易，戛戛乎樊山所谓甗酒熟、丸丹转矣。则言其过程之悠远，致力之艰苦，取材之精宏如此，是讵能一蹴而几者哉！

> 吾知大千深，故于其画展，不能无所论列，不敢避于阿私。然综合大体，数其流变，务使观者知其酸咸之不同，而一篇一幅之美，可置勿论。即其伯氏病后作风之丕变，与门弟子之好学不倦，皆当别为文张之，亦不著于篇云。

《论张大千画》概括地论述了张大千的画风，不仅有博采众长的笔墨来源，不拘一格的风格趋向，而且有遍游奇山丽水、心慕手追、游稿屡易的艰苦创作过程。文中又说："学问艺术之事，源远则流长，积厚则施远，是固不独于诗为然。故吾读张大千之画，觉其不可及者，即在博览深思，牢笼万象，迥非拘曲下士守一先生之说，自封故步所得比拟。"提出了不仅仅"诗画同源"的辩证关系，同时也反映了作者对追求学问艺术创造的深切感悟。

1935年1月7日，谢玉岑在《中央日报》发表诗《寄大千居士》：

半年不见张夫子，闻卧昆明呼寓公。
湖水湖风行处好，桃根桃叶逐歌逢。
吓雏真累图南计，相马还怜代北空。
一笑殷勤乞缣素，看归斋壁合云龙。

第四句引用"桃根桃叶"典故，说的是东晋两美女桃叶、桃根姐妹，姐姐桃叶是王献之的爱妾。这段风流佳话，历史上不乏吟咏，秦淮河畔的"桃叶渡"即以此得名。第五、六句，充满着相怜、相悟之意。第八句化用典故"韩孟云龙"，韩愈赠孟郊诗，韩愈愿孟郊为龙，自己为云，可以上下四方追逐在一起，永远不会有离别之恨。

是年初，谢玉岑患病期间，张大千从北平回苏州后，几乎隔天即坐火车从苏州网师园赴常州探望谢玉岑，并多次作画以作清赏，聊为治病的"特健药"。谢玉岑弥留之际，即令先天失聪的长子谢宝树（伯子）在其病榻前向大千叩行拜师礼，希望能收其为弟子，大千遂含泪允诺。宝树后来深得大千的笔墨传授，加之自己的刻苦努力，二十一岁即成为海上画坛优秀画家，其传略录入1947年上海市文化运动委员会所编《中国美术年鉴》。

（二）异性兄弟——人间天上，守兹同心

1935年7月，张大千题签的《玉岑词人悼感录》刊行，其中有张大千的挽联。“几日偶相离，写渌水芙蕖，挂墓故人来季札；九泉应见忆，看孤雏衰绖，登堂生友愧君章。玉岑悼亡后自署孤鸾，属余写白芙蕖百幅，预乞介堪为作‘孤鸾室发愿供养大千居士百荷之一’藏章。濒危时以余有米盐之累，犹口授令弟作书抵余，勿庸亟往存问，顾日夕戒家人治馔迟余也。悲夫！”有伯牙碎琴，以酬知己之痛，令人为之动容。

《谢玉岑诗词书画集》收录了张大千赠与谢玉岑白荷画作多幅，其中有大千自题诗：“一与故人别，匆匆逾半年。音尘怅渺渺，关塞梦绵绵。连理新封淋，并头旧结莲。淋漓挥墨沈，和泪寄重泉。”“曾攀玉井晓云端，欲画昆湖霁色难。憔悴眉黄初上月，赚君还作白花看。”二诗后落款时间均为“乙亥十月”。

谢月眉为此有诗《芙蕖百幅》题咏。诗序：“岑哥自痛悼亡，即嘱大千居士为写芙蕖百幅志念，未成半数而哥亦遽亡，忽忽至今，已逾半载，日昨居士由旧京邮来四巨幅，履前约也。斯图重展，赏音何在，伤哉！”诗曰：

千里鸿传旧帝乡，延陵挂剑意何长。
树封连理孤村晚，冢筑鸳鸯蔓草荒。
犹道莲仍开百本，终悲篆已绝千行。
凄凉落木惊霜夜，可有吟魂返草堂。

五、六句谓：原本大千的莲花要画百幅，玉岑的篆书可写千行，可惜无法兑现了。

1936年1月，张大千邀谢稚柳网师园相会。大千绘《黄水仙花》，并抄录玉岑诗《黄水仙花》：“黄水仙花最有情，宾筵谈笑记犹真。剧怜月黯风凄候，赏花犹有素心人。”诗后跋语：“乙亥十二月二十日，从故都南还，车中梦玉岑，故人仿佛生时神态，憔悴有病容，同坐一废园棠棣树下，阴气袭人，风乍起，树枝作盘旋舞，飒飒有声。身旁有黄水仙数茎，因语玉岑曰也，旧有题予所画此花一绝，但记其前二语矣，后半尚能续之否？玉岑逡巡未答，予漫吟续成之。时风益凄厉，月色昏黯，瑟缩作寒噤而醒，口头犹讽诵不辍也。呜呼，玉岑死将一年，予以饥驱，流转黄河南北，玉岑三入予梦，而以此番为最清晰。枫林关塞，故人之灵，无时或离，予之伤心又岂特车过腹痛而已耶！丙子新正，稚柳二弟来过，因语前梦，遂作此图并记，大千爰。”大千所语，真谓魂系梦绕，深情所思。而此《黄水仙花图》，实是大千以此萦怀故友之作。

1939年12月，钱名山先生在收到张大千从成都寄来“五百金”之后，撰文纪之曰：“蜀人张大千，予女夫谢觐虞友也。其画绝奇，点墨落纸，便有神采，此天才也。天才，古固有之，李太白、苏子瞻，皆大千乡人也，而于大千复见之，抑不知天生大千，惟使之作画耶？抑其才可以为太白、子瞻而不得，不得已而以画见耶？如其天生大千，惟使之画，吾无说矣。如其才可以为太白、子瞻而不得，是乃厄于时世风气，使天地英华，无所发泄而后出于此也，吾为大千惜之。觐虞早夭，其家避难海上，乃者大千自成都寄五百金恤其孤，此岂末俗所及哉！我固知大千非徒画者也。”[16]

当时远在四川的张大千，念及谢玉岑身后遗孤生活有难，遂将自己在成都卖画所得五百元寄赠钱名山先生，以恤遗孤，在当年的上海可谓是一笔十分丰厚的赠仪。对于大千的义举，钱名山先生有诗遥谢：“远寄成都卖卜金，玉郎当日有知音。世人只爱张爰画，未识高贤万古心。张大千蜀人善画，玉岑友也。以五百金寄其孤，赋此代谢。”名山先生以西汉蜀郡严君平卖卜的典故，赞赏大千不忘故友后人的高尚道义。

谢玉岑病逝后，其好友千方百计搜集其散落各处的诗词文章，拟筹资结集刊行《玉岑遗稿》，以此纪念亡友。但后因战争频连的缘故，直到1949年《玉岑遗稿》方刊印传世，而张大千则在1940年已将序文写成：

---

16 载1939年12月27日的《社会日报》。

庚辰之秋，王君曼士自海上远书抵蜀，谓玉岑遗稿将付欹劂，不可无言以序之。数月来萦绪万端，而下笔呜咽，辄不能成一语。今当岁暮，伤逝念旧，情不能已。予与曼士与玉岑交好，乃过骨肉生死之间，岂仅缟纻之情。玉岑之殁在乙亥三月十八日，时予客吴门网师园。其日午夜，先太夫人闻园中双鹤频唳，惊风动竹，若有物过其处，意必玉岑魂魄来相过我。后数月，予有北游，车中梦与玉岑遇荒园中，坐棠梨树下，相与咏黄水仙华诗。时寒风飒飒，玉岑畏缩意颇不乐。予问所苦，逡巡不答。数年来时相梦见，梦中谈笑如平生欢，岂知有幽明之隔。

方予识玉岑俱当妙年，海上比居，瞻对言笑，惟苦日短。爱予画若性命，每过斋头，徘徊流连，吟咏终日。玉岑诗词清逸绝尘，行云流水，不足尽态。悼亡后，务为苦语，长调短阕，寒骨凄神，岂期未足四十，遽尔不永其年乎！当其卧病兰陵，予居吴门，每间日一往，往必为之画，玉岑犹以为未足。数年来予南北东西，山行渐远，读古人作日多，使玉岑今日见予画，又不知以为何如？故人一去，倏忽六年，必有新声，离绝人间。意其鸾珮相逢，鹿车云路当不复为凄神寒骨之辞。自还蜀中，不复一垂梦，巫峡惊波，青天蜀道，玉岑其怵于太白歌诗，以为果不可飞度乎！今者又将西出嘉峪，展佛敦煌，便当假宠山灵，润色画笔，安得起九原为我歌吟？人间天上，守兹同心！大千张爰。

张大千在序言中述说与谢玉岑非同一般的情谊，超过了“骨肉生死之间”。魂魄相过也好，梦中谈笑也罢，无一不是反映他俩之间情长谊深；又由不复垂梦到唤起九原，这真是所谓“理之所必无，情之所必有”。最后唱出两句：“人间天上，守兹同心！”也就启示人们：真正的友谊，不管生死幽明，还是关山岁月，都隔不断、冲不淡的。

1945年3月，张大千在成都青城山因思念谢玉岑，画了一幅《踏雪寻梅图》，并题曰：“踏雪寻梅，人在梅花深处。予曩年与谢君玉岑踏雪邓尉，时孟冬小寒，梅正蓓蕾，然天寒景肃，忽雨大雪，霏霏不已。予与玉岑交好，乃过骨肉，玉岑下世匆匆十年矣，抚今追昔，不禁感慨系之。乙酉三月，大千居士张爰。”十年亡友，仍在梦萦魂绕之中，终生难忘。

《踏雪寻梅图》上两位高士相对站立途中，右边的一位身着宽袍，足穿棕色船型布鞋，手持筇杖面对另一位头戴东坡帽，身披大红袍，手握竹杖的高士，似在会心倾谈。两人身后是高耸云天的两座皑皑雪山，一远一近，似有似无。整幅画面构图方正典雅，人物突出，气势宏伟，笔墨精炼，色彩雅净，看似是张大千的一幅山水人物佳作，或许也是大千缅怀玉岑之作。

词坛两曙星——与夏承焘

夏承焘（1900—1986），字瞿禅，晚号瞿髯，浙江温州人。历任西安中学、瓯海公学、浙江十中、杭州之江文理学院、浙江大学、杭州大学等校教师、教授。其毕生致力于词学研究和教学，是现代词学的开拓者和奠基人，有“一代词宗”“词学宗师”之称。

（一）谢玉岑、夏承焘永嘉订交

1925年8月26日，谢玉岑应教育家伍叔傥的推荐，告别家乡来到永嘉，执教省立浙江第十中学讲授国文。10月8日，谢玉岑与夏承焘初识于永嘉，时夏承焘正在瓯海公学、浙江十中、永嘉女中三地学校流动教书。

《夏承焘日记全编》[17]（以下简称《日记》）载：“1925年10月8日。晚李孟楚介十中同事谢玉岑（武进人）来晤，并承邀饮福聚园酒楼。同坐有纯白、仲骞及严琴隐，啖莼菜味甚鲜，谈笑至九时方归。”“1925年10月10日。早与纯白赴师范学校谢玉岑处，约游仙岩……是日五十人中半谑浪轰饮，娓娓谈诗文者只予与玉岑二人。”

从此，谢玉岑与夏承焘订交，并经常晤面，虽然共事不足一年，却成了

17 吴蓓主编，《夏承焘日记全编》，浙江古籍出版社，2021年11月版。

毕生的知己，意气相投，志趣契合，时常诗文唱和。谢玉岑有诗："清奇三雁数东瓯，秀发青衫丽句搜。才子敢随黔夏后，八声檀板播甘州。"诗后跋语："黔夏谓瞿禅，所作《八声甘州》颇为浙生传诵。"诗句行间，透露出诗人当下欣遇知己、置身良居的恬适情怀。诗中"三雁"，指符璋、郑曼青、夏承焘；跋中"黔夏"，调侃夏承焘肤色黝黑。

1926年，谢玉岑接到了上海南洋中学的聘书，在离开永嘉时有词《南浦·丙寅仲夏，临发永嘉，赋示诸生》。夏承焘唱和谢玉岑，填词《南浦·和谢玉岑留别永嘉》：

> 滞醉别吟边，暮潮平，离绪遥山千叠。酿就一襟凉，丝丝雨、留否河梁残客。丝杨退碧。来时青眼曾相识。江山蛾尖帘底瘦，莫负弯弯今夕。　　记过康乐祠东，有园禽池草，君家春色。数析六朝山，磨岩字、谁似客儿才笔。还君两屐，再来题句追山贼。绝顶留云堪共倚，迟付好怀双笛。

词载《日记》："1926年6月27日。早晤谢玉岑，示予留别诸生词。午后风窗坐和之，成一阕。"上片写永嘉景色和相识谢玉岑而寄情，下片记述谢玉岑曾在康乐祠、园禽池塘、六朝山等地游过的足迹，感叹其接过谢灵运的才子笔和高超的书艺，并期盼其重返故地，穿上谢公屐，登上六朝山，与谢灵运一起双笛齐鸣。

这两首《南浦》，同阕同调，唱出了两位词人真挚的友谊和情感。之后，夏承焘有说："在温州执教数年，得一玉岑。"[18]

（二）谢玉岑、夏承焘的词学交谊

1927年3月，谢玉岑赴上海南洋中学任教。他很快融入上海的文化圈，为文艺界的朋友写下了许多书画评论和题画诗词。

同期，谢玉岑与夏承焘之间的书信往来也极频繁，谢玉岑千方百计为夏

18 《日记》载："1928年2月26日。作玉岑书。在温州执教数年，得一玉岑。"

承焘搜集相关书籍和介绍朋友，帮助夏承焘撰写《唐宋词人年谱》《词林年表》《中国学术大事表》；夏承焘亦十分支持，寻找材料提供谢玉岑编撰《清词三百首》《清词史》《清词话》《清词通论》，这些内容《日记》《夏承焘致谢玉岑手札笺释》[19]（以下简称《手札》）均有记载。可见，谢玉岑、夏承焘在词学研究中的相互支持、相互砥砺、共同发展，这种精神在学术界尤显宝贵。

谢玉岑“词自幼即喜为之”[20]，他自谓“小时多读清词，至今不能脱其面目”[21]，直至1927年从朱彊村、吴梅等游，谢玉岑才边教学边着手词学研究，我们可以从《日记》《手札》中得到查证。《日记》记载了夏承焘七十年的生活、读书、教学、治学、交游等内容，具有重要的史料、学术、文化价值。谢玉岑与夏承焘的词学交谊、词学研究集中在1925至1935年间，《日记》涉及谢玉岑有二百七十八条，内容主要围绕词学、书画、借书、研讨、交游等，此引摘谢玉岑与夏承焘围绕词学研究的几例内容：“1927年7月24日。得谢玉岑常州复信，赏予数诗，谓近从朱彊村、吴瞿安游，拟整理清词，嘱采访浙东词家遗著。”“1928年10月19日。得玉岑上海南洋中学复，谓《四印斋词》不易得全本，间有一二种散出，犹或遇之。曾讯古微先生，云板已毁，遗传日少矣。玉岑自谓欲作《清词史》，与予商派别，勉予《词林年表》《中国学术大事表》勿中懈。”“1929年5月17日。发玉岑上海一函，问朱彊村先生寓址，拟以《梦窗年谱》寄正也。”“1930年11月3日。接玉岑常州信，知病白喉返里。谓彊村誉予‘治词精审’，不知指何书云也。”“1931年3月20日。玉岑寄来无锡丁绍仪《听秋声馆词话》四本，翻一过，中惟校补《词律》《词谱》《词综》数条可取。虽亦有误处，然可为予全宋元词癸集考证材料。其大半引同时人词，则无足看。绍仪，丁福保叔祖，其《国朝词综补》五十八卷，二集十二卷，未见。”“1932年8月28日。早接玉岑寄来陈慈老《白石词疏证》

19 沈迦编撰，《夏承焘致谢玉岑手札笺释》，新星出版社，2020年7月版。

20 谢稚柳《先兄玉岑行状》，载《谢玉岑集》第249页。

21 谢玉岑致龙榆生信札。

《白石年谱》二厚册，甚喜。《疏证》考事不校律，尚多疏漏，《年谱》极精审，多与《疏证》重出，只存《年谱》可矣。”“1934年10月17日。夜读玉岑词，有李峤真才子之叹。久无往复，作一书讯之。”“1935年4月28日。理玉岑遗札，共百余通……于陈慈首先生之逝，嘱予为校订其遗稿，彼任发行之责。”

1927年，谢玉岑自从朱彊村、吴梅游后，开始着手整理清词。从此，走上了治学道路——词学研究。

夏承焘致谢玉岑的信札，主要集中在《手札》。《手札》收录了七十三通手札影印，如1928年10月29日的手札说：

> 玉岑吾兄：
>
> 得教快慰。宋人笔记论词诸著迄未检阅。清词派别，尊论甚确，弟不敢妄赞。北大教员江山刘毓盘（子庚）著《词史》，杭州图书馆有其书，弟未及见。前询其友人陈君，谓近不知在北京否。上海如有购售处，或于尊著有足裨补也。（北大讲义课出版，其人著《濯绛宧词》甚工，弟曾见过，洵近日一名家。古微诸公有提及否？又有《唐五代辽金元名家词集六十种辑》二册，亦北大出版。）侯文灿《名家词》、江标《灵鹣阁汇刻词》、吴昌绶《景宋本词》，沪上有可求处否？乞代弟留意。弟之《词人年谱》以唐五代宋金元为限，近以不得《彊村丛书》外诸词集为苦也。历代词人姓氏尊处有否？辛、秦年谱请代访。杲明乞来孙丈字幅，兹奉上。《东坡集》一本已接，录后再奉。附近作一词乞正。
>
> 匆匆，复颂大安。弟夏承焘上。

这信札主要是围绕词学与求书：一是夏承焘向谢玉岑介绍刘毓盘的《词史》，因为谢氏当时拟写一部《清词史》；二是夏承焘托谢玉岑在上海代求诸书等。信札看似平常和琐屑，却反映了一个重要的做学问的道理和观点：既要多读书，充分掌握资料，才能进入研究阶段，决不能“孤陋寡闻”；又要多结友，广泛联系同道，以便互通信息支持，从而避免“独学”。手札中另有多处谈及两人的词学交谊与谢玉岑词，其中说：“拙作《词有衬字考》顷付写讲义，明后日奉教，并乞代质沪上词流，请其评骘。如以为不足观，则为我藏拙。《词律论》俟写出再呈。”“弟暑间撰《词林年表》，迄今尚未蒇事，顷又欲广之作《中国学术大事表》，期以五年成之。惟事体甚大，逡巡未敢着笔，舍取定夺，决之吾兄，乞有以教我。”“大著芜湖荷花词极佳，每读兄作，低回叹赏外，更无言说。”“兄词当自写一册印贻朋好，《金梁梦月》以后不见此作矣。”“曩读尊夫人述哀之作，情文相生，叹为才子之笔，传诵杭州人士，无不倾折想见其人。”“榆生今日函来，于兄悼亡诸作，叹为艳极、凄极。弟钦服甚至，无所献替。”可谓推许备至。

但夏承焘对谢玉岑词也并非一味地赞扬，也有指出疑惑或不足之处，如信札中说：“大作词极佳，《雨后》一阕，似原稿较胜，何故改之耶？”“大词二首，潭秋爱次首，弟爱前首，以为‘赠卿绛腊’之句是清词气息，前首‘门巷沧桑，绿阴青子’句亦微嫌弱，‘畏’改‘怯’似较长。”他俩就是这样共同探讨词学的。

《手札》写于1927年至1935年间，谢玉岑与夏承焘从崭露头角至蜚声海内，内容涉及两人的交谊外，大多是探讨词学，尤其是作为词人兼学者的那种博学精思和求真务实的治学态度令人敬仰。当时他俩结交及往来的师友多为文化界名人，常在信札中出现的词坛名宿有朱彊村、陈思、吴梅、张尔田等，同辈词人龙榆生、唐圭璋、任中敏、赵尊岳等，以及当今少有提及的林铁尊、唐玉虬、曹缵蘅、容庚等人，也可在《手札》中找到雪泥鸿爪。

谢玉岑病逝前，“犹伏枕作书与诸至好夏瞿禅、龙榆生之流，托为遍乞海内词人，乃至闺秀方外，凡曾从事倚声者，为书词笺，云将汇印专集，以纪因缘”[22]。夏承焘积极助之，出谋划策，并于1935年2月3日、4月10日、4

22　载《词学季刊·词坛消息》（第2卷第4号）。

月15日，分别致信吴梅、杨铁夫、唐圭璋、曹民甫、容希白、胡小石、顾颉刚、刘子植、张孟劬、曹缵蘅等，为谢玉岑求书箑，其中与张孟劬信中说："友人常州谢君玉岑（觐虞）治词功力极深，所作在稚圭、樊榭间，顷久卧病，属代求书一箑，以当枚生之发。谢君于先生向往綦切，志在必得，万弗有所谦靳，转失云霓之望。文字恋嫪，计先生能推爱见惠，不以疏远为嫌也。"[23]

（三）谢玉岑对夏承焘词学研究的影响

谢玉岑对夏承焘词学研究的影响主要体现在词作点评、研究方向、引荐名家三个方面，各举一例。

1. 词作点评

《日记》《手札》记载了夏承焘有多次请谢玉岑为其词作点评。胪举《日记》（1927年12月3日），夏承焘附上词《齐天乐·再到杭州》：

> 战尘不到西湖路，苏堤又生春水。鹤梦犹圆，歌船自稳，知换沧桑曾几。湖山信美。莫告诉梅花，甚人间世。好伴幽人，共摩衰鬓嗅芳蕊。　年时踪迹再到，只垂杨老了，依旧佳丽。自诧清狂，人惊朗咏，事业旗亭酒袂。伤春梦里。又一度斜阳，一番花事。似此杭州，只宜长醉耳。

时局即使动荡不安，可春天依然如期而至。词人置身西湖畔，脚下虽有"鹤梦犹圆，歌船自稳"的雅兴，心中却是"湖山信美。莫告诉梅花，甚人间世"的苍茫和感伤。全词笔调委婉，气息沉厚，词风堪匹碧山。词上眉批："玉岑谀此雅近玉田，改作逊原作。""逊原作"[24]，重点指原句："山川信美。莫告诉梅花，人间何世。"改稿与初稿异字多处，留作

23　《夏承焘致谢玉岑手札笺释》第309页。

24　1927年12月11日，夏承焘致谢玉岑信札尾附原词《齐天乐》："战尘不到西湖路，里湖外湖春水。沤梦犹圆，歌声自稳，知换沧桑曾几。山川信美。莫告诉梅花，人间何世。留伴幽禽，共临寒碧照憔悴。　十年踪迹再到，只垂杨老了，未消佳丽。天与清狂，人惊朗咏，事业旗亭酒袂。伤春情味。又一度斜阳，一番花事。如此杭州，问予何不醉。"

读者细品得失。这内容同样在夏承焘致谢玉岑1927年12月11日、1928年3月9日、1928年4月23日信札中分别有说："'天与'三句不妥，兄以为如何？""在乡时晤符笑老[25]，谓钱先生赏弟《再到杭州》'湖山信美'数语，愧恧，愧恧！此词颇疏于律，顷已改作，另纸呈教。""拙作《重到西湖》词，钱先生亦谓'人间何世'必不可改'甚人间世'，拟再改之。"又《日记》："1928年4月22日。得玉岑上海书，谓余改本《重到西湖》词以拘于律，不若原作之流利。"

《齐天乐·再到杭州》，成为夏氏名篇，其中"湖山信美。莫告诉梅花，人间何世"，成就名句。为求格律，夏氏将"人间何世"改成"甚人间世"，结果受到谢玉岑、钱名山的反对。

谢玉岑与钱名山均反对因拘于声律而碍于表达，"'人间何世'忽改为'甚人间世'，不知何意？出入不细，恐阁下不免为万红友一辈人所误。天下上乘文字未有不合于音律者，吾辈自得之。'人间何世'句法浑成，必无不合律之理。彼谈律者，于天籁、人籁都无所见，但依古人成作之平上去入呆呆填砌，以为合律，岂是通人！譬之'关关雎鸠'岂必四字皆平，'窈窕淑女'，岂必四字皆仄？以古乐论，古音朴质，原不及后世之音悦耳。以俗乐论，则何字何调不可唱？而吾辈转不如不通之优伶乎？能作'渭城朝雨'，自然可作阳关三叠；能作'黄河远上'，自然可入旗亭之唱。能作《清平调》，自然可令李龟年按谱而歌。我辈但忧文字不逮古人，无忧其不合律也。先辈好谈词律者，何曾有一首好词，且又未必能唱。只将古人失传之律，以文其佶屈聱牙耳。阁下天生豪杰，勿为所愚！其《齐天乐》'人间何世'句慎勿可改。"[26]这一申述词以文字表达为要、声律自合的观点，值得当代词学界的探讨和研究。由《手札》《日记》可见，夏承焘当时也认同谢玉岑、钱名山的反对意见，现收录于《夏承焘集》中的定稿，仍是"人间何世"。

25 符璋（1853—1929），字笑拈，号蜕庵，江西宜黄人。晚年寓居永嘉，钱名山称其"为予生平知一"。

26 《夏承焘日记全编》，1928年3月30日。

谢玉岑、钱名山两人的词学观较通达。名山先生合律为诗，不合则为歌行，长短句并用，并不固守传统声律，因为拘泥于形制的束缚便易造成词体形式的凝固而失去文学表达的生气。作诗填词，贵在情意真切，气格高雅，而非斤斤于声律之工细、词藻之华美。若夫内涵空乏、情多矫饰，纵填词字字合于四声，亦不过剪彩为花，了无生气，徒招“词匠”之讥。在清末民初词坛，填词者受万树《词律》与郑文焯、朱祖谋作词严于声律的影响，恪守四声，往往以律害意。在当前声律和音韵都已经发生较大变化的前提下，如果还一味严守传统四声，斤斤计较于词谱格式的桎梏，则词体不会发展，反而会加速词体的消亡。

当代词家段晓华在《情文相生，冰朗玉映——论谢玉岑的爱情词》中说：“词的声韵格律，既是词的本体规范，也未尝不是一种随心所欲不逾矩的表现手段。读玉岑词，有个很直接的感受，他的用韵比较宽松……在民国词坛声律讨论与讲求之风气笼罩中，玉岑词的这种宽松自由的用韵，是一种迥异时尚的创作表现，透露出谢氏对声律运用自有主见，不肯盲目流从。”[27]细品《齐天乐·再到杭州》之原句“山川信美。莫告诉梅花。人间何世”，典型的词家语，叹为绝唱，有浑然一体，自写胸臆，意气高迈，壁立千仞之概。

2. 研究方向

《夏承焘年谱》载：“1927年10月4日。拟以四、五年功夫，专精学词，尽集古今各家词评，汇为一编。再尽阅古今名家词集，进退引申之。自惟事功非所望，他种学问亦无能为役，惟小学及词，稍可自勉。明正当着手为之。”[28]由此可知，1927年10月，夏承焘确定了治学方向——词学研究。

当时，夏承焘在严州（今建德）省立浙江九中教书，地处偏僻，资料不足，又无名师指导，甚是苦恼。如《手札》中说：“严州足山川之娱，惟求

27 《谢玉岑研究》，常州博物馆编，谢建红主编，2019年7月，第66页、68页。

28 李剑亮著，《夏承焘年谱》，光明日报出版社，2012年4月版，第27页。

书甚难，殊厌居耳！”（1928年6月1日）“弟之《词人年谱》以唐五代宋金元为限，近以不得《彊村丛书》外诸词集为苦也。历代词人姓氏尊处有否？辛、秦年谱请代访。”（1928年10月29日）为此，谢玉岑利用南洋中学的藏书，以及搜集相关书提供与夏承焘，为夏承焘的词学研究发挥了重要作用。尤其夏承焘在写作《白石道人歌曲考证》《白石歌曲旁谱辩》过程中，谢玉岑不仅给予书籍、资料的帮助，而且将前辈陈思撰稿《白石道人歌曲疏证》《白石道人年谱》寄与夏承焘，供其参考。夏承焘对谢玉岑的帮助铭记在心，多次在《日记》《手札》中提及，如“《白石歌曲旁谱说》一篇，俟誊出当奉以请教。屡承吾兄为一鸱之借，极感雅爱。拙稿如得写定，兄及榆生兄最不敢忘也”（1930年5月27日信札）。之后，《白石歌曲旁谱辨》与《白石道人歌曲考证》分别于1932年12月和1933年4月，由《燕京大学学报》（第12期）与杭州之江文理学院校刊刊出，成为夏承焘词学研究的两篇开山之作。从此，夏承焘在词学界声名鹊起。

《手札》编撰沈迦说：“夏氏从事词人年谱研究，正式始于严州。他托谢玉岑代为寻检各种词人词话。后来享誉词界的《唐宋词人年谱》便是以这些材料为依托，由此词人行实得称信使。”[29]

1928年10月29日，夏承焘致谢玉岑信札尾附上词《台城路》，眉批有句：“玉岑吾兄教正。”词云：

> 一挥落雁峰头手，江湖片云飞杳。渭水秋风，长安落叶，消阻英游天杪。吟怀暗老。问汉阙秦关，几番残照。不为听鹃，自怜青鬓倦游了。　遐荒三载独往，想狂吟被发，无限愁抱。万里姮娥，相思绝塞，知隔浮云多少。离愁顿扫。且安顿修蛾，镜奁窥笑。沧海横流，露车归正好。

词前有词序“得王陆一南京书，知方自俄国归娶，长安别后，忽忽五载

29 《夏承焘致谢玉岑手札笺释》，第34页。

矣”；词后有句“此章自谓拟玉田者，兄以为如何？承焘俶稿”。

“玉田”即南宋张炎，其词在清代曾风行一时。夏承焘一度填词也“颇喜玉田”“自谓规摩玉田者”，但在《日记》（1928年11月14日）却说：“得玉岑上海复，谓予词逼真玉田，然玉田不足依傍，幸早舍去！玉岑之意，殆在五代、北宋乎？”谢玉岑这一劝告，使夏承焘此后的词风不断有所改变：既不依傍张炎，也不皈依吴梦窗，而兼取辛弃疾、姜白石、元好问、王沂孙，最终差近蒋竹山，融汇众长，自开新词境。

3. 引荐名家

谢玉岑尽心尽力为夏承焘引荐朱彊村、钱名山、陈思、吴梅等词坛大家，尤其得到朱彊村的多次奖掖“修学之猛，索古之精”，“翔实精审”，“治词精审”，“词则历落有风格，绝非涂附秾丽者所能梦见”，致使夏承焘自信心加倍。举一例：

清代词人顾贞观（号梁汾）与诗人吴兆骞（字汉槎）有不凡的交谊。吴氏因科场案流放辽东极北宁古塔，处境悲惨。顾贞观为之作两首脍炙人口的《金缕曲》，被后人称为“赎命词”，是清词中的重要词作。民国著名画家胡汀鹭藏有乡贤顾贞观书寄吴兆骞两件词笺墨迹，并将词笺印成《贯华阁图集》，以分赠友好以志纪念。1930年10月，谢玉岑将《贯华阁图集》寄与夏承焘，并嘱咐夏承焘为这两件词笺题词。《日记》载：“1930年10月25日。玉岑寄来无锡胡汀鹭景印顾梁汾书寄吴汉槎二词，纳兰容若书《水调歌头·题洞庭图》二笺，小楷工秀，皆稀世之宝……玉岑为汀鹭介予题词，午后得金缕曲一阕。”又《手札》曰：“顾词词林球璧，入手惊叹，奉上俚词一阕，知可用否？”（1930年10月31日）“题梁汾遗墨一词，自嫌有犷气，不敢示人。旋得兄及榆生过誉，乃写奉古微丈。心以为古丈好梦窗者，必不喜此，不谓复书乃许此为弟词尤胜者，且有私庆吾调不孤之语。实则此词由兄促成，终不大自信也。”（1930年12月6日）

金缕曲·胡汀鹭画家藏顾梁汾书寄吴汉槎金缕曲词笺，谢玉岑嘱题

展卷寒芒立。有当年、河梁凄泪，扪之犹湿。比赎蛾眉艰难事，

多此几行斜墨。便万古、神喑鬼泣。何物人间情一点，长相望、旷劫通呼吸。携酒问，贯华石。　　生还忍教秋笳拍。念苏卿、雁书不到，乌头难白。绝域头颅知多少，放汝玉关生入。天要与、词坛生色。渌水亭头行吟地，谢故人、轻屈平生膝。东阁酒，咽邻笛。

是词谢玉岑点评："苍凉沈郁。"[30]这首词写得沉郁苍凉，情文兼至，现收录《夏承焘集》，成为近代词史佳话。

1931年12月30日，朱彊村去世。《日记》载："1931年12月31日。阅报，朱彊村先生已于昨日丑时逝世于牯岭路南阳西里，年七十五。予与先生止数面，函札往复八九次。月前往一书，彼已迁居，或竟不达矣。"

（四）夏承焘成就谢玉岑身后名

1935年4月25日，夏承焘得知谢玉岑病逝，即在《日记》中说："闻之大骇……予当访其遗著，手写影刊以行，以尽后死之责。"并作了挽联与词："冰雪过江人，并世叔源惭谢朓；苍茫思旧赋，他生灵云识刘根。（君客永嘉，始与予订交，谢池、飞霞观，旧游地也。）"[31]"荒山剑气。一诺犹孤人换世。拚断朱绳。谁与终弹煞衮声。　　有涯无益。呕尽心肝头未白。楚老重逢。身后龚生此恨同。（《减兰·玉岑亡后，尝欲写其遗词行世，病中恨此愿未偿，伤逝自念，词不胜情》）"[32]

这样的评价与词情，不愧为谢玉岑的知己。5月8日，夏承焘写信与龙榆生，刊载1935年《词学季刊》（第2卷第4号）"通讯"栏目，其中说："玉岑之词，必传无疑！来书好论列清词，必于此有深造。弟甚爱其悼亡诸什，大似《梦月》《饮水》，彼谦让不遑。昔蕙风论樊榭、容若，一成就，一未成就，而成就者非必较优于未成就。玉岑困于疾疹，限于年龄，学力容不如朱（朱彝尊）、厉（厉鹗），若其吐属之佳，冰朗玉映，无论

30　《日记》："1930年11月4日。接玉岑一日书，许余题顾贞观词笺'苍凉沈郁'。胡汀鹭乃一老画师，名与吴观岱埒，并能诗词。"

31　载《夏承焘日记全编》（1935年5月24日）。

32　载《夏承焘日记全编》（1935年10月14日）。

弟辈当在门墙衿佩之列。即凌次仲、陈兰甫亦将变色却步，此伊梅津所谓非焕之言，四海之公言也。……下期词刊，请登一启事悼玉岑，并为征求遗著。”

同期《词学季刊》又刊载《武进谢觐虞玉岑遗稿·孤鸾词》七首，并发布“词坛消息·谢玉岑之死”。

夏承焘以“情文相生”“冰朗玉暎”八个字评价谢玉岑，前四字精炼概括谢玉岑词的艺术特征，后四字则是对谢玉岑品格的高度赞美。

1936年《词学季刊》（第3卷第1号）“通讯”栏目刊载夏承焘的《征求谢君玉岑遗词启》，对谢玉岑词作的学术价值予以肯定，其中有句：“听歌井水，当世许以必传；写集名山，临终悔其既晚。”

之后，夏承焘应谢玉岑同门王春渠之邀整理《谢玉岑遗词》并作序，后定为出版《玉岑遗稿》。夏承焘在龙榆生、王春渠、陆丹林、钱小山、谢稚柳等的鼎力相助下，借助《词学季刊》《玉岑遗稿》大力宣传谢玉岑的词学成就，成就了谢玉岑的“身后名”。

（五）结语

总结谢玉岑、夏承焘的词学交谊与词学研究对近现代词学的研究与发展甚有必要。1927年前，他俩都是以诗为词，这与他们喜爱白石、词风差近白石词有关。自从1927年谢玉岑从彊村老人游，1929年夏承焘登门谒见“当代做词的第一把交椅”[33]朱彊村后，他两人的词风虽有了改变，但并没有致力于吴梦窗，反而诗名为词名所掩。由于谢玉岑在上海结交朋友广，参与社团活动多，教书之余大多寄情于书画。1932年夫人钱素蕖病逝，谢玉岑“痛悼之情一寄于词，署别号曰孤鸾”[34]。之后，屡作孤鸾词，词风大变，哀感悱恻，深情绵邈，夏承焘所谓“《金梁梦月》后一人”，或力不从心，或才命相妨，导致谢玉岑生前多年著述的《清词史》《清词话》《清词通论》《清词三百首》没能结稿，仅有《玉岑遗稿》传世。谢玉岑逝后，夏承焘继

33 谢玉岑《筹赈书画会上海集件的一点小报告》。

34 谢稚柳《先兄玉岑行状》，载《谢玉岑集》，第248页。

续词学研究长达五十年之久，著述等身，词风也不断改变，尤其暮年，既融合众长，又不为古人所限，正如他自己所说：“吟坛拭目看新境，九域鸡声唱晓时。”

人生境遇之浮沉不定，与此可见一斑。但一位才子型的“江南词人”谢玉岑，与一位学术型的“一代词宗”夏承焘的词学交谊，不仅推动了两人的词学研究，对近现代词学的发展也发挥了重要作用，堪称“词坛两曙星”。

附录二

谢玉岑先生年表

1899年（己亥） 1岁

◎9月1日（七月二十七日酉时），生于常州城区东官保巷。名觐虞，字子楠，一字玉岑。襁褓时克乳。

1900年（庚子） 2岁

◎自小失调养，身体羸弱。

◎7月21日（六月二十五日），钱素蕖生于常州菱溪钱寓。

1901年（辛丑） 3岁

◎过继伯父谢仁卿。

◎大妹谢汝眉生。

1902年（壬寅） 4岁

◎始识字，且早慧。

◎祖父谢养田辑《双仙小志》，刻印成书。

◎二妹谢亦眉生。

1903年（癸卯） 5岁

◎随祖父、父亲、嗣父入住常州城区北直街天王堂弄内新建的一座四进院宅。

◎是年前后，父亲谢仁湛在本乡设帐授徒。

1904年（甲辰） 6岁

◎父远游，受钱向杲启蒙，读书痴迷。

◎八月十五日，三妹谢月眉生。

1905年（乙巳） 7岁

◎读书知索解。

◎随祖母钱蕙荪回菱溪钱家，见表妹钱素蕖，心存向慕。

1906年（丙午）　8岁

◎读父信，不讹一字，甚为祖父爱怜。

1907年（丁未）　9岁

◎有诗，能作对偶、对仗。

◎七月七日，祖父卒。嗣父、父亲立志刻《谢氏家集》。

◎四妹谢介眉生。

1908年（戊申）　10岁

◎父远游赣，有书信寄奉。

1909年（己酉）　11岁

◎是年前后，吟诗作文。

1910年（庚戌）　12岁

◎三月二十九日，弟谢稚柳生于常州北直街天王堂弄谢寓。

◎八月，父亲远游湘潭，有诗《莲花街，湘潭之平康里也》。

1911年（辛亥）　13岁

◎累遭大故，哀毁骨立，有立言：三年愿读父书，百世期绳祖武。

◎三月，父亲在湘潭得腹病。四月抵家，久痢不治。五月初一，以虚脱病逝。

◎六月，嗣父因痢疾医治无效，七月初十病逝。

1912年（壬子）　14岁

◎入寄园读书，为钱名山先生最早及门弟子。

◎钱名山为《谢氏家集》作跋，并刻印传世。

1913年（癸丑）　15岁

◎与钱素蕖订婚。

◎美丰仪，事亲孝，教弟妹如师。

◎岁末，火焚其居，累世所藏图书、金石、文房之属荡然无存，家以中落，举家赁居北门斗巷。

1914年（甲寅）　16岁

◎婚议以星家言中阻。

◎由堂叔谢仁冰资助，入读上海商校。

1915年（乙卯）　17岁

◎上海商校读书，因颀身玉立，自署曼颀；一度痴迷佛经，又署佛痴。

1916年（丙辰）　18岁

◎填词多首，清词丽句，同学咸惊其才。

◎商校未毕业，由谢仁冰携至北京银业学徒。不愿侍候业主，仅一月愤而南归，再入寄园，随名山先生游。

1917年（丁巳）　19岁

◎9月，为武进苔岑社首批社员，并任书记员。

◎习书，多摹汉碑。

◎是年起，在《武进晨钟报》发表诗词文。

1918年（戊午）　20岁

◎与唐玉虬、钱炜卿、王紫宸、吕侠生等六七人发起梅花吟社，有骈文《新建梅花吟社小引》。

◎与唐玉虬、钱炜卿结党，自谓江东三少年。

◎是年起，《苔岑丛书》《武进苔岑社丛编》刊载先生诗词、楹联、骈文、序跋等。

1919年（己未） 21岁

◎秋，陆碧峰绘《秋风说剑图》，先生有骈文《秋风说剑》酬唱。

◎冬，与钱素蕖结婚。

◎为武进苔岑社社董。

◎是年起，为《苔岑丛书》《武进苔岑丛编》题签封面、扉页多种。

◎是年，钱名山谓先生，三年尽通经史，为文章下笔瑰异，独以词赋雄其曹；篆分书力追秦汉，不同凡近。

1920年（庚申） 22岁

◎参与虞社雅集，有诗《虞社消寒雅集，和鸥侣韵》等。

◎是年前后，擅写骈体文，诗文喜藻饰，为书喜古文，为同学乡党称赞。

1921年（辛酉） 23岁

◎1月18日，长女谢荷钱生。名殿臣，上小学先生为其更名钿。

◎有《白菡萏香室填词图》《青山草堂鬻书图》。

1922年（壬戌） 24岁

◎《武进兰言报》多次刊载先生鬻书启事。

◎与王巨川结交，往来频繁，成为益友。

1923年（癸亥） 25岁

◎年初，应朱氏之聘，在武进戴溪桥乡馆教书，从此挑起家庭担子。

◎5月25日，长子谢伯子生，先天失聪。小名枝珊，名宝树，字伯文，号伯子。

◎6月，有词《木兰花慢·珊儿弥月，赋怀素君》。

◎自署茄闇，有《茄闇诗钞》传世。

◎谢家由北门斗巷迁居城中观子巷十九号。

◎与陈名珂订交。

◎是年起，与高吹万开始长达十余年的书函往来，称其为师。

1924年（甲子） 26岁

◎2月，受金松岑之邀，与邓春澍、唐玉虬等至虎丘冷香阁观梅，有词《疏影·甲子上元后八日，吴门金松岑丈招饮虎丘冷香阁观梅。松丈有诗，赋此奉和，并寄吹万丈闲闲山庄》。

◎秋，有词《疏影·秋月在壁，索梦不成，有怀冷香春游，赋寄鹤望、吹万两丈》。

◎10月18日，次子谢仲邁生。

◎10月，《苔岑丛书·聊园诗坛同人小传》刊行，其中载“谢觐虞”。

◎10月，军阀混战。安置谢钱两家老小避居武进淹城。

◎是年，托王巨川向吴昌硕、王一亭订定鬻书润例。

1925年（乙丑） 27岁

◎3月23日，《新武进报》载金松岑诗《题谢玉岑青山草堂鬻书图》。

◎3月25日，《新武进报》载启事“谢玉岑篆隶润格”。

◎9月，执教温州省立浙江十中。

◎10月8日，初识夏承焘，遂成至友。

◎是年，谢稚柳入寄园，随钱名山游。

1926年（丙寅） 28岁

◎4月，结识温州寓公符璋、奇人郑曼青、才人李孟楚、李笠等。

◎7月，与同门奚旭、王春渠、程沧波合为名山先生刊印《名山诗集》，并篆书题签“名山诗集五卷”“丙寅七月浙江瑞安刊印”。

◎教书之余畅游永嘉，尽识当地文学之士。其间，有组诗《永嘉杂咏》，词《鹧鸪天》《烛影摇红》《南浦》等。

◎仲夏，受上海南洋中学的聘书。

1927年（丁卯） 29岁

◎3月，执教于龙华路外日晖桥的上海南洋中学。

◎7月，从朱彊村、吴梅游，始整理清词。

◎是年起与黄宾虹、王一亭、陈衍、叶恭绰等艺坛耆宿往来，与张善孖、吴湖帆、郑午昌、陆丹林等切磋艺事，积极参与海上艺苑活动，加入或发起艺苑团体和组织。

1928年（戊辰） 30岁

◎3月10日，次女谢荷珠生。

◎秋，参加秋英会，当场作诗填词，被称为“江南才子”。与张大千相识，遂成生死之交，“玉岑诗，大千画”传为艺坛佳话。

◎是年，南洋中学学生书法比赛，由先生评定一二三等奖。

1929年（己巳） 31岁

◎1月，在《申报》发表《寒之友集会读画绝句三十首》。

◎3月，第一届全国美术展览在上海南市举行，有书作钟鼎文《秦公敦》参展，作品图片刊载4月13日《美展》特刊。

◎3月，在《申报》发表记事散文《大风堂萍聚记》。

◎12月，加入蜜蜂画会，为基本会员。

◎是年前后，为海上艺苑友人作题画诗词、书画评论等。

◎是年至1932年，协助王春渠征集、编辑、出版《当代名人书林》。

1930年（庚午） 32岁

◎1月，人文艺术大学改名中国文艺学院，聘为教员。

◎2月，中国文艺学院招生，聘为教授。

◎3月至4月，在《武进商报》发表连载记叙文《筹赈书画会上海集件的一点小报告》，为马迹山赈灾募得海上名家书画五百余件。

◎7月31日，三子谢叔充生。

◎10月，患白喉回常州养病。为三妹谢月眉《芙蓉花鸭》等四幅工笔花鸟作题画诗。

◎冬，任职于财政部苏浙皖区统税局上海第三管理区区长。

◎冬，偕谢稚柳观摩张大千在安徽会馆举办的个人画展。

◎年末，与龙榆生订交。

1931年（辛未）　33岁

◎初春，携妻儿赴上海客居沪东，司炊饪。

◎10月，护送妻儿回常州。

◎11月，客居上海法租界西门路西成里165号二楼蒋寓，与张善孖、张大千兄弟、黄宾虹比邻而居。为张氏兄弟作题画诗词多首，与黄宾虹诗文书画唱和。

◎是年前后，体弱多病，曾从叶大密习太极拳。

1932年（壬申）　34岁

◎上海爆发“一·二八事件”。3月5日，费尽周折，从水路赶回常州家中。3月11日，钱素蕖病逝。

◎暮春，访张大千魏塘。

◎5月，有悼亡词六首寄与夏承焘，并嘱题《菱溪图》。

◎5月，为张大千《天长地久图》题诗，为张大千《菱溪图》题哀辞五千言。

◎6月，与马万里、朱大可、朱其石等发起艺海回澜社，并举办多次书画展览。

◎8月至9月，署名孤鸾在《金钢钻报》发表《墨林新语》。

◎秋，重游金陵。

◎秋，转入爱群女中任教。

◎是年，自署别号孤鸾，自镌私章孤鸾，有散文《亡妻行略》，有言“报吾师，惟有读书；报吾妻，惟有不娶”。

◎是年，索赵古泥为长子谢宝树十岁制白文方印“谢宝树印”。

1933年（癸酉） 35岁

◎1月，参与苏州正社雅集，在《灌木楼图》长卷上题诗并跋。

◎2至4月，常州养病期间与龙榆生多次信札往来，探讨词学。

◎5月至7月间，转入国立上海商学院任教，并兼文书主任。

◎中秋前，应金松岑之邀，与张大千、蒋石渠、王蘧常、钱仲联等赴吴门惠荫园参加秋禊雅集，有词《一萼红》记之。

◎12月，《词学季刊》刊载先生词《小重山·遣悲怀》《长亭怨慢·过半淞园》《三姝媚·偕春渠、小梅、子健太湖看梅赋》。

◎是年，有孤鸾词《烛影摇红·清明》《浣溪沙》《玉楼春》《珍珠帘》《清平乐》等；有为《大风堂兄弟画集》《郑午昌山水画集》《赵古泥印集》等题签封面、扉页。

1934年（甲戌） 36岁

◎1月，中国现代美术展览在德国柏林普鲁士美术院展出，有三件书法作品参展，每件售价四百金马克。

◎4月，负责筹办中国女子书画会首届同人展。

◎6月28日，祖母钱蕙荪逝世，返常州奔丧。

◎12月，与张善孖、张大千、黄宾虹、郑午昌、陆丹林等宴请四川诗人林思进返蜀，并合影。之后，与林思进书信往来频繁。

◎冬至，返常州养病。

◎是年，与朱大可、顾佛影、王蘧常、钱仲联、钱小山等在上海发起吟社，曰“鸡鸣”，后更名“变风”。

1935年（乙亥） 37岁

◎1月，与汤定之、谢公展、符铁年、张善孖、王师子、郑午昌、陆丹林、张大千结九社。

◎病中托孤，命谢伯子拜张大千为师。

◎1月至4月，发函友人索诗词书画箑等，以当枚生之发。

◎3月5日，徐悲鸿来信代求名山先生书联，并寄来画箑。

◎4月20日（三月十八）夜十时，病逝于常州家中，年三十七岁。

◎张大千题墓碑“词人谢君玉岑之墓”。

附录三

民国词坛的江南词风
——论谢玉岑及其词

民国词坛的江南词风——论谢玉岑及其词[1]

彭玉平[2]

常州词人谢玉岑生活在1899年至1935年。我们知道这是一个社会变革非常激烈动荡的时代，晚清的颓势无可挽回，从甲午战争失败、戊戌政变到八国联军侵华，接着是辛亥革命、张勋复辟、北伐战争、国内革命战争，也带上一点抗日战争的前奏。李鸿章曾经说他经历的那个时代是“数千年未有之变局”，李鸿章是1901年去世的，实际这种变局在李鸿章去世后是继续存在的，谢玉岑所经历的就是这样一种“变局”。“变局”两个字，看上去比较中性，其实是从国家繁盛转入困顿之中。

这样的时代是国家的灾难，也是民众的灾难。但正如赵翼说过：“国家不幸诗家幸，赋到沧桑句便工。”这样一个时代为诗人提供的是颠沛流离的经历和刻骨铭心的感受，这与和平繁盛年代是完全不同的两种体验。大凡天才的诗人，都会在这样一种时代大放光彩。如杜甫经历了安史之乱，创作达到高峰；苏轼经受乌台诗案，人生境界与诗歌境界都顿然得到提升。我们虽然不愿意看到这样的时代，但我们看到在这样的时代所带来的创作成就，还是很有感慨：不想遇见这样的时代，但很想见到这样的诗歌。

谢玉岑是个多才多艺的人，用谢稚柳的话来说，就是“尤以书法及倚声，知名当世”。他的老师也是岳父钱名山说他“以词赋雄其曹”。1935年4月，谢玉岑去世后，虽然身前博艺随身，但张大千题写的墓碑上也是“江南词人谢玉岑之墓”，可见词人的身份和地位是最得公认的。读谢玉岑的词，我曾不揣浅陋，填过一阕《临江仙》：

通擅诗词书画例，三吴并世数平陵。幽溪曲港也香熏。玉岑公

1　彭玉平著，《况周颐与晚清民国词学》，中华书局，2021年5月版，第450—466页。

2　彭玉平，江苏溧阳人。中山大学中国语言文学系主任、教育部长江学者特聘教授、中国词学学会副会长。

雅意，情最若斯人。　　一树梅花深自许，江南词客等名身。故家文字倍伤神。何如青草畔，占取鹿门春。

我努力写出了我心中谢玉岑的特殊性，譬如诗词、书画兼擅，譬如他“幽溪曲港”的审美方向，譬如他过人的深情，譬如他以梅花自喻的品格，譬如他作为东晋谢氏后人的荣誉感和责任感。我尽量把这些因素都写了进去，从一首词的角度来说，容量应该是够了。

谢玉岑学术史略说

关于谢玉岑的研究并不是近年才开始的，1935年谢玉岑去世后，关于他的遗稿的收集和编订就是以一种公开的方式进行的。《词学季刊》所载《词坛消息》，称其词“冰朗玉映，在《梦月》《饮水》之间”，就包含着对谢玉岑地位的肯定以及对于其创作的简要评价。此后编订成《玉岑遗稿》，这个遗稿虽然蹉跎多年才得以出版，但它的出版也在一定范围内受到了学界的关注。尤其是《玉岑遗稿》前面的符铸、夏承焘、王师子、张大千、陈名珂、陆丹林、唐玉虬、谢稚柳的序，书后王春渠的跋，这些作者皆是与谢玉岑有过密切交往的人，他们了解谢玉岑这个人，也了解他在文艺上的骄人成就，属于离谢玉岑最近的一群人，所以他们的论说虽然不长，有的甚至只有三言两语，但要言不烦，精准而且启人深思。从某种程度上说也奠定了此后的研究方向。

《玉岑遗稿》的序言之外，还有诸多题诗，如叶恭绰、唐鼎元、夏承焘、钱振锽等，以及钱小山撰写的谢玉岑小传，都既是研究谢玉岑的第一手资料，同时这些序言、题诗、传记本身也具有一定的研究性质。

《玉岑遗稿》奠定了谢玉岑诗文的基本格局，计有诗文各一卷，词二卷，凡四卷。据王春渠的跋文，我们知道这个本子中的诗文是王春渠与钱小山稍为去取，词则由夏承焘点定。这意味着在编订《玉岑遗稿》时，可能删去或至少斟酌了一些诗词文，如果没有谢玉岑的原稿，我们只能接受这个去取和点定的文本了。

1989年，谢玉岑90周年诞辰，在《玉岑遗稿》出版40年后，谢钱两家后人集资重印谢玉岑遗著，而主事者则为钱名山之孙、钱小山之子钱璱之。重新编订后的谢玉岑作品集名《谢玉岑诗词集》，这个集子除了保留了《玉岑遗稿》的内容以外，还在体例上稍作调整，卷一为诗，凡98首；卷二为词，合《白菡萏香室词》《孤鸾词》为一卷，凡词84首；卷三为文7篇；卷四为“补遗”，为《玉岑遗稿》集外诗文，共计诗21首，词2首，文1篇。此外有四个附录：其一为《玉岑遗稿》序跋9篇；其二为《玉岑遗稿》题诗题词5首；其三为题赠与伤悼诗文18篇；其四为传略与怀念文4篇。除了在谢玉岑的创作文本上超越了《玉岑遗稿》之外，附录三和四都是新补入的，这为谢玉岑研究增添了新的材料。

十年之后，也就是1999年，恰逢谢玉岑100周年诞辰，由谢伯子画廊编了一本《谢玉岑百年纪念集》，策划其事的是谢玉岑之文孙谢建新、谢建红。但这本书的出版则延至2001年。此书的第一部分是由吕学端辑录的《谢玉岑集外佚诗遗文》。这是在《玉岑遗稿》《谢玉岑诗词集》之外再度辑录的佚诗遗文，合文1篇，诗8首，词9首，联一副，手札22封。辑录者吕学端与谢玉岑有过交接，两人亦有戚缘，彼称谢玉岑为表姊丈，故积年注意搜罗其文献。

这本百年纪念文集的第二部分是由陆丹林编订的《玉岑词人悼感录》，合遗像、遗画、遗墨、遗札、悼文、挽诗、挽词、挽联而成，此悼感录编订于谢玉岑去世三个月之时，前有谢梦鲤序，正文合文、诗、词90余篇（首），读来满纸皆悲戚之情。

此外，此纪念文集还收录了钱振锽、谢稚柳、钱小山、钱仲易、夏承焘、郑逸梅、张大千、黄苗子、苏仲翔、朱奇、钱仲联、包立民等人对谢玉岑的追思以及笔下相关文字，其中有不少文字对谢玉岑的交游做了细致的梳理分析。有意研究谢玉岑的人，这本书是不能忽略的。

近年来，在谢玉岑后人特别是其文孙谢建红君的推动下，关于谢玉岑的研究在文献辑录之外，渐成学术格局。2017年，上海书店出版社出版了谢建红著的《玉树临风：谢玉岑传》，这是目前为止最为详尽、最具格局的一本传记。传记正文分“谢家玉树”与“瑶林玉树”上下两篇共14章。读这本传记，谢玉岑一生行迹、思想与创作大略在是。建红君并编定了《谢觐虞年谱》，附录了《玉岑遗稿》《玉岑遗稿补辑》《玉岑词人悼感录》《谢玉岑相关资料》等。值得一说的是年谱将谢玉岑一生行实大致勾勒了出来，而《谢玉岑相关资料》则尤为珍贵，珍贵在于辑录了不少他人写给谢玉岑的诗词以及其他别集中发现的哀挽谢玉岑的文字。

今年是谢玉岑冥诞一百二十周年，在常州文化部门等多个单位以及谢氏后人的推动下，集中出版了数种关于谢玉岑的著作，可以看作是谢玉岑研究第一个高峰时期的到来。

首先是重新编订了《谢玉岑集》，张戬炜、彭玉平序各一，正文诗一卷，合《青山草堂诗》《题集题画诗》《联语》三个部分；词一卷，合《白菡萏香室词》《孤鸾词》《题画词》三个部分；文一卷，合《周颂秦权室文》《墨林新语》《题作》三个部分；手札一卷。另附录《玉岑遗稿》的序跋，金松岑、叶恭绰等人所作的纪念、传略、年谱、谢氏家集。

其次是线装景印了《玉岑遗稿》（增钟锦、谢建红序跋各一）。典雅大方，让人爱不释手。

第三是出版了《谢玉岑词笺注》，谢玉岑虽然出入文学与艺术之中，但最重要最有影响的还在填词一道上。谢玉岑的词兼涵古典与今典，读懂读透并不容易，朱德慈等的笺注本，基本扫清了阅读障碍，为后续的深入全面的研究奠定了基础。朱德慈是清代和民国词学研究的代表性人物，他笺注的谢玉岑词应该是值得信任的。

第四是编辑出版了《谢玉岑研究》专书，这本书背后的故事我知道一些，建红兄为了这本书，除了整理选择此前的若干评述或追忆文章，还广邀文学艺术界关注谢玉岑的学人分专题撰文，合成此集。此书前有曹公度、王蛰堪、彭玉平、我瞻居士、卜功元6家题辞，正文分诗词文研究、书画研究、交游与思想、家世与家学、总论5个部分，建红兄约写的篇章主要在第一、第二部分，第三部分也有少量新写文章。

以著作而言，关于谢玉岑学术史的情况大致如上。

在《谢玉岑研究》一书出版之前，虽然也有不少题诗、题词以及若干追忆文章，其中也颇有对谢玉岑文艺特点进行简要点评者，但基本上没有针对其文学艺术进行分类分体的全面而深入的研究。换言之，关于谢玉岑的专题论文此前还极为罕见。而《谢玉岑研究》中的“诗词文研究”与“书画研究”两个部分，则体现了现代学术讲究专题性、理论性、系统性的观点，明显提升了谢玉岑研究的格局和气象。

如书画研究部分，既有对谢玉岑书法艺术的探讨，也有对其文人画、绘画中的词人画意境、他的题画诗词、临摹《虢季子白盘》书体以及其艺术及市场走向等问题的研究，很显然对其书画艺术的研究正在走向精深。

诗词文研究不仅是《谢玉岑研究》一书中所占篇幅最大者，而且论及诗词文等多种文体，应该说体现了目前关于谢玉岑文学研究的最高水平。我瞻居士（钟锦）的《读玉岑公文书后》注意到谢玉岑诗文为词名所掩的事实，但今存谢玉岑文的风姿神韵也是昭然而在的事实。清代阳湖文派声震一时，常州学人的文章是清代唯一可与桐城文派相媲美相抗衡的。谢玉岑耳濡目染，兼之天赋过人，故其文也颇有可观。此文注意到谢玉岑文有与诗词一样的锻炼之意以及刻意为文的倾向，数篇四六文，即是明证，这一类文章守法有余而创艺不足。但钟锦同时认为谢玉岑的古文则楚楚有风致，这大概与他无意为古文的心态有关。简略而言，钟锦是从词与文的关系角度来考量谢玉岑的文章，所以他将谢玉岑的文章总体定位在“词人之文”这一点上。钟锦的这篇文章是用浅近的文言写成，虽然意思明白到位，但限于语体，有待具体分析论述的空间还是比较大。

谢玉岑在诗词上造诣卓异，学界往往认为这与他曾在寄园学习的经历有关，加上钱名山本人是诗词名家，从寄园出来的谢稚柳也写得一手好诗词，大家印象中的寄园似乎是一所文艺私塾。但事实上，不遑说钱名山本人是江南大儒，他学问的根底在经史之学，特别是在《孟子》《春秋》的研究上多有创获，自出手眼。寄园的教学方向也主要在经史方面，他对谢玉岑的期望并非成为一个出类拔萃的诗人、词人或书画名家，而是一个博古通今的大儒。钱名山择婿时对他提出了这方面的要求，在谢玉岑选择去上海读商校时，他的不满也根由于此。徐建融等撰写的《“春秋”与谢玉岑》一文，从寄园的性质出发，仔细分析了谢玉岑诗词中所透示出来的春秋风雅及其忧国忧民之心，读出了谢玉岑隐藏在诗词背后的经史底蕴。这样的文章实在是值得一再把玩的。

谢玉岑以词名家，但他早年其实作诗的热情要高于填词，这也印证了一个优秀的词人往往以扎实的诗歌作为功底的普遍现象。《谢玉岑研究》中关于诗歌研究的文章虽然只有一篇，但作者用力是深的。蒋涛《谢玉岑诗歌综论》一文，从题目上就可见出此文欲笼罩谢玉岑诗歌全体的用心和气魄。今存谢玉岑诗歌凡323首，数量上超过词一倍有余，这是我们不能也无法忽略谢玉岑诗歌的最基本的原因。蒋涛此文将谢玉岑的诗歌为爱情诗、题画诗、纪游酬答诗三个部分，每一部分再析论其特点，彼此合成了谢玉岑诗歌的整体性认知。

在爱情诗部分，蒋涛以谢玉岑的爱情组诗《绮语焚剩》为主体，一方面分析了其创作渊源，尤其分析了《绮语焚剩》对黄景仁《绮怀》诗的借鉴痕迹，以及他们与共同师法的李商隐诗歌之间的关系。而关于谢玉岑的题画诗，作者则注意到谢玉岑兼擅诗画的实际。谢玉岑对书画艺术有深刻的认知，所以其题画诗多用精炼的绝句，注重情感的复杂性、构思的多维性、品画的纪实性，应该说作者是触摸到了谢玉岑题画诗的基本底蕴的。而关于纪游酬答诗，作者则贯穿以种种不同的情怀，所论不旁逸，有根底。作为第一篇综论谢玉岑诗歌的专论，此文为后续的相关研究奠定了重要基础。

《谢玉岑研究》中的“诗词文研究”部分共有9篇论文，除了论文、论诗各一篇，兼论诗词文的一篇，其他六篇都是谢玉岑词的专论。这个比例在文体分布上虽然不怎么协调，但与谢玉岑在词坛上的影响力还是一致的。毕竟谢玉岑作为“江南词人”的名分也更深入人心。

近年来，谢玉岑逐渐引起学术界更多的关注，尤其是他的词名在时隔七八十年后好像再度声誉日隆，这说明真正有成就的词人，可以被尘封一时，但难以被尘封一世，这个世界对经典的期待之心是永远也不会泯灭的。但在这种声名的背后，谢玉岑究竟有着怎样的美学特质，以及这种特质在词史上有着怎样的地位，也一直缺乏系统而精准的探究。这些问题不解决，要让谢玉岑深度走进读者是不可能的，或者说即便短暂走进，也会很快走出。钟锦等撰写的《论谢玉岑的词史意义及美学特质》便试图来解答这一关键问题。他注意到夏承焘、钱仲联等对谢玉岑评价的变化，但总体是置于周之琦、纳兰性德等之间。这个定位很重要，其实也是一种基本的解读方向。是否常州籍的词人，就一定是常州词派？我们常州人很愿意朝肯定的方向去想。但有两个问题必须面对：其一是常州词派是一个在变化中带有理论流动色彩的词派，所以对应常州词派的哪一阶段哪一方面？这并不是一件很容易就界定的事情；其二是常州词派在谢玉岑的时代更多地呈现出与浙西词派调和的色彩，晚清民国时期的临桂词派以王鹏运、况周颐为核心，后来浙江湖州的朱祖谋等也大致可以纳入这个词派。但这个词派正是在常州与浙西两个词派的基础上形成的。这样说来，我们说常州词派一直影响到民国时期，虽然这句话是经得起推敲的，但也是一句有待进一步完善的话。钟锦注意到晚清民国常州、浙西以及在这两派之外的王国维所带来的三种词的美学思想，而他在谢玉岑的词中恰恰看到了这三种词的美学特征融合的倾向，当然他也注意到谢玉岑后期词的“孤鸾”特质。他认为以谢玉岑的天赋，加上不断地修炼和“孤鸾”的特质，原来是极有可能将常州词派的“寄托”与王国维推崇的纳兰性德的“自然”融合为一，甚至更能超越这种融合。但英年早逝的谢玉岑，最终未能完成这种融合与超越。但从另外一个角度来说，正因为这种“未完成”的状态，使得谢玉岑的词中充满了叠加式的美学特征，则未完成的“丰富”也未尝不是一种不错的状态。

用流派来归属不同的词人，从好的方面来说，不至于飘荡无归；从不好的方面来说，就是局限了其他的联想空间。像谢玉岑这样的常州籍词人，也具有常州词派部分特色的人，如果要归入常州派，肯定是最简便轻松的事情。张戬炜可能意识到这种简单画一的流派归属，会遮蔽掉词人创作的丰富性，所以他的《遨唐游宋一孤鸾——词人谢玉岑与常州词派》一文，一方面注意谢玉岑在经史、骈文、诗文方面受到常州经学、阳湖文派、常州词派的影响；另一方面也注意到其飘然于常州词派之外、直追唐宋词人的特色。在张戬炜看来，谢玉岑以尊情来呼应常州词派的尊体，用无心可猜来对应常州词派的微言大义，用身家沧桑来对应家国寄托，用日常之春风夜雨来对应“重拙大”之说。这使得谢玉岑的词与常州词派虽然同途却判然异趣。张戬炜的认知具有相当的震撼力，但如此具有震撼力的观点需要学术界消化吸收的时间也注定要长一些，我们不妨一起期待。

现在我们回想夏承焘等人之所以把谢玉岑与纳兰性德等人联类而看，一个很重要的原因是他们都写了相当数量和质量的悼亡词。但如果只有悼亡词，而没有此前的爱情与相思之词，则这种悼亡终究会失去更深沉的底蕴。段晓华《情文相生，冰朗玉映——论谢玉岑的爱情词》就是一篇从整体上观照谢玉岑爱情全过程的佳作，她认为谢玉岑的爱情词虽然远绍花间北宋，但开拓了新的表现范围，提供了新的范本。如其爱情词，无论在哪个阶段，都呈现出强烈的纪实性；又如其爱情词的抒情特征在浅语深衷、白描、跌宕有致的抒情层次、情境融合等方面，都有更细致更新颖的表现。段晓华并关注到谢玉岑爱情诗的声韵特征，用韵宽松、数部合韵等，都是其特征。段晓华是填词高手，词心敏微，所以对谢玉岑词也多细微之体认。词家论文果然有其异样出色之处。

朱德慈的《“江南词人”“真才子”——论谢玉岑及其词》是他笺注谢玉岑词集的前言，所以论及范围较广，从其家世到生平，从词学启蒙到词坛初显身手再到成为享誉一时的大词人，特别是在其夫人钱素蕖去世后，谢玉岑爆发出来的创作激情与词作新貌，这个过程的勾勒细致而条贯。对谢玉岑相思、悼亡、感时、纪游、题画的题材特色，对其词在色彩、动态、白描、情意充沛的艺术特色，都作了翔实的分析论证。同时也勾勒了其家传、师承以及心追诸家的词学渊源。此文格局平正，内容丰富，系统性是其最大特色。

从一般的情形来说，往往是先有对词人词作的关注，然后才有对其词集刊刻、传播的研究。在谢玉岑研究初显格局的情况下，看到陈雪军《论谢玉岑词作的传播、编辑与刊刻》一文，还是令我惊讶，或者说是惊喜。他细致地梳理了谢玉岑身前的朋友圈及其词的传播以及身后词作传播的情况，特别是对《玉岑遗稿》的编辑与刊刻大致还原了其脉络，这个脉络或者过程是十分令人感怀的。此外，朱尧对谢玉岑若干词的校读贡献了他的看法，文章关注点不大，但理据充分，却是虽小却好。

《谢玉岑研究》一书展现出来的对谢玉岑家世、生平、交游、创作等多方面的研究，因为积累的时间相当长久，所以呈现出来的研究格局已足令人欣喜。但文出众手的文集，固然有各具风采的优长，但也因为缺少彼此的衔接与映照，而显得体系性不足。以逻辑严密的著作形式来研究谢玉岑的诗词、书画，我相信是不久之后会出现的事实。

“幽溪曲港”与谢玉岑词的创造性

常州人文渊薮。龚自珍对常州的评价就很高。“东南绝学在毗陵”，“天下名士有部落，东南无与常匹俦”，“我益喜逐常人游”等等，都是夸常州的文化和常州的人。常州的文化让人敬佩，常州的人也有特别的魅力。

陆游也说常州“儒风蔚然，为东南冠”。举个例证：宋大观三年（1109）录取进士300人，常州一地就有53人。袁枚说：“近日文人，常州为盛。”上海人严迪昌说：“乾隆时期，常州这个‘部落’最称鼎盛。”这都是说诗歌。其实，现在学术界认定有个很了不起的常州诗派的。如果再加上一个常州词派、常州经学，常州的文化学术确实曾经领一时之风骚。

入了民国，谢玉岑以常州人的身份来填词，让我们很容易联想到历史上最有影响的常州词派，现在对民国词的研究目光基本集中在所谓晚清四大家：王鹏运、况周颐、朱祖谋、郑文焯，有时说五大家，就再加上一个文廷式。这里面，王鹏运与况周颐是广西人，朱祖谋是浙江人，郑文焯是辽宁人，文廷式是江西人。不要说常州人，连个江苏人都没有被列入填词的第一集团。我读了谢玉岑的词，认为那绝对是一个天才词人的天才作品。但在近代词史上关注他的还是太少太少，现在我们努力把一个尘封已久的一流词人再次推到学术界、文化界面前，让他们知道此前的研究格局，因为对谢玉岑的冷漠，其实是不完整的，或者说有重大缺陷的。

词这种文体在发展过程中虽然也用来叙事，但抒情仍然是词最本质的特征。当然抒情可以直抒其情，也可以兜个弯子，把情感放在里面。清代以张惠言、周济为代表的常州词派更主张后一种，也就是表面的文字只是一点端倪，真正的意思要深入到作品的里面和背后，这种创作方式有个专门术语叫“寄托”，而基本的创作方法就是“比兴”。“寄托”两个字就成为常州词派的一个符号、一面旗帜。

用比兴的手法去寄托情感，这是我们常州诗人的传统，因为自成体系，符合诗词的特征，所以影响广泛，引起了全国诗人的重视，所以这个常州词派的影响是全国性，而且历史跨度的时间很长，从清代中期一直到民国时期，填词的人基本上还是信奉这个学说。谢玉岑对这个从家乡蔚然而起的常州词派显然是积极维护的，他的挚友夏承焘早年填词多依照浙西词派崇尚张炎的路子，谢玉岑对老友也不客气，直接规劝说："玉田不足依傍，幸早舍去。"（《夏承焘学词日记》1928年11月13日）舍去玉田，意味着舍去浙派，也同时意味着回归常派。

要追随常州词派，当个优秀的诗人，就要有一个基本的特征，就是多情、重情，情感丰富深厚了，才能讲到怎么去表现的问题。常州在18世纪后半叶，有个诗人非常有名叫黄景仁，他的故居据说在常州保存得很好。黄景仁的名句很多，我简单引几句"似此星辰非昨夜，为谁风露立中宵"，"秋深夜冷谁相怜，知君此时眠未眠"。这样的句子大家一看就知道是好句，我一直认为真正高明的文学作品，就是用大家都熟悉的字词，进行重新组合，然后让读者从熟悉的字词中看出意料之外的意思，震惊到你。黄景仁就有这个本事。所以郁达夫很崇拜黄景仁，专门写了一篇小说《采石矶》，就是以黄仲则（景仁）为主人公的。

其实谢玉岑也同样有这种本事。叶恭绰就认为"乡彦名应抗两当"（《玉岑遗著将出版感题》），"两当"就是"两当轩"，是黄景仁的书斋名，据说得名于《史通》"以两当一"之意。也有说黄景仁家况困顿，没有单独的书房，一间厢房既当书房，也当卧室，故名"两当"。以前我们读韩愈、苏轼等人的文章或诗词，学术界有"韩潮苏海"的说法，主要称赞的是他们的作品中所呈现出来的波澜壮阔的气象。但总是读这样的作品，也会感到厌倦的。原因是我们普通人的情感本来就是纷繁复杂的，这种宏阔的气象看多了，慢慢地感觉也就淡了。谢玉岑的词走的是什么路子呢？王师之《玉岑遗稿序》说："然幽溪曲港，亦足移情，讵非天地间佳景，何可偏废！"这种"幽溪曲港"的写景抒情特点正是指出了谢玉岑词的特色所在。当然这并不是说谢玉岑的填词就这一个特色，而是这个特色是别人所忽视的，谢玉岑恰恰在这方面开拓了自己填词的境界。

只要检读谢玉岑的词，就会被他的深情所感动。而且他表达的情感确实更多地属于他个人的，这也就是我前面说的“幽溪曲港”般的情感。这种情感虽然偏小，但深情款款，一样让人动容。我举几个例子，大家就能感受到。“痴情还是自痴情，情到痴时倍怅神”“欲忘情处未忘情，多少春愁诉乳莺”“情债好还空有泪，藕丝欲断恨无力”“幻成木石情方死，乞到因缘佛不灵”等等。像这样的词句一个薄情的人绝对写不出，一个没有高超的文字感觉的人也绝对写不出。类似的情感和写法，在1932年3月妻子钱素蕖去世后，谢玉岑写的追思文字表现得更为突出。他经常在梦里与妻子相遇，但醒来后面对的却是空空的世界，所以我们读他这些词，往往也跟着他的情感而起伏不已。我们看他的诗句：“梦里啼痕射月阑，醒来犹自苦汍澜。平生胆怯空房住，肠断城东濄葬棺。”“苦凭飘忽梦中云，赚取殷勤衣上泪。起来检点珍珠字，月在墙头烟在纸。”我们平常说，看一个人如何对待亡者，就知道他怎么对待生者。我在自己填的那首小词中有“玉岑公雅意，情最若斯人”，用了这个“最”字，就表达了我对玉岑公用情深至的赞赏之意。

我们知道历史上的东晋王朝，主要是三个姓氏的天下，一个是司马氏，一个是王氏，另外一个就是谢氏了，刘禹锡的“旧时王谢堂前燕，飞入寻常百姓家”，就婉转写出了王、谢两家曾经的辉煌。谢氏一门尤其是一个文治武功都非常显赫的家族，像谢安率军取得淝水之战的胜利，这不是简单的一场战争的胜利，而是扭转历史轨迹的一场胜利，从此以后东晋的版图就一直扩大到了黄河边上。所以在整个东晋王朝，姓谢的都格外受到朝廷的恩宠，谢安更一度做了东晋宰相。后来谢家又出了一个大诗人谢灵运，这使得这个家族在军事、政治和文学上都成为那个时代的一种标杆。武进的谢氏家族在源流上与东晋谢氏有什么关系？我没有详细考证过，现在能够考证出来始迁常州是从南宋谢廙开始的，但再往前追溯，可能是有渊源的。常州谢氏家族对东晋时居于江南的乌衣巷谢家都心追神往，谢玉岑的父亲谢仁湛有诗句：“二十四年，穷居鹿鹿，青山旧是吾庐。”（《满庭芳·自题小影》）“途穷思回阮籍车，青山山下寻吾庐。”（《愤世吟》）这里的“青山”用的就是对东晋谢氏的一种特别意象。谢玉岑的伯父谢仁卿诗集就叫《青山草堂诗钞》。所以谢玉岑把自己的家族传承放在这一脉源流上，也是有渊源的。夏承焘撰写的挽谢玉岑联云：“冰雪过江人，旷代谪仙怜谢朓；苍茫思旧赋，他生灵运识东山。”就是从这个角度来追溯谢玉岑的才华渊源。我们现在来看武进谢氏一门，从祖父谢养田、祖母钱蕙荪、岳父钱名山以及他的弟妹谢稚柳、谢月眉等等，这个家族的才华真是光彩灼灼，照耀古今的。所以出一个像谢玉岑这样的天才词人，也真的不是偶然的。

谢玉岑写了好多首追怀东晋谢氏家族的诗词，字里行间都洋溢着自豪。他选择去温州任教，其中一个原因是“永嘉山水绝美，且多与吾家康乐有关”，“永嘉为吾家太守旧游地”。他要直接踏访谢灵运曾经的踪迹，感受康乐公的精神和文气。我们简单地看几首：“康乐渐吟述德诗，故家文字擅清奇。草堂旧有青山在，凄绝乌衣巷里时。”“康乐祠前修禊约，吾家春草满池塘。”“把臂他年林壑去，凭君认取谢家山。”一方面追溯了谢氏家族的文采风流，另一方面也以接续这种风流自任。这个家族给了他自豪，也给了他勇气。我在写的那首小词中最后几句是“故家文字倍伤神。何如青草畔，占取鹿门春”。所谓“故家文字”便是他追思前朝荣光的文字，而“何如青草畔，占取鹿门春”，说的是谢玉岑沉浸在艺文之中的那一种情怀。但大家一定记得东晋谢氏在政坛上的辉煌，这种辉煌在谢玉岑的早年，也曾是一种鼓舞的力量。他年轻时候有志经世之学，曾经用诗歌表明自己的志向说：“闭户年来气未舒，鹏飞何日展天衢。据鞍草檄平生意，愧杀书窗獭祭鱼。”这诗歌的精神与李贺“请君暂上凌烟阁，若个书生万户侯”简直如出一辙。他曾和江阴蒋鹿潭词而写了一组《菩萨蛮》，来表达对现实的忧愤，说明他是想在政治上有所作为的。我为什么要特别把谢玉岑的这一种情怀拈出来，就是因为这样的情怀在谢玉岑一生中持续的时间并不长，或者说因为时间短暂，容易被轻视。但其实无论持续的时间长短，既然有过这样的情怀，就是值得我们记住的。何况这种情怀可能来自先祖的感召，如此就更值得重视了。

谢玉岑为什么那么追怀东晋谢氏家族呢？我想最重要的原因是因为谢玉

岑深深感到就像辛弃疾所说的“风流总被雨打风吹去”，先世再名望显赫，但毕竟是历史了，而在谢玉岑生活的时代，家世已经不复当年的神采了，不在眼前，徒有记忆。他形容自己“十年中门庭若冰雪”，这虽然与家中曾遭大火、父亲早逝有关，但也确实门庭冷落。再加上乱世频仍，感慨也就特别深沉。这种感慨使得他一方面不得不关怀那个时代，另一方面又寻找着属于他个人安身立命的地方。“已见铜驼卧荆棘，几闻奇士出菰芦”“同是青衫潦倒，只天涯、君去更飘零”，处在一个动荡而荒凉的时代，谢玉岑说轻一点是无可奈何，说重一点就是几乎绝望。如果是其他人处在这样的状态中，很可能是颓废消沉，消磨时光。但谢玉岑还有诗词，还有书画，还有家庭的快乐值得珍惜，所以他自己在《放如斋诗序》中说：“士君子怀瑾握瑜，孰不欲拾青紫，求富贵，以建功名于天下哉？苟不幸而不获，则鹿门偕隐，梁鸿举案，亦庶几享室家儿女之乐耳。”“怀墐握瑜”的士君子，本来就希望在时代的舞台上驰骋一番，建功立业。但一旦没有这个舞台，没有这种机会，那就要寻觅另外一种人生乐趣了。我小词中说“何如青草畔，占取鹿门春”，就是针对谢玉岑的这种心情而言的。我们读谢玉岑晚年的一些诗词，就发现他把自己的志向向两个方向转移：一个是对江海山林充满了渴望，如“乘槎未许封三岛，买舸终期住五湖”“三年医国空藏艾，五亩求田欲种桑”。这些句子都道出了他希望退隐山林湖泊的念想。一个是沉醉在诗词书画之中。“平生不好货与色，犹恨书画每成癖”“艺术之乐，令人心死”，大家看他用的语言不是随意的中庸的或者说是轻度的，而是“每成癖”“令人心死”这样带有极端色彩的语言，这说明在他人生困顿的时候，这些艺文的快乐不仅拯救了他，也成就了他的艺文事业。“画卷黄花灯下影，虚堂春草梦中篇”，我觉得这两句就是描写他当时的生活情形了。

我说谢玉岑是一个天才的诗人词人，是有证据的。他生性敏感，所以他对于平常的哀乐，感受也就比一般人深刻。我在这里虽然说的是“哀乐”，但在他那个时代，其实是“哀”远大于“乐”。感受敏锐是个优点，但也是个缺点，既然哀多于乐，这使得他的痛苦比一般人要多要深。谢玉岑当然了解自己，所以他对“聪明”两个字特别忌讳，他宁愿变得麻木迟钝，这样那个纷乱的时代就不会扰乱他平静的心境了。但事实上他聪明过人，苦痛自然也就过人。他自己说“沧海几曾能不变，聪明只是休重误”“两字聪明生负我，一弯眉月尽牵人”。这是聪明人的烦恼，像我这样的俗人，就一直抱怨自己不够聪明的。苦痛的时候，只有永恒的故乡能安慰他，“故园便是逃名地，踪迹何须问水鸥”，谢玉岑的感慨真实而深沉。

新版的《谢玉岑集》，我写了一篇序，在书中“序”就是序，但这篇文章曾经先在微信上推送过，我起了一个很雅致的篇名，叫《一树梅花一玉岑》，我觉得这个题目可以见出谢玉岑为人的清雅格调。关于中国的国花，一直有牡丹与梅花两个选项。如果只选一个，可能选牡丹的人要更多。这其实可以理解的，毕竟牡丹的雍容富贵契合更多人的心思。而梅花就不同了，不仅颜色没有牡丹鲜艳，连体积也弱小了许多。梅花能够与牡丹争一争，主要是读书人的一种情怀在起着作用，譬如她可以雪花飞舞的寒冬开放，譬如她的香气虽然不够浓郁，但清淡而长久。花瓣虽然不大，但精致秀丽等。所以陆游的《卜算子》说：“驿外断桥边，寂寞开无主。已是黄昏独自愁，更着风和雨。无意苦争春，一任群芳妒。零落成泥碾作尘，只有香如故。”梅花的寂寞无主、风雨摧残、寒冬开放、高傲自许、守香如故，这背后都是一种精神，而这种精神正是士君子可以用来自我象征的，所以你看姜夔专门创了两个词调《暗香》《疏影》来写梅花，都是借梅花来写自己的。

谢玉岑对于梅花的幽韵冷香也别有情怀，他特别推崇袁中郎“国色名花世岂少，只缘无此秀丰神”之句，认为梅花的丰神根本就是其他花比拟不了的。他在20岁时曾经与同道建了个“梅花吟社”并写了一篇骈文序言，他在序中说：“仆平生爱梅，以为梅冷且秀，其佳处自在软红之外，不当与尘俗同论。而古来咏梅者，徒与群卉争一字之褒贬，岂梅花知己？”他觉得梅花的冷与秀，这种雅致是其他花远不及的，所以根本就不要把梅花与别的花去比较，雅与俗有什么好比较的呢，他觉得这中间没有比较的空间。他特别欣赏陆游的《梅花》诗：“闻道梅花坼晓风，雪堆遍满四山中。何方可化身千亿，一树梅前一放翁。”大家现在知道我为什么要为这篇序言冠名《一树梅花一玉岑》了吧，他要像陆游“一树梅花一放翁”一样，做个当代的陆游。

这种风范和格调，至今也让我们心追神想。我们要认知谢玉岑这个人，这就是一种基本的方向。

谢玉岑与20世纪二三十年代的词学生态

谢玉岑不是一个独行侠，当然更不是闭门客，他一直与那个时代以及那个时代的主流人物保持着密切的关系。知兄莫若弟，所以谢稚柳说他“海内名士多倾盖与交”。夏承焘说他“平生以友朋为性命，真挚恻怛，令人恋嫪不厌”（《玉岑遗稿序》），这意味我们关注、研究谢玉岑，其实也是关注那个曾经的时代，关注那个时代的文学与艺术的生态。谢玉岑一个人身上就联结着那个纷纷扰扰的时代。在这方面我们除了在他的诗文书画中看出一些基本线索，近年建红君编的《谢玉岑先生年谱》，也大体把与谢玉岑的交游编在里面了。尤其是在谢玉岑醉心艺文，辗转苏浙沪等地的时候，结交一大批文学艺术界的大家、名家的情况，在他的年谱里都有反映。这一方面拓展了他的胸襟与眼界，另一方面也使他融入文艺界的主流群体中，逐渐成为其中的中坚。他13岁就跟随钱名山先生学，后来成了钱名山的东床快婿，钱名山的声望与交游也就自然成为他的人脉资源，他先后拜诗文高手高吹万、金松岑为师，这使得他出道的路子比较纯正。就书画艺术来说，他既有机会向黄宾虹等人请教，又与吴湖帆交游，更与张大千等人成为莫逆之交。而在诗词上，则与朱祖谋、叶恭绰、钱仲联、夏承焘、龙榆生、唐圭璋等人或请益或交游。特别是1925年与夏承焘结识后，两人成为一生知己。夏承焘编订《两宋词人年谱》的时候，不少资源是谢玉岑提供的。夏承焘曾请谢玉岑专刻一印章，用黄景仁“我近中年惜友生”诗句，其实这一句放在夏承焘与谢玉岑之间最为合适。1927年3月，谢玉岑到上海南洋中学任教，因为已有词名，所以与当时在上海的朱彊村、冒广生、陈石遗等人多有请益。谢玉岑去世后，龙榆生主编的《词学季刊》1935年第二卷四号发布“词坛消息”，就说谢玉岑“久客沪滨，恒从朱彊村老人，探究倚声之学”。钱仲联《哭玉岑四首》之四亦云：“并代数词人，彊村霜下杰。君实亲炙之，从入不从出。”朱彊村是当时词坛祭酒，这说明谢玉岑已经跻身于主流词人群中。在当时的上海文学艺术界，谢玉岑不仅是积极的参与者，也在很多时候兼有组织者的身份。如果写一部谢玉岑的交游考，我上面提到的很多人都可以成为专门的一章，当然像钱名山、张大千、夏承焘，篇幅就更为浩大了。譬如这个张大千，他自己就说他与谢玉岑的相交“乃过骨肉生死之间”（《玉岑遗稿序》）。这个话不是随便说的，其中情感的力量值得好好体会。

据说谢安这个人神采清朗，举止潇洒，当时人称他“风神秀彻”。看来这个遗传基因在谢氏家族中得到了很好的传承。谢玉岑在上海商校读书的时候，因为“长身鹤立”给自己起了一个笔名叫“曼颀”，可见他自己也认识到自己身材容貌的出众。我们现在看到的谢玉岑的照片，也是风度翩翩如佳公子。据说钱名山除了欣赏谢玉岑的才华，也欣赏他的风度与帅气，所以才把女儿素蕖嫁给他，在诗歌中还有称呼谢玉岑为“玉郎”之例。一个人的风神应该也会对其文学的风神产生一定的影响。

谢玉岑名声最大的是词，编订印行的词集《白菡萏香室词》《孤鸾词》等，现在这两种词集加上建红辑录的题画词，就收在最新编的《谢玉岑集》中。他的诗集主要是《青山草堂诗》，还有就是汇集的题集、题画诗、联语等，文则有《周颂秦权室文》《墨林新语》以及若干题文。我在《谢玉岑集序》中有一节引述综论他诗歌、书画的话，我在这里偷点懒，把这节话抄在这里：“玉岑公虽以词名，然驰驱诗词书画诸界，各具崖略。论者谓其诗清丽似渔洋，沉俊类定庵；词则在清真与梦窗之间；四六由袁简斋而上追徐孝穆、庾子山；其书篆隶真草，无体不工；画则为张大千誉为文人画之范式。窃以为知言。真才人伎俩，不可方测矣。”

像谢玉岑这样的天才人物，如果岁月对他慷慨一些，让他的生命力更加强盛，他在文学艺术上的贡献就不可限量了。夏承焘曾在《玉岑遗稿序》中说谢玉岑“自恨累于疾疢，未能尽其才也”。符铁年说：“天与以轶群之才，而不与之寿，使君之艺事乃止于此，其能不深悲也邪。”确实，如果不是缠绵病榻，过早离世，谢玉岑也不知会焕发出多少生命的光芒。钱仲联《近百年词坛点将录》中评其“多才艺，常州词人后劲。不幸短命，未能大成”，确定了他“常州词人后劲”的地位，但也同样感叹因为早逝而“未能大成”的深深遗憾。他的朋友陆丹林说：“玉岑的短命，不只是谢家的损失，亲朋间的损失，简直是国家的大损失。”

“他有冰般的心，雪般的品，海般的才，更有火热般情感”，这样的人真是可遇而不可求。他虽然不是人间富贵花，但别有人间傲世才。今年是谢玉岑冥诞120周年，距离谢玉岑去世也有84年，纪念谢玉岑当然是一层意思，但更重要的意义是重新认识那个曾经在词史上划过一道绚丽彩虹的谢玉岑，以及谢玉岑所生活的时代。谢玉岑虽然想当志士，但不得已成为名士。像谢玉岑这样的天才词人，学术史没有任何理由淡忘他。何况在他的身上体现了那么丰富的文学与艺术生态。从这个角度来说，我们应该感谢谢玉岑，是他用他出众的才华点亮了那个相当灰暗的年代。

我认为，谢玉岑就是那个时代一座闪亮的文艺灯塔。

后记

谢玉岑先生是20世纪二三十年代中国文人中的杰出代表，著名词人、书画家。对谢玉岑文学艺术的研究集中于三个时期，第一时期是20世纪30年代中期，一批诗文书画界的耆宿和谢玉岑的同辈朋友及学生无不给予其高度的评价。他们所采用的是诗词、悼感、追忆、挽联的形式，虽大多精炼简要，没有充分展开，但具有很高的学术价值，为之后的谢玉岑研究指出了方向。第二时期是20世纪80年代中期至90年代末，时有研究谢玉岑诗文的文章发表，但缺乏系统性和理论性。第三时期是近二十年来，由于谢玉岑的书画作品频繁出现于海内外书画拍卖会，书画拍价节节升高，谢玉岑书画评论文章屡见书画报刊，尤其是2019年谢玉岑先生冥诞120周年之际，先生故乡的常州博物馆举办“谢玉岑文学艺术研讨会暨《谢玉岑集》《谢玉岑词笺注》《谢玉岑研究》《玉岑遗稿》（新版）出版首发”等活动，谢玉岑文学艺术研究呈现出现代学术专题性、理论性、系统性的观点、论证和论据，明显地提升了谢玉岑研究的格局和气象。

孟子有言：“颂其诗，读其书，不知其人，可乎？是以论其世也。”《江南烟雨·谢玉岑评传》的出版，主要原因有三：其一是近年来发现研究谢玉岑的一些新文献，为针对其文学艺术、交游考述等进行分类分体的全面而深入的研究提供了基础；其二是《玉树临风：谢玉岑传》虽是“目前为止最为详尽、最具格局的一本传记”（彭玉平语），但笔者认为毕竟是处女之作，写作手法、文字阐述、文艺探究均有待商榷、提高；其三是笔者近年撰写，由上海书画出版社出版的《谢伯子评传》获“2023年度江苏省文艺大奖”二等奖，即为笔者鼓足了进一步谢玉岑研究的信心与动力。如果说，笔者八 年前编注《谢玉岑集》，是为了纪念谢玉岑先生120周年诞辰；可以讲，今年出版《江南烟雨：谢玉岑评传》，是为了纪念谢玉岑先生逝世90周年。

文艺人物评传是诉诸感性的，它总是借助具体的对象，通过传主的文艺影响力和美感感染读者，而经典的文艺作品，却更具有经久不衰的魅力，受到一批批、一代代文艺爱好者的仰慕和追捧。笔者在2017年出版的《玉树临风：谢玉岑传》最后一章“生命涵义”中写道：“被称为‘江南才子’‘江南词人’的谢玉岑像是黑夜星河中的一颗明亮流星，当人们仰望星空那炫目的光辉时，虽倏然而逝，却在中国文化艺术史上留下了绚烂的轨迹。”直到今天，人们没有忘记谢玉岑，文学艺术界更没有忘记。

《江南烟雨：谢玉岑评传》写作过程中，得到了许多朋友的关心和帮助，尤其是彭玉平教授贡献了力作，段晓华教授、卜功元先生审读了书稿，反馈了宝贵意见，万君超先生提供了两幅珍贵图片，上海书画出版社倾力出版，在此一并铭谢！

参考文献

1. 《双仙小志》，谢祖芳辑，1902年刻印。上海图书馆登记号码：518063。
2. 《钱氏家集》，阳湖钱氏刻本，1907年刻印。
3. 《谢氏家集》，谢祖芳、谢仁卿、谢仁湛、钱名山合编，1912年刻印。
4. 宝树堂《毗陵谢氏宗谱》，谢承恩纂修，1917年刻印。
5. 《苔岑丛书》《武进苔岑社丛编》，武进苔岑社编，1918年至1931年版。
6. 民国相关报刊（1917—1935）。
7. 《玉岑词人悼感录》，陆丹林编，1935年7月版。
8. 《名山课徒草》，钱名山编著，上海商业公司承印，1939年版。
9. 《玉岑遗稿》，王春渠、夏承焘编，1949年版。
10. 《谢玉岑诗词集》，钱璱之编订，1989年版。
11. 《谢玉岑百年纪念集》，钱璱之编，京华出版社，2001年8月版。
12. 《20世纪上海美术年表》，王震编著，上海书画出版社，2005年1月版。
13. 《美术年鉴·1947》，上海社会科学院出版社，2008年12月版。
14. 《谢玉岑诗词书画集》，钱璱之编，作家出版社，2009年4月版。
15. 《永恒的记忆》，谢钿著，谢建红编，2012年12月自印本。
16. 《九秩初度：谢伯子先生谈艺录》（修订版）杨晓明主编，中央文献出版社，2013年8月版。
17. 《谢伯子研究》，马建强主编，中央文献出版社，2014年5月版。
18. 《为国桢干：上海南洋中学120年（1896—2016）》，马学强、于东航主编，商务印书馆，2016年10月版。

19.《风雅与归：毗陵钱谢书画集》，常州博物馆编，上海书画出版社，2017年5月版。

20.《风雅与归：毗陵钱谢书画艺术论文集》，常州博物馆编，上海书画出版社，2017年5月版。

21.《玉树临风：谢玉岑传》，谢建红著，上海书店出版社，2017年月5月版。

22.《图说上财：1917—2017》，喻世红主编，上海财经大学出版社，2017年9月版。

23.《谢玉岑词笺注》，朱德慈笺注，华东师范大学出版社，2019年6月版。

24.《谢玉岑集》，谢建红编注，华东师范大学出版社，2019年9月版。

25.《谢玉岑研究》，谢建红主编，常州博物馆编，2019年7月印。

26.《夏承焘致谢玉岑手札笺释》（修订版），沈迦编撰，新星出版社，2020年7月版。

27.《夏承焘日记全编》，吴蓓主编，浙江古籍出版社，2021年11月版。

28.《谢伯子评传》，谢建红著，上海书画出版社，2023年5月版。